国家社会科学基金重大项目（11&ZD143）成果

我国战略性新兴产业评价与模式研究

Research on Evaluation and Patterns
of Strategic Emerging Industries in China

霍国庆　李燕　王少永　李捷　肖建华 等著

中国财经出版传媒集团

经济科学出版社
Economic Science Press

图书在版编目（CIP）数据

我国战略性新兴产业评价与模式研究／霍国庆等著.
—北京：经济科学出版社，2019.6
ISBN 978 - 7 - 5218 - 0510 - 9

Ⅰ. ①我⋯ Ⅱ. ①霍⋯ Ⅲ. ①新兴产业 – 产业发展 –
研究 – 中国 Ⅳ. ①F269. 24

中国版本图书馆 CIP 数据核字（2019）第 082472 号

责任编辑：周胜婷
责任校对：隗立娜
责任印制：邱 天

我国战略性新兴产业评价与模式研究

霍国庆 李 燕 王少永 李 捷 肖建华 等著
经济科学出版社出版、发行 新华书店经销
社址：北京市海淀区阜成路甲 28 号 邮编：100142
总编部电话：010 - 88191217 发行部电话：010 - 88191522
网址：www. esp. com. cn
电子邮件：esp@ esp. com. cn
天猫网店：经济科学出版社旗舰店
网址：http：//jjkxcbs. tmall. com
固安华明印业有限公司印装
880×1230 16 开 21 印张 580000 字
2019 年 6 月第 1 版 2019 年 6 月第 1 次印刷
ISBN 978 - 7 - 5218 - 0510 - 9 定价：88. 00 元
（图书出现印装问题，本社负责调换。电话：010 - 88191510）
（版权所有 侵权必究 打击盗版 举报热线：010 - 88191661
QQ：2242791300 营销中心电话：010 - 88191537
电子邮箱：dbts@ esp. com. cn）

前　　言

　　本书是中国科学院大学公共政策与管理学院霍国庆教授主持的国家社会科学基金重大项目"我国战略性新兴产业信息资源保障体系与服务模式研究"（11&ZD143）的最终成果的精华版，该课题2012年获得国家社科基金资助，2018年3月顺利结题，历时6年，如果把预研和延伸研究的时间加进来，刚好十年时间，"十年磨一剑"，也许这把剑还不够锋利，但本书的作者们确实是尽心尽力在做研究，其中也不乏很多原创性的创意、想法和建议，本书成果对我国战略性新兴产业的政策制定者、管理者、企业家、研究者、相关专业的师生、相关领域信息资源的实践者都具有重要的参考价值。

　　本书对战略性新兴产业进行了回溯性分析和理论分析，提出战略性新兴产业的本质是战略产业，对战略性新兴产业的战略效应进行了深入研究，提出了衡量战略效应的指标体系，该指标体系既可以用来预测未来的战略性新兴产业，也可以对现实的战略性新兴产业进行评价，是决策者用来识别真正的战略性新兴产业的有效工具。本书同时还重点研究了战略性新兴产业的技术创新模式，提出了我国战略性新兴产业技术创新的四种模式，即外溢模式、联盟模式、供应模式和大规模定制模式；研究了战略性新兴产业科技创新领军人才问题，提出了战略性新兴产业科技创新领军人才应当具备的三类胜任能力，即科技引领能力、技术转化能力和创新领导能力；研究了战略性新兴产业的共性信息需求，应用长尾理论，分析了信息资源保障体系建设中满足信息消费者80%需求的20%的共性资源，提出应在国家层面建立战略性新兴产业信息资源保障体系，通过市场化方式利用国家战略性新兴产业信息资源保障体系，并高效而低成本地为各类从业者提供高质量信息资源服务的策略。本书提出的很多有价值的政策和策略建议，对于我国战略性新兴产业的健康成长与发展具有重要的指导意义。

　　在本书的完成过程中，各位作者曾到北京、天津、深圳、广州、苏州、青岛、西安、长春、武汉、成都、乌鲁木齐等城市进行战略性新兴产业调查，考察访谈了数十家企业，通过网络收集了国内31个省级行政区和333个地市级行政区"十二五"规划中的战略性新兴产业规划信息，对国内"十二五"规划中战略性新兴产业布局进行了系统分析。各位作者共撰写了6份研究报告，发表了25篇学术论文，共在9次学术会议上做了15场大会或分会报告，本书总策划霍国庆教授指导了战略性新兴产业研究方向的2位博士后、3位博士、4位硕士，这些研究成果的总字数超过了200万字，最终在形成本书的过程中，只有忍痛割爱，进行了大幅删减，在此特向所有参与本书编写的团队成员致谢和致歉。

　　本书由霍国庆总体策划、指导、统编并参与部分章节的撰写，张晓东、李天琪、陈印政、孙皓、李玲娟等参与了第一篇的撰写，王少永、李捷、李燕分别承担了第二篇、第三篇和第四篇的撰写任务，肖建华、王少永、张晓东、王桂侠、袁永娜、张志雄等参与了第五篇的撰写，谢新洲、李纲、黄宁燕、张志雄、余江、张玲玲、黄颖等参与了本书的策划工作，顾春光、杨阳、姜威等参与了本书部分内容的研究工作，感谢他们的坚持、努力与合作。黄长著、孟广均、冯惠玲、陈传夫、秦铁辉、倪晓健、马费成、汪东坡、沈固朝、丁辉、郝永平、李广建、王忠宏、杨列勋等专家给予了指导，方新、潘教峰、苗建明、穆荣平、苏刚、乔从丰、高彦斌等领导给予了支持，中国科学院大学科研处杨湘莲老师提供了很多具体的帮助，在此一并致谢。本书的出版要特别感谢经济科学出版社和本书的责任编辑，出版社对选题的敏锐性和对书稿的责任感令人肃然起敬。

　　本书出版是对所有参与创作的团队成员十年工作的肯定和激励，这些团队成员目前大都在战略性新兴产业相关领域从事科研、教学和实践工作，霍国庆教授所领导的全域科研院所科技成果转化联盟（全科盟）正在通过科技成果转化助力相关区域培育主导产业，这些主导产业都属于战略性新兴产业，相信他们的工作与努力将能够为我国的战略性新兴产业发展做出更大贡献，未来也必将会形成更有价值和更有影响的著作。

霍国庆

2019 年 2 月 22 日

目　　录

第一篇　战略性新兴产业的基本理论和实践问题

第二篇　战略性新兴产业的战略效应研究

第三篇 战略性新兴产业的技术创新模式研究

第四篇　战略性新兴产业科技创新领军人才胜任能力研究

第五篇　我国战略性新兴产业的信息资源保障体系与服务模式研究

第一篇　战略性新兴产业的基本理论和实践问题

第1章 战略性新兴产业研究述评

1.1 战略性新兴产业的提出

2008年全球经济危机爆发后，各国都意识到危机中存在机会，都力图利用这些机会对本国产业结构进行重构，大力支持科技含量高、拥有广阔市场前景的新兴行业的发展，以抢占后危机时期产业发展的制高点，提升本国的国际竞争力。正是基于这一背景，立足当前渡难关，着眼长远上水平，我国领导人提出了"发展战略性新兴产业"的战略构思。2009年9月21~22日，时任总理温家宝主持召开了三次新兴战略性产业发展座谈会，就新能源、节能环保、电动汽车、新材料、新医药、生物育种和信息产业七个产业的发展提出意见和建议。在2009年11月3日召开的首都科技界大会上，温家宝发表了题为"让科技引领中国可持续发展"的讲话。2010年4月，国家发改委确定了战略性新兴产业的七大产业；10月10日，国务院发布了《国务院关于加快培育和发展战略性新兴产业的决定》；10月18日，《中共中央关于制定国民经济和社会发展第十二个五年规划的建议》提出要培育发展战略性新兴产业，再次重申了发展战略性新兴产业的立场和决心。

《国务院关于加快培育和发展战略性新兴产业的决定》是我国战略性新兴产业发展的里程碑式的纲领性文件，它详细阐述了发展战略性新兴产业的意义、指导思想、基本原则、战略目标、支持对象、发展策略、支持措施等内容。战略性新兴产业是以重大技术突破和重大发展需求为基础，对经济社会全局和长远发展具有重大引领带动作用，知识技术密集、物质资源消耗少、成长潜力大、综合效益好的产业，对于我国经济发展具有重大的战略意义。现阶段重点培育和发展的战略性新兴产业主要有节能环保、新一代信息技术、生物医药、高端装备制造、新能源、新材料、新能源汽车七大产业。发展战略性新兴产业的战略举措主要包括强化科技创新、提升产业竞争力、积极培育市场、营造良好的市场环境、加大财税金融政策扶持力度、引导和鼓励社会投入、推进体制创新、加强组织领导等。根据有关规划，经过十年左右的努力，我国战略性新兴产业的整体创新能力和产业发展水平将达到世界先进水平，将为经济社会可持续发展提供强有力的支撑。

2016年，国务院发布《"十三五"国家战略性新兴产业发展规划》，在七大产业的基础上，又增加了数字创意产业，这样，我国的战略性新兴产业就由原来的七大产业变为八大产业。

战略性新兴产业是一个系统工程，要形成一个国家的战略性产业，需要具备很多条件，根据波特（2007）在《国家竞争优势》中提出的钻石模型，一个优势产业须具备优越的生产要素（包括资金、土地、原材料、交通、通信、信息、技术、人才、政策等）、广阔的市场和较强的内需、发达的支持性产业、有利的竞争环境和相对竞争优势，而我国战略性新兴产业的发展到目前为止尚不完全具备这些条件，就此而言，要使战略性新兴产业发展成为战略性产业还需要做大量的工作。

1.2 战略性新兴产业文献的数据库检索结果及其聚类分析

本课题组首先利用"Google Scholar"进行关键词单独检索，关键词及关键词层级关系如表 1 – 1 所示。从表 1 – 1 的搜索结果来看，战略性新兴产业（strategic emerging industries）的英文用法主要来自我国，其中搜索到的 79 篇完全匹配的文献主要为中文文献中的英文摘要翻译。相比之下，国外文献相关的研究中以下关键词出现的频率较大，包括 new industries（新产业）、emerging industries（新兴产业）、strategic industries（战略产业）和 technology-based industries（技术产业）等。

表 1 – 1   "Google Scholar"战略性新兴产业相关关键词检索结果

战略性新兴产业	文献总数（篇）
industries	1560000
new industries	56100
emerging industries	7040
strategic industries	7690
strategic emerging industries	79
technology-based industries	2600
new technology-based industries	220
emerging technology-based industries	22

注：搜索日期为 2011 – 7 – 20，10：30。

本课题组还运用上述英文关键词对 ABI 全文数据库进行组合检索，检索区域为"所有字段 + 全文"，结果如表 1 – 2 所示。可以看出，虽然 new industries、emerging industries、strategic industries、technology-based industries 的相关文献数量在近几年有了突飞猛进的增长，但真正深入探讨这些产业的文献很少。

表 1 – 2   战略性新兴产业关键词组合对"ABI 数据库"的检索结果   单位：篇

产业	①	②	③	④	⑤	⑥	⑦	⑧	⑨
industries	329611	3464	466	40	1	5310	9	142	965
new industries	2427	71	2	0	0	52	0	1	9
emerging industries	632	27	1	1	0	22	0	1	0
strategic industries	372	12	2	0	0	2	0	1	2
strategic emerging industries	68	9	0	0	0	6	0	1	0
technology-based industries	277	14	0	0	0	4	0	0	0
new technology-based industries	14	3	0	0	0	0	0	0	0
emerging technology-based industries	3	0	0	0	0	0	0	0	0

注：①搜索词严格按照关键词及短语填列，搜索区域为"所有字段 + 全文"。
②对 27 个数据库进行"全文文献"以及"同行评审"复选搜索。
③获取时间为 2017 – 9 – 1，12：00—17：30。
④表中①代表 information；②代表 information service；③代表 information support；④代表 information support system；⑤代表 information service model；⑥代表 information resources；⑦代表 information resources service；⑧代表 information share；⑨代表 information policy。

运用关键词组合对 CNKI 中文数据库进行主题检索,结果如表 1-3 所示。以题目为检索区域,"战略性新兴产业"的相关文献共 7060 篇,"信息资源保障体系"的相关文献共 100 篇,"产业"+"信息资源"共 149 篇;以全文为检索区域,"信息资源服务模式"共 491 篇,"产业"+"信息资源服务模式"共 156 篇;以主题为检索区域,"战略性新兴产业"+"信息资源"/"信息服务"/"信息共享"/"信息政策"共 128 篇。从搜索结果来看,国内对于战略性新兴产业的研究渐成热点,重点聚集战略性新兴产业的界定、内涵、产业的选择及发展所需的条件、产业发展中政府的角色定位以及各主要国家战略性新兴产业规划发展现状等问题。

表 1-3   关键词组合对"CNKI"的检索结果   单位:篇

关键词	搜索区域	2010~2017 年	2001~2009 年	2000 年前	全部
战略性新兴产业	题目	7048	12	0	7060
	关键词	2823	1	0	2824
	摘要	12803	59	0	12862

注:搜索日期为 2017-3-29,8:00-12:30。

从检索结果来看,用单个关键词检索"战略性新兴产业",所获得的文献非常多,进一步分析,战略性新兴产业方面的研究成果主要是经济学和管理学等领域的学者完成的,重点关注的是战略性新兴产业的选择、发展模式、发展策略、竞争力、带动效应等问题。

为了了解国内外相关文献对战略性新兴产业研究的领域和视角,课题组在开题时对相关文献进行了初步的聚类分析。具体做法是:将当时以"战略性新兴产业"为关键词收集到 573 篇中英文文献信息导入 Endnote 文献管理软件,利用 RefViz 软件进行聚类分析,其结果如图 1-1 所示。可以看出,文献分布最多的 5 组主题词为:战略/边界/管理(strategic/boundary/management);业务/理论/市场(business/theory/market);选择/模式/条件(choice/model/condition);竞争/政府/政策(competition/government/policy);规划/发展/产品(planning/development/product)。为此,根据以上聚类结果,从五个方面对相关文献进行综述。

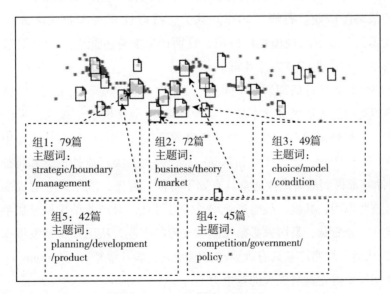

图 1-1   战略性新兴产业信息资源服务相关文献聚类图

1.3 战略性新兴产业的边界和管理

有关战略性新兴产业边界和管理的文献以国内学者的研究成果为主。从现有文献来看，学界对战略性新兴产业概念界定尚不统一，有的文献从战略性新兴产业的本质出发，有的则从其具有的特征给出其不同于一般产业的界定。一般认为，学界对战略性新兴产业的关注，开始于国务院关于发展战略性新兴产业的决定，其中指出，战略性新兴产业是新兴科技和新兴产业的深度融合，是指掌握关键核心技术，具有市场需求前景，具备资源能耗低、带动系数大、就业机会多、综合效益好的新兴产业。科技部原部长万钢指出，战略性新兴产业不同于传统产业。首先，它在国民经济中具有战略地位，对经济社会发展和国家安全具有重大和长远影响；其次，这些产业是着眼未来的，它必须具有能够成为一个国家未来经济发展支柱产业的可能性。在此基础上，学者对战略性新兴产业从不同视角给出了界定性表述。例如，华文（2010）给出了战略性新兴产业"说文解字"的界定，认为"战略性"指这些产业对经济和社会发展及国家安全具有全局性影响极强的拉动效应；"新"是相对当前的经济发展阶段，这些产业的产品服务或组织形式是以前没有的；而"兴"就是指刚刚崭露头角，未来可能会高速增长，规模扩大对经济发展有主导作用的产业。章勇（2010）认为，战略性新兴产业是对经济长期发展具有支柱性和带动性的产业，是新兴科技和新兴产业的深度融合，能够引领科技创新和产业发展的未来方向，是经济发展的"引擎"。李伟锋（2010）认为，战略性新兴产业是相对于传统产业而言，在国民经济中具有战略地位，对经济社会发展和国家安全具有重大和长远影响的新兴产业。宋河发等（2010）认为，战略性新兴产业是指基于新兴技术，技术含量高，出现时间短且发展速度快，具有良好市场前景，具有较大溢出作用，能带动一批产业兴起，对国民经济和社会发展具有战略支撑作用，最终会成为主导产业和支柱产业的业态形式。战略性新兴产业是刚开始兴起、渗透力强的高新技术产业，是科技含量高、产品价值高的先导性产业，是综合消耗少、环境污染小的友好性产业，是促进产业结构优化与升级的导向性产业，是吸纳新就业、社会效益好的依靠性产业，是保障政治、经济与科技安全的战略性产业。石峰（2012）认为，战略性新兴产业应该被归为现代高新技术产业，它是通过技术进步及其大规模推广应用，进而产生的有可能引发一个国家甚至全球技术革新和产业转型升级的新兴产业或新兴产业群。

相关文献对战略性新兴产业的理解也不同。"战略性新兴产业"首先是"战略产业"。最早提出战略产业概念的，是德裔美籍经济学家赫希曼（1958）。他将位于"投入—产出"关系中联系最紧密的经济体系称为"战略部门"。此后，我国学者侯云先（2004）等在其著作中提出，战略产业应该包含主导产业、支柱产业、先导产业和基础产业，并对各类产业的概念和特征进行诠释；福布斯（Forbes）和冉净斐都提到战略产业通常具有如下特征：首先，战略产业对提高国家竞争力、国民经济整体发展有重要作用；其次，战略产业增长潜力可观，对产业结构调整影响重大；最后，战略产业事关国家经济安全命脉，是国家必须控制和支持的产业，从国家长期发展来看意义深远。蒂斯（Teece，1991）认为，战略产业具有规模和范围经济、学习型经济（learning economies）和网络经济的特征，这些特征使得它具有强大的竞争力。

除了"战略性"，战略性新兴产业的新兴性也是学者们关注的问题，例如，布朗克（Blannk，2008）认为，新兴产业是充满了未知性的产业，通常由一个新的产品或创意所形成，处于发展的早期阶段，存在大量的不确定性，如对产品的需求、潜在的增长力以及市场条件等都不确定，而且没有原有的轨迹可循。克劳德－戈迪亚（Claude-Gaudillat，2003）认为新兴产业符合四条标准：和突破性创新（disruptive innovation）相关联；创新需要发展的核心能力；对应于产业生命周期的前期；具有高不确定性的特征。

"战略性新兴产业"概念被提出以后，学者们从其战略性和新兴性两个方面的产业本质进行了较多的探讨。武瑞杰（2012）提出科技贡献率大、比较优势突出、产业关联效应强、低碳效果明显是战略性新兴产业的本质。朱瑞博、霍国庆（2012）基于产业演化理论提出，战略性新兴产业是战略产业在萌芽期或成长期的称谓，随着产业进一步成熟，战略性新兴产业会向主导产业、支柱产业的方向演化。由上述研究可知，战略性新兴产业的本质是具有战略性的产业，这一点也能从我国出台的相关文件中得到印证，《"十三五"国家战略性新兴产业发展规划》中曾明确指出，坚持走创新驱动发展道路，促进一批战略性新兴产业发展壮大，并培育成为国家支柱产业。

纵观以往学者对战略产业的研究发现，战略产业在不同的发展阶段具有不同的形态，在战略产业的萌芽期和成长期，它是未来有机会进化成主导产业和支柱产业的新兴产业，即战略性新兴产业；在战略产业的成熟期，它是国民经济正常运行中的主导产业、支柱产业。本课题认为，战略性新兴产业实际上可以看作是产业演进过程中的动态概念，产业发展的不同阶段将会呈现不同的表现形式，而其中战略性新兴产业则是战略产业在导入期或成长期阶段的特殊称谓。综上所述，战略性新兴产业的本质是科技主导的新兴产业，就其战略性而言，是指能够带动我国经济社会发展并形成国家竞争力的产业；就其新兴性而言，是指以新兴技术为基础且在全球范围内都处于孵化期或成长期的产业。引申分析，战略性新兴产业首先是指国家层面的战略性产业，无论学者、政府管理者还是企业家都应该以此为准绳来考量、选择和发展战略性新兴产业，而不是随意曲解、整合和布局战略性新兴产业。

战略性新兴产业应该兼具战略产业和新兴产业的属性，从新兴产业属性来看，胡慧芳（2014）认为战略性新兴产业是在新兴技术驱动下快速兴起的产业；从战略产业的属性来看，只有那些对国家的经济发展、社会进步以及国家的安全等具有重要性的、长远性的影响，并且在未来能够成长为国家支柱的产业才被纳入战略性新兴产业范畴（万钢，2010）。为此，学者们对战略性新兴产业的特征也从不同的角度作出阐释，本课题将其中主要观点总结如表1-4所示。

表1-4　　　　　　　　　　现有文献关于战略性新兴产业特征的主要观点

文献	主要观点
章勇（2010）	一是产品要有稳定并有发展前途的市场需求；二是要有良好的经济技术效益；三是能带动一批产业的兴起
李伟锋（2010）	它具有掌握关键核心技术、市场前景好、资源消耗低、带动系数大、就业机会多、综合效益好、可能成为国家或区域未来经济发展支柱产业和主导产业等特征
李晓华等（2010）	重大战略性、技术不确定性、正向外部性和机制复杂性
施平等（2010）	演化性、周期性、集聚性、主体交互性、知识密集型和专业化
宋河发等（2010）	基于新兴技术，技术含量高，出现时间短且发展速度快，具有良好市场前景，具有较大溢出作用，能带动一批产业兴起，对国民经济和社会发展具有战略支撑作用，最终会成为主导产业和支柱产业

文献	主要观点
于淑娥，张炳君（2010）	关系到国民经济社会发展和产业结构优化升级，具有全局性、长远性、导向性和动态性四大特征
蒋震（2010）	第一，高新技术特征；第二，市场需求稳定，综合效益好；第三，产业关联度大，带动强
贺正楚等（2011）	具有科技含量、市场潜力、综合效益、产业融合、带动效应等几方面特征，具有这些特征的产业应该是国家未来竞争力的主要支撑力量产业
武瑞杰（2012）	科技贡献率大、比较优势突出、产业关联效应强、低碳效果明显
朱瑞博，刘芸（2011）	战略性新兴产业形成期最典型的本质特征就是不确定性，这些不确定性包括核心技术、产业化、市场需求以及从创新收益不确定性等几个方面
霍国庆（2012）	战略性新兴产业是战略产业在萌芽期或成长期的称谓，随着产业进一步成熟，战略性新兴产业会向主导产业、支柱产业的方向演化
刘嘉宁（2013）	战略性、关联性、成长性、创新性、风险性和导向性等特征，同时，具有巨大的带动效应
张春玲（2013）	科技含量高、物质资源消耗少、能耗少、较低排放、较高的效益、发展潜力巨大等特点

综合以上学者对于战略性新兴产业特征的表述，本课题发现，战略性新兴产业是具有长远战略意义的产业，对国家安全和全球地位具有重要的作用，体现了战略性的特征；战略性新兴产业伴随先进的新兴技术应运而生，具有较大的潜在市场需求，体现了新兴性的特征；战略性新兴产业是典型的创新驱动型产业，产业发展水平主要是基于科学技术的发展水平，及其各个创新主体的科技成果产业化能力，体现了创新性的特征。战略性新兴产业在创新性特征的激发下产生新兴性特征，在新兴性特征的作用下战略性新兴产业经过不断成熟演化为国民经济支柱型产业，体现了其战略性，最后为追求持续战略引领需要提升科技创新能力，从而再次引导出创新性的特征。其中战略性体现了战略性新兴产业未来的发展目标，新兴性体现了战略性新兴产业当前巨大的增长潜力，创新性体现了战略性新兴产业将科技创新作为其内在增长动力，更是战略性新兴产业区别于其他产业的本质特征。

1.4 战略性新兴产业的业务发展模式与市场

有关战略性新兴产业的业务发展模式及市场的文献聚焦的主题词为业务、市场和理论。王利政（2011）认为，如何选择合适的业务发展模式是我国抢占战略性新兴产业发展制高点的关键，从目前我国战略性新型产业的发展看，技术约束是我国面临的主要内部约束。战略性新兴产业是我国高新技术产业中具有战略意义和未来指向性的产业，构建有效的业务发展模式是我国当前经济社会运行中迫切需要解决的深层次课题。应该构建战略性新兴产业有效的自主创新模式，探索战略性新兴产业的集群培育模式，而衍生式、裂变式和复制模仿式创业扩散分别有助于促进战略性新兴产业的龙头型集群、核心企业型集群和横向产业集群的形成（刘志阳和程海狮，2010）。鉴于特定的内涵和属性，战略性新兴产业发展不能沿袭传统产业的业务发展模式与战略。我国战略性新兴产业发展存在的突出问题主要表现为，战略性新兴产业的发展有沿袭传统产业粗放型扩张老路的风险、在低端环节竞争过度、自主创新积累能力低和政府介入过度等。因此，由单纯的全球价值链（GVC）模式向国家价值链（NVC）转型，形成 GVC 和 NVC 高端竞争优势，这是我国战略性新兴产业发展的重要战略创新（陈昭锋和林璇，2011）。

国内外新兴产业发展经验表明：本土需求是新兴产业发展的动力，"母国市场效应"可促进现有制造业的成功转型；国内市场规模及市场潜力为新兴产业企业带来持续创新和升级的压力；产业选择范围大可以带来标准多元化优势。促进我国战略性新兴产业发展，应利用我国市场特殊性突破"微笑曲线"的枷锁，促进供给侧为主的产业政策转型，获取黏性信息降低新兴产业企业市场风险；适当防止对外直接投资对本国市场的侵蚀（郝凤霞，2011）。战略性新兴产业的重点产品、技术和服务必须立足国内市场（姜江，2011），并积极开拓国际市场（崔卫杰，2010），敏锐捕捉国际市场变化新趋势，把争夺经济科技制高点作为战略重点，着力发展一批具有较强自主创新能力的先导产业，培育一批具有国际市场竞争力的品牌产品，打造一批跨国经营能力强的龙头企业，形成一批战略性新兴产业的集群（陈柳钦，2010）。培育发展战略性新兴产业是一项系统工程，需要综合协调，发挥"市场规律的决定作用，政府的先期引导作用，科技创新的核心作用，市场需求的拉动作用，国际合作的桥梁作用"，力争协同发力、共同推进，从而积极主动、科学合理地加快培育发展战略性新兴产业（于新东等，2011）。

综上所述，一方面，战略性新兴产业的发展模式在很大程度上取决于产业科技与管理创新及其决定的竞争优势；另一方面，战略性新兴产业的成长又在很大程度上取决于国内市场或者说内需的规模与强度。

1.5 战略性新兴产业的选择标准与条件

有关战略性新兴产业的选择标准以及发展所需条件的文献聚焦的主题词为选择、模式和条件。战略性新兴产业发展的基本支撑要素包括：关键技术、制造成本、资源禀赋、产业体系完整性、土地、人才、市场需求等。有效的市场需求和产业基础设施、服务体系对新兴产业发展至关重要，在符合国家战略导向和体现区域特色的基本前提下，应把产业发展目标和直接创造价值的市场需求结合起来。从区域角度看，着力发展具有一定的区域比较优势、产业基础与发展潜力的产业，考虑产业的规模效应以及对相关产业的渗透和带动作用。要通过深入分析新兴产业发展面临的竞争环境，明晰国内外相关新兴产业发展格局的特点，如技术路线、市场结构、产业链和价值链分布、产业转移等，结合技术发展和未来消费需求发展趋势，使新兴产业的方向选择与区域经济发展水平和相关产业配套条件相适应，在最有基础、最有条件的领域率先突破。同时，在新兴产业的方向选择方面，又不完全拘泥于现有基础，也可以"无中生有"打造新兴产业，通过引进大型骨干企业或项目转化为区域的优势产业。

表 1-5 汇总了相关文献对战略性新兴产业的判断、识别、评价和选择标准。可以看出，大多数学者所选择指标都是以主导产业、高新技术产业等相关研究为基础进行选择指标，这些指标并不能客观、全面地反映战略性新兴产业的本质。同时，战略性新兴产业处于新兴阶段，战略性新兴产业判断指标应基于对未来成熟时期所表现出的战略效应进行预测，而不是简单地对战略性新兴产业的现状进行测度。所以，当前对战略性新兴产业的判断和识别方面的理论研究仍属战略性新兴产业理论方面的空白领域，值得进行深入研究。

表1－5 战略性新兴产业的判断相关研究内容汇总

类别	作者（年份）	一级指标	二级指标
判断	霍国庆，顾一璠（2012）	战略性	带动效应、低碳效应、就业效应
		成长性	全球产业增长率、全球市场饱和度、全球相对生命周期
		创新性	创新的跨越性、创新的持续性、创新的自主性
识别	卢文光，杨赛明（2012）	战略性	经济贡献、产业政策、财税政策、知识产权政策、产业调整升级
		新兴性	产业新兴技术水平、新兴技术产业化潜力及其成长性、新兴市场及其成长性
		带动性	竞争力提升、产业引领带动
		效应性	利润率、就业带动、环境保护、资源友好
	王菲（2012）	经济效益	需求收入弹性、工业增加值增长率
		技术创新	R&D 投入比重、科技人员比重
		比较优势	区位商指数、Michaely 波动指数
		关联效应	影响力系数、感应度系数
		持续发展	单位产值能耗、环保设施投入率
	贺正楚，吴艳（2012）	产业全局性	经济增长率、生产率上升率、比较优势系数、需求收入弹性
		产业关联性	感应度系数、影响力系数
		产业先导性	技术进步率、R&D 投入强度、知识产权比率、科研经费增长率
		产业动态性	就业的增长率、单位耗能的产值率、单位"三废"的排放产值率、区位商
评价	刘嘉宁（2013）	产业贡献力	产业绿色度、产业就业吸纳能力
		产业优势	产业增长潜力、产业盈利能力
		产业带动性	产业规模、产业结构优化潜力、产业技术先进性
		产业关系性	影响力系数、感应度系数
	张良桥，贺正楚（2010）	政策导向	政府经费投入、能源节约率
		经济效益	总资产贡献率、经济增长率
		创新能力	科研成果转化率、科研经费增长率、新产品总值增长率、人均 R&D 经费增长率
		发展潜力	市场占有率、就业增长率、产业关联度
	黄鲁成，罗晓梅（2012）	资源效应	单位产值能耗、节能率
		经济效应	全员劳动生产率、产业增加值率
		环境效应	生命周期性评价、单位工业增加值"三废"排放量、固体废弃物综合利用率、工业用水重复利用率
	施卓宏，朱海玲（2014）	生产要素	人力资源、天然资源、知识资本、基础资源
		需求要素	国内市场需求、国际市场需求
		相关产业	管理水平、创新能力、技术实力、国际化程度
		企业战略	市场环境、企业发展战略、行业发展程度
		机会	技术变化、政策变化、国际环境变化
		政府	政策引导、政府购买

类别	作者（年份）	一级指标	二级指标
选择	胡振华，黎春秋（2011）	增长潜力	需求收入弹性、产值增长率、销售增长率
		比较优势	产值比重、国内市场占有率、地区专业化率
		带动效应	影响力系数、感应度系数
		持续发展	总资产贡献率、成本费用率
		外向性	进出口额比重、利用外资比重
		财税支持	R&D 经费比重、政府 R&D 经费投入占比、税收减免比重、信贷比重
		就业与利税	就业贡献增长、利税贡献增长
	宋德金，刘思峰（2014）	技术引领性	R&D 经费投入强度、R&D 人员比重、发明专利授权数、技术进步贡献率
		产业成长性	收入弹性、增长率、资金利税率、成长稳健性
		市场竞争力	市场占有率、比较优势系数
		产业关联性	感性度系数、影响力系数
		环境友好性	能源消耗系数、"三废"排放达标率

战略性新兴产业的形成有多种模式。第一种模式是依靠市场机制，不需借助外力的干预与协调，以美国为代表。这一看法与古典经济学倡导的自由经济传统相一致。即市场的竞争与供给关系足以促进具有竞争能力的产业发展，产业协调问题也可以通过市场供求和价格机制来实现，政府没有必要进行规划并给予其扶持政策，政府在选择战略性新兴产业时并不如市场更具权威性。第二种模式是以苏联与东欧等国学者为代表的观点，认为战略性新兴产业选择完全可以依据国家政策而无需依靠市场机制。第三种模式则认为，战略性新兴产业选择应遵循基本的市场规律，发挥市场自发调节能力的同时，政府积极进行干预，主动弥补市场机制的不足（东北财经大学产业组织与企业研究中心课题组，2010）。

产业升级应当采取非平衡与平衡发展相结合、以非平衡发展为主要途径的发展战略。实践中，非平衡发展须依托主导产业，形成主导产业带动作用，各产业循环交替上升发展态势。主导产业的概念最初由赫希曼（Hirschman，1958）提出，他认为，在资源有限的发展中国家，应采取不均衡的发展战略。他提出了选择主导产业的"产业关联度标准"。产业关联度高的产业对其他产业会产生较强的前向关联、后向关联和旁侧关联。选择这些产业作为政府重点扶持发展的主导产业，可以促进整个产业的发展。罗斯托（Rostow，1960）首次明确提出主导产业系统概念。罗斯托的主导增长产业定义强调主导产业对经济的带动作用及创新的力量。

筱原三代平认为，"需求收入弹性基准"和"生产率上升率基准"是两个最基本的选择标准。"需求收入弹性基准"从需求的角度着眼，表明了随着经济的增长与发展，商品的社会需求增加的幅度，即说明了市场需求的大小。对正常商品而言，需求收入弹性系数愈大，则市场容量愈大，产业发展的潜力也就愈大。因此，战略性新兴产业应是需求收入弹性系数高的产业。"生产率上升率基准"是指以各产业综合生产率提高的快慢作为选择标准，选取综合生产率提高得快的产业作为战略性新兴产业。因为综合生产率上升较快的产业，也就是技术进步较快的产业，能够促进国民收入的较快增长和经济的快速发展。我国学者周叔莲（1998）曾经提出了诸如"瓶颈基准""平衡发展基准""协调基准""货币回笼基准""就业与节能基准""高附加值基准""技术进步基准""边际储蓄率基准"等基准。在纷繁的基准标准下，几乎每一个产业都可以成为战略性新兴产业，但深入分析发现，战略性新兴产业需遵循几个原则：坚持技术前沿与适宜性的统一的原则，市场容量原则，产业关联效果基准原则，产业集群原则。现代产业社会分工日益深化，带动整个产业发展的已不是单个产业部门，而是几个产业共同起作用，罗斯托称之为"主导部门综合体"（东北财经大学产业组织与企业研究中心课题组，2010）。

万钢（2010）提出，战略性新兴产业的培育和发展不仅要受到市场前景、成长潜力、资源条件、产业结构等要素影响，还受到科学技术创新这一关键要素影响。高新技术产业化、自主创新技术的进步、产品的推广应用和自主创新政策的落实是培育和发展战略性新兴产业的前提条件。吴传清等（2010）认为，战略性新兴产业应掌握产业关键核心技术，拥有自主知识产权；产业所依赖的技术应是新兴技术，代表最先进的生产力；能体现技术先导性，技术达到一定水平，拥有成熟技术的产业更容易实现规模化发展。战略性新兴产业选择应置于一定"根基"之上，应在最有基础、最有条件的产业领域率先突破，即要具备一定的产业化能力，已形成一定的产业链，能在较短时间内实现规模化发展。李朴民（2010）认为，发展战略性新兴产业要在把握未来国际产业发展新趋势的基础上，充分考虑自身现有的经济基础和已有的产业结构特点，坚持有所为有所不为的原则，选择那些在本地区最有基础、最具优势条件、能率先突破的产业发展，防止出现一哄而起、浪费资源的现象。钟清流（2010）认为，发展战略性新兴产业应找准方向，不应以投资优先，而应以激活创新动力、掌握核心技术和创造成长条件优先。政府工作重点应放在用机制设计激活发展的内因条件，并以调控政策改善发展的外部环境，为战略性新兴产业创造健康成长的条件。发展战略性新兴产业需要的内因条件是：雄厚的教育基础、创新主体（产学研）强大的自主创新动力及相应的创新能力（产业基础、技术水平、研发能力）；而有利于战略性新兴产业成长的外部条件是规范的市场、有效的资源配置、良好的政策导向。"战略性新兴产业：推动中国经济增长的下一组支柱产业"课题组（2010）在论证发展战略性新兴产业必须具备的条件时指出，技术基础、产业基础、资源条件和政策环境等是发展战略性新兴产业不可缺少的条件。另外，巨大的市场需求和低成本也是战略性新兴产业发展的比较优势，丰富的人才队伍也为产业的发展提供重要支撑。总之，我国战略性新兴产业发展的技术基础、产业基础已较为扎实，资源条件较好，政策环境也在进一步改善，市场需求空间巨大，具备了加快发展的条件（转引自冯春林，2011）。

郭晓丹和宋维佳（2011）、韩雪莲等（2011）都从企业进入角度分析了应该进入何种战略性新兴产业，产业的发展前景及预期利润会对企业的进入形成较强的吸引力，产业不可分散的市场风险越大，宏观层面的政策、法规变化越剧烈，企业越倾向于领军进入，捞取早期的"政策好处"，规模大、国有色彩强的企业表现得尤为明显。贺正楚等（2010，2011）结合战略性新型产业的特点和主导产业理论，运用实证的方法构建了战略性新兴产业的评价指标体系和选择模型，认为政府支持、资源环境、市场需求、战略新兴性等在选择战略性新兴产业时至关重要。

综上所述，战略性新兴产业的选择标准或者说发展条件可以归纳为以下五个方面：

（1）国家创新体系：增强自主创新能力是培育和发展战略性新兴产业的中心环节。战略性新兴产业由科技创新驱动，科技创新是驱动新兴产业发展的根本动力，新兴产业萌芽只有与科技发展有机地结合起来，才能够注入新的活力，成长才有根基。战略性新兴产业还需要由强大的科技人才支撑。培育相关性高技术人才群体和团队是战略性新兴产业成长的保证。

（2）产学研机制：必须完善以企业为主体、市场为导向、产学研相结合的技术创新体系，发挥国家科技重大专项的核心引领作用，结合实施产业发展规划，突破关键核心技术，加强创新成果产业化，形成科技到产业的完整价值链，提升产业核心竞争力。

（3）产业基础：发展战略性新兴产业，要在现有产业基础上，在产业的优化升级中激发培育新的产业。如先进制造业的发展离不开现有的制造业基础，生物医药现代科技的发展要依托于现有医药工业的基础。可见，发展战略性新兴产业，必须结合现有产业基础和技术优势，在有优势、有基础、有条件的产业领域率先实现突破。

（4）市场需求：选择战略性新兴产业依据的首要条件就是产品要有稳定并有发展前景的市场需求。经济运行中的最大困难，一方面是外部需求急剧减少，另一方面是我国有相当一部分产业没有掌握核心和关键技术，缺乏国际市场的竞争力。面对这种情况，我国必须重视发展具有市场需求前景的战略性新兴产业。战略性新兴产业的需求一定是全球层面的需求。

（5）政策机制：战略性新兴产业的成长需要国家各级政府的政策保障，各级政府需要在财税、金融等政策上进行扶持，引导和鼓励社会资金投入；需要设立战略性新兴产业发展专项资金，建立稳定的财政投入增长机制；制定完善促进战略性新兴产业发展的税收支持政策；可以鼓励金融机构加大信贷支持，发挥多层次资本市场的融资功能，大力发展创业投资和股权投资基金等。加大政策扶持力度，深化体制、机制改革，着力营造良好环境，是推动战略性新兴产业快速健康发展的先决条件。

1.6　战略性新兴产业的竞争与政策

有关战略性新兴产业竞争以及政策的文献聚焦的主题词为竞争、政府和政策。钟清流（2010）提出，政府在战略性新兴产业发展进程中应充当组织引导者身份而非主攻手角色，其工作的重点应放在用机制设计、创造或激活发展的内因条件、调控政策并改善发展的外部环境等方面，应坚持政府引导和市场推动相结合的发展模式，摒弃政府主导式重引进、盲目投资、大干快上而轻机制设计和政策调控的倾向。万军（2010）在研究总结日本政府在发展新兴产业中发挥作用的基础上提出，由于高科技发展的不确定性，由政府主导产业科技发展方向的做法不可取；政府不仅要采取措施鼓励企业技术攻关，而且更要考虑技术的市场需求；政府应定位于创新的制度安排。

陈洪涛等（2008）认为，政府的主要任务是制定和完善法律促进、技术服务、资金支持等管理制度，税收政策、人才引进、人员合作等激励政策，信息扩散、需求引导、基础设施等市场环境建设；对新兴产业的发展发挥独特作用。由于战略性新兴产业在发展初期属于弱势产业，在市场调节的前提下，政府对关系国家经济、社会、国防安全的战略性领域和战略性新兴产业的关键环节，应发挥宏观指导、政策激励诱导和必要的组织协调等作用（转引自剧锦文，2011）。钟清流（2010）认为，政府可以利用其整合资源的优势，通过财政政策迅速促使战略性新兴产业的成长，但因政府决策远离技术前沿和生产一线，决策失败的风险较大，如果政府干预过度后果会更严重，而企业的创新驱动才是战略性新兴产业发展的根本动源。因此，政府的角色在于加强教育投入，培育创新主体的能力，以及通过规范市场和强化宏观引导以营造良好的产业发展环境。

时杰（2010）首先把战略性新兴产业分为创新、增长和成熟三个阶段，他认为，在创新阶段，政府应对这些产业予以直接扶持，重点是建立相关配套政策体系及对研发及支持体系的资金投入；在增长阶段，政府通常是通过出台产业政策激励要素向这些产业倾斜；在成熟阶段，政府利用各种政策手段，组合高技术产业发展要素，进一步推动和引导战略性新兴产业的发展。陈玲、林泽梁、薛澜（2010）利用博弈方法，分析了我国地方政府在经济和政治的双重激励下，对发展本地新兴产业的态度和行为。他们得出的结论是：在政治激励下，地方政府倾向于采取形式化、表面化的政策执行策略，虽然有助于营造产业发展的热烈氛围，但缺乏实质性的投入和实施；在有效的经济激励下，地方政府则倾向于主动采取实质性的政策执行，但从地方政府的自身利益出发，其行为方向与中央政策未必完全一致。只有当中央政策对地方政府的政治激励和经济激励均十分有效时，地方政府才会采取积极主动的实质行动策略，也才会真正有助于战略性新兴产业的发展。洪银兴（2010）认为，要想使新兴产业成为地方的支柱产业，地方政府需要解决新兴产业的规模经济、成本控制和空间布局三方面的问题（转引自剧锦文，2011）。

厉以宁（2010）在"投资是工业化第一推动力"的命题下，研究了西欧各国政府在促进新兴产业发展以及物质资本、人力资本和社会经营资本形成中的作用。在物质资本方面，政府主要投资于某些行业的工厂建设，包括军事工业、新兴产业和国内不能自给的行业，并采取国有或国家控股方式；在人力资本方面，政府主要投资于教育，以提高国民素质和培养各类专门人才，以适应工业化的需要；在社会经营资本方面，政府主要投资于如铁路、城市基础设施等公用事业，为工业化提供更多的社会经营性资本。有学者研究了19世纪60年代，德国在第二次科技革命过程中，政府所扮演的角色及其采取的政策措施：第一，根据国情制定工业化发展战略，通过银行参股，解决企业资金问题；第二，通过举办国有企业、资助私营企业，以及提高关税、建立关税同盟等举措，发展本国的新兴产业；第三，大力推行教育改革，促进新技术的开发和利用（转引自剧锦文，2011）。王宏和骆旭华（2010）以美国半导体产业发展为例，研究了美国政府在战略性新兴产业发展中的作用。他们指出，自20世纪50年代美国兴起半导体产业开始，美国政府就通过政府采购、研发投入、税收减免、立法保护知识产权和创造国际环境等推拉手段，特别是政府的技术采购为战略性新兴产业创造较大的市场空间。

万军（2010）研究了日本政府促进本国战略性新兴产业发展的政策措施，包括政府预测关键技术发展趋势，制定和实施大型科技发展计划；不断完善研究开发补助金制度，为技术研发提供资金支持。据有关统计，日本通产省在十余年时间里累计投入约568亿日元的巨额研发费用，为第五代计算机技术的研制提供了充足的资金支持；建立官民合作开发体制，共同分担研发风险，政府不仅通过补助金等方式提供研发经费，还参与研发活动的组织和协调；此外，日本政府采取税收优惠、低息贷款等财政金融政策，鼓励新兴产业发展。对高新技术产业实行税收优惠和特别折旧制度，并给予政府补贴。对用于购置技术开发的资产免征7%的税金，高科技企业可以获得低息贷款，一旦研发失败，则只需归还本金，无需支付利息。周菲和王宁（2010）研究了芬兰政府在战略性新兴产业发展中的作用。他们指出，政府首先瞄准世界先进目标制定出产业发展的规划或行动计划；努力构建包括教育和科技投入的社会驱动机制；鼓励企业"走出去"，同时开放国内市场，以拓展企业的国际市场和国际合作。

综上所述，政府在战略性新兴产业发展过程中应该扮演引导者和支持者的角色而非主导者角色，政府的作用主要体现在制定发展规划、制定和调整相关政策制度、提供研发支持和融资渠道、建设公共的基础设施、加强人才培训、提倡和鼓励采购相关产品与技术等方面。

1.7　主要国家战略性新兴产业规划现状

有关战略性新兴产业发展规划与布局的文献聚焦的主题词为规划、发展和产品。近些年来，主要发达国家纷纷采取措施加快培育和发展以节能环保、新能源、生物、信息网络为代表的战略性新兴产业。种种迹象表明，伴随战略性新兴产业快速发展，全球新科技革命和产业革命又进入一个新的历史性突破关键期。表1-6总结了主要国家的战略性新兴产业发展规划。

表1-6　　　　　　　　　　主要发达国家战略性新兴产业规划与布局

国家或地区	规划	重点领域	投入力度
美国	《美国竞争力计划》（2006）；《2009年美国复兴与再投资法》（2009）；《美国创新战略：驱动可持续增长和高质量就业》（2009）；《重整美国制造业框架》（2009）	清洁能源、先进汽车技术、健康技术、生物工程产业、航空产业、钢铁和汽车工业（重点是电动汽车）、纳米技术、智能电网、低收入家庭房屋节能改造计划。近期又两次提主攻方向，包括节能环保、智慧地球等	以基建和科研、教育、可再生能源及节能项目、医疗信息化、环境保护等为重点的7870亿美元的经济刺激方向；将研发的投入提高到GDP的3%；投入1500亿美元支持以电驱动汽车为主的新能源技术创新，其中20亿美元用来支持先进动力电池的研发，189亿美元投入能源输配和替代能源研究、218亿美元投入节能产业、200亿美元用于电动汽车研发和推广
欧盟	《创建创新型欧洲》（2006）；《欧洲研究基础设施路线图规划》（2006）	电子医疗、药品、运输与物流、环境、数字产业、能源和安全；风能、太阳能、生物能、碳捕捉、智能电网、新型核电启动计划	到2013年以前，将投资1050亿欧元发展绿色经济；计划将130亿欧元用于"绿色能源"，280亿欧元用于改善水质和提高对废弃物的处理和管理水平，另外640亿欧元将用于帮助欧盟成员国推动其他环保产业发展
英国	《构筑英国的未来》（2009）	生物产业、低碳经济、生命科学、数字经济、先进制造和金融服务业	计划10年内在癌症和其他疾病领域投150亿英镑用于相关的生物医学研究
芬兰	《"芬兰清洁技术"推广计划》（2007）；《国家气候和能源战略规划》（2008）	新能源和节能环保产业	每年在技术创新研发方面的投入已占其GDP的3.5%，超过了日本和美国
日本	《日本创新战略2025》（2007）；《面向光辉日本的新成长战略》（2009）；《知识产权战略推进计划》（2008，2009）	医疗与健康、环境、水与能源、生活与产业、区域社会、拓展领域；新能源和环境技术、环保型汽车、电力汽车、医疗与护理、文化旅游和太阳能发电；机器人、先进材料、情报、内容产业	日本将新能源研发和利用的预算由88亿日元大幅增加到1156亿日元
韩国	《新增长动力规划及发展战略》（2009）	能源与环境、新一代运输装备、新兴信息技术产业、生物产业与产业融合、知识服务业；信息技术、纳米技术、生物技术与环境技术四大产业作为战略性新兴产业	在2010年中期以前，通过政府研究与开发资金，向26个商业项目共投资1550亿韩元以支持促进经济发展的新兴产业；计划到2012年投资6万亿韩元研发绿色能源新技术

对比分析表1-6中发达国家的战略性新兴产业规划，可以得出三点结论：

（1）主要发达国家的相关规划不约而同选择了节能环保、绿色能源、新材料、生物、医疗健康、信息技术、创意内容产业等作为优先发展的战略性新兴产业，这与我国政府确定的七大战略性新兴产业高度一致。

（2）主要发达国家为促进战略性新兴产业发展，纷纷加大了投入力度和政策支持力度。

（3）主要发达国家一般通过专项规划或行动计划的方式来推动战略性新兴产业的发展，专项规划具有更强的针对性、时效性和专业性，代表了未来一段时期本国产业发展和科技进步的主攻方向，对于促进本国和地区产业、科技、经济和社会的发展具有重要的战略意义。

第 2 章　战略性新兴产业的若干理论问题

2.1　战略性新兴产业的本质特征

战略性新兴产业就是成长前期或成长期的未来能够发展成为战略产业的产业。战略性新兴产业的本质特征可以从战略性、成长性和创新性三个方面来解释。

战略性新兴产业的战略性可以从三个方面来理解。其一，战略性新兴产业属于国家未来的战略产业，是一个国家或地区实现未来经济持续增长的先导产业，对国民经济发展和产业结构转换起着决定性的作用，具有广阔的发展空间、市场前景、扩散效应和创新示范作用，关系到国家的经济命脉和产业安全；其二，它属于具有国际比较竞争优势的产业，是一个国家或地区抢占国际经济和产业制高点、实现经济发展方式转变的关键，在很大程度上决定着一个国家或地区未来的国际竞争力；其三，它属于强带动性的产业，是带动一个国家或地区未来经济发展的主导产业，一般能够带动更多的相关产业的发展，形成优势明显的产业链或产业集群。

战略性新兴产业的成长性可以从三个方面来理解。其一，战略性新兴产业属于产业成长期或成长前期的产业，完整的产业生命周期包括创意期、发育期、成长期、成熟期和衰退期，战略性新兴产业一般都处于发育期或成长期，这个阶段的产业面临着技术变化快、产品多标准、市场不成熟、产能相对较低、竞争逐步加强等诸多问题，但同时也具备掌控主导技术、主导产品标准、抢占新兴市场、快速扩充产能、快速构筑竞争优势等机会，只要能够把握这些机会，就具备爆发性的成长力和巨大的发展空间，就能够给投入者带来巨大的回报；其二，它属于高风险的产业，还处于发展的初期，本身具有较大的脆弱性，通常缺乏必要的自我发展能力和自我保护能力，在发展过程中面临着市场、技术、人才、产业化等方面的风险，未来能否成为战略性产业也存在不确定性，为此，需要各级政府予以扶持和提供支持，需要参与者和利益相关者具备足够的耐心和宽容，需要战略性新兴产业的管理者和经营者具备高度的风险意识和更强的风险防范能力；其三，它属于规模容量相对更大的产业，战略性产业要具备对国家经济足够的影响力，因此该产业的体量与规模必须足够大，要在国家产业总量中占据较大的比例，而更大或超大的产业规模本身就意味着更大的成长性。

战略性新兴产业的创新性也可以从三个方面来理解。其一，战略性新兴产业属于自主创新驱动的产业，它肩负着占据全球产业制高点和提升国家的产业国际竞争力的使命，而在全球竞争常规化的环境中，要构建产业的竞争优势，只有加大科技创新力度特别是加强自主创新；其二，战略性新兴产业属于科技引领发展的产业，其发展更多地依靠科技的引领作用，是由科技进步催生的产业，是科技成果转化带动发展的产业；其三，战略性新兴产业属于高附加值的产业，是科技密集型、知识密集型和人力资本密集型产业，其产品的附加值较之常规产业要高很多，秘诀就在于其产品的价值是由产品中的知识含量决定，而非物质资源或简单劳动力成本决定。

战略性新兴产业的战略性、成长性和创新性特征也在很大程度上决定了其发展规律，作为科技创新驱动的强带动性的新兴产业，战略性新兴产业的发展需要得到国家和各级政府的更多支持，需要全社会范围的协同推进，需要在国际竞争中培育和提升竞争优势。

2.2 战略性新兴产业的选择与演化

战略性新兴产业发展的前提是确定哪些产业是战略性新兴产业，这样就必然存在一个选择标准或指标体系问题。长沙理工大学贺正楚教授所主持的社科基金项目重点研究了战略性新兴产业的选择与评价问题，他所领导的课题组在系列论文中提出了由产业全局性、产业先导性、产业关联性、产业动态性所组成的战略性新兴产业评价指标体系，以及由政府支持、资源环境、市场需求、技术研发和战略新兴性5个一级指标19个二级指标所组成的战略性新兴产业选择指标体系，其他学者也提出了战略性新兴产业的选择原则、标准与指标，但多数都大同小异。本课题组在综合有关研究成果时发现，有关战略性新兴产业选择与评价的研究成果更多的是从"战略性和新兴性"出发来进行推导的，是立足产业自身进行讨论的，没有提升到国家竞争力的高度来思考和考察问题。本课题组认为，战略性新兴产业的关键在于其战略性所指的是相对于国家而言的战略性产业，不可以从区域层面来理解战略性；此外，战略性新兴产业的选择标准是由其本质特征决定的，上述战略性新兴产业的战略性、成长性和创新性已经包含了选择标准的合理要素。

综合相关理论研究成果，本课题组认为，战略性新兴产业只是产业或战略产业在特定阶段的称谓，当进入成熟阶段后，战略性新兴产业就会演变为国家的战略产业，当然也不排除演变为常规产业的可能性。以战略性新兴产业为中心来刻画产业生命周期，其前期包括新兴产业和战略性新兴产业两个发展阶段，后期则包括战略产业、常规产业和衰退产业三个发展阶段（见图2-1）。

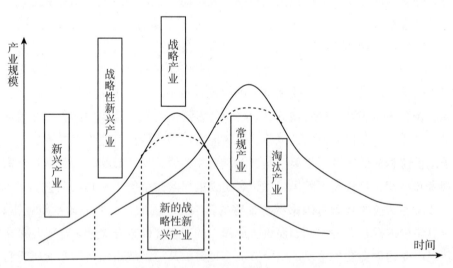

图2-1 战略性新兴产业的生命周期

战略性新兴产业始于新兴产业。在当代，新兴产业通常是伴随着新的理念、新的技术或者新的需求而产生的行业，新兴产业尤其需要科技创新的引导和支持，其中那些具有广阔市场前景、突破性科技创新能力、国际竞争潜力的产业会浮出水面，从而进入战略性新兴产业发展时期；随着技术和市场的成熟，战略性新兴产业的历史使命就将终结并蜕变为国家战略产业；当新的国家战略产业出现后，一些不再具有决定性作用的原国家战略产业就会发展为常规产业，甚至最终过渡为衰退产业。例如，20 世纪七八十年代计算机制造在我国属于新兴产业，90 年代随着国家信息化战略的推进，计算机制造业也作为战略性新兴产业而受到了重点支持，21 世纪初期日渐壮大的计算机制造业由于技术和市场的成熟而成为我国的战略产业之一，目前，计算机制造技术已实现了全面标准化，计算机制造业也逐步进入了常规产业发展阶段。计算机制造业的发展过程属于典型的战略性新兴产业演化过程，也有一些产业如 VCD 产业等是由战略性新兴产业而快速发展为衰退产业的。

就战略性新兴产业而言，其发展周期相对较短，所有战略性新兴产业注定都要演变为战略产业或常规产业。研究战略性新兴产业的演化及其规律，关键是要帮助战略性新兴产业选择合适的战略，既能够保障战略性新兴产业的有序和健康发展，又能够促使其过渡为战略产业。

2.3　战略性新兴产业的发展模式

战略性新兴产业的发展模式是在较长期的发展过程中，通过摸索、创新、试错等方式所确定的能够最大限度整合资源与能力要素并实现产业高速成长的一整套发展思路、路径和方法。客观地分析，战略性新兴产业涉及相关产业多数在战略性新兴产业提出之前就存在，但并未按照战略性新兴产业的规律来规划与发展，就此而言，现实中并不存在成熟的可作为典型案例分析的战略性新兴产业发展模式，这就需要对类似的产业或准战略性新兴产业的发展模式进行研究，这也是本课题需要展开研究的内容。

探讨产业发展模式有多种视角，常规的视角之一是从产业发展驱动力的角度进行研究，应用产业分析理论，可以认为，战略性新兴产业发展应属于科技驱动和市场驱动共同作用的双轮驱动发展模式，由于战略新兴性的特点，科技创新相对具有主导性，一般是由科技创新引领产业发展和市场需求，而作为发展初期的产业，市场需求相对并不活跃，需要通过政策等外力进行激发，当市场需求积累到一定量时，就会进一步刺激科技创新，并形成相互激发的发展态势。

战略性新兴产业中的企业大多是中小企业，为了降低发展成本、共享发展资源包括信息资源、形成规模效应，集群发展模式似乎是相对更有利的发展模式。建设高科技园区和科技企业孵化园区是集群发展的一种常规方式，但这种方式的人为干预特色更浓；任何一个产业的发展都需要具备很多发展条件，波特的钻石模型所刻画的就是具有竞争优势的产业所必需具备的要素，为此，应遵循产业发展规律，适当条件下，跨区域建立战略性新兴产业集群更具有优势。

泛泛地理解，战略性新兴产业在近代社会就已经出现了，如前所述，汽车产业、信息技术产业等都曾经是战略性新兴产业，本课题将从历史的角度分析成功的战略性新兴产业发展案例，并应用产业经济学等理论，对战略性新兴产业发展模式进行归纳概括。

2.4　我国战略性新兴产业发展的关键成功因素

综合国内外学者的研究成果，结合本课题组前期的研究与讨论，可以认为，我国战略性新兴产业的关键成功因素主要包括政府支持、自主创新、集群发展、价值链延伸、市场培育、国际竞争、风险控制七个方面。

战略性新兴产业处于产业发展的初期，政府所提供的政策、资金和环境等方面的支持是其顺利发展的关键因素。战略性新兴产业通常在全球范围内都是发展中的产业，尚未形成主导的技术标准，急需通过自主创新来确定和强化本国战略性新兴产业的竞争优势。成长期及成长前期的企业规模一般都比较小，要形成规模效应和通过良性竞争实现快速发展，就要引导和激励特定战略性新兴产业的企业按照集群规律来发展。新产业一般都缺乏上下游和周边的配套产业，因此需要有关企业与各地政府和社会力量合作建设战略性新兴产业的产业链。战略性新兴产业的产品大都是技术主导的新产品，市场认知度和接受度较低，需要政府加大采购力度，同时也需要强化市场营销与合作联盟建设。对于战略性新兴产业而言，国内市场和国际市场是统一的和无差别的（或差别细微），从发展初期就应着眼于国际市场的开拓和国际竞争力的培育。战略性新兴产业充满了不确定性，其战略风险远远大于常规产业，需要从起步阶段就确立风险控制意识和不断强化风险防范能力。

2.5　战略性新兴产业的竞争力与竞争优势

我国战略性新兴产业与全球同类产业基本上处于同一发展阶段，这意味着我国战略性新兴产业的竞争力是相对于世界各国特别是发达国家而言的，更准确地说，战略性新兴产业的竞争力就是国际竞争力。

竞争力分析的经典理论是波特的五力分析模型。战略性新兴产业属于成长期的产业，这决定了其潜在进入者很多；作为科技创新驱动的产业，其对有形资源的依赖性相对较弱，但作为重要供应商的科技创新组织的讨价还价能力相对较强；作为新兴产业，其产品尚未被市场广泛接受，存在相对较长的市场培育期，也存在较多的可替代产品；相对有利的是成长期的产业内部竞争程度相对较弱。在五力分析框架内，可以看出，影响最大的要素还是科技创新，如果科技创新具有独特性和不可模仿性，那么就能够形成相对其他力量的竞争力。

从理论上分析，本课题组认为，战略性新兴产业的竞争力和竞争优势更多地取决于产业科技创新的能力，包括科技研发能力、科技成果转移转化能力、科技产品创新能力、科技营销能力和科技服务能力等，这些能力在很大程度上决定着一个国家或地区战略性新兴产业的竞争力。为此，本课题将重点分析世界科技中心转移与战略性新兴产业发展的关系，就战略性新兴产业发展提出建议。

第3章 "十二五"期间我国战略性新兴产业的分布及分析

3.1 我国战略性新兴产业对应的科技领域和学科专业分析

国务院 2010 年发布的《国务院关于加快培育和发展战略性新兴产业的决定》明确指出,我国战略性新型产业主要包括节能环保、新一代信息技术产业、生物产业、高端装备制造业、新能源产业、新材料产业以及新能源汽车产业七大产业(见表 3-1),并对每个产业作了详细的界定;在七大战略性新兴产业之下又确立了 23 个重点方向,这些方向也具备成长为细分产业的潜力,这样就相当于形成了 7 个一级产业和 23 个二级产业的战略性新兴产业架构。

表 3-1　　　　　　　　　　　　　　　我国战略性新兴产业的规划与布局

产业	来源	重点内容	代表企业/地区
节能环保产业	《"十二五"节能环保产业发展规划》(国务院,2012)	高效节能技术和装备、高效节能产品、节能服务产业、先进环保技术和装备、环保产品与环保服务六大领域列为重点支持对象	金晶科技,保变电气,孚日股份,东方电气,中核科技,碧水源,万邦达,金风科技,天奇股份
新一代信息技术产业	《新一代信息技术产业发展"十二五"规划》(工信部,2012)	建设高性能宽带信息网,加快实现三网融合,促进物联网示范应用	中兴通讯,烽火通信,三维通信,新海宜;新大陆,远望谷,海康威视,科陆电子;东华软件,航天信息,东软集团,软控股份
生物产业	《生物产业发展规划》(国务院,2012)	生物农药、生物肥料、生物育种	东阿阿胶,双鹤药业,云南白药,莱茵生物,华兰生物,桂林三金
高端装备制造产业	《高端装备制造业"十二五"发展规划》(工信部,2012)	航空、航天、高速铁路、海洋工程、智能装备	航发动力,中直股份,中国卫星,国腾电子,中国中车,中海油服,中国重工,沈阳机床,机器人
新能源产业	《能源发展"十二五"规划》(国务院,2013)	重点支持的领域集中在风能、太阳能、核能、生物质能、水能、煤炭的清洁化利用、智能电网七大方面	航天机电,六国化工,博云新材,方大炭素,金晶科技等
新材料产业	《新材料产业"十二五"发展规划》(工信部,2012)	重点积极发展特种金属功能材料、高端金属结构材料、先进高分子材料、新型无机非金属材料、高性能复合材料和前沿新材料	形成了浙江、安徽、山东、广东等多个电子信息材料聚集发展的产业基地

产业	来源	重点内容	代表企业/地区
新能源汽车产业	《节能与新能源汽车产业发展规划》（国务院，2012）	最终实现插电式混合动力汽车及纯电动汽车的产业化；同时将加快研发燃料电池汽车技术	中国动力，万向钱潮，亿纬锂能，佛塑股份，拓邦股份，杉杉股份，嘉化能源、中国宝安，佛山照明等

　　战略性新兴产业是科技创新导向的产业，为此，有关科技及其发展方向和进展对战略性新兴产业具有决定性的影响。2007 年，中国科学院部署开展我国科技战略路线图研究，首先分析了实现我国 2050 年远景目标必须构建的八大战略体系，然后分析了与这八大战略体系紧密关联的 18 个科技领域，接下来组建了由 300 多位科学家组成的 18 个课题组，分别就这 18 个科技领域的科技体系、科技目标、不同时间节点的科技进展与科技应用等进行了系统研究，形成了 19 份系列战略报告（含总报告 1 份），并从 2009 年开始由科学出版社正式出版。我国科技战略路线图所研究的 18 个科技领域分别是能源、水资源、矿产资源、海洋、油气资源、人口健康、农业、生态与环境、生物质资源、区域发展、空间、信息、先进制造、先进材料、纳米、大科学装置、重大交叉前沿、国家与公共安全，除最后两个科技领域外，几乎都与战略性新兴产业有关，为此，有必要探讨这些科技领域与七大战略性新兴产业的对应关系，并进一步探讨战略性新兴产业所涉及或需要的其他科技领域与科技知识，形成战略性新兴产业的科技知识地图。

　　本课题组将七大战略性新兴产业及其二级产业（即发展的重点方向）与对应的科技领域与学科领域（括号内为学科领域代码）进行了比较分析，结果如表 3 - 2 所示。

表 3 - 2　　　　　　　　战略性新兴产业与科技领域和学科领域对照

战略性新兴产业	二级产业	科技领域	学科领域
节能环保产业	废旧商品回收利用体系	其他技术领域	环境科学技术（610）地球科学（170）
	煤炭清洁利用		
	海水综合利用	海洋技术	
新一代信息技术产业	新一代移动通信	信息技术	电子、通信与自动控制技术（510）计算机科学技术（520）
	下一代互联网核心设备		
	三网融合		
	物联网、云计算		
	电路、软件核心基础产业		
	信息服务产业		
	文化创意产业		
生物产业	生物技术和创新药物	生物技术	生物学（180）基础医学（310）药学（350）化学工程（530）
	生物医学工程产品		
	生物育种产业		
	海洋生物技术及产品	海洋技术	地球科学（170）

战略性新兴产业	二级产业	科技领域	学科领域
高端装备制造产业	航天航空产业	航天技术	航空、航天科学技术（590）
	空间基础设施建设		地球科学（170）
	轨道交通装备	自动化技术 其他技术领域	交通运输工程（580）
	海洋工程装备		水利工程（570）
	智能制造装备		机械工程（460）
新能源产业	核能	能源技术	物理学（140） 能源科学技术（480） 核科学技术（490）
	太阳能		
	风电		
	生物质能		
新材料产业	新型功能材料	新材料	材料科学（430）
	先进结构材料		
	高性能纤维及复合材料		
	共性基础材料		
新能源汽车产业	插电式混合动力汽车	能源技术 自动化技术 其他技术领域	动力与电气工程（470） 能源科学技术（480）
	纯电动汽车		
	燃料电池汽车		

在表 3 - 2 中，科技领域采用科技部的分类标准，战略性新兴产业对应于该分类表中的八大领域，即信息技术、生物技术、新材料、能源技术、自动化技术、航天技术、海洋技术和其他技术领域；学科领域采用国务院学位办的分类标准，战略性新兴产业对应于该分类表中的 58 个学科领域。从表 3 - 2 可以看出，战略性新兴产业与科技领域和学科领域有较为清晰的对应关系，这从一个侧面反映了战略性新兴产业是科技驱动型产业，战略性新兴产业的发展需要关键的核心技术作为支撑。

3.2 "十二五"期间我国各区域战略性新兴产业的分布

本课题组对我国 22 个省（除台湾）、4 个直辖市和 5 个自治区的政府网站进行了系统搜索（数据截止于 2011 年 7 月 25 日），这些地区的七大战略性新兴产业规划中的产业布局信息如表 3 - 3 所示，其中多达 25 个省级行政区布局了 6~7 类战略性新兴产业，占近 81%，这充分说明了各省级行政区对发展战略性新兴产业的重视和信心。

表 3 - 3   "十二五"期间我国省级战略性新兴产业的规划情况

产业规划情况	产业类型	省（自治区、直辖市）	个数
七大产业	①②③④⑤⑥⑦	山东、贵州、湖北、陕西、广东、吉林、黑龙江、辽宁、山西、浙江、江苏、安徽、北京、天津、上海、广西	16

续表

产业规划情况	产业类型	省（自治区、直辖市）	个数
六大产业	①②③④⑤⑥	福建、四川、河北、云南、甘肃、新疆	6
	②③④⑤⑥⑦	江西、湖南	2
	①②③⑤⑥⑦	重庆	1
五大产业	①③④⑤⑥	青海	1
	①③⑤⑥⑦	河南	1
四大产业	①③⑤⑥	内蒙古、宁夏	2
	②③⑤⑥	海南	1
三大产业	①②⑥	西藏	1

注：表中符号对应的战略性新兴产业：①节能环保产业，②新一代信息技术产业，③生物产业，④高端装备制造业，⑤新能源产业，⑥新材料产业，⑦新能源汽车产业。

从地市级行政区的规划来看，据本课题组的不完全统计（有41个地级市的网站没有公布相关信息），333个地级市的战略性新兴产业规划如图3-1所示，其中，布局6~7类战略性新兴产业的地级市有68个（占约20%），布局3~5类战略性新兴产业的地级市有182个（占约55%），可见地级市在发展战略性新兴产业方面也有很高的积极性。

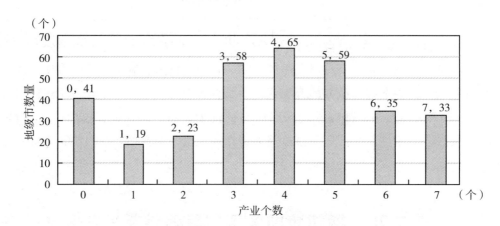

图3-1　"十二五"期间我国地级市战略性新兴产业的规划情况

注：图中方柱上的数字，逗号前的表示产业个数，逗号后的表示地级市数量。

3.3　我国战略性新兴产业分布的社会网络分析

社会网络分析（social network analysis，SNA）是一种结构分析，利用SNA构建的关系网是一种网络的结构，强调关系网中结构的重要性。在UCINET软件中导入表3-3的数据，就可以得到由省级行政区和战略性新兴产业集合构成的2-模数据，2-模数据的实质是一个矩阵。利用SNA对2-模数据进行图形分析，即可得到七大战略性新兴产业的集聚图（见图3-2）。

从社会网络分析图可以看出，节能环保、新能源、新材料、生物产业四类战略性新兴产业广泛分布在全国各地，而新一代信息技术、高端装备、新能源汽车则主要集中在东部和中部地区。

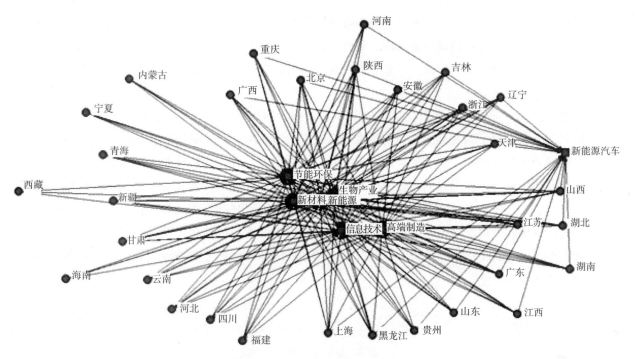

图 3-2　我国各省份发展战略性新兴产业的 SNA 图

我国战略性新兴产业的社会网络分析结果表明，各地战略性新兴产业布局具有极大的耦合性，由于战略性新兴产业本身所需的技术、人才等资源以及面对的市场等资源具有相似性，其信息资源的共性需求远远大于个性化需求，这就为建立基于共性信息资源需求的战略性新兴产业信息资源保障体系提供了理论依据和现实基础。

3.4　我国战略性新兴产业的地域分布与集群现象分析

挖掘和分析省级与地级行政区战略性新兴产业规划的内容，按七大战略性新兴产业来组织与刻画分布情况，可以获得战略性新兴产业地域分布和集群发展方面的信息。

节能环保产业：主要聚集在辽宁半岛、山东东部，苏浙沪地区，珠三角地区，河南、陕西与河北接壤的地区，河南南部、湖北东北部，内蒙古大部分地区，陕西、四川区域，广西沿海、云南大部分地区及贵州西南部。

新一代信息技术产业：主要聚集在京津冀地区，苏浙沪地区，珠三角地区；在中部和西部地区的分布较为散落，中部仅在河南的北部有小块聚集，西部在陕西的南部、四川东北部、重庆等地形成了不很密集的小群落。

生物产业：东部大部分地级行政区都布局了生物产业，形成了东部沿海一条狭长的产业带；中部分布比较散落，在黑龙江北部和吉林长白山区域存在小型的规划聚集；西部主要聚集在内蒙古部分地区，云南、广西和贵州南部，甘南和陕南地区。

高端装备制造业：主要聚集在京津地区、苏浙沪地区、珠三角地区、黑龙江和吉林部分地区，环西安也形成了小型的产业群落，全国总体分布较为零落，没有形成非常大的聚集地带。

新能源产业：分布广泛，东部地区几乎所有地级行政区都布局了新能源产业，已形成沿海新能源产业带；在中部地区，新能源产业的布局相对较少，主要散布在科技力量集中和能源富集的地级行政区；在西部地区，新能源产业主要分布在从内蒙古、宁夏、甘肃北部到新疆的由东至西的新能源产业带，以及从广西到西南三省云南、贵州、四川的西南新能源产业带。

新材料产业：分布更为广泛，主要聚集在东部沿海新材料产业带、东北工业区、中部老工业基地、西部新兴工业区。

新能源汽车产业：分布离散化，主要分布在京津、唐山等地，潍坊、聊城、临沂，上海、湖州、杭州和金华等地，珠三角地区，河南部分区域，山西太原，四川部分地区。

从上述七大战略性新兴产业的聚焦情况来看，可以发现，我国战略性新兴产业的分布具有相对集中与绝对离散并存、资源导向与技术导向并重、优势产业与潜力产业并举的特点。战略性新兴产业集聚在具有一定产业基础和优势的区域，又分布在很多现实基础较弱的区域；各区域布局战略性新兴产业时更多注重本区域既有的资源优势，但同时也关注本区域的研发优势，技术性强的产业如新能源汽车产业尤其关注技术优势；多数区域在选择战略性新兴产业时兼顾当前已有优势的产业和未来可形成优势的产业。

第二篇 战略性新兴产业的战略效应研究

第4章 工业革命中战略性新兴产业的回溯研究

4.1 回溯研究的必要性及工业革命简述

4.1.1 回溯研究的必要性及回溯资料的收集

（1）回溯研究的必要性。

从产业发展史的角度来看，虽然战略性新兴产业这一概念近几年才被提出，但战略性新兴产业这一事物并非新生，可以通过研究已发展成熟的战略产业的初级阶段的战略效应，为研究当前战略性新兴产业的战略效应提供借鉴和理论指导。

19世纪以前全球各国的人均收入大致相等，维持在600美元左右，工业革命开启了全球工业化的征程，抢先进行了工业革命的欧美国家先后崛起成为世界大国。工业革命中出现的产业不仅带来了生产力的巨大飞跃，世界经济联系的日趋紧密，物质财富的极大丰富，人类生活的日新月异和人与自然关系的全面刷新，而且对人类社会制度乃至意识形态方面产生了无可估量的巨大影响（Lucas，2004）。工业革命中先后出现的产业毫无疑问成为推动各国发展的战略产业，而工业革命中先后出现的这些战略产业的初级阶段本质上就是战略性新兴产业，对这些战略性新兴产业进行回溯分析可以为研究当前战略性新兴产业的战略效应具有较强的理论和实践意义。

（2）回溯资料的收集。

为翔实准确地对工业革命中产业的演进进行历史回溯分析，本课题将8本书籍（见表4-1）作为主要分析资料，并进一步从CNKI数据库收集到65篇期刊文献及互联网上获取大量报告作为对书籍资料的补充。

表4-1 工业革命相关书籍

名称	作者	出版社	年份
产业革命论	赵儒煜	科学出版社	2003
产业革命论	龙福元	吉林大学出版社	2008
推动历史进程的工业革命	刘笑盈，齐世荣	中国青年出版社	1999
产业革命与现代化	郭春生	辽宁大学出版社	1996
18世纪的产业革命	保尔·芒图	外语教学与研究出版社	2008

名称	作者	出版社	年份
十七世纪英格兰的科学、技术与社会	罗伯特·金默顿	商务印书馆	2000
大国的兴衰（上下册2本）	保罗·肯尼迪	中信出版社	2013

通过对所搜集的相关资料进行研读、整理、归类，本课题对三次工业革命中战略性新兴产业的发展历程、产业特征和产业战略效应进行挖掘，为研究战略性新兴产业的战略效应提供理论和实践依据。

4.1.2　工业革命简述

（1）全球工业革命概述。

德尼兹·加亚尔（1805）最早利用"industrial revolution"一词以表达当时正在进行中的经济与社会变革。1837年，J. A. 布朗基（J. A. Blanqui）在其著作《欧洲政治经济学史》中提到"industrial revolution"正在席卷全英国。可以看出，国外最早利用industrial revolution来代表起源于英国的第一次工业革命。

国内对"industrial revolution"有"产业革命"和"工业革命"两种译法，细究可以发现，"产业"指物质生产资料的各个部门，包括工业、农业、交通运输业等；而工业则指"产业"中除农业之外的生产事业。所以"产业革命"不仅包括"工业革命""商业革命""农业革命"，还包括"第三产业革命"（见图4-1），随着技术的不断变革和新兴产业的出现，产业革命的范畴会逐渐更加宽泛，例如1962年，马克卢普在其著作《美国的知识生产与分配》中提出了知识产业的概念；美国信息经济学家1987年马克·尤里·波拉特在其著作《信息经济论》中将信息的产业化看作是继农业、工业和服务业之后的"第四产业"。

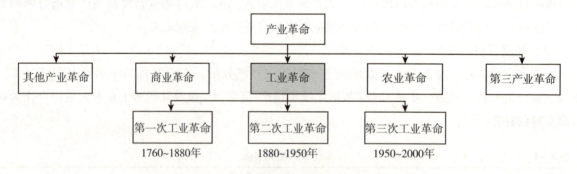

图4-1　产业革命与工业革命的区别

18世纪60年代人类进入工业化时代之后，人类先后经历了以蒸汽机为代表的第一次工业革命，以电力技术和内燃机技术为代表的第二次工业革命，以及以信息技术、航天技术和生物技术为代表的第三次工业革命。大多数学者对三次工业革命历史阶段的划分如下：

第一次工业革命发生在1760～1880年。在这一时期内，工业革命先从英国开始，然后逐渐蔓延发展到了西北欧、中欧及美国；英国最早在19世纪上半叶完成了工业革命，一些较早开始工业革命的国家，如比利时、德国以及北美，也都在这一时期初步完成了产业革命。第二次工业革命发生在1880～1950年。工业革命又开始漫出了西欧、北美范围，进一步向外扩展，俄国和日本开始加入了工业革命的行列，同时拉美部分国家、东欧一些国家、北美洲的加拿大、大洋洲的澳大利亚和南非也开始了自己的工业化进程，亚洲也开始明显受到了工业化的影响。在这一时期，一些早期完成工业革命的国家又开始经历了第二次技术革命的冲击，开始了从机械化大生产向现代工业的过渡。第三次工业革命是从 1950 年至今，工业革命的浪潮开始席卷全球，发展中国家也开始自己的工业化进程，有些取得了前所未有的发展速度和成绩，同时世界又在经历着第三次浪潮的洗礼。某些发达国家工业化的进程已经开始转向以自动化、信息化、智能化为特征的所谓"后工业化"进程了。

（2）工业革命与战略性新兴产业。

通过分析工业革命的发展历程可以看出，多个战略产业的出现、成长、成熟共同构成了每一次工业革命的主要历程。这些战略产业的新兴阶段本质上就是战略性新兴产业，在整个工业革命的过程中，这些战略性新兴产业逐步演化成为成熟的战略产业（见图 4 - 2）。

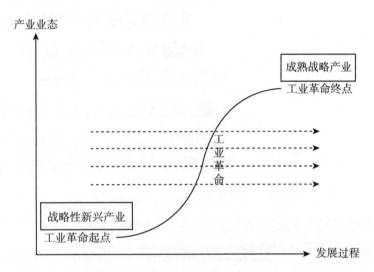

图 4 - 2　战略性新兴产业与工业革命

可以认为工业革命实际上就是多个战略性新兴产业成长为成熟的战略产业的一个过程。例如，纺织业、采煤业、冶金业、机械制造业和交通运输业的发展共同构成了 1760～1880 年的第一次工业革命；电力产业、通信产业、钢铁产业、石油产业、汽车产业、化工产业和建筑产业的发展共同构成了 1880～1950 年的第二次工业革命；而核能产业、电子产业、航天产业、生物工程、海洋产业、信息产业和材料产业的发展共同构成了 1950 年以来的第三次工业革命。三次工业革命中的战略产业发展都要经历战略性新兴产业阶段、成熟的战略产业阶段、基础/衰退产业阶段（见图 4 - 3），虽然较难准确判断出区分产业每个发展阶段的具体时间节点，但可以通过产业发展的规模、技术成熟程度等产业特征粗略判断出这些产业的战略性新兴产业阶段和成熟阶段，并展开分析。

工业革命中的战略性新兴产业和当前的战略性新兴产业虽然面临不同的时代背景，产业特征也略有差异，但都是战略性新兴产业，三次工业革命中的战略性新兴产业对我国当前战略性新兴产业的发展仍具有借鉴意义。

由于战略产业和战略性新兴产业这些概念是从国家层面而言的，从国家层面来回溯的工业革命中的战略性新兴产业发展历程，进而探索全球战略性新兴产业的演进规律和具体战略效应表现，是研究当前战略性新兴产业的战略效应的基础。

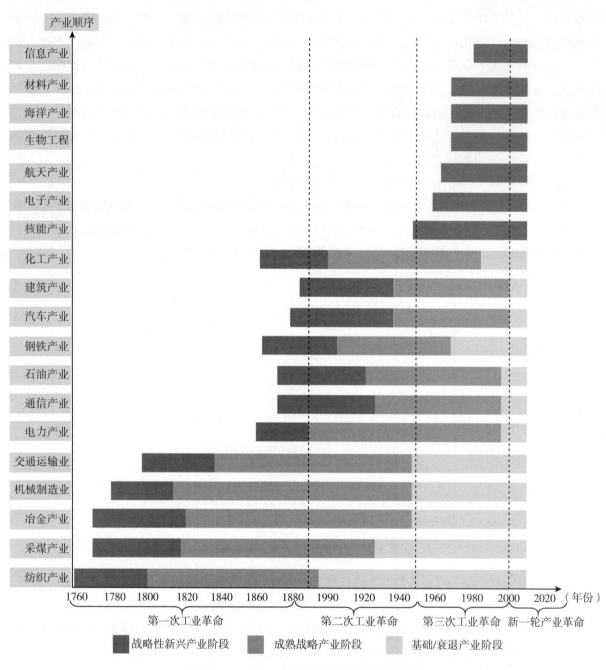

图4-3 三次工业革命中的战略性新兴产业

4.2 第一次工业革命中战略性新兴产业的回溯分析

4.2.1 第一次工业革命中战略性新兴产业演进历程

第一次工业革命最先从英国开始，随后扩展到法国、美国、德国、俄国和日本，进而影响到比利时、瑞士、荷兰、奥匈帝国等欧洲其他国家。第一次工业革命的主要标志是纺织机、蒸汽机的发明和普遍使用，第一次工业革命以轻纺工业为核心展开，通过纺织业的机械化带动机械制造业的产生和发展，进而拉动冶铁业和煤炭业，同时推动了蒸汽轮船和铁路交通运输业的发展，最终形成了以纺织工业为主体的产业结构。欧美各国的工业革命一般都是从轻纺业开始，再扩展到其他轻工业，然后到重工业。接下来重点介绍第一次工业革命中英国、法国、美国、德国的战略性新兴产业的发展历程。

（1）英国工业革命中的战略性新兴产业发展历程（1760～1840 年）。

得益于传统农业社会的瓦解、海外市场的扩展和巨额货币资本的取得、国内工业技术的发展等有利条件，英国率先掀起工业革命的浪潮（刘笑盈，1999）。英国的工业革命是从棉纺织工业开始的。1760 年英国工匠詹姆斯·哈格里夫斯发明了梳棉机这一重要工具，同年，工程师约翰斯·米顿和阿·达比的儿子小达比分别发明的水力鼓风机和纽可门的蒸汽机驱动鼓风机大大提高了冶金效率，苏格兰重要的制铁业的发祥地卡伦铁厂也在该年建立，所以史学家把 1760 年作为英国工业革命的开端。

1769 年詹姆斯·瓦特改良了蒸汽机，先后被用于矿山抽水、深井通风、矿坑运煤等，英国的煤炭业得到了快速发展。1776 年以后，钢铁业的鼓风机开始用瓦特蒸汽机作动力，并且随着蒸汽机的不断完善其工作效率也不断提升。1783 年，炼钢工业自亨茨曼的坩埚炼钢法之后又取得重大突破，工程师亨利·科特发明了搅拌炼铁法和轧钢机。英国纺织业、煤炭业和冶金业的崛起使得英国工业化完成了其第一个阶段。工业与商业的发展对交通运输业提出了迫切要求，布里奇沃特公爵在 1761 年开凿了一条从沃斯利到曼彻斯特的运河，从此开启了英国交通运输业的发展，到 1842 年，英国已修建了 3960 公里的人工河道。运河的开通和海上贸易的发达直接刺激了英国的造船业，从 1760～1800 年，英国的商船队从 48.7 万吨增加到了 190 万吨。1825 年斯蒂文森铺设了从斯托尔顿到达林顿的世界上第一条铁路，并于 1830 年主持铺设了利物浦至曼彻斯特的铁路，总长 45 公里，从此英国掀起了修建铁路的狂潮，到 1850 年英国铁路的总长达到 6500 英里。

随着冶金业、交通运输业等的发展，以往手工制造机器的模式已经不能满足生产的需求，只有用工作母机制造机器，即建立机器制造业，才能保证生产过程的全面机械化，机器制造业由此应运而生。18 世纪末叶，英国已经开始用蒸汽锤和简单的车床制造金属部件。19 世纪初英国陆续发明了各种锻压设备和金属加工机床，各种机械不断被发明制造出来，开始逐渐用机器制造机器。到 19 世纪 30 年代，机器制造业已经具有相当规模，并有大量机器输出国外。到 19 世纪上半叶，英国已经能够制造各种类型的车床、铣床、水平平面刨床、钻床（悬臂钻床）、旋制外螺纹的车床、蒸汽锤、带车刀和导轨的车床等工作母机，能够用这些工作母机加工各种几何图形的部件，加工直线、平面、圆柱、圆锥、球体等。这些工具的发明和应用使机器能够成批生产，机械制造业的全面发展标志着英国工业革命达到顶峰。

（2）法国工业革命中的战略性新兴产业发展历程（1790～1880 年）。

受君主专制制度和法国大革命的影响，法国工业革命比英国晚了大概 30 年，尽管如此，法国工业化的准备却远比英国充分得多。

与英国一样，法国最先发生工业革命的部门也是纺织业。由于 18 世纪后半期不断地引进英国的纺织技术。18 世纪 90 年代，法国开始拥有数家纱锭超过万枚的巨大纺纱厂。1805 年，法国机械师雅卡尔成功地发明了可以织各种图案的自动织机，这种织机生产的产品一进入市场就成了畅销品，1839 年法国机械师泰勒米·蒂蒙尼发明的缝纫机具有重大历史意义，为法国的服装工业的崛起起到关键作用。与法国大革命同步，法国的冶炼业与武器制造业也开始了迅速发展，1789～1811 年，法国的生铁产量增加 6 倍，大炮铸造厂也从 4 家增加到了 30 家。不过由于长期的战乱和政治动荡，加之国际环境不利，法国冶铁业、采煤业、机器制造业等行业快速扩展是在 19 世纪 20 年代以后。40 年代起，法国的交通运输业也开始发生了革命性变革，政府持续支持运河网及公路的修建。到 19 世纪中期至 70 年代，英国工业机器迅速膨胀的同时，法国工业化也开始掀起了其最后完成阶段的狂潮。

（3）美国工业革命中的战略性新兴产业发展历程（1793 ~ 1880 年）。

汉密尔顿 1791 年发表的《关于制造业的报告》为美国工业革命做好了铺垫，1793 年美国天才发明家伊莱惠特尼发明了轧棉机，使清理棉花的功效提高了 100 倍，美国的工业革命就此开始起步。1816 年美国仿建英国焦炭冶铁炉取得成功，1834 年无烟煤取代木炭作为燃料使得美国的冶铁业发生了革命性变革。1820 年以后随着冶铁业的发展与技术改进，美国的煤炭业也迅速发展。1812 年伊莱·惠特尼发明的"规模生产制"使得美国的机械制造业开始起步，到了 19 世纪中期，美国的机器制造业初具规模，其农机制造业的水平甚至比英国还先进。出于向广阔的西部输送人员和物资的需要，交通运输业的变革也随之到来，1794 年，费城与兰开斯特之间修筑了第一条 66 英里长的碎石道。1811 年，美国国会开始拨款修建从大西洋沿岸的马里兰州到俄亥俄州的弗吉尼亚国家公路，建立了定期的公共马车交通。

（4）德国工业革命中的战略性新兴产业发展历程（1820 ~ 1880 年）。

德国的工业化也是从纺织业开始的，1821 年德国首次引进了雅卡尔式织布机，1826 年开始制造纺纱机。由于缺乏原料，在封建割据状态下，家庭工业和手工业占据主要地位，纺织业中机械动力的使用不足，加之在国际市场上又受到英、法的激烈竞争，德国的纺织业发展速度相对缓慢。在整个德国工业化的进程中意义并不显著。

德国的煤铁资源分布于边远地区不便利用，铁路的修建不仅成为振兴经济的关键，而且对于当时的德国完成统一具有重要意义。因此，修建铁路得到了政府的积极鼓励和支持，工业革命也很快转向了以铁路建设为重点，以此带动了其他重工业部门的迅速建立和发展。1835 年德国修建的第一条铁路标志着德国铁路运输时代的开始；自 19 世纪 40 年代中期以后，铁路建筑出现高潮，开始修建较长的铁路线并连接以前修建的短线。

在铁路建筑的推动之下，同时为了适应德国对外扩张政策及国内统一战争的需要，在德国以采煤、冶金为主的重工业也迅速发展起来了。从 1840 年开始，随着鲁尔作为主要采煤区的兴起，煤矿开采中各种设备的更新和机械化水平的提高，德国的采煤量直线上升。

德国的钢铁工业起步较迟，发展迅猛。19 世纪 40 年代以前，德国的钢铁产量始终不高，随着铁路修建狂潮和采煤业的崛起和一系列冶金技术的输入和改进，德国冶铁业进入飞跃阶段。

煤炭钢铁及铁路建设的飞速发展又促进了机器制造业的发展。德国早在 19 世纪 20 ~ 30 年代就开始制造纺纱机和蒸汽机，这些早期的机器制造厂规模不大。1846 年德国共有机器制造厂 130 家，到了 1861 年就发展到了 600 家，雇用工人 9.5 万人。

从第一次工业革命的发展历程可以看出（见图 4 - 4），英国是最早进入工业革命的国家，英国的工业革命为后续开展工业革命的国家提供了各方面的基础。法国继英国之后，第二个跨入了现代工业强国之列。美国的工业化是在一种较为特殊的国情条件下开始的，它与美国的国家发展史同步，尽管基础薄弱，但起点较高。大批源源不断的移民和不断开拓的西进运动为美国的工业化提供了必需的内需市场、原料和劳动力，促进了工业化的发展。德国的工业革命在英、法、美等国中算是比较晚的，一旦开始便呈现出了加速发展的态势，主要是因为德国的工业化带有强烈的政治色彩，其过程受到了政府的强烈干预。

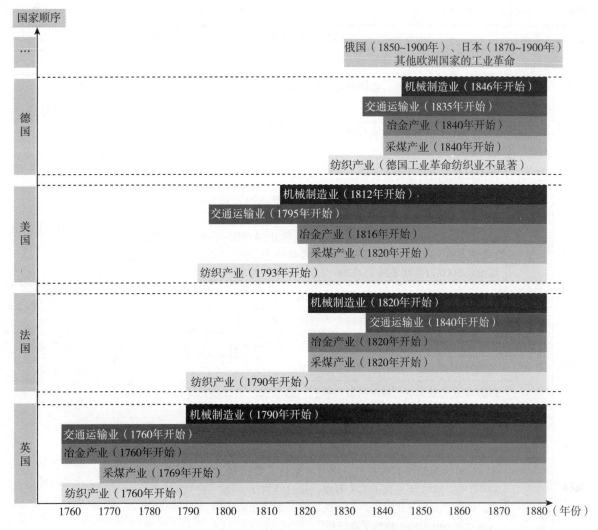

图 4 - 4　第一次工业革命中战略性新兴产业演化历程

4.2.2　第一次工业革命中战略性新兴产业的战略效应表现

按照不同产业在不同国家的发展历程，对第一次工业革命中战略性新兴产业的战略效应表现进行整理、总结，并对其进行概念抽取，结果如表 4 - 2 所示。

表 4 - 2　　　　　　　　　　　第一次工业革命中战略性新兴产业战略效应表现

国家	产业	产业战略效应表现	概念抽取
英国	纺织产业	英国公众日益喜爱印度进口的棉纺品，英国纺织业受到物美价廉的印度棉织品的有力竞争	需求规模
		1760 年梳棉机、飞梭织布机；1765 年珍妮纺纱机；1771 年水力纺纱机；1785 骡机、滚筒印刷机和漂白技术；净棉机、梳棉机、漂白机、染整机	技术创新
		1745 ~ 1775 年纺织工业年增长率为 2.8%，而 1775 ~ 1800 年增长率为 8.5%；1760 ~ 1785 年，英国纺织业的产量扩大了 10 倍，1786 ~ 1827 年，又增加倍 10 多，在不到 70 年的时间内，英国纺织业的产量增加了 100 多倍。1850 ~ 1870 年间，英国的棉纺织厂数由 1932 家增加到了 4500 家，纱锭数由 2100 万枚增加到了 3770 万枚，毛纺织厂也从 1988 家增加到 2579 家，纺锭数从 350 万枚增加到 500 万枚	高增长率

续表

国家	产业	产业战略效应表现	概念抽取
英国	纺织产业	到 19 世纪 30 年代，以棉纺织为主的纺织工业已经成为英国最大的产业部门	产业规模
		1855 年，棉、毛、麻、丝织品的出口占英国总出口的 80% 以上	出口规模
	采煤产业	英国煤炭资源非常丰富	资源丰富
		纽可门抽水机；1769 年蒸汽机、抽风机；1783 蒸汽运煤机；1815 年蒸汽凿井机	技术创新
		蒸汽机的使用对煤炭需求量增大	需求规模
		1700 年，英国的煤产量是 260 万吨，1790 年达到了 760 万吨，1835 年增至 3000 万吨，1840 年增至 4000 多万吨，到 19 世纪中期达到了 5000 万吨，英国成了欧洲最大的产煤国。1856 年达到 6500 万吨，1870 年达到 11200 万吨，英国的采煤量占世界采煤量的 51.5%。1850 ~ 1870 年间采煤量从 5000 万吨增加到了 11200 万吨，翻了一番多	高增长率产业规模
		19 世纪中期英国成了欧洲最大的产煤国	产业规模
		19 世纪中期直接在矿山工作的工人就达 20 万人以上	就业效应
	冶金产业	采煤业推动冶金业、冶金业反过来带动采煤业的发展	产业带动
		英国的铁矿资源十分丰富	资源丰富
		1760 年水力鼓风机、蒸汽机鼓风机；1783 年搅拌炼铁法和轧钢机；1788 年蒸汽机驱动的轧钢机	技术创新
		英国生铁产量 1740 ~ 1850 年增长了 120 多倍，1740 年英国的生铁产量为 17350 吨，1770 年工业革命刚开始时只有 5 万吨，1788 年增加到 68300 吨，1791 年猛增至 124097 吨，1800 年达到了 13 万吨，到 1840 年更增至 140 万吨，1850 年达到了 224 万吨，超过当时法、德、美三国总和的一倍。钢的产量也迅速增长，英国成了第一钢铁出口大国。1850 ~ 1870 年又猛增至 610 万吨，增长了近三倍	高增长率产业规模出口规模
	交通运输	工业与商业的发展，对交通运输业提出了迫切要求，仅仅依靠海港城市转运货物，不能满足内地城市发展的需要，而陆路运输时间慢、费用高。运河的开通和海上贸易的发达直接刺激了英国的造船业	需求规模
		1804 年蒸汽机车；1807 年"克勒蒙特"号的蒸汽轮船	技术创新
		从 1760 ~ 1800 年，英国的商船队从 48.7 万吨增加到了 190 万吨；英国铁路的疯狂增长是近代工业史上的奇迹。1842 年，英国有铁路近 3000 公里，1850 年建到 10678 公里，1855 年又达到了 12960 公里；1847 年英国的商船队已经达到 300 万总吨位。1920 年时其商船下水量已达 200 万总吨，这一时期英国商船下水量占当时世界商船下水量的 60% ~ 80%，堪称英国造船业的黄金时代	产业规模高增长率
		1855 年受雇于铁路的员工已达几十万人	就业效应
	机械制造	随着纺织机和蒸汽机的发展，社会上对于各种机器和工厂设备的需要量迅速增加	需求规模
		煤、铁等产业的发展，则进一步为机器制造业的建立和发展提供了可能	资源丰富
		1797 年螺纹车床；1817 年手动刨床；19 世纪 30 年代，各种压延机、切削机、旋床、铣床、钻床、磨床等金属切削机床相继产生，精确测量用的千分尺、卡尺、卡钳、环规、块规；1839 年蒸汽锤	技术创新
		1870 年英国的各种机器出口价值达 530 万英镑，成为世界头号机器出口大国	出口规模

续表

国家	产业	产业战略效应表现	概念抽取
法国	纺织产业	1805 年雅卡尔自动纺织机；1839 年缝纫机	技术创新
		18 世纪 90 年代，法国开始拥有数家纱锭超过万枚的巨大纺纱厂。到 19 世纪 40 年代末法国已有棉纺织厂 566 家，纺纱机 11.6 万台，机器纺锭 35 万枚，机器织布机 3 万多台	产业规模
	采煤产业	1828～1847 年，煤的年产量从 177 万吨增加到了 515 万吨	高增长率
	冶金产业	1789～1811 年，法国的生铁产量增加 6 倍；1818～1848 年，法国的生铁产量从 11 万吨增加到 40 万吨；1850～1870 年，法国的生铁产量由 44 万吨增至 118 万吨，钢轨由 3 万吨增至 17 万吨以上。钢产量从 28 万吨增至 101 万吨	高增长率
		农业也开始受惠于工业革命的成果，脱粒机、收割机、除草机开始普遍使用，农业劳动生产率也得到了很大提高	产业带动
	交通运输	1850～1870 年法国铁路从 3100 公里达到 17900 公里，增加 5 倍多	高增长率
	机械制造	1810 年法国只有 200 台蒸汽机在运转，1815 年后，法国开始生产蒸汽机，到 40 年代末，法国工业中已有 6000 台蒸汽机在运转	高增长率
美国	纺织产业	1973 年轧棉机	技术创新
		1807 年的禁运和第二次美英战争，暂时中断了英美贸易，国内工业品严重不足，刺激了工业发展	需求规模
		南方棉花王国逐步形成，有了充足的原料	资源丰富
		1815 年拥有纱锭 134214 枚，1825 年突破 80 万枚，1860 年纱锭突破 500 多万枚；工厂 2000 多家，雇佣工人 122000 人，产值 11568 万美元，成为美国国内生产效率最高的行业	高增长率 产业规模 就业效应
	采煤产业	美国煤铁资源丰富	资源丰富
		煤炭开采量从 1820 年的 3000 吨增加至 1840 年的 200 万吨、1850 年的 760 万吨、1860 年的 1330 万吨，产量仅次于英国，处于世界第二位。到 1900 年美国产煤量达 2.4 亿吨，占世界第一	高增长率 产业规模
	冶金产业	美国钢铁产量远远不能满足美国国内市场的需要，1810 年美国钢铁需要量的 73% 靠进口	需求规模
		1819 年烟煤炼铁；1834 年热风炉技术	技术创新
		美国煤铁资源丰富	资源丰富
		1825 年生铁产量只有 8 万吨，1860 年达到 83.4 万吨，仅次于英、法，为世界第三大产铁国，到 1890 年美国生铁产量为 935 万吨居世界第一。1870～1890 年，钢产量由 10 万吨增至 435 万吨，增加了 40 多倍，超过了英法两国的总和	高增长率 产业规模
		随着冶铁业的发展与技术改进，美国的煤炭业也迅速发展	产业带动
	交通运输	1807 年克莱蒙号船	技术创新
		1840 年美国铁路长度 3328 英里，仅次于英国居世界第二位。到 1850 年美国铁路总里程突破了 9000 英里，超过了英国成为世界第一位。到 1860 年突破 30630 英里，占世界铁路长度的一半，成为世界上铁路交通最发达的国家	产业规模 高增长率

国家	产业	产业战略效应表现	概念抽取
美国	机械制造	1812 年规模生产方法	技术创新
德国	采煤产业	德国煤、铁资源丰富	资源丰富
		在铁路建筑的推动之下，同时为了适应德国对外扩张政策及国内统一战争的需要，在德国以采煤、冶金为主的重工业也迅速发展起来了	需求规模
		1857 年为 1130 万吨，1865 年为 2180 万吨，1875 年达 3400 万吨，35 年间增加了 10 倍，居世界第二位。到 1880 年，德国煤炭产量达到了 5950 万吨，比 1870 年增加了 100%	高增长率产业规模
		现代化的风镐、截煤机、现代化的排水、照明、通风和运输设备	技术创新
		1875 年煤矿工人达到了万人之多	就业效应
	冶金产业	德国煤、铁资源丰富	资源丰富
		在铁路建筑的推动之下，同时为了适应德国对外扩张政策及国内统一战争的需要，在德国以采煤、冶金为主的重工业也迅速发展起来了	需求规模产业带动
		巨大的高炉；平炉炼钢法	技术创新
		1850~1870 年间，德国的生铁产量从 22.5 万吨增加到了 140 万吨，钢产量从 5900 吨增加到了 17 万吨。而且钢铁厂的规模在不断扩大。到 1880 年，德国生铁产量达到了 272 万吨，钢达到了 154 万吨，分别比 1870 年增加了 90% 和 900%	高增长率产业规模
	交通运输	到 1840 年，德国兴建了 549 公里铁路线，1845 年达 2131 公里，1850 年达 6044 公里，1865 年达 13821 公里，1875 达 27795 公里	高增长率产业规模
		铁路投资占国民经济总投资中的比例高达 19.4%~22.0%。其中政府投资占了相当大的比重。1870 年，德国半数以上的铁路为国有财产。70 年代以后，德国开始了全盘的铁路公司国有化	政府支持
	机械制造	煤炭钢铁及铁路建设的飞速发展又促进了机器制造业的发展	需求规模
		1846 年德国共有机器制造厂 130 家，但到了 1861 年就发展到了 600 家，雇佣工人 9.5 万人；1882 年德国机器、工具和仪器工业的工人人数达到了 35 万多人	高增长率就业效应
		农业机械化的推广，化肥的使用，1880 年德国农业生产水平也超过了法国而居世界第三位	产业带动

从表 4-2 可以看出，第一次工业革命中兴起的纺织业、交通运输业因满足了大多数人的生活需求而具有较大的需求规模和出口规模，采煤业、冶金业、机械制造业、交通运输业因较大程度地满足大多数生产部门的生产需求而具有较大的需求规模和出口规模；这种潜在的需求规模促进了产业的技术创新，推动了产业的快速增长。同时，产业快速地成长逐渐实现了较大的产业规模，而产业规模的增加使得产业对其他产业也产生较大的带动作用，提供了更多的工作岗位并实现了产业的就业效应。

为进一步归纳第一次工业革命中所有战略性新兴产业在国家层面共同产生的综合战略效应，本课题又挖掘了第一次工业革命战略性新兴产业对各国人口、经济、社会、生态等各个方面的影响，对第一次工业革命中战略性新兴产业在国家层面产生的综合战略效应表现进行了概念抽取，其结果详见表 4 - 3。

表 4 - 3　　　　　　　　　第一次工业革命中战略性新兴产业的综合效应

国家	战略效应综合表现	概念抽取
英国	在 1840 年，英国的工业生产总值占到世界工业生产总值的 45%；在工业革命之前，英国的国民生产总值还不到 1 亿英镑，而到了 1850 年则达到了 5 亿多英镑。英国的国民生产总值也从 1850 年的 53600 万英镑又增加到了 95300 万英镑，增幅达 78% 以上，工业总产值则翻了将近一番，达 98%。英国成为了世界上的第一个工业化的强国	经济发展
	17 世纪末英国人口大约有 600 万左右，1750 年英国人口达到 740 万人，工业革命开始后，物质产品的丰富，社会条件的改良与生产力发展的巨大要求使英国人口呈现出了爆炸性的增长。1800 年，英国人口达到了 1070 万人，比 1750 年增加了 50%，1850 年又达到了创纪录的 2060 万人，50 年间几乎又增加了 1 倍	人口增长
	1850 ~ 1871 年，英国的出口总值从 71000 万英镑增加到了近 2 亿英镑，进口总值从 1 亿英镑增加到了 3 亿英镑。英国出口商品额在全部产品中的比重，1851 年为 1/4，1861 年为 1/3，1871 年达到了 3/5，显示出了越来越强的经济扩张性	国家竞争力增强
	伴随工业革命的完成，资本主义才一步步在英国最终确立起了自己的各种社会组织和社会制度。英国的工业革命还造成了英国的传统文化及意识形态领域的巨大变化	社会进步
	1801 ~ 1841 年，农业在国民生产总值中的比重由 32% 下降到了 22%，下降了 10%，同期工业所占的比例从 23% 上升了 11%	产业升级
法国	1840 年，法国工业生产总值在世界工业生产总值中占 12%，1850 ~ 1870 年，法国的工业总产值增加了 2 倍，对外贸易额增加了 3 倍	经济发展
	至 19 世纪 60 年代，法国的工业位列世界第二位，同时也是仅次于英国的第二大贸易国	国家竞争力增强
美国	1816 年，美国将关税率提高 1 倍，1824 年关税率已高达进口商品价格的 27%。政府还积极鼓励科技进步，鼓励有技术的移民入境，1790 年国会通过了专利法案	政府支持重视创新
	美国人口由 19 世纪中期的 3000 万增加到了 19 世纪末的 7000 多万	人口增长
	在 1810 ~ 1860 年间，美国的工业总产值约增长了 10 倍。在 1860 年，美国的近代工厂的总数接近了 15 万家，制造业工厂的就业总数为 131 万多人，具有超过 1.8 亿美元的产值，世界上诞生了又一个工业化国家	就业效应推动经济
德国	1831 ~ 1870 年，德国整个工业生产增长了 4 倍，其中生产资料工业增长了 4.8 倍，消费资料工业增长了 3.4 倍。特别是进入 50 年代以后，1860 ~ 1870 年间，德国工业生产年平均增长率达到了 2.7% 的较高水平。1870 ~ 1880 年间，德国工业的平均增长率高达 4.1%，这在所有资本主义国家中是最高的	经济发展国家竞争力增强
	德国是欧洲国家文化教育发展水平比较高的国家，在普鲁士王国建立之后，就把文化教育放在甚为重要的位置	重视创新

国家	战略效应综合表现	概念抽取
	交通运输业的巨大进展为世界市场的形成奠定了可靠的物质基础	全球化
全球	第一次工业革命通过工业化推进了城市化的进程。工业革命的过程同时也是工业化的过程。一方面，工业革命制造了大批产业工人，使之成为市民；另一方面，工业生产的集聚效应和规模效益驱使企业向城市集中。这两种倾向共同促成了城市化的趋势	城市化社会进步
	第一次工业革命使人类社会生产力得到了极大的提高，也使得人类对稀缺资源的掠取、对环境的破坏能力有了质的飞跃。工业的兴起使得人类社会利用自然、改造自然的力量更大、效率更高，资源掠取和环境破坏在毫无顾忌地被加速深化	环境污染资源掠夺生态破坏

从表4-3可以看出，第一次工业革命中的纺织业、采煤业、冶金业、机械制造业和交通运输业共同推动了相应国家的经济发展和产业结构的升级，通过增加就业和城市化的发展实现了社会的进步，间接促进了人口飞跃增长，同时在政府支持下，各国也加强了创新及其投入程度。然而，工业革命中战略性新兴产业在促进经济发展和社会进步并提升国家竞争力的同时，也造成了环境的污染、资源的掠夺和生态的破坏，为人类的可持续发展埋下了隐患。

4.3　第二次工业革命中战略性新兴产业的回溯分析

4.3.1　第二次工业革命中战略性新兴产业演进历程

第二次工业革命大致发生在1880~1950年，第二次工业革命出现的战略性新兴产业包括电力产业、通信产业、石油产业、钢铁产业、汽车产业、建筑产业和化工产业。

第二次工业革命从西欧、北美进一步向外扩展，俄国和日本也加入了第二次工业革命的行列，同时拉美部分国家、东欧一些国家、北美洲的加拿大、大洋洲的澳大利亚和非洲的南非也开始了自己的工业化进程，亚洲也开始明显受到了工业化的影响。

与第一次工业革命不同，第二次工业革命中的战略性新兴产业的起步和发展并非一个国家单独实现后再扩展到其他国家，而是多个国家在技术、生产等领域共同探索推动各个战略性新兴产业的发展。第二次工业革命中的战略性新兴产业在各个国家的发展程度也不像第一次工业革命中各个产业那样均衡。例如美国的电力产业、石油产业和钢铁产业较其他国家具有明显的发展优势；德国的化工产业、汽车产业对德国的崛起产生了重大作用。在此，本课题从某一产业中各个国家的发展情况分别阐述电力产业、通信产业、石油产业、钢铁产业、汽车产业、建筑产业和化工产业的发展历程（见图4-5）。

（1）电力产业的发展历程。

英国法拉第1831年发现电磁感应现象，德国物理学家雅可比1834年发明第一台电动机，美国发明家佩奇1850年制造了一台10马力的电动机，德国西门子1867年研制大功效自馈式发电机，由于甩掉了伏打电池，发电机本身也变得轻巧了。意大利物理学家和美国物理学家1885年分别根据旋转磁场的原理，发明了交流感应电动机。美国的斯坦德莱1886年建立起了最早的交流发电站。1891年三相交流发电机、三相异步电动机和变压器都被发明出来并投入了使用。此后建立电厂、发电站，设置输电系统，制造各类发电机、电动机、变压器等成为一个市场巨大的新行业。

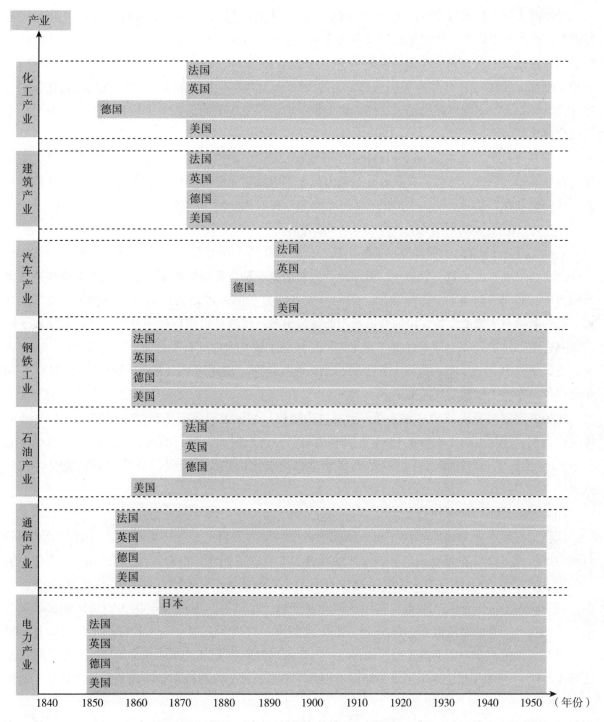

图 4－5　第二次工业革命中战略性新兴产业演化历程

（2）通信产业的发展历程。

美国人塞缪尔·莫尔斯 1837 年发明打字电报，1840 年又发明发报电码；英国 1846 年建起第一家电报公司；德国西门子 1849 年修建第一条较长的电报线路。美国 1856 年成立了西方联合公司，开始在美国大陆敷设电杆和电线。从此各国的电报公司、电报局纷纷成立，国际和洲际之间的电报线也纷纷铺设。1847 年，英、法之间铺设了海底电缆，沟通了电报通信。1856 年英美之间也铺设了海底电缆，西门子公司的业务蒸蒸日上，1869 年，完成了由伦敦经普鲁士、德国、土耳其到印度的电报线。

美国波士顿大学的教授贝尔 1876 年研制出电话；1880 年德国建立起电话网，到 1910 年德国已经拥有 100 万部电话机；德国物理学家亨利希·赫兹在 19 世纪 80 年代取得了电磁波传播并能用接收器接收的成果；意大利工程师马可尼 1894 年研制出检波器，提高了接受与发射的无线信号的频率和清晰度，并在 1901 年实现英国和加拿大的无线通信。到 20 世纪的前 10 年，无线电通信技术日趋完善，开始在许多国家使用了。这样，由电报、电话到无线电通信，一个崭新的通信工业也在电气时代诞生了。

美国爱迪生于 1876 年发明了留声机，于 1889 年发明电影机。这样随着发电机、电动机、变压器、输电线路、电报、电话、有轨电车、电力机车、电影、无线电通信、电传打字机、磁带录音机等一系列电气化产品的出现，人类进入了一个与蒸汽机时代全然不同的电气时代。

（3）石油产业的发展历程。

石油工业是 19 世纪中期首先在美国出现的，美国铁路工程师德雷克 1859 年用一种新的钻探技术在宾夕法尼亚打出了第一个油井，美国传奇人物洛克菲勒与发明炼油新方法的工人安德鲁斯在俄亥俄州的克利夫兰修建了一座炼油厂。随后有关石油生产的种种设备如采油设备油罐、油车、油桶、贮油装置泵、炼油设备、输油管道等不断生产出来，煤油灯很快取代了动物油灯，石油成了一个新兴行业。1870 年洛克菲勒合并了多个炼油厂成立了俄亥俄标准石油公司，他不断地吞并各种石油企业，1882 年形成了当时世界上最大的石油企业托拉斯。与此同时，石油工业在 19 世纪 60~70 年代以后也在整个欧洲发展起来了。

法国发明家莱努瓦 1860 年制造第一台煤气内燃机；德国工程师奥托利 1876 年造出了四冲程的煤气内燃机；德国发明家戴姆莱 1883 年研制成功第一台以汽油为燃料的内燃机；德国工程师狄塞尔 1892 年造出了一台用柴油作燃料的高压缩型自动点火内燃机，至此，内燃机开始完全替代蒸汽机。

（4）汽车产业的发展历程。

德国工程师本茨 1885 年发明了以汽油内燃机作引擎的三轮汽车；1890 年本茨又研制成了四轮汽油内燃机汽车；19 世纪末，汽车工业开始在各工业化国家出现。1883 年成立的德国奔驰公司到 1899 年生产了近 2000 辆汽车，在法国 1889 年标致公司开始生产三轮汽车，到 19 世纪 90 年代，法国已有 300 多个汽车企业，20 世纪初年产汽车几千辆。在英国，1894 年英国人西姆斯购买了德国戴姆莱的技术，开始制造汽车。1899 年，意大利的第一家汽车公司——菲亚特汽车公司也开始投产。但是真正把汽车工业发扬光大而成为一个汽车大国的则是美国。1904 年全美国的汽车产量已经达到 4 万辆。1908 年福特推出了更为经济实用的 T 型车，正是这种汽车使美国成为了"轮子上的国家"，创造了汽车工业史上的奇迹。1920 年福特采用了标准化、专业化分工和流水线生产，不断采用新技术来改进汽车。到 1927 年，福特汽车公司 20 年间生产了汽车 1500 万辆。1900 年美国只有 8000 辆汽车登记注册，1920 年达到 800 万辆，1929 年更达到了 2670 万辆，平均每 4.5 人一辆汽车。欧美国家中的英、德、法、加、奥地利等也在 20 年代以后开始大规模发展汽车工业。汽车被人们称为"工业中的工业""改变了世界的机器"。汽车所依赖的上游产品如钢材、有色金属、机械、橡胶、玻璃、石油等无不在汽车工业的带动下飞速发展。例如石油，在 20 世纪初以前一直作为工业润滑油和照明燃料，汽车工业兴起后其需求大增，其产量从 20 世纪初的不到 2000 吨增长到了 1928 年的 1.9 万吨和 1939 年的 2.71 万吨，增加十几倍。汽车的下游领域更为广泛，它涉及城市建设、公路网建设、商业、销售服务、汽车修理、保险等诸多领域。统计表明，汽车工业每增值 1 美元，上游工业将增值 0.65 美元，下游产业将增值 7.36 美元，汽车工业成了第二次技术革命中的工业新宠儿，开辟了人类生产生活的一个新时代。

（5）建筑产业的发展历程。

建筑业的变革首先从建筑材料开始的。1824 年，英国约克郡的泥水匠约瑟夫阿斯普丁研制出了一种石灰石和黏土的混合材料，被称为波特兰水泥。1855 年，德国企业家赫尔曼布莱布特罗伊在什切青附近的齐尔科夫创建了第一家生产这种水泥的工厂，水泥可以与沙石混合，成为人造石料，可以用水泥生产混凝土制品，如水泥板、楼梯、水泥管道等，大大方便了建筑业。1875 年以后，真正意义上的混凝土建筑物开始出现了。与此同时，大规模制砖的环窑也在 1856 年开始出现，70 年代出现了由蒸汽机驱动的机械压砖机，后来发展为电动压砖机。1867 年，法国园艺主约瑟夫莫尼埃在生产一种大花盆时获得了钢筋混凝土模式的专利，钢筋混凝土建筑由于抗压、承重、防水、防火、制造简单等优点而成为一种先进的建筑方式。上述发明与发现改变了传统的建筑业，地下工程、下水管道、公路和大型桥梁、大型厂房、学校、居民住宅、商业用房的建造变得容易起来。工业化以后的城市化对建筑业提供了巨大的市场，而建筑业的变革正好适应了这一需求。

建筑业发展的巨大成就是摩天大楼的兴起。19 世纪 80 年代美国开始兴建这种建筑，1884～1886 年芝加哥的保险公司大厦是第一座钢架高层建筑，到 20 世纪初，纽约有 29 座 55～180 米高的大楼崛起，1931 年 100 层、高达 441 米的帝国大厦是当时建筑业的顶峰。建筑业的发展带动了一系列相关产业，如水泥工业、制砖业、钢铁业、塑料业、玻璃业等，出现许多专业机器生产如自动电梯、载重汽车、塔式吊车、推土机、搅拌机、压路机等。一座座高耸入云的摩天大楼不仅是工业化、现代化的象征，而且彻底地改变了人类的居住环境。

（6）化工产业的发展历程。

化学工业的发展与现代化学理论的进展密不可分。德国在化学工业中独领风骚，自 19 世纪上半叶著名化学家李比希在吉森大学创办了化学实验室之后，德国在化学理论领域一直居于世界前列，在 19 世纪中叶，德国的工业革命还在进展之时，德国的化学工业、化肥业和染料业就已经问世了。19 世纪下半叶，德国的化学公司和工厂纷纷建立，发展速度惊人，例如 1861 年在曼海姆创建的焦油染料厂，1865 年发展成巴登苯胺和苏打工厂，生产各种染料。1863 年在赫希斯特建立的前迈斯特尔—卢修斯—布吕宁染料厂，开始只有一名化学家、一个办事员和 5 名工人，使用一台蒸汽机，1867 年在巴黎世界博览会上已展示 30 种不同的染料，1900 年达到 4000 名员工。到 1913 年，德国染料工业的产量占世界总产量的 80%，1908 年，德国化学家弗里茨·哈柏发明了合成氨，20 年代，德国化学家瓦尔特·雷佩又发明了合成橡胶、合成油漆及各种塑料，为化学工业增加了新的领域。1863 年瑞典化学家诺贝尔发明了炸药，各国都开始炸药生产，开始了对炸药化学的研究，在这种研究中派生出了合成纤维和塑料工业的产生。1891 年，法国开始生产人造丝，1899 年德国也开始生产人造丝，第一次大战爆发前，德国已有 22 家工厂生产人造丝和人造羊毛。德国的染料工厂还开始参与制药业，在 19 世纪末到 20 世纪初先后生产出了结核菌素、普鲁卡因、胰岛素、阿司匹林等产品。20 世纪以后，化学工业很快成熟。20 世纪 20 年代，德国 6 大化工厂联合成立了法本染料公司，职工高达 11.4 万人。化学工业也日益成长为一个与人们生活息息相关的重要工业部门。

通过回溯第二次工业革命中战略性新兴产业的发展历程，可以发现第二次工业革命具有以下几个特点：

第一，通过电气化、石油化、钢铁化的发展建立起了现代工业技术体系的框架。通过第二次工业革命，电机和内燃机取代了蒸汽机成为新的动力机械，电力的应用使得工业和社会都进入了一个全新的时期。随着发电机、电动机、变压器、输电线路、电报、电话、有轨电车、电力机车、电影、无线电通信、电传打字机、磁带录音机等一系列电气化产品的出现，人类进入了一个与蒸汽机时代全然不同的电气时代。石油取代煤炭成为新的能源，而钢材也取代木材、铸铁成为机械制造的主要原材料。这样，在电气化、石油化、钢铁化的过程中基本确立了社会生产技术体系的基本框架。

第二，第二次工业革命主要以重工业为中心。第一次工业革命以发展轻纺工业为重点，而第二次工业革命的重点则主要包括电力工业、机械制造业、石油工业、钢铁工业等部门，这些部门基本上都是生产资料的重工业生产部门。通过第二次工业革命，这些重工业部门在国民经济中的地位越来越重要，最终使工业内部结构由轻工业为主导转向以重工业为主导。这些工业内部结构的变化，其实是一个以劳动密集型产业为主向以资本密集型产业为主演进的过程。

第三，与第一次工业革命中蒸汽机、铁路交通、船舶等那些工匠的发明不同，第二次工业革命中电力工业、化学工业等的重大发明与自然科学的进展，特别是电磁学理论、化学理论的发展密不可分，发明家大都具有科学素养或直接就是实验科学家。

4.3.2　第二次工业革命中战略性新兴产业的战略效应

从国家层面对第二次工业革命中战略性新兴产业的战略效应表现进行分析、整理和概念抽取，得到结果详见表4-4。

表4-4　　　　　　　　　第二次工业革命中战略性新兴产业战略效应表现

国家	产业	产业战略效应表现	概念抽取
美国	电力产业	电器器材的产值1879年不过265万美元，1914年已增至35943万美元，增加了100多倍	高增长率 产业规模
		佩奇1850年制造成了一台10马力的电动机；1885年根据旋转磁场的原理，发明了交流感应电动机；斯坦德莱1886年建立起了最早的交流发电站；美国爱迪生在1876年发明留声机，1889年发明电影机	技术创新
		1882年，美国的戈登制造出了输出功率447千瓦、高3米、重22吨的两相式巨型发电机；同时电动机也被发明出来；1889年制成功率为100瓦的最早的三相交流电动机；1896年，特斯拉的两相交流发电机在尼亚拉发电厂开始劳动营运	技术创新
		第一次工业革命完成后，蒸汽机动力无法满足钢铁业的需求，需要更加强大的动力来支撑，伴随着发电、输电、电能转换技术的不断发展，电动机被广泛应用	需求规模 技术创新
		1902年美国发电量59.69亿度，1912年增至247.52度，此时英国只有45亿度	产业规模
	通信产业	无线电工业的产值1921年为1060万美元，1929年达到了41160万美元。1920～1928年，35家公共事业的资本总额从64亿美元跃升为170亿美元，年营业额增长为15.9%	高增长率 产业规模

续表

国家	产业	产业战略效应表现	概念抽取
美国	通信产业	塞缪尔·莫尔斯 1837 年发明打字电报，1840 年又发明发报电码；1843 年美国物理学家亚历山大·贝恩发明了传真；贝尔 1876 年研制出电话；1906 年，美国物理学家费森登成功地研究出无线电广播；1922 年 16 岁的美国中学生菲罗·法恩斯沃斯设计出第一幅电视传真原理图	技术创新
		1927 年，美国电话台数占世界的 61%	产业规模
		1928 年美国西屋电器公司的兹沃尔金发明了光电显像管，并同工程师范瓦斯合作，实现了电子扫描方式的电视发送和传输。1929 年美国人发明彩色电视。1930 年，发明超短波通信；1931 年利用超短波跨越英吉利海峡通话得到成功。1934 年在英国和意大利开始利用超短波频段进行多路（6~7路）通信。1940 年德国首先应用超短波中继通信。1948 年制成半导体收音机，至此，美国名副其实地成为世界科技中心	技术创新 国家竞争力增强
	石油产业	交通运输业和机械化的发展使得原有的动物油和植物油无法满足对机器和车辆润滑油日益增长的需求。大规模生产及生产时间的普遍延长，工厂和车间对照明的方法也有了更加强烈的要求；由于铁路修建以及各行各业生产的日益机械化，引起了机器和车辆润滑油脂的需要日益增长	需求规模
		1860 年石油开采量只有 50 万桶，1900 年达到了 6362 万桶，汽车工业兴起后更是发展迅猛，1910 年达到 20960 万桶。美国在 1859~1900 年，用 41 年的时间生产了第 1 个 10 亿桶石油；1900~1909 用 9 年时间生产了第 2 个 10 亿桶石油；1909~1913 年用 4 年生产了第 3 个 10 亿桶；1913~1917 年也是 4 年（第一次世界大战期间）生产出第 4 个 10 亿桶；而 1917 和 1918 年两年就生产出第 5 个 10 亿桶石油，50 年增加了 400 多倍	高增长率 产业规模
		美国铁路工程师德雷克 1859 年用一种新的钻探技术在宾夕法尼亚打出了第一个油井；发明炼油新方法；1900 年后石油逐步成为了内燃机燃料；20 世纪初相继出现了泥浆钻井工艺，牙轮钻头，下套管固井、杆式抽油泵、水力活塞泵等技术	技术创新
		美国 1870 年产油 526 万桶，占世界产量的 90.7%；1890 年产量为 4582 万桶，占世界产量的 60%	产业规模
	钢铁产业	1871 年美国的钢产量还不足 10 万吨，1906 年达到了 1000 万吨，1915 年更达到了 3200 万吨，增加了 320 倍。19 世纪 80 年代以后，美国的机器制造业发展异常迅速，到 1913 年的产量已占世界总产量的 51.8%。1919~1929 年钢铁产品增长了 70%	高增长率 产业规模
		1915 年有 125 万人在钢铁或与钢铁有关的行业工作	就业效应
		1960 年美国钢铁业占国民收入比重的 7%	产业规模
		1856 年英国工程师亨利·贝西默开发了贝西默炼钢工艺，极大促进了钢铁业的发展；1856 年贝塞麦的转炉炼钢法	技术创新
		美国的钢铁产量在 1890 年增到 434.5 万吨，超越英国并位列世界第一。在 1881~1920 年初期的工业化过程中，美国的钢铁产量以每年平均 10% 的速度增长，其增长速度超过英国、德国、法国等欧洲国家。美国 1899 年的粗钢年产量达到 1081 万吨。在 1920~1955 年工业化的中期，美国的钢铁产量以 7% 的年均增长速度增长。并在 1953 年突破了年产钢亿吨，并在世界的范围内长期处于领先的地位	高增长率 产业规模

国家	产业	产业战略效应表现	概念抽取
美国	汽车产业	19 世纪 90 年代美国开始了汽车工业，1900 年汽车产量为 4000 台，1915 年就达到了 89.6 万辆。1919~1929 年，汽车的实际产量增加了 255%	高增长率 产业规模
		1920 年，全国登记注册的汽车有 800 万辆，1927 年美国汽车总产量已占世界的 80%，1929 年则达到了 2670 万辆，拥有当时全球汽车的 80%，1960 年美国汽车业占国民收入比重的 6.7%，1929 年汽车工业产值占全国工业总产值的 8%	产业规模
		汽车工业兴起后，美国石油产业发展更是发展迅猛，1910 年达到 20960 万桶，50 年增加了 400 多倍。由于汽车业的崛起，公路建设成为美国政府的第二大开支项目	产业带动
		1929 年美国汽车产业吸取了全国的 80% 橡胶制品、75% 的玻璃、25% 的机床、20% 的钢铁和 90% 的汽油；1960 年汽车产业使用了美国 25% 的钢材、60% 的橡胶、55% 的锻铁、33% 的锌、17% 的铝	产业带动
		1929 年美国汽车产业直接或间接为 400 万人提供了就业机会，占全国劳动力的 10%	就业效应
		1913 年，福特公司在汽车城底特律市建成了世界上第一条汽车装配流水线，使 T 型车成为大批量生产的开端；第二次变革汽车产品多样化：车型先后有马车型汽车、箱型轿车（T 型）、甲壳虫型轿车、船型、鱼型、楔型、子弹头型。后来注重节能、环保和安全	技术创新
	建筑产业	1918 年，120 个城市的房屋建筑费用只有 3.73 亿美元，到 1925 年上升到 34 亿美元，由于汽车业的崛起，公路建设成为美国政府的第二大开支项目，全国各种建筑费用 1926 年达到了创纪录的 128 亿美元，整个 20 年代建筑业产值年增长率高达 6.7%	高增长率 产业规模
		1960 年美国建筑业占国民收入比重的 5.4%；19 世纪 80 年代美国开始兴建摩天大楼，1884~1886 年芝加哥的保险公司大厦是第一座钢架高层建筑，到 20 世纪初，纽约有 29 座 55 米到 180 米高的大楼崛起，1931 年 100 层、高达 441 米的帝国大厦是建筑业的顶峰	产业规模
		建筑业的发展带动了一系列相关产业，如水泥工业、制砖业、钢铁业、塑料业、玻璃业等，出现许多专业机器生产如自动电梯、载重汽车、塔式吊车、推土机、搅拌机、压路机等	产业带动
		1998 年美国的建筑业总额达到 6520 亿美元，约占到世界建筑总额的 20%，建筑业占美国国内生产总值约为 8%	产业规模
	化工产业	1919~1929 年，化学产品增长 94%，橡胶产品增长 86%	高增长率
		1839 年美国人古德伊尔将天然橡胶与硫黄混合发明了橡胶硫化法；1910 年合成丁烯橡胶，后来又研制出聚丁烯橡胶和丁苯橡胶	技术创新
		1894 年美国新兴橡胶工业的工人有 2000 多人	就业效应
		1894 年橡胶产品的年产值达 300 多万美元	产业规模

续表

国家	产业	产业战略效应表现	概念抽取
德国	电力产业	电气工业的工人从 1895 年的 2.6 万人增至 1907 年的 10.7 万人，西门子公司 1913 年就业人数 8.2 万人	就业效应
		1891~1915 年电机工业总产值增长了 28 倍，达 12.5 亿马克，占世界电机工业总产值的 30%，其技术水平甚至超过了美国	高增长率产业规模
		雅可比 1834 年发明第一台电动机；西门子 1867 年研制大功效自馈式发电机；1891 年三相交流发电机、三相异步电动机和变压器	技术创新
		电力不仅被用作强大的工业动力，而且广泛用于照明、通信、广播等方面	需求规模产业带动
		1910 年德国已有电气公司 195 家；电气工业总产值 1891~1913 年增长 28 倍	高增长率
	通信产业	西门子 1849 年修建第一条较长的电报线路；1880 年德国建立起电话网；亨利希·赫兹在 19 世纪 80 年代取得了电磁波传播并能用接收器接收的成果	技术创新
	钢铁产业	1848 年德国钢铁产量只有 6000 吨，1871 年达到 17 万吨，1875 年达到 37.1 万吨，1913 增至 1833 万吨	高增长率产业规模
		1864 年西门子—马丁的平炉炼钢法极大推动钢铁的发展	技术创新
	汽车产业	德国工程师奥托利 1876 年造出了四冲程的煤气内燃机；德国发明家戴姆莱 1883 年研制成功第一台以汽油为燃料的内燃机；德国工程师狄塞尔 1892 年造出了一台用柴油作燃料的高压缩型自动点火内燃机	技术创新
	建筑产业	1855 年，德国企业家赫尔曼布莱布特罗伊研制出混凝土；大规模制砖的环窑也在 1856 年开始出现；19 世纪 70 年代出现了由蒸汽机驱动的机械压砖机，后来发展为电动压砖机	技术创新
		建筑业的发展带动了一系列相关产业，如水泥工业、制砖业、钢铁业、塑料业、玻璃业等，出现许多专业机器生产如自动电梯、载重汽车、塔式吊车、推土机、搅拌机、压路机等	产业带动
	化工产业	化学工业在世界上首屈一指，稳居霸主地位；到 1913 年，德国染料工业的产量占世界总产量的 80%	产业规模
		德国的纺织工业、农业、煤化工等产业的发展对化工产业的需求非常大	需求规模
		1861 年在曼海姆创建的焦油染料厂，1865 年发展成巴登苯胺和苏打工厂	就业效应
		1908 年，德国化学家弗里茨哈柏发明了合成氨，20 年代，德国化学家瓦尔特雷佩又发明了合成橡胶、合成油漆及各种塑料；19 世纪末到 20 世纪初先后生产出了结核菌素、普鲁卡因、胰岛素、阿司匹林等产品	技术创新
		20 世纪 20 年代，德国 6 大化工厂联合成立了法本染料公司，职工高达 11.4 万人	就业效应
		自 19 世纪上半期著名化学家李比希在吉森大学创办了化学实验室之后，德国在化学理论领域一直居于世界前列	技术创新产业规模

国家	产业	产业战略效应表现	概念抽取
英国	电力产业	法拉第1831年发现电磁感应现象；1869年比利时的格拉姆制成了环形电枢，发明了环形电枢发电机	技术创新
		第一次工业革命完成后，蒸汽机动力无法满足钢铁业的需求，需要更加强大的动力来支撑	需求规模
	汽车产业	1950年，英国汽车（包括小汽车、载重汽车、公共汽车）的产量为78.4万辆。1960年增至181万辆，1972年创下232.9万辆的历史最高纪录	产业规模高增长率
		成为英国的主要出口部门，1969年共出口小轿车和卡车101.7万辆	出口规模
	建筑产业	1824年，英国约克郡的泥水匠约瑟夫阿斯普丁研制出波特兰水泥	技术创新
		建筑业的发展带动了一系列相关产业，如水泥工业、制砖业、钢铁业、塑料业、玻璃业等，出现许多专业机器生产如自动电梯、载重汽车、塔式吊车、推土机、搅拌机、压路机等	产业带动
	化工产业	自1945年以来，英国化工产业发展速度约比国内生产总值快1倍	高增长率
		到1980年，英国的化学工业仅次于联邦德国，居西欧第2位	产业规模
		1980年英国化工产业就业人数为427万人	就业效应
法国	电力产业	1882年，法国人德普勒发现了远距离送电的方法；1906年德福雷斯特发明了无线电关键部件三极真空管	技术创新
		第一次工业革命完成后，蒸汽机动力无法满足钢铁业的需求，需要更加强大的动力来支撑	需求规模
	汽车产业	1860年制造第一台煤气内燃机	技术创新
	建筑产业	1867年，法国园艺主约瑟夫莫尼埃在生产一种大花盆时获得了钢筋混凝土模式的专利	技术创新
		建筑业的发展带动了一系列相关产业，如水泥工业、制砖业、钢铁业、塑料业、玻璃业等，出现许多专业机器生产如自动电梯、载重汽车、塔式吊车、推土机、搅拌机、压路机等	产业带动
	化工产业	1891年，法国开始使用人造丝技术进行生产	技术创新
日本		到1971年，日本在粗钢、电力、石油制品、汽车、水泥、化纤等重要工业领域都仅次于美国排世界第二位，其中粗钢、电力、石油制品、化纤等行业远高于英、法、德、意等国，造船业则排世界第一位	产业规模

由表4-4可以看出，第二次工业革命中兴起的电力产业、通信产业、石油产业、钢铁产业、汽车产业、建筑产业和化工产业涉及人类生产和生活的方方面面，满足了大多数人的生活需求和大多数生产部门的生产需求。这些产业在兴起之初就具有了较大的需求规模，这种需求规模也包括因自身的相对优势而产生的向其他国家的出口规模，这种潜在的需求规模大大刺激了产业的技术创新，随着产业技术的不断成熟并受产业需求规模的拉动作用，再加上该国具备产业所需的丰富资源，第二次工业革命中的这些产业具有很高的产业增长率，这种产业高增长率带动了较大产业规模。同时，由于第二次工业革命中的这些产业都具有较高的产业关联度，所以在自身发展的同时，还极大地带动了其他产业的发展而表现出较强的产业带动性，另外，这些产业还具有较好的就业

效应。

为进一步归纳第二次工业革命中所有战略性新兴产业在国家层面共同产生的综合战略效应，本课题挖掘了第二次工业革命中的战略性新兴产业对各国在人口、经济、社会、生态等各个方面产生的战略效应，并对这些战略效应综合表现进行了概念抽取（见表 4－5）。

表 4－5　　　　　　　　　第二次工业革命中战略性新兴产业的综合效应

国家	战略效应综合表现	概念抽取
美国	美国是第二次技术革命中的最大受益国。19 世纪下半叶南北战争以后，美国就开始进入了经济增长的快车道，统计资料表明，1870～1913 年，美国的工业生产增加了 8.1 倍。在 1879～1919 年间，按固定价格计算的国民生产总值年均增长率为 3.72%，人均产值年增长率为 1.76%，1859～1909 年，美国加工工业的工人数目增加了 4 倍以上，资本总额增加了约 17 倍。1894 年美国的工业生产已跃居世界首位。这一时期美国新兴产业的发展尤其引人注目。1929 年美国国民生产总值达到了创纪录的 1759 亿美元，在资本主义世界工业生产中的比重达到了 48.5%，超过了英、德、法三国的总和	国家竞争力增强 推动经济
美国	总体的趋势是，劳动力不断地从农业转向工业，再从工业转向服务业，在国民收入中各部门所占的比例是农业收入不断下降，工业收入不断上升，而服务业收入的增长趋势更为明显	产业升级
美国	1870 年城市数目增加到了 663 个，1890 年又增加到了 1348 个，1910 年进一步增至 2262 个，城市人口在全国人口中所占的比重也分别增加到了 25.7%、35.1% 和 45.7%，到 1920 年美国城市人口超过了农村人口，初步完成了城市化	城市化 社会进步
德国	1870～1913 年，德国的国民生产总值年平均增长 2.9%，工业生产增加了 4.55 倍	国家竞争力增强
德国	1915 年，德国工业生产已占世界工业生产总额的 16%，超过了英国（14%）和法国（6%），仅次于美国（38%），而居世界第二位	国家竞争力增强
德国	但在第二次工业革命中，德国的农村人口开始迅速减少，1880 年占人口总数的 58.6%，1900 年又下降到 45.6%，城市人口首次超过了农村人口	城市化 社会进步
德国	1905～1914 年间，德国国民收入的 39% 来自工业，43% 来自服务业，而来自农业的仅占 18%	产业升级
英国	1850 年人口达到 2750 万，1900 年又达到了 4180 万，一个世纪增加的人口超过了英国工业革命以前人口积累的总和	人口增长
英国	1860 年，城市人口占全国人口的比重达到了 62.3%，1890 年上升为 72%，1931 年又达到了 78.1%，城市人口与乡村人口在全国人口中所占的比例与工业化前相比做了一个颠倒	城市化 社会进步
法国	法国人口 19 世纪上半叶增长了 25%，1800～1900 年，法国人口由 2730 万增加到了 3900 万	人口增长
法国	1860 年城市人口的比重上升到 28.9%，1901 年又上升到 40.9%，1931 年进一步上升到 51.2%，城市人口超过了农村人口，初步完成了城市化进程	城市化 社会进步
法国	1870 年，法国工业生产总值在世界工业生产总值中约占 13%	经济发展

续表

国家	战略效应综合表现	概念抽取
全球	19 世纪下半叶第二次工业革命之后，各国出现了股份制现代公司制度	科学管理
	第二次工业革命以来，兴建大型水电站和以煤炭为能源的电热厂成为人类追求新能源的主要途径。这一方面破坏了地球的生态环境，另一方面则加速了煤炭等不可再生资源的消耗	环境污染 资源掠夺 生态破坏
	人类对石化产品的需要和热情，加速了石油资源的消耗，也开启了环境污染、环境破坏的主要领域的大门。直至今日，汽车废气对地球臭氧层的破坏、石化工业排放物和化工产品有害物质挥发对环境的污染和对人类健康的危害一直在持续着	
	农业的化肥化、机械化不仅助长了工业对资源、环境的破坏，而且农业自身也加快了破坏生态环境的步伐	

从表 4-5 可以看出，第二次工业革命中兴起的电力产业、通信产业、钢铁产业、石油产业、汽车产业、化工产业、建筑产业再次优化相应国家的产业结构并促进了传统产业的升级，同时又一次极大程度地推动了相应国家的经济增长，实现了较高程度的城市化进程，进而实现了社会的进步和国家竞争力的提升，尤其是美国在第二次工业革命中完成了向第一经济大国的转变。第二次工业革命中战略性新兴产业产生这些正面战略效应的同时，也间接地促成了各国乃至全球人口的又一次暴涨，并且第二次工业革命中电力发展对煤炭燃烧的需求、汽车业对石油的燃烧以及钢铁生产和化工生产进一步加剧了环境污染、资源掠夺和生态的破坏。第二次工业革命中战略性新兴产业所产生的这些负面效应加剧了对人类可持续发展的威胁。

4.4 第三次工业革命中战略性新兴产业的回溯分析

4.4.1 第三次工业革命中战略性新兴产业演进历程

20 世纪 50 年代以来，正当人们充分享受第二次工业革命的物质成果之时，直接与科学相结合的第三次产业革命又骤然而至了。电子计算机、原子能技术、宇宙航空技术是五六十年代的第一个浪潮，微电子技术、激光技术、光纤通信、海洋开发、新材料技术和生物工程则是七八十年代产生的第二个浪潮。

第三次工业革命中的战略性新兴产业是围绕微电子技术产生一系列现代高科技产业。第一次和第二次工业革命都是开始于英国、美国等少数欧美国家，且工业革命的成果也几乎被欧美少数国家所享用。第三次工业革命除了个别领域中美国处在领先的地位，以微电子技术为主导的大多数新兴技术几乎是在美国、法国、日本、英国、德国、苏联、瑞典、意大利等 20 多个国家同时兴起，很快波及包括发展中国家在内的所有国家，并成为全球范围的工业革命。接下来分别介绍电子产业、信息产业、核能产业、航天产业、新材料产业、海洋工程产业和生物产业的发展历程。

（1）电子产业发展历程。

电子产业最初是以电子计算机的发明和使用为主导地位，电子计算机是现代科学和高技术发展的结晶。自 1946 年 2 月世界上第一台电子计算机 ENIAC 制成投入使用后，经历了以电子管为电子元件的第一代电子计算机（1946～1956 年）；以晶体管为电子元件的第二代计算机（1957～1964 年）；以集成电路为电子元件的第三代计算机（1965～1972 年）；以大规模集成电路为电子元件的第四代计算机（1973～1978 年）；采用大规模集成电路以及以超大规模集成电路为电子元件的第五代计算机（1979 年至今）。总之，电子计算机自产生之日起，平均七八年更新一次。每次运算速度、可靠性均提高 10 倍，体积则缩小 10 倍。20 世纪 80 年代电子计算机可以应用的项目达 3000 多种，计算机完成的工作量可相当于上万亿人次。

在计算机发展的同时，电子产业也随着微电子技术有了较大的发展，20 世纪 40 年代，人们已经利用光电效应等原理成功试制出电视和雷达。二战以后，1964 年美国将计算机用于数控机床建立了群控系统。20 世纪 50 年代初美国的电子工业产值仅为 60 亿美元左右，到 1976 年就增至 5000 多亿美元，1981 年竟高达 1138 亿美元，电子工业超过钢铁、纺织、造船这些大部门，成为仅次于化工和汽车的第三大产业。

（2）核能产业发展历程。

人类在经历"蒸汽时代""电气时代"后进入"原子能时代"。在 19 世纪 30 年代 X 射线发现的基础上，人们发现了放射性元素，在意大利物理学家费米的领导下，1942 年美国建成第一个原子能反应堆。1942 年美国在英国、加拿大的合作下实施"曼哈顿工程"并于 1945 年研制出原子弹。1951 年美国建成一个小型增殖反应堆，首次证明原子能可以发电。20 世纪 50 年代苏、美、英等国都利用原子能反应堆建起了原子能核电站，各种核动力船舰也纷纷下水。1954 年苏联建成一座 5000 千瓦的轻水核电站。

（3）航天产业发展历程。

航天产业包括各类航天飞行器（如火箭、人造地球卫星、载人飞船、航天飞机、空间实验站及已正在研制的空间工厂、医院、太阳能电站、各种星际探测器等）的设计、制造、发射和应用。

空间技术源于在二战中成熟的火箭技术。20 世纪 50～60 年代主要集中发展运载火箭和制导系统。1957 年 8 月苏联试射超远程多级洲际导弹成功，同年 10 月 4 日，苏联用多级火箭将第一颗人造卫星送入了轨道，标志着人类跨入梦寐以求的太空时代。1959 年 9 月 12 日苏联又发射了"梦想 2 号"卫星。1961 年 4 月，苏联宇航员加加林绕地球一周安全返回地面。1965 年 3 月 18 日苏联宇航员列昂诺夫进行了人类第一次太空漫步。1984 年，苏联宇航员实行了空间行走。受苏联刺激美国在航天技术领域也加大投入力度，20 世纪 60 年代美国实施阿波罗登月计划发展太空技术，该计划动用了 50 万科技人员，耗资 300 亿美元，终于在 1969 年 7 月 22 日使人类登上了月球。1976 年人类在火星上投下了登陆舱。1981 年 4 月 12 日，可以重复使用的哥伦比亚航天飞机发射成功。二战后，英国的航天工业因得到政府的大力支持，发展非常迅速。由于科研投资大量增加，生产设备先进，无论是生产规模还是产品品种，都大量地扩充与增长。1979 年英国航天产业的就业人数已达到 19 万人，并且航天产品出口额达 12 亿英镑。苏、美、法、英、中、日、印等国不断发射人造卫星和各类航天器，人类在空间技术中的通信、气象及资源探测方面已经开始取得巨大的经济效益。

（4）材料产业发展历程。

近代化学确立了原子—分子学说、有机分子结构理论、元素周期律和元素周期系理论三大基础理论，并形成了无机化学、有机化学、分析化学与物理化学等四大分支学科。

在此基础上，人们又在传统材料科学基础上开发出了新一代的无机非金属材料，特种功能材料和具有综合功能的复合材料。到 20 世纪 80 年代，在 107 种元素组成的物质中，人类已开发出了 30

万种材料用于生产生活。

材料革命给社会生产带来很大变化,如到 20 世纪 70 年代合成橡胶产量已超过天然橡胶 1 倍,其性能也超过了天然橡胶。此时的塑料发展更快,品种已达 30 ~ 40 类和 300 余种。1950 ~ 1970 年塑料制品年均产量增长 17 倍,同期与之竞争的金属消费量仅增 1.8 倍。1 吨的塑料可替代 6 吨铁,或 4 吨锌,或 2 吨铝,或 5 吨钢。用 10 万吨塑料可节省 2.5 万人劳动力,有色金属 6 万吨。合成纤维是纺织原料上的重大革命,其中涤纶、棉纶、腈纶、丙纶、维纶、氯纶的产量到 1980 年已经超过天然植物纤维的 3 倍。还有碳化纤维复合材料、纯硅、非晶硅以及铟、铌、锆等半导体材料都在日益发挥巨大作用。

(5)信息产业发展历程。

信息产业是以微电子技术为核心,以电子计算机、通信设备和电缆、光缆、无线传播为基础,并呈现网络化和多媒体化特征的新兴产业。信息产业包括信息的获取、传递、处理等。香农(1948)信息论的提出标志着近代通信的开始,20 世纪 80 年代以后相继出现的互联网技术、光纤通信技术、移动通信等技术使得信息产业进入快速发展阶段。

现在信息产业早已渗透到人们的生活、娱乐、工作、学习等各方面,并对人们的生活形态和工作方式产生了深刻的影响。以美国为例,美国信息产业的产值规模 20 世纪 80 年代就达到数千亿美元,90 年代更成了创造价值最高的产业部门。

(6)海洋产业的发展历程。

随着人类对食物、能源、矿产原料需求的与日俱增,加之计算机、航天、遥感、新材料以及机器人等方面技术的发展,人类开始重视并有能力进行海洋资源开发。海洋产业包括海底能源开发、海洋空间利用、海洋环境保护、水产资源开发等。二战后,随着人们对海洋经济价值认识的不断提高。20 世纪 70 年代以后,世界许多国家在海上石油和油气的开采、海上养殖以及在海洋资源提取和海洋勘探上都取得很大成果;到 80 年代海洋开发的总产值已超过 2500 亿美元,占世界国民生产总产值的 4% 左右。目前,海洋开发中海洋石油勘探和开采是产值最高的,海上油田年产量已超过 6 亿吨,占世界石油总产量的 22%。

(7)生物工程产业。

20 世纪 50 ~ 60 年代分子生物学取得突破,建立在分子生物学、微生物学、细胞生物学、分子遗传学等之上的生物工程也应运而生。生物工程是指按照人的意愿,利用一定的技术手段,通过生物本身来改造生物的活动。现代生物工程打破了种属间、动植物间、微生物之间的界限,为人类开辟了一个崭新的生产领域,在医疗、卫生、农业、畜牧业生产等方面发挥着巨大的作用,在处理污染环境和生物能源开发等领域也产生着令人瞠目的经济效益。

图 4 - 6 总结了第三次工业革命中战略新兴产业的演化历程,从第三次工业革命的发展历程可以看出,第二次世界大战和战后军备竞赛很大程度地促进了科学技术的迅猛发展。由于武器研究、密码和军事后勤迫切需要新的计算工具,在二战中美国研制成世界第一台电子计算机。原子弹、雷达、火箭、喷气发动机、空间技术、半导体、激光、高分子合成等,都是在二战中产生和发展起来的。战后许多新兴科学和新技术是在战争的催化下诞生的,例如分子生物学和生物工程技术,正是由于战争的需要,使抗生素工业和相应的微生物遗传学异军突起。

随着现代物理学和电子技术的发展,在经历三极管、晶体管和 20 世纪 60 年代大规模集成电路发展,出现了微电子技术,微电子技术、激光技术和新材料技术的结合出现了光纤通信技术,光纤通信技术的出现融合了计算机、电话、电视,从而创造了信息产业革命的奇迹。

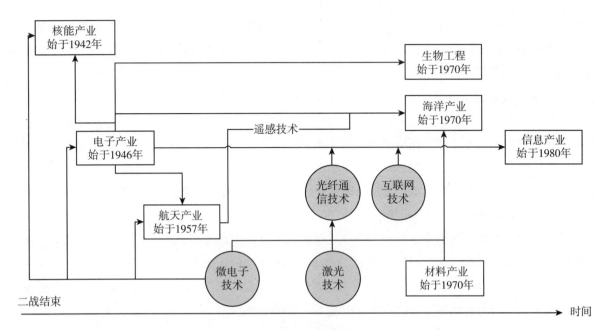

图 4 - 6　第三次工业革命中战略性新兴产业演化历程

以计算机为首的电子产业涉及了各个产业领域，电子计算机与机器结合产生的"钢领工人"——机器人在航天产业、海洋工程、核能产业等领域起到了非常重要的作用。

4.4.2　第三次工业革命的特征分析

通过回溯第三次工业革命中战略性新兴产业的发展历程，并与第一次工业革命、第二次工业革命中战略性新兴产业的对比分析，可以看出，第三次工业革命具有以下特征：

（1）第三次工业革命的不彻底性。

第三次工业革命中的许多战略性新兴产业只是在一两个局部点上取得了革命性的进展，并没有建立起新的、完整的产业技术体系，例如航天技术虽然有辉煌的成就，但与其探索宇宙的目标相比距离尚远，而且本身的产业化程度也很有限。在海洋技术方面，无论是潮汐的利用还是海水海底资源的开发，都远远没有实现革命。另外，第三次工业革命虽然在许多产业技术领域实现了变革，但并未带来整个产业技术体系的本质性变化，也未在整个产业技术体系中占据主导地位。它们或停留于几个特定的产业领域，如微电子、新材料、生物工程、新能源等方面的技术变革；或为旧产业技术体系所吸纳，成为旧体系的服务者，如海洋石油技术；或虽然取得了重大的进展但同时也带来了较大的社会危害，令人类走入自己布下的迷局而无所适从，如生物工程中的转基因技术、畜类饲料的人工加工技术等（龙福元，2008）。

（2）第三次工业革命具有全面性和全球性。

第一次和第二次工业革命只涉及个别的自然科学领域，并且只涉及动力部门与加工部门，而第三次工业革命差不多涵盖了所有的领域，具有广泛性和全面性特点。例如，发生在 18 世纪末至 19 世纪初的第一次工业革命，只是以力学为基础，主要发生在纺织、冶金和机械制造等少数工业部门。发生在 19 世纪末至 20 世纪中期的第二次工业革命，主要是以电学理论为基础，主要发生在个别的重工业部门。第三次工业革命几乎涵盖了全部的学科、产业领域和工业部门。例如从空间上，涵盖了海（海洋工程）陆空（空间开发）；从生产要素来看，第三次工业革命不仅革新了劳动工具

（自动化），还改变了劳动对象（新材料的开发）；从部门来看，涉及了工业、农业、服务业等大多数部门。在第三次工业革命中，不同科学技术间存在相互交叉和相互渗透，产生了第一次工业革命和第二次工业革命所没有的大综合现象（赵儒煜，2003）。

（3）第三次工业革命是科学革命和技术革命同步发展的工业革命。

在第一次工业革命中，热力学理论是蒸汽机大量使用半个世纪后才产生的。这就是说，技术应生产的需要发生了重大变革，而科学理论尚未确立。第二次工业革命是以电、电动机的发明和使用为中心的，而电学和磁学定律在这以前几十年就已发现。这就是说，科学研究已有所突破，但在技术上却迟迟未得到利用。第三次工业革命则明显地表现为科学指导下的技术革命和技术革命基础上的科学发展二者融为一体的变革过程。

不仅如此，在第三次工业革命中，科技成果转化为直接生产力的过程大大缩短。据统计，从发明到生产运用的时间在蒸汽机约为80年，电动机为65年，电话为50年，真空管为23年，飞机为20年，原子弹为6年，晶体管为3年，而激光器仅为1年。科学技术发展的这一情况，有力地证明了科学技术和生产力有加速发展的趋势（赵儒煜，2003）。

（4）第三次工业革命受到政府直接参与和大力推动。

第三次工业革命之前的科学研究和技术创新多为个人或企业的行为，政府有一定程度的干预，几乎不直接参与。第三次工业革命中的科学技术具有的技术新、耗资大、时效强、风险大等特点，使得许多科学技术研究常常超过了个别企业甚至垄断企业集团独自承担的能力，不同科学技术之间的相关性也变得越来越广泛和密切。科学技术方面的新发展往往需要有许多相关部门的相应发展，如原子能的开发与运用，航天和宇宙的探索和研究，都离不开新材料的开发、电子和自动化技术的高度发展，这些都离不开政府的直接参与和大力推动（赵儒煜，2003）。

例如，二战期间，雷达、喷气式战机、原子弹等新式武器的开发，都是在"官、产、学"合作模式下研发成功的。战争结束后，各国继续沿用"官、产、学"模式进行超级大国的军备竞赛。与此同时，各个国家的政府都意识到，未来各国之间经济贸易的竞争，根本上是科学与技术的竞争。美国、日本、欧洲等发达国家的政府，在积极制定科技发展战略和政策规划的同时，还直接或间接地加大研发经费的投入，并且还持续地组织各种形式的联合攻关与大规模合作项目。例如20世纪60年代美国实施的"阿波罗"登月计划，以及20世纪70年代日本实施的"超大规模集成电路技术研究组合"等都是政府组织实施的。

4.5　全球战略性新兴产业演进规律分析

18世纪初英国对棉纺织品的极大需求促进纺织业的快速发展，1760年梳棉机的发明标志着第一次工业革命的开始。在蒸汽机被发明以后，棉纺织产业逐渐实现机械化，而棉纺织机械和蒸汽机的制造需要大量的金属材料，因此带动了冶铁业的发展。对铁的炼制需要比木炭更加高效的能源，冶铁产业对能源的需求助推了煤炭产业的发展，冶铁业和煤炭业反过来又加速了机械制造业的发展。而对煤炭、铁质材料的运输又同时带动了交通运输业的发展。

第一次工业革命完成后，蒸汽机动力无法满足钢铁业的需求，电力工业应运而生，各种大型发电机、电动机、高压运输网及照明电灯相继被发明。同时，人们利用电的信息传输发明了电报和电话并开始了无线通信。19世纪中叶以来，交通运输业和机械化的发展使得原有的动物油和植物油无法满足对机器和车辆润滑油日益增长的需求，于是石油产业迅速兴起。在石油产业和内燃机技术发展的基础上，进一步推动了汽车产业的发展。机械制造业和钢铁业提供了大量的建筑机械和混凝土制造设备，使得建筑业在 20 世纪前后飞速发展。20 世纪上半叶的两次世界大战中，对燃料、橡胶、炸药等物质的需求促使化学工业出现，并且石油化工和煤化工的发展对整个化学工业的发展起到极大的推动作用。20 世纪中叶以来，在战争中出现的化工材料、飞机和计算机等新事物在人类需求和技术的推动下逐渐发展成为新材料产业、航空航天产业和电子信息产业等。随着全球环境的恶化、资源的匮乏和金融危机的到来，各国相继展开战略性新兴产业的战略部署。

由三次工业革命中战略性新兴产业的发展历程可以看出（见图 4 - 7），几乎所有产业都是由某种需求催生出来的，需求是生产活动和社会进步的基础。基于马克思对全社会物质生产的生产资料部门和消费资料部门的分类方法，可以发现全球的主导产业主要满足人类的生活需求和生产需求两个方面。对于人类生活需求，可依据美国心理学家马斯洛（1943）的需求层次理论将其分为生理需求、安全需求、社交需求、尊重需求和自我实现五个需求层次，并且当人类的低层次的需求得到满足之后会开始追求高一层次的需求。对于生产需求，除了生产所需投入的原材料之外，还需要动力源和控制工具、动力工具、传递工具和执行工具等生产工具（陈光，2011）。结合全球主导产业演化历程和需求相关理论，可归纳总结出人类产业演化的规律如下（见图 4 - 8）：

首先，产业发展的出发点和归属都是满足人类的需求。最初发展起来的必然是满足生活需求的产业，满足生活需求的产业带动或催生了各类面向生产需求产业，而满足生产需求产业的发展又促进满足生活需求产业的发展。譬如，纺织业满足人们的生活需求，而纺织业的发展推动了纺织机械产业的发展，纺织机械产业又反过来促进了纺织业的发展。

其次，不同产业出现和发展的次序与人类需求层次的顺序具有较强的一致性。以近代工业革命以来产业进化史为例，工业革命初期发展的纺织业所满足的是人类的生存需求，其后发展起来的冶金业和化工产业等满足的是人类的安全需求，再后来发展起来的交通业和通信业等满足的主要是人类的社交需求，接下来发展起来的汽车业、航空业、原子能产业、计算机产业等所满足的则是人类的尊重需求，而当前及未来重点发展的航天产业、机器人产业、创意产业和生命产业等满足的主要是人类自我实现甚至更高层次的需求。

再其次，同一产业也朝着满足更高层次需求的方向不断进化。以纺织服装业为例，最初的纺织服装业主要满足人类的御寒防晒等生存需求，后来随着进化而生产出了能够满足耐火防弹等特殊安全需求类服装产品，再后来发展出了能够满足社会交往需求的适应不同场景和用途的服装产品，在纺织服装业的顶端，则形成了能够满足尊重需求的时装和高档品牌类服装产品等。汽车产业也经历了类似的进化过程，早期生产的汽车主要满足人们的出行需求和社交需求，后来发展的越野车、防弹汽车和水陆两用汽车等能够更好满足安全需求，高档品牌汽车和高技术性能汽车的出现则满足了尊重需求，新能源汽车、全自动汽车以及可飞行汽车的创新进一步满足了自我实现的需求。

最后，全球战略性新兴产业能够发展成较大产业规模的战略产业的主要原因是因为，这些产业发展之初主要满足人们的低层次的基本需求，满足生活、生产等基本需求的产业所具有的需求规模决定了这些产业较大的产业规模。包括二战中兴起的核能、航空、计算机等产业最初都是为了满足人们的安全需求、尊重需求等普遍性的需求。随着产业的发展，这些产业逐渐满足人们生活、生产等不同层次的需求，这种需求的规模决定了这些产业未来可以发展成为具有较大战略效应的战略产业。

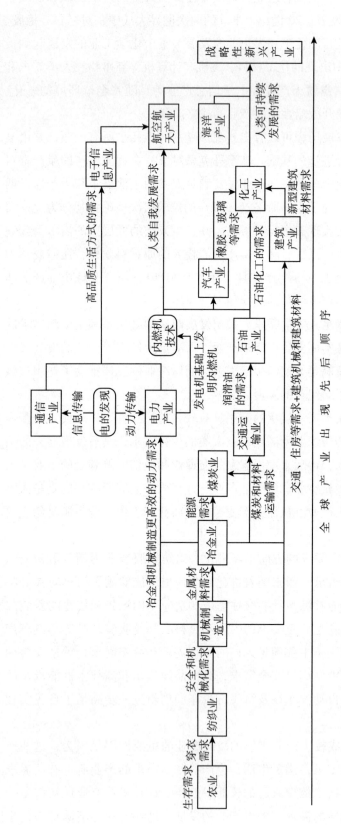

图 4 - 7 三次工业革命中战略性新兴产业演化历程

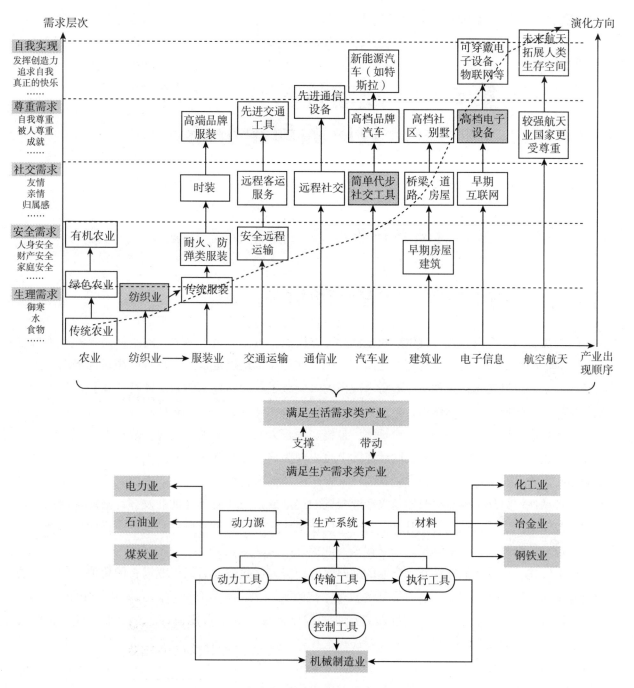

图 4 - 8　全球战略性新兴产业演化的一般规律

第 5 章　战略性新兴产业战略
效应的理论分析

5.1　战略性新兴产业战略效应定义及其维度的确定

5.1.1　战略性新兴产业战略效应的定义

战略性新兴产业因涉及人类生产和生活的方方面面，可以满足大多数人的生活需求和大多数生产部门的生产需求，由此而具有较大的需求规模。这种需求规模也包括因自身的相对优势而产生的向其他国家的出口规模，这种潜在的需求规模大大刺激了产业的技术创新。随着产业技术的不断成熟并受产业需求规模的拉动作用，再加上产业发展所需的丰富资源，战略性新兴产业就具有了很高的产业增长率，伴随着这种产业高增长率，最终实现较大的产业规模。同时，战略性新兴产业具有较高的产业关联度，产业的这种关联性实际上也表现为该产业对其他产业的投入需求或满足其他产业的生产需求，在这种需求和技术创新的共同作用下，极大地带动了其他产业的发展而表现出较强的产业带动性。另外，随着战略性新兴产业规模的逐渐成长与产业带动性的发挥，战略性新兴产业在优化产业结构、促进产业转型升级中起到重要作用，其产业竞争力也得到提升，进而促进经济的发展、推动社会的进步，最终实现国家竞争力的提升。

综上所述，可以将战略性新兴产业的战略效应定义为：战略性新兴产业潜在的价值导向、发展规模、带动作用及其对国家竞争力提升的贡献。战略性新兴产业战略效应的实现路径如图 5-1 所示，可以看出，工业革命中的战略性新兴产业的战略效应包含产业规模性、产业带动性等正面表现。工业革命中的战略性新兴产业的发展还极大程度地造成环境污染和资源掠夺，使得生态环境遭到严重破坏，对人类的可持续发展带来了严重的威胁。另外，人口的急剧增长对地球家园的承载能力也提出重大挑战，对社会的进步也起到一定阻碍作用。

5.1.2　战略性新兴产业战略效应的维度分析

结合对战略性新兴产业战略效应的定义以及工业革命中战略性新兴产业的回溯分析可知，当前战略性新兴产业和工业革命中的战略性新兴产业的战略效应实现路径大体一致，但由于当前战略性新兴产业是在全球环境污染、生态破坏和资源危机的背景下提出来的，当前战略性新兴产业的战略效应必须具备特定的时代特征。

一方面，由于战略性新兴产业可以满足人们生活或生产的普遍性需求（如信息技术产业、生物医药产业等）或关键性需求（如航天产业、海洋工程产业等）而具有较大的潜在的需求规模，这种需求规模推动产业快速成长，进而形成较大的产业规模。另一方面，战略性新兴产业通过技术创

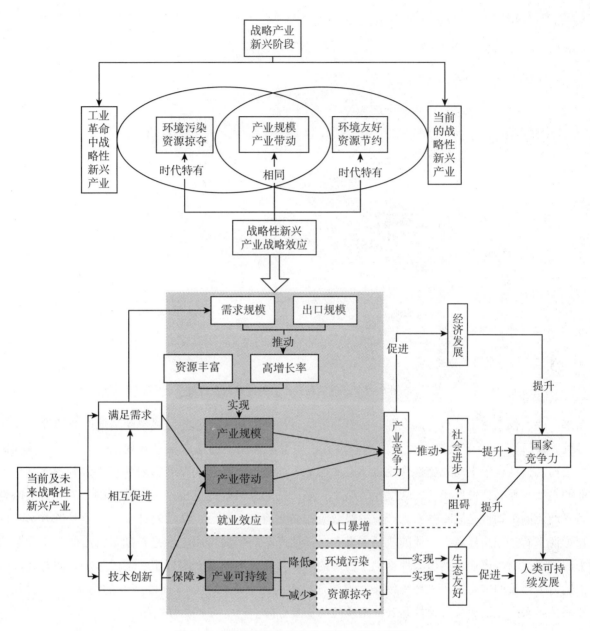

图 5 - 1 战略性新兴产业的战略效应实现路径

新，催生新的需求的同时，不仅自身产业的发展能够形成一定的规模，还可以对产业链上下游的产业具有较大的带动作用或通过技术溢出效应对其他产业的转型升级具有促进作用。与工业革命中的战略性新兴产业不同的是，当前的战略性新兴产业发展已经摆脱过去工业革命带来的人口暴增的发展路径，并且随着自动化、数字化生产的实现，未来的战略新兴产业并不能像过去那样创造大规模的工作岗位（麦肯锡全球研究所，2013）。

基于以上分析，结合"战略"在时间上的长远性、空间上的全局性和影响程度上的重大性等特征（辞海，1999；吴春秋，1998），将战略性新兴产业的战略效应最终解构为潜在规模性、产业带动性和成长持续性三个维度（见图 5 - 2）。其中潜在规模性是战略效应的核心，潜在规模性的价值取决于能否带动更多产业发展以及能否持续地引领社会经济发展。

结合图 5 - 2 可知，战略性新兴产业的潜在规模性是战略性新兴产业战略效应的基础，一个产业如果不具有规模就很难发挥其战略性作用。我国提出发展战略性新兴产业时就明确提到，战略性

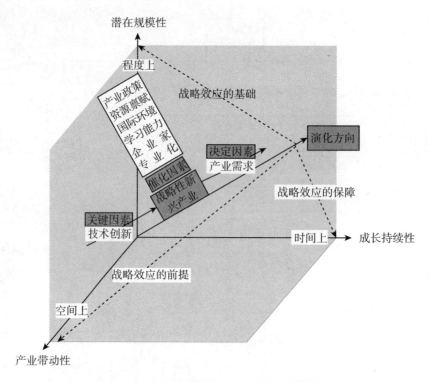

图5-2 战略性新兴产业的战略效应维度

新兴产业不仅仅在于其自身的发展，关键还要通过战略性新兴产业的发展带动其他产业的发展（国务院，2012）。一个产业如果对其他产业没有任何带动作用，即使自身产业规模再大，该产业在国家层面和全球竞争中的战略性作用也不会太明显。如果一个产业的发展影响甚至决定着很多其他产业的发展，那么即使该产业的规模相对略小，该产业的战略性地位也是无可替代的。因此，战略性新兴产业的带动性是战略性新兴产业战略效应的必要前提。最后，从战略性新兴产业发挥其影响的长远性来看，战略性新兴产业的成长规模和对其他产业的带动作用应该是长期可持续的。工业革命中的战略性新兴产业虽然极大地推动了经济的发展，并一定程度上实现了社会的进步，但与此同时也遗留了严重的贫富差距、环境污染、资源危机等问题，从而不得不面临产业的淘汰升级。因此，战略性新兴产业的成长持续性是其战略效应的重要保障。

5.2 潜在规模性理论分析

从宏观经济学角度来看，产业规模是由总需求和总供给共同决定的（齐红倩，黄宝敏，2014）。只有具备一定需求规模的产业才具有形成产业规模的可能，需求是产业形成规模的基础；从供给面来看，产业要形成一定的规模，关键资源要素的投入也起到决定性作用。需求和资源只是使产业形成规模具有可能性，要将这种可能性得以实现，还需要其他关键要素的支撑，罗默（Romer，1990）的内生经济增长理论指出，内生的技术进步是经济实现持续增长的决定因素，所以，技术是低成本、高效率实现产业规模的一个重要因素。因此本课题从需求、资源和技术三个方面来分析战略性新兴产业的潜在规模性（见图5-3）。

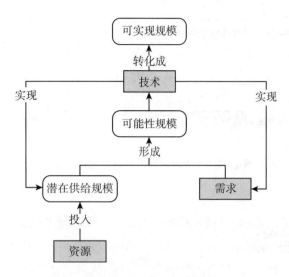

图 5-3　产业潜在规模性关键决定因素

（1）需求方面。

早在 19 世纪 60 年代，马克思（1860）就提出需求是生产活动和社会进步的基础，一旦历史上产生一种需求，这种需求就会比十所大学更能推动历史的进程。与此同时，他最早按需求的内容将人类需求分为物质需求和精神需求（马克思，1883）。需求是产业成长的主要动力源（陆国庆，2002；桂黄宝，2012）。

许多学者对产业的需求规模如何影响产业的成长规模做了深入研究，最终发现产业所具有的巨大潜在需求促使政府、企业加大技术创新来提高生产效率，并推动产业规模增长。例如施莫克勒（Schmookler，1966）研究发现，需求引导和制约着美国炼油、造纸、铁路和农业四产业的技术创新，并影响产业规模增长，谢勒（Scherer，1982）以 245 个行业 443 家大型企业为样本，对该结论进行了验证；迈耶斯和马奎斯（Mayers & Marquis，1969）通过研究 5 个产业中的 567 项创新成果，发现更多产品的成功开发主要是来源于市场需求而不是技术机会；布劳沃等（Brouwer et al.，1996）研究了"欧盟统计局共同体创新调查库"中的 8000 家德国企业 1990～1992 年间的数据，结果显示需求的增长是导致创新产出增加的主要因素；克雷蓬（Crepon，1998）根据对法国 4164 家企业技术创新数据的研究结果，发现 R&D 投入强度、专利的数量以及创新销售收入都受到需求规模的影响；厄特巴克（Utterback，1999）通过实证研究证明，60%～80% 比较重要的创新都是受需求拉动而产生并扩张开来的；吉尔斯（Geels，2002）也提到决定一种新产品是否能够在竞争中脱颖而出的，不是其技术水平的高低，而在于该产品需求规模的大小；有学者在其研究中提到，较大的需求规模可以通过分摊研发成本、降低研发风险来产生规模效应，这种规模效应会增加企业的研发投入并最终提高生产率（Syverson，2003）；而有些学者则提出，较大的需求规模会吸引更多企业进入并生产更多的同质产品，从而使得行业竞争加剧，企业为逃离竞争威胁保持竞争优势不得不加大创新投入，最终提高整个行业的生产效率并使得行业规模迅速扩大（Daron & Joshua，2004；Aghion & Griffith，2005）。

从上述分析可以看出，产业的潜在需求规模是可实现的产业规模的重要决定因素之一，是形成产业规模的重要基础，产业的潜在需求规模推动并刺激了政府、企业加大创新投入来提高创新水平，进而提高生产效率并使得产业的潜在规模性得以实现（见图 5-4）。

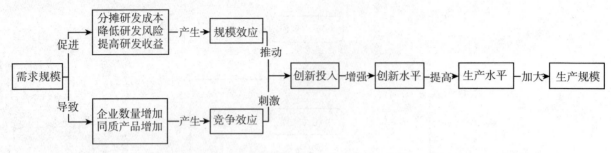

图 5 - 4   需求规模对产业规模的影响机制

（2）资源方面。

资源禀赋理论认为，一个国家或区域相对密集、富裕的要素使该国家或区域在该产业领域具有相对优势，波特的钻石模型理论也提出，资源要素对一国的产业是否具有竞争力起到至关重要的作用。

战略性新兴产业的规模性，除了潜在需求规模作为前提外，还需要资源投入作为保障，尤其是关键资源的投入对产业规模具有重要影响。关键资源无法获取的情况下，即使产业有较大的潜在需求规模，也终究无法实现产业的规模性，例如稀有金属锂、钛、镭等资源因为其本身的稀有性，稀有金属产业无法像钢铁、煤炭等产业一样成为国家的支柱性产业。考虑到影响不同产业成长的资源类型差别较大，所以只有那些关键资源才是影响产业规模性的决定因素。例如，风对风能产业而言是关键资源，硅资源对太阳能产业而言是关键资源，人才对软件产业和信息产业而言是关键资源，市场资源对新能源汽车产业而言是关键资源。

由上述分析可以看出，一个国家或区域能否拥有某产业成长所需的关键资源对该产业的成长甚为关键。如果一个国家或区域本身就拥有某种关键资源，那么该国家或区域就具备发展某种产业的先天优势，但这并不意味着如果一个国家或区域本身不具备某种关键资源就没有发展该产业的可能性。因为该国家或区域可以通过各种途径来获取某种关键资源，也就是说是否拥有某一产业发展所需的关键资源关键取决于关键资源的集成度，这种关键资源的集成度决定了产业获取某种关键资源的能力。

（3）技术方面。

潜在需求规模和资源集成度只是使产业规模成为可能，要把这种可能转化为现实，还需要技术作为保障。从三次工业革命中战略性新兴产业的演化历程可以看出，每种产业飞跃式的成长都是在某一新兴技术出现之后。

进一步分析发现，技术的标准化是使得产业的潜在规模性得以低成本、高效率实现的重要条件。技术标准化主要通过以下路径来推动产业成长并形成规模效应。首先，技术标准与技术创新之间具有密切的联系并相互协同发展，在技术创新推动技术标准发展的同时，技术标准也直接或间接地推动技术创新的发展（Allen，2000）。具体表现为原有技术标准为新的技术创新提供支撑，使得新的技术研发有一定基础并降低技术创新的风险，最终实现标准化生产的技术积累带动技术创新的发展。同时，技术标准限制了创新的方向，约束了技术的多样性，使得新技术更符合市场的导向，从而更快地实现规模经济，缩短科技成果产业化的周期（李新波，2010；Swann，2000）。其次，技术标准既需要产业长期的技术积累，也需要有各种系统部件的供应商和用户的协同与合作。所以技术标准的建立和推广需要主体制造商、上游供应商、下游用户、服务提供商、大学、科研机构、协会以及有关政府组织等参与者的全面合作。这就有助于形成一个拥有完善发达的供应商、挑剔的客户群、众多水平联系的企业和各个支撑机构的产业集群，而产业集群的发展反过来又会推动技术标准化的形成并在如此反复的过程中形成产业规模（魏守华，石碧华，2002；曾德明，孙耀吾，

2005；曾德明，吴传荣，2009）。再其次，技术标准化可以降低消费者和企业对新技术的信息不对称，从而加速技术扩散与转移（DIN，2000；Krechmer，2000；Gregory，2000），同时加速产品的扩散，取消过时的产品，增强竞争力（Rosen B，1988）。最后，技术标准化还通过降低交易成本、提高国际贸易的效率（Swann，1996）、帮助厂商发展和利用学习曲线降低成本（Adolphi & Kleinemyer，1995）、提高竞争优势、增强出口竞争力（Swann & Temple，1995）等途径影响贸易发展。标准化还可以帮助厂商实现规模经济，并促进业务的国际化，以及提高其市场地位（Perez，1994）。

由图 5-5 可知，技术标准化通过促进新的技术创新、产业集群的形成、降低信息不对称、加速产品推广、降低交易成本、增强企业的学习效应、增强出口竞争力等路径，对产业的规模起到非常重要的作用。

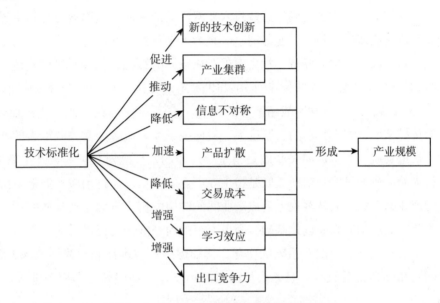

图 5-5　技术标准化对产业规模的影响路径

通过上述分析可以看出，潜在的需求规模和关键资源的集成度使得产业具有潜在的规模性成为可能，而技术标准化潜力又使得这种可能性成为现实。所以产业的潜在需求规模和关键资源的集成度是产业潜在规模的基础，技术标准化潜力是产业潜在规模的保障。产业的潜在需求规模、关键资源集成度和技术标准化潜力共同决定了产业潜在规模（见图 5-6）。

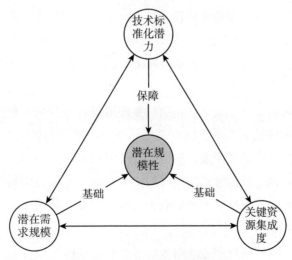

图 5-6　潜在规模性影响因素

5.3 产业带动性理论分析

战略性新兴产业还具备很强的带动作用，能在产业链的上下游带动一批相关或者配套产业，或通过技术溢出效应带动产业链之外的其他产业进行转型升级等。

战略性新兴产业作为战略产业的初级阶段，未来可以成长为主导产业。罗斯托（W. W. Rostow）在研究主导产业时提出，一个国家或区域应选择具有扩散效应的部门作为主导产业部门，而产业的扩散效应包括回顾效应、前瞻效应和旁侧效应。其中回顾效应指通过主导产业高速增长，促进各种要素产生新的投入要求，进而刺激这些投入要素产品的发展；前瞻效应是指主导产业的发展可以引发新的经济活动或派生出新的产业部门，甚至为未来新的主导产业搭建起新的平台；而旁侧效应指主导产业的兴起会对当地的经济、社会发展造成较大的影响，例如对制度建设、基础设施建设、国民经济结构以及人口素质等的影响作用。1958年，美国发展经济学家艾尔伯特·赫希曼（A. Hirschman）在其著作《经济发展战略》中，提出了联系效应理论，并将"产业关联度基准"作为主导产业的选择基准，即选择前向关联度大、后向关联度大或者旁侧关联度大的产业作为主导产业来进行优先扶植发展。其中后向关联度是指主导产业的发展会对各种要素产生新的投入要求，从而刺激相关投入品产业的发展；前向关联是指主导产业的活动能通过削减产业链下游产业的投入成本来促进下游产业的发展，或从客观上造成产业间的结构失衡，进而使其某些瓶颈问题的解决有利可图，最终为新产业活动的兴起创建基础，为更大范围的经济活动提供可能；而旁侧关联度是指主导产业的发展会引起该产业周围一系列的变化，例如促进有技术性和纪律性劳动力队伍的建立，推动处理法律问题和市场关系的专业服务人员的培训，以及推动建筑业、服务业等相关产业的发展等。

罗斯托和赫希曼对于旁侧效应/旁侧关联度的解释相对而言不是特别合理，也相对比较模糊，因为罗斯托提到的旁侧效应中的促进经济社会发展、基础建设、人口素质是产业规模化后的必然结果，而赫希曼所提到的促进技术型和纪律性劳动力队伍的建设等也不具体。

对于旁侧效应或旁侧关联度的解释可以更加具体化，即通过该产业的发展所产生的知识溢出或技术溢出应用于产业链之外的产业，从而促进这些产业的转型升级并快速发展。以高端装备制造业的航空装备制造业为例，航空装备制造业直接带动上游诸如空间技术、先进材料、钢铁冶金、机械制造、自动控制、特种加工、电子信息等一系列高科技产业；带动下游产业诸如私人驾驶执照培训、个人飞行活动、飞机托管、飞机销售和航空服务、机场设施、气象服务、航油，再往下延伸还有飞机维修、航材租赁等。

除对产业链上下游的带动之外，航空装备制造业还通过农林喷洒、航空播种、航空监护直接服务于国民经济第一产业，通过航空探矿、航空巡视、航空引港、石油飞行、航空吊挂、带电作业、物探遥感等直接服务于国民经济第二产业。航空装备还应用于私人飞行、公务飞行、娱乐休闲、航空广告、观光旅游、航空运动，从而带动国民经济第三产业。此外抢险救援、警航、海上救援、医疗服务等提高了城市服务水平，保护了人民群众生命财产安全。通用航空执照培训还为民航业输送了大量飞行员等（见图5-7）。

通过上述分析可知，战略性新兴产业战略效应的产业带动性可以分解为前向带动性、后向带动性和旁侧带动性。其中前向带动性主要体现在该产业的发展通过促进产业链下游产业发展，或催生出一批新的下游产业；而后向带动性则体现在对产业链上游投入产品的发展；旁侧带动性则体现在产业本身的产品或技术应用于产业链之外的产业，促进这些产业的转型升级，提升产业的竞争力，进而促进整个社会的经济发展水平的提高（见图 5-8）。

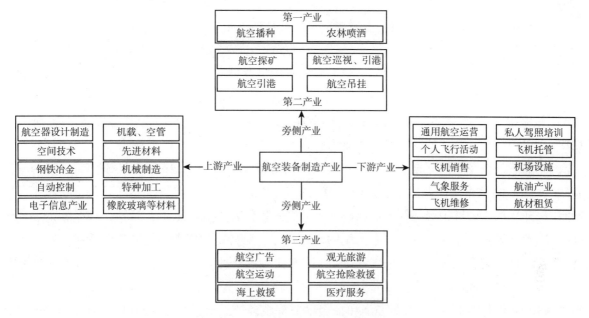

图 5-7　航空产业上下游产业及旁侧产业

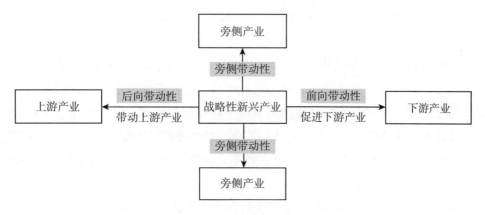

图 5-8　产业带动性的维度分析

5.4　成长持续性理论分析

全球工业化以来，各国过度追求经济发展导致的环境污染、生态破坏、资源危机已经严重地威胁到了人类的可持续发展，同时各国也面临着淘汰传统落后产业、发展新兴产业，实现经济发展的转型升级的压力。为使得未来产业的发展不再重复过去威胁人类可持续发展的老路，战略性新兴产业本身需要具有成长的持续性。

产业的可持续发展强调"自然、经济、社会"等一系列复杂关系的高度协调；需要体现"发展、协调、持续"的系统运行本质（牛文元，2008）。埃尔金顿（Elkington，1995）提出的"三重底线"的概念认为企业不应仅仅对他们的股东负有责任，还应对更广泛的社区负有责任。在此基础上，他提出企业需要利用一系列可衡量的业绩指标来衡量其"可持续性"，于是产生了包括社会、经济和环境的"三重底线"的概念。因此，产业可持续发展的内涵可概括为：受可持续发展思想的指导，通过技术创新来促进产业的发展、资源永续利用和生态环境优化之间的良性互动，进而实现产业系统整体效应的最大化，强调从产业层面实现人口、资源、环境三种要素以及生态、经济、社会三大系统的协调发展，最终实现产业发展的可持续性。因此，产业发展的可持续性应从根本上实现生态、社会、经济的协调发展。

首先，在当前生态破坏、环境污染和资源危机的大背景下，战略性新兴产业要可持续成长必须走环境友好型、资源节约型的发展道路。加罗布劳斯（Gallopoulos，1990）等最早基于生态系统的视角提出了"产业生态系统"和"产业生态学"的概念。国际电力与电子工程研究所（IEEE，1995）发布的《持续发展与产业生态学》白皮书中提出："产业生态学是一门探索产业系统、经济系统以及它们与自然系统之间相互关系的跨学科研究"。格雷德尔等（Graedel et al.，2003）在他们的著作《产业生态学》中写道："产业生态学是人类在技术不断发展的情况下，有目的并合理地探索和维护可持续发展的路径"。产业生态学主要目的在于倡导一种全新的、一体化的经济发展模式，即基于自然生态系统的运行规律，对特定区域空间内的产业系统、自然系统和社会系统进行耦合优化（陈柳钦，2006），由产业生态学的内涵可以看出，产业和生态的相互协调是产业可持续成长的基本前提。

根据可持续发展理论，联合国经济和社会事务部统计处提出了绿色GDP这一具有划时代意义的统计核算概念，绿色GDP将可持续发展理论作为基础，是指从原有的GDP中扣除掉环境污染和资源价值耗竭后所得的GDP。绿色GDP的公式为"绿色GDP = 原有GDP − 自然资源耗减价值 − 环境污染损失价值"。

在国内对绿色GDP指标的研究中，有学者提出绿色GDP指标体系应该包括资源、环境、社会、经济等方面指标，并提出了以自然资源破坏或退化程度、矿产资源回采率、自然资源储量变化率、环境降低差、城市优化环境达标率、环境污染程度、环保的总投入、环保费用、环境改良的影响、"三废"利用效益率、环境投入产出比、经济与可持续发展协调程度等指标构建绿色GDP的核算指标体系（林娜，2006）。基于上述分析，本课题利用"绿色指数"这一概念来代表产业和生态的协调程度。

其次，要确保产业具有成长持续性，战略性新兴产业的发展除了要和生态相协调之外，还需与社会和谐发展的要求相一致。战略性新兴产业不仅要促进整体社会发展水平，更关键的是要求战略性新兴产业的发展必须保证尽量实现人与人之间的公平与和谐相处，也就是战略性新兴产业的发展成果并非服务于一部分人或一部分区域，而是能让大多数甚至全部的人都能够享受到这种成果，可以将战略性新兴产业的这种社会效应定义为潜在普惠性。战略性新兴产业只有具备了这种潜在的普惠性，且其技术、产品等能够服务于大多数人，才能够逐渐缩小贫富差距，实现人与人的和谐共处，并最终实现可持续发展。所以战略性新兴产业的潜在普惠性是其成长持续性的基本保障。

最后，促进经济转型和经济增长是战略性新兴产业发展的重要目的之一，战略性新兴产业成长的持续性除了与生态相协调，在社会层面具有普惠性之外，还需要实现对经济增长的持续性促进作用。而德勤的最新研究显示，要实现未来中国经济结构深化调整及可持续产业升级，需要中国各个行业通过智能化进行产业转型。

通过上述分析，将影响战略性新兴产业成长持续性的因素分解为绿色指数、潜在普惠性和智能化水平（见图5-9）。其中绿色指数的内涵包含了产业对资源投入的减量化和资源节约、对降低碳排放和有害物排放的贡献作用，绿色指数是战略性新兴产业成长持续性的基础前提；普惠性则体现了战略性新兴产业的包容性，即通过让大众享受战略性新兴产业的发展成果来实现人与人的和谐共处，实现社会整体发展水平的提高，普惠性是战略性新兴产业成长持续性的基本保障；较高的智能化水平可以通过将人类的智慧融入战略性新兴产业之中，通过技术、生产流程、管理模式等各方面的创新实现持续不断的产业升级。因此，智能化水平是战略性新兴产业成长持续性的必要条件。

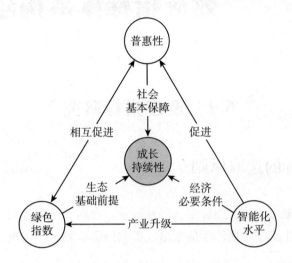

图 5 - 9　成长持续性的维度分析

第6章 战略性新兴产业战略
效应指标体系构建

6.1 测度指标研究

6.1.1 测度指标的选取原则

战略性新兴产业战略效应的测度指标应该能够科学、合理、全面地反映战略性新兴产业的发展对经济发展、社会进步和生态友好所产生的战略性影响的影响路径。为此，在选取测度指标时，本课题遵循如下原则：

第一，科学客观原则。测度指标的选取必须建立在科学的基础上，能够客观真实地测度战略效应二级指标所要表达的内涵。测度指标既不能过多过细，使指标间相互重叠；又不能因过少或过简，使得指标信息有所遗漏。

第二，系统性原则。战略性新兴产业的战略效应包含了战略性新兴产业对经济、社会、生态等各个子系统的战略性影响效果。测度指标的选择应能够涉及较多的信息，系统、全面地反映战略效应所体现的内涵。

第三，可行性原则。测度指标的选取要从实际情况出发，必须遵循符合实际和简洁实用的要求，要从一定的实施条件和具体情况出发，尽量采用定量指标，采用的定性指标也应该能够容易量化、可操作。

第四，稳定性和动态性相结合的原则。一方面，战略效应的测度指标所测度的内容在一定的时间段内应保持相对的稳定，以便能够比较和分析评价对象发展过程并预测其未来的发展态势。另一方面，经济发展、社会进步、生态友好是一个动态的过程。因此，测度指标的选取应兼顾静态指标和动态指标的平衡，既反映环境友好、资源节约的现状，又反映对经济、社会影响的动态变化性。

6.1.2 潜在规模性测度指标的选取

潜在规模性一级指标可用潜在需求规模、资源集成度和技术标准化潜力三个维度来衡量。其中潜在需求规模和资源集成度是产业潜在规模性的基础，是使产业实现规模性的基本条件，而技术标准化潜力则是使这种可能性成为现实的基本保障。

（1）潜在需求规模测度指标的选取。

潜在需求规模根本上由需求数量和需求质量共同决定。其中需求数量主要是指产品能够满足生活需求或生产需求的用户数量，本课题将其定义为需求广度。而需求的质量主要包括单位产品的价值和产品更换频率，可将单位产品价值和产品更换频率定义为需求强度（见图6-1）。

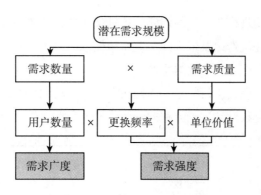

图 6 – 1 潜在需求规模测度指标

对于需求广度，可以利用产品用户数量占总用户的百分比来定量化；而单位产品的价值可以利用现实中某一类产品的平均价格来定量化；产品更换频率则可以先计算出产品的平均使用寿命，然后求其倒数来计算产品更换频率。

（2）关键资源集成度测度指标的选取。

关键资源集成度体现在对稀缺资源开采、利用等技术的自主创新能力、研发能力，以及资源获取成本的控制能力等。例如我国页岩气资源储量较大，但目前开采技术很不成熟，我国目前仍无法利用页岩气能源，而日本这一资源匮乏的国家，通过技术创新直接掌控着许多国家一些资源的开采。

另外，对于有些产业所需的关键资源，虽然直接获取的难度较大，但可以通过技术创新开发出可替代的资源来提升对关键资源的集成度。因此，关键资源的集成度主要体现在关键资源的掌控能力（见图6-2），且这种关键资源的掌控能力主要包括关键资源的可获得性和关键资源的可替代性两个维度。

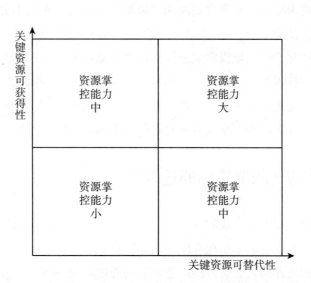

图 6 – 2 关键资源掌控能力维度

（3）技术标准化潜力测度指标的选取。

从技术的标准化推动产业规模化这个视角来看，技术的标准化包括生产流程技术的标准化和产品本身的技术标准化两个维度（见图6-3）。

首先，生产流程技术标准化程度越高，就越容易实现规模化生产。以汽车制造业为例，自20世纪初福特的流水线生产以来，汽车业开启了规模化生产的道路，而20世纪80年代日本的精益化生产在通过提高生产流程标准化实现规模化生产的同时，还杜绝了资源浪费并提高生产效率。从流水线生产到精益生产再到现在的自动化生产以及未来的工业4.0概念，其关键则是通过提升生产流程的标准化水平，达到自动化、一体化甚至是智能化的生产。基于不同产品的复杂程度，产品的生产流程可标准化的潜力不同，而决定产品规模化生产的主要体现在生产的自动化程度和各个生产环节的一体化程度。因此，利用生产流程的自动化程度和生产流程的一体化程度来量化生产流程技术标准化程度。

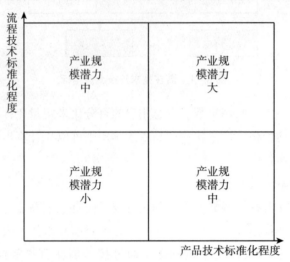

图6-3 技术标准化潜力测度指标

其次，除生产流程技术标准化程度之外，产品本身的技术标准化程度也影响产业的可规模化程度。外包理论认为，可以通过将一些生产环节外包给其他企业最终实现规模经济（Hanson Gordon，2003），然而通过产品零部件外包实现规模化生产的基础是产品技术的高度标准化。大规模定制理论认为，通过提高产品技术标准化水平和产品标准模块化的组合，形成差异化的产品，满足差异化的需求，从而真正实现规模化生产（B. 约瑟夫·派恩，2003）。所以，从产品本身特点出发，可以通过产品零部件外包程度和产品大规模定制程度来预测产品技术可标准化的潜力。

所以，利用生产流程技术标准化和产品技术标准化两个维度来测度技术标准化潜力这一指标。同时，利用生产流程的自动化程度和生产流程的一体化程度来对生产流程技术标准化进行定量化，利用零部件外包程度和产品大规模定制程度来对产品技术标准化程度进行定量化处理。

6.1.3 产业带动性测度指标的选取

产业带动性主要体现在对上游产业的带动、对下游产业的带动和对旁侧产业的带动。然而，为进一步测度产业在这三个维度上的带动性程度，本课题首先将产业带动性的决定因素分解为产业自身规模、被带动产业的种类和对每类被带动产业的带动程度（见图6-4）。

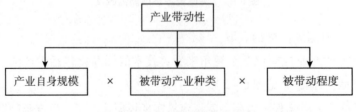

图6-4 产业带动性决定因素

由于产业自身规模在"潜在规模性"指标里已经进行测度，所以接下来对前向带动性、后向带动性和旁侧带动性的测度时，主要从被带动产业的种类和对每类被带动产业的带动程度两个方面来考虑。

（1）前向带动性测度指标的选取。

通常利用"影响力系数"定量描述前向关联度，影响力系数是反映某一产业增加一个单位的最终使用时，对其他产业部门所产生的生产需求波及程度，影响力系数表示一个产业的生产变化对其他产业产生影响的程度。该指标计算公式为 $F_j = \sum_{i=1}^{n} b_{ij} / \left(\frac{1}{n} \sum_{i=1}^{n} \sum_{j=1}^{n} b_{ij} \right)$（蒋新祺，2006），$n$ 为产业的个数，b_{ij} 为 j 产业增加一个单位最终使用时对 i 产业的生产需求。F_j 的值也可以通过投入产出表中相关的数据求出。

考虑到战略性新兴产业尚处在起步阶段，相关数据的获取较为困难，根据前向带动性主要是指对产业链下游的带动作用这一本质，本课题主要从下游产业链长度和对下游产业带动程度来衡量战略性新兴产业的前向带动性。

（2）后向带动性测度指标的选取。

通常用"感应度系数"来定量描述产业的后向关联度，感应度系数是反映各产业部门增加一个单位最终使用时，某一产业因此而受到的需求变化程度，也就是需要该产业为其他产业而提供的产出量，该指标计算公式为 $E_i = \sum_{j=1}^{n} b_{ij} / \left(\frac{1}{n} \sum_{i=1}^{n} \sum_{j=1}^{n} b_{ij} \right)$（蒋新祺，2006），$n$ 为产业个数，b_{ij} 为 j 产业增加一个单位的产出时，对 i 产业产出的需求量。E_i 的值可以通过投入产出表中相关的数据计算得出。

后向带动性主要是指对产业链上游的带动作用，本课题主要从上游产业链长度和对上游产业带动程度来衡量战略性新兴产业的后向带动性。

考虑到战略性新兴产业尚处在起步阶段，相关数据的获取较为困难，根据后向带动性主要是指对产业链上游的带动作用这一事实，本课题主要从上游产业链长度和对上游产业带动程度来衡量战略性新兴产业的后向带动性。

（3）旁侧带动性测度指标的选取。

旁侧带动性主要是指战略性新兴产业的发展所产生的新技术和新知识应用到其他产业领域，带动其他产业的转型升级。本课题主要从产业横向宽度——战略新兴产业技术溢出效应带动产业链之外的产业种类和影响程度来衡量战略性新兴产业的前向带动性。

6.1.4　成长持续性测度指标的选取

战略性新兴产业的可持续成长需要产业在生态、社会、经济三方面实现高度的协调，战略性新兴产业环境友好型、资源节约型的发展模式是其可持续成长的基本前提；战略性新兴产业的发展成果能被多数人所享用，并实现其在社会层面的普惠性是战略性新兴产业可持续成长的基本保障；而产品的智能化水平提升战略性新兴产业持续升级换代是其可持续成长的必要条件。

（1）绿色指数测度指标的选取。

战略性新兴产业是在环境污染、全球气候变暖、资源能耗过度等问题成为人类生存和发展的严峻挑战的历史背景下提出来的。首先，英国于 2003 年率先提出"低碳产业"这一概念，随后低碳产业已逐渐成为世界各国经济的发展趋势。世界经济正在由工业化、信息化向"低碳化"开始转变。低碳产业的经济发展模式主要体现在资源消耗低、污染排放少等方面（肖兴志，2010）。

其次，从三次工业革命的发展历程来看，人类的发展就是一部能源消耗、资源掠夺的历史，当前包括中国在内的大多数国家的经济增长是高消耗高投入的增长模型，物质消耗水平与技术发达国家相比有很大差距，能源过度消耗和资源掠夺式的开发造成的资源危机已成为威胁全球各国发展的一个重要现实问题（步瑞，郭秀珍，2013）。因此，如何通过提高资源利用效率、发展循环经济从而实现减量化生产，是解决资源危机并实现可持续发展的重要途径（杨雪锋，张卫东，2005）。

最后，健康的自然生态系统是承载经济可持续发展的基础，为实现人类可持续发展，德国、日本、美国、丹麦较早提出循环经济的概念，我国在推广循环经济的过程中提出 3R 原则，概括为减量化（reduce）、再利用（reuse）、再循环（recycle）。然而，我国工业化过程中有害物的排放造成的大气、水资源、土壤等的污染逐渐让各界都认识到，无害化是可持续发展的强有力支撑，忽视无害化将难以实现可持续发展。理论界也将循环经济中"再利用"与"再循环"合并为"资源化"，并补充"无害化"，即"减量化、资源化、无害化"的"三化"原则，而无害化原则是确保循环经济有效运行的基础（张凯，刘长灏，2008）。

结合上述分析，本课题分别利用低碳化、减量化和无害化来测度绿色指数指标（见图 6 − 5）。其中低碳化主要侧重于战略性新兴产业的发展相对传统产业排放量降低的程度；减量化主要是指战略性新兴产业的发展所需是资源是否能通过循环利用、提高利用效率、降低资源利用成本等途径实现资源的减量化；而无害化则反映了战略性新兴产业的发展排放有害物的程度。

图 6 − 5　绿色指数测度指标

（2）潜在普惠性测度指标的选取。

战略性新兴产业潜在普惠性的核心在于战略性新兴产业的技术成果、产品等能够被大多数人享用，并且享用战略性新兴产业发展成果的机会是不存在差异的。战略性新兴产业的普惠性体现在促进经济的"包容性增长"，所谓的包容性增长就是在促进经济发展的同时，需要全面均衡发展，使经济增长、社会进步与人民生活的改善同步进行（亚洲开发银行，2007），而包容性增长要坚持发展机会的均等性和发展成果的共享性（赵跃先，2011）。从这个角度来讲，决定战略性新兴产业的普惠性主要包括战略性新兴产业技术和产品的均等性、共享性两个维度（见图 6 − 6）。

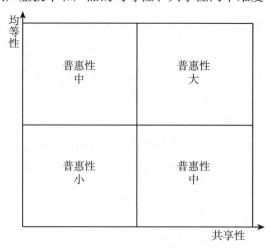

图 6 − 6　潜在普惠性测度指标

其中共享性是指战略性新兴产业产品的核心技术应降低垄断程度和专利保护程度，使得不同区域和不同群体的人都能享受到战略性新兴产业的发展成果。均等性主要是指战略性新兴产业的发展成果被所有人享受到的机会是相等的，即同一区域、同一阶层、同一群体的组织或个人能享受到战略性新兴产业的成果的机会是相等的。

（3）智能化水平测度指标的选取。

战略性新兴产业的智能化水平由两方面所决定，一方面是战略性新兴产业本身的产品属性，另一方面是战略性新兴产业的产品生产过程（见图 6-7）。

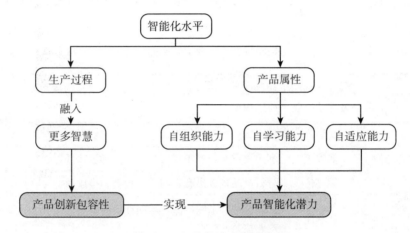

图 6-7　智能化水平测度指标

首先，战略性新兴产业的产品属性从根本上决定了该战略性新兴产业的智能化潜力。从系统论视角来看，产品的自组织能力、自学习能力和自适应能力一定程度上决定了产品的智能化潜力。

其次，要使产品的这种智能化潜力真正发挥出来，产品生产过程中需要能够最大限度地融入人们较多的思想、智慧，这就要求产品创新不仅仅是研发人员的任务，产品零部件供应商、产品下游终端产品的生产者以及产品的最终消费者都应该有参与产品创新的机会。所以战略性新兴产业的生产过程的创新包容性和产品本身的智能化潜力共同决定了战略性新兴产业的智能化水平。

6.1.5　战略性效应测度指标汇总

在前述分析的基础上，表 6-1 汇总了战略性新兴产业战略效应的测度指标，并对每个测度指标给予了简单解释。

表 6-1　　　　　　　　战略性新兴产业战略效应测度指标及其解释

一级指标	二级指标	测度指标	测度指标解释
潜在规模性	潜在需求规模	需求广度	确定所满足生活/生产需求的用户，计算这些用户占总体的比重
		需求强度	单位产品的价值：主导产品的平均价格
			产品的使用频率 =1/主导产品的平均使用寿命年限
	技术标准化潜力	流程技术标准化	流程自动化程度：产品设计、生产、销售、服务等自动化程度
			流程一体化程度：各生产流程环节一体化程度
		产品技术标准化	零部件外包程度：产品可外包的主要零部件种类、外包程度
			大规模定制程度：产品模块化、差异化组合的规模程度

一级指标	二级指标	测度指标	测度指标解释
潜在规模性	资源集成度	关键资源掌控能力	关键资源可获得性：关键资源稀缺程度、获取技术的自主创新能力、研发能力和资源获取成本等
			关键资源可替代性：关键资源的可复制性、可模仿性分析关键资源的可替代程度
产业带动性	前向带动性	下游产业链长度及带动程度	战略性新兴产业主导产品产业链下游产业数量和带动程度
	后向带动性	上游产业链长度及带动程度	战略性新兴产业主导产品产业链上游产业数量和带动程度
	旁侧带动性	产业横向宽度及带动程度	战略性新兴产业相关技术、产品应用在传统产业或其他产业的数量和应用程度
成长持续性	绿色指数	减量化	投入物质材料和投入成本两个方面实现产品生产可减量化程度
		低碳化	利用该产业相对于传统产业的碳排放降低程度来分析产业低碳化水平
		无害化	分析产品排放出有害物质的种类和排放量
	潜在普惠性	共享性	不同区域、不同群体、不同性质的组织或个人都能享受到战略性新兴产业成果
		均等性	同一区域、同一群体的组织或个人获得该产品使用权的机会均等性
	智能化水平	产品智能化潜力	产品的自学习、自组织、自适应能力
		产品创新包容性	除研发人员外，消费者、供应商、批发零售商、企业其他员工参与产品创新的可能性、条件的可行性和创新程度的大小

测度指标的确定和选取是战略性新兴产业战略效应评价的基础，在后续的战略性新兴产业实证研究中，各个测度指标都是基于表中各个测度指标的内涵进行定量化处理的。

6.2　问卷调查

6.2.1　问卷设计

战略性新兴产业战略效应的评价是一个多目标决策问题，客观来看，战略性新兴产业战略效应的各级指标的重要程度并不完全相同。因此，战略性新兴产业战略效应的评价结果不能简单将各个指标相加来计算获得，因此需要对战略性新兴产业战略效应各级指标的权重进一步确定，并建立战略性新兴产业战略效应的评价模型。

由于层次分析法主要是从评价者对评价问题的本质、要素的理解出发，比一般的定量方法更注重定性的分析和判断。因此，本课题选择层次分析法作为主要方法，并依据其基本思想编制了对相关专家进行调研的问卷，问卷编制步骤和问卷结构如下：

首先，前面对战略性新兴产业战略效应指标的分析和选取过程中，已经对指标体系进行了分层，即：战略性新兴产业的战略效应为目标层，一级指标和二级指标为准则层，各类战略性新兴产业为方案层。所以，战略性新兴产业战略效应指标体系可直接作为层次结构分析模型。

其次，为使被调研专家能够更科学、合理、准确地对战略性新兴产业战略效应各级指标的重要程度做出判断，问卷中向被调研专家说明了本问卷的调研目的、各个指标的内涵以及填答问卷的方式。

另外，分别对一级指标构造成对比较矩阵，对二级指标构造成对比较矩阵，成对比较矩阵是问卷的主体，也是专家们对问卷填答的主要内容。例如，表 6 - 2 是购买家庭用汽车时的一个成对比较矩阵。

表 6 - 2　　　　　　　　　　　成对比较矩阵样例

评价指标	实用 X_1	颜色 X_2	价格 X_3	外形 X_4
实用 X_1	X_{11}	X_{12}	$X_{13}1/3$	X_{14}
颜色 X_2	X_{21}	X_{22}	X_{23}	X_{24}
价格 X_3	X_{31}	X_{32}	X_{33}	X_{34}
外形 X_4	X_{41}	X_{42}	X_{43}	X_{44}

问卷填答者根据对各个指标重要性的判断得出指标的重要性比值 X_{ij}，并将比值填写在表格相应位置。填表需要注意的是：$X_{ij}=\frac{1}{X_{ji}}$。$X_{ij}=1$ 表示 i 与 j 同等重要，$X_{ij}=9$ 表示 i 与 j 相比极其重要，中间各等级表示相对重要性依次递增。例如 $X_{13}=1/3$，则代表问卷填答者认为，价格的重要程度大致是实用性重要程度的 3 倍。

6.2.2　调研对象

为确保能够更加准确地计算战略性新兴产业战略效应各级指标的权重，本课题共向 20 位专家发放了问卷，回收 12 份，回收率为 60%，经分析都为有效问卷。该 12 位专家分别多次参与过战略性新兴产业相关的课题研究，或是战略性新兴产业相关某一领域的专家，或直接参与过国家战略性新兴产业规划的编制。因此，所选专家能对战略性新兴产业有较为全面和深刻的理解，对战略性新兴产业战略效应各级指标的重要性判断会更加准确。

6.3　权重计算及模型构建

6.3.1　权重计算

通过进行计算机编程，求出 12 位专家每项分数的几何平均值后得出综合成对比较矩阵，并计算得出最大特征根及特征向量，利用一致性指标、随机一致性指标和一致性比率做一致性检验，最终计算出各级指标的权重值（见表 6 - 3）。

表6-3 各级指标权重值及一致性比率

一致性比率 CR		一级（权重）	二级（权重）	总权重	排序
0.0070	0.0021	潜在规模性（0.253）	潜在需求规模（0.440）	0.111	4
			技术标准化潜力（0.257）	0.065	9
			资源集成度（0.304）	0.077	8
	0.0004	产业带动性（0.403）	前向带动性（0.330）	0.133	3
			后向带动性（0.397）	0.160	1
			旁侧带动性（0.272）	0.110	5
	0.0013	成长持续性（0.344）	绿色指数（0.309）	0.106	6
			智能化水平（0.300）	0.103	7
			潜在普惠性（0.391）	0.134	2

从表6-3可以看出，各层指标计算得到的一致性比率都远小于0.1，所以战略效应的指标权重通过了一致性比率检验，所得到的权重结果具有较好的一致性。

从所计算的权重结果可以看出，产业带动性在战略性新兴产业的战略效应中起到更加重要的作用，其次为产业持续性，而潜在规模性对战略效应的贡献最小。从二级指标的总权重可看出，重要性程度排在前三位的二级指标分别为后向带动性、潜在普惠性、前向带动性，而排在后三位的二级指标分别为智能化水平、资源集成度和技术标准化水平。

6.3.2 模型构建

在对战略性新兴产业各级指标进行计算权重的基础上，最终确立战略性新兴产业战略效应指标体系（见表6-4）。

表6-4 战略性新兴产业战略效应指标体系

评价目标 Y	一级指标 X	一级指标权重 W	二级指标 x	二级指标总权重 w
战略效应 Y_i	潜在规模性（X_{i1}）	W_{i1}	潜在需求规模（x_{i1}）	$w_{i1} = 0.111$
			技术标准化潜力（x_{i2}）	$w_{i2} = 0.065$
			资源集成度（x_{i3}）	$w_{i3} = 0.077$
	产业带动性（X_{i2}）	W_{i2}	前向带动性（x_{i4}）	$w_{i4} = 0.133$
			后向带动性（x_{i5}）	$w_{i5} = 0.160$
			旁侧带动性（x_{i6}）	$w_{i6} = 0.110$
	成长持续性（X_{i3}）	W_{i3}	绿色指数（x_{i7}）	$w_{i7} = 0.106$
			智能化水平（x_{i8}）	$w_{i8} = 0.103$
			潜在普惠性（x_{i9}）	$w_{i9} = 0.134$

根据战略性新兴产业战略效应指标体系的层次关系，构建战略性新兴产业战略效应的评价模型如下：

$$Y_i = \sum_{j=1}^{j=3} X_{ij} W_{ij} \qquad (6-1)$$

其中 Y_i 为第 i 类战略性新兴产业，将 $X_{i1}W_{i1} = \sum_{n=1}^{n=3} x_{in}w_{in}$、$X_{i2}W_{i2} = \sum_{n=4}^{n=6} x_{in}w_{in}$、$X_{i3}W_{i3} = \sum_{n=7}^{n=9} x_{in}w_{in}$ 代入式（6-1），得到式（6-2）：

$$Y_i = \sum_{n=1}^{n=9} x_{in}w_{in} \qquad\qquad (6-2)$$

可以通过式（6-2）来计算各类战略性新兴产业的战略效应的综合得分，进而评价不同的战略性新兴产业战略效应之间的差别。

第7章 我国战略性新兴产业战略
效应的实证研究

7.1 研究方法

7.1.1 研究对象

本课题的研究对象为 2012 年 7 月 9 日国务院发布的《"十二五"国家战略性新兴产业发展规划》中的战略性新兴产业，其中包括七大战略性新兴产业及其细化出的 23 个子产业，七大战略性新兴产业下的 23 个子产业如表 7-1 所示。

表 7-1　　　　　　　　　　　战略性新兴产业的 23 个子产业

战略性新兴产业	23 个子产业
节能环保产业	高效节能产业、先进环保产业、资源循环利用产业
新一代信息技术	下一代信息网络、电子核心基础产业、新兴信息服务产业
生物产业	生物医药产业、生物医学工程产业、生物农业产业、生物制造产业
高端装备制造	航空装备、卫星及应用、轨道交通装备、海洋工程装备、智能制造装备
新能源产业	核电技术产业、风能产业、太阳能产业、生物质能产业
新材料产业	新型功能材料产业、先进结构材料产业、高性能复合材料产业
新能源汽车产业	新能源汽车产业

7.1.2 数据获取方法

通常情况下可以通过二手数据、问卷调查、试验等方法获取实证研究所用数据。然而，对于战略性新兴产业而言，一方面，由于起步较晚，国家相关统计数据并未发布，无法通过直接获取二手数据的方法来进行实证研究；另一方面，国家层面规划的战略性新兴产业涉及领域较多，指标体系涵盖范围较广，单个被调查者很难对所有产业以及每个产业所涉及战略效应指标都有所了解，利用问卷调查的方法获取数据难度非常大。

基于以上考虑，作为李克特五点量表问卷调查的替代方式，本课题通过互联网及相关研究报告等途径，大量获取 23 个子产业主导产品的相关文本和数据资料，采用对战略性新兴产业的 23 个子产业的主导产品在战略效应各测度指标上的表现进行分析的方法，对战略性新兴产业战略效应各测度指标进行定量化处理。各测度指标定量化标准如表 7-2 所示。

表7－2　　　　　　　　　　　　　　战略效应测度指标定量化标准

测度指标	定量化处理标准
需求广度	分析主导产品满足需求用户数量占总体数量的大致百分比。1分代表10%以下；2分代表11%~30%；3分代表31%~40%；4分代表41%~60%；5分代表61%以上
单位产品价值	查询主导产品平均价格所处数量级。1分代表十元数量级；2分代表百元数量级；3分代表千元数量级；4分代表万元数量级；5分代表十万元级数量级
需求频率	查询主导产品使用寿命。5分代表1年以下；4分代表2~5年；3分代表6~10年；2分代表11~15年；1分代表16年以上
流程自动化潜力	分析主导产品生产流程自动化潜力。1分代表很低；2分代表较低；3分代表中等；4分代表较高；5分代表非常高
流程一体化程度	分析主导产品各个生产环节的一体化程度。1分代表很低；2分代表较低；3分代表中等；4分代表较高；5分代表非常高
零部件外包程度	分析主导产品生产过程中零部件外包程度。1分代表很低；2分代表较低；3分代表中等；4分代表较高；5分代表非常高
大规模定制程度	分析主导产品通过标准化模块组装形成个性化、差异化产品并实现规模化生产的程度。1分代表很低；2分代表较低；3分代表中等；4分代表较高；5分代表非常高
关键资源可获得性	分析主导产品所需关键资源，以及关键资源获取成本和难度，确定关键资源可获得性。1分代表很低；2分代表较低；3分代表中等；4分代表较高；5分代表非常高
关键资源可替代性	分析主导产品所需关键资源的可替代性。1分代表很低；2分代表较低；3分代表中等；4分代表较高；5分代表非常高
上游产业带动性	分析主导产品产业链上游产业个数以及对每个上游产业带动量，确定上游产业带动性。1分代表很低；2分代表较低；3分代表中等；4分代表较高；5分代表非常高
下游产业带动性	分析主导产品产业链下游产业个数以及对每个下游产业带动量，确定上游产业带动性。1分代表很低；2分代表较低；3分代表中等；4分代表较高；5分代表非常高
产业旁侧带动性	分析主导产品的相关技术或零部件应用于其他领域并对其他领域产生的带动性。1分代表很低；2分代表较低；3分代表中等；4分代表较高；5分代表非常高
产品智能化潜力	分析主导产品自组织、自学习、自适应能力，确定产品的智能化潜力。1分代表很低；2分代表较低；3分代表中等；4分代表较高；5分代表非常高
产品创新包容性	分析零部件供应商、主导产品生产商、下游消费者、高校、科研院所参与主导产品技术研发的程度，确定产品创新的包容性。1分代表很低；2分代表较低；3分代表中等；4分代表较高；5分代表非常高
减量化	分析主导产品资源消耗水平、通过技术改进或资源替代实现资源节约的水平，确定产业减量化程度。1分代表很低；2分代表较低；3分代表中等；4分代表较高；5分代表非常高
低碳化	分析主导产品碳排放情况，对减少碳排放做出的贡献大小。1分代表很低；2分代表较低；3分代表中等；4分代表较高；5分代表非常高
无害化	分析主导产品排放有害气体、液体、固体、噪声等的种类和数量，确定产业的无害化程度。1分代表很低；2分代表较低；3分代表中等；4分代表较高；5分代表非常高
共享性	分析主导产品在不同区域、不同群体间被享用的差异化程度，确定产业的共享性程度。1分代表很低；2分代表较低；3分代表中等；4分代表较高；5分代表非常高
均等性	分析主导产品在同一区域、同一群体内，被享用到的机会的差异性大小，确定产业的均等性程度。1分代表很低；2分代表较低；3分代表中等；4分代表较高；5分代表非常高

通过相关资料的收集和整理，对战略性新兴产业 23 个子产业的主导产品进行分析，当然各个测度指标进行五点量表赋值的方法会具有一定误差。考虑到战略性新兴产业战略效应内涵的多重性和二手数据获取的不可行性，通过对主导产品进行分析来获取测度指标数据具有一定的合理性，相比采用问卷调查的方法更能客观地反映出战略性新兴产业的战略效应。

7.1.3 战略性新兴产业主导产品

《"十二五"国家战略性新兴产业发展规划》（以下简称《规划》）将七大战略性新兴产业细分为 23 个子产业，并阐述了 23 个子产业的重点发展方向和重要的主导产品。通过对《规划》进行认真解读，从中筛选出每个子产业的主导产品（见表 7-3），通过对这些主导产品在战略效应各测度指标上的表现进行分析，将 23 个子产业战略效应的各测度指标进行定量化以获取相关数据。

表 7-3 战略性新兴产业主导产品

子产业	主导产品
新能源汽车产业	纯电动汽车；插电式混合动力汽车；高性能动力电池、电机、电控等关键零部件和材料；燃料电池汽车
下一代信息网	新一代移动通信、下一代互联网、数字电视网络三网融合；物联网；新型网络设备（可穿戴设备）、智能终端产品
电子核心基础产业	高性能集成电路；特色芯片；新一代半导体材料和器件；大尺寸薄膜晶体管液晶显示（TFT-LCD）、等离子显示（PDP）面板；有机发光二极管（OLED）、三维立体（3D）、激光显示；智能传感器和新型电力电子器件；片式化、微型化、绿色化的新型元器件
高端软件和信息服务业	网络化操作系统；海量数据处理软件；云计算软件；智能终端软件、信息安全软件；云计算服务；电子商务服务
生物医药产业	生物技术药物、疫苗和特异性诊断试剂；化学创新药；通用名药物（恶性肿瘤、心脑血管疾病、糖尿病等重大疾病的创新药物）；现代中药；先进制药工艺技术与装备
生物医学工程产业	预防、诊断、治疗、康复、卫生应急装备；新型生物医药材料的关键技术与核心部件；高端诊疗产品；高性价比、高可靠性的临床诊断、治疗、康复产品；数字医疗系统、远程医疗系统和家庭监测、社区护理、个人健康维护相关产品等
生物农业产业	生物育种（转基因育种、航天育种、分子标记育种、重离子辐照育种）；高产、优质、多抗、高效动植物新品种培育；生物兽药及疫苗、生物农药、生物肥料、生物饲料等绿色农用产品
生物制造产业	酶工程、发酵工程技术和装备；非粮原料与纤维素转化设备；生物醇、酸、酯等生物基有机化工原材料；生物塑料、生物纤维等生物材料
航空装备产业	新型通用飞机和直升机；航空发动机；大型客机
卫星及应用产业	卫星在气象、海洋、国土、测绘、农业、林业、水利、交通、城乡建设、环境减灾、广播电视、导航定位等方面的应用产品；卫星制造、发射服务、地面设备制造、运营服务产业链产品；极地空间资源开发

子产业	主导产品
轨道交通装备产业	技术先进、安全可靠、经济适用、节能环保的轨道交通装备；牵引传动、列车控制、制动等关键系统及装备；交流传动快速机车、大轴重长编组重载货运列车；综合检测列车、高寒动车组、城际列车、智能列车；中低速磁悬浮；高速磁悬浮导向和牵引控制、大型养护设备；现代有轨电车
海洋工程装备产业	海洋油气开发装备；海洋深水勘探装备、钻井装备、生产装备；推动海洋风能利用工程建设装备；海水淡化和综合利用等装备
智能制造装备	新型传感器与智能仪器仪表；自动控制系统；工业机器人
高效节能产业	高效节能锅炉窑炉、电机及拖动设备；余热余压利用、高效储能、节能监测设备和能源计量等节能新技术和装备；高效节能电器、高效照明等产品；既有建筑节能改造，大力发展绿色建筑，推广绿色建筑材料；节能交通工具
先进环保产业	烟气脱硫脱硝、机动车尾气高效净化等大气污染治理装备；城镇生活污水脱氮除磷深度处理、新型反硝化反应器等水污染治理成套装备；高效垃圾焚烧和烟气处理、污泥处理处置等固体废物处理装备；重金属、氨氮在线监测等环境监测专用仪器仪表；环境应急监测车、阻截式油水分离及回收设备等环境应急装备；减震降噪设备；环境监测仪器设备；高效膜材料及组件、生物环保技术工艺
资源循环利用产业	源头减量、资源化、再制造、零排放和产业链接等新技术；共伴生矿产资源、大宗固体废物综合利用，汽车零部件及机电产品再制造、资源再生利用；废旧商品回收体系、餐厨废弃物、农林废弃物、废旧纺织品和废旧塑料制品资源化利用
核电产业	第三代核电技术的消化吸收和再创新；第三代核电站；大型先进压水堆及高温气冷堆核电站；快中子堆等第四代核反应堆和小型堆
风能产业	大型风电机组整机和控制系统；发电机、齿轮箱、叶片以及轴承、变流器等关键零部件；风电运行控制设备；大规模并网、储能技术
太阳能产业	太阳能光伏电池；多元化太阳能光伏光热发电技术新设备；大型并网光伏发电站；多功能太阳能热水器
生物质能产业	生物质直燃发电；生物质气化及发电；生物质成型燃料；沼气等分布式生物质能产品；纤维素制乙醇、微藻生物柴油
新型功能材料产业	稀土永磁、发光、催化、储氢等高性能稀土功能材料；高纯稀有金属及靶材、原子能级锆材、高端钨钼材料及制品；高纯硅材料、新型半导体材料、磁敏材料、高性能膜材料；丁基橡胶、丁腈橡胶、异戊橡胶、氟硅橡胶、乙丙橡胶等特种橡胶；低辐射镀膜玻璃、光伏超白玻璃、平板显示玻璃、新型陶瓷功能材料、压电材料等无机非金属功能材料；高纯石墨、人工晶体、超硬材料及制品
先进结构材料产业	高强轻型合金、高性能铝合金、镁合金制备；高性能钛合金、大型钛板、带材和焊管；工程塑料改性及加工；聚碳酸酯、聚酰胺、聚甲醛和特种环氧树脂
高性能复合材料产业	树脂基复合材料和碳碳复合材料；聚丙烯腈基碳纤维及其配套原丝；高强、高模等系列碳纤维以及芳纶；高比模量、高稳定性和热塑性复合材；新型陶瓷基、金属基复合材料

　　由表 7-3 可以看出，每一类战略性新兴产业的子产业都有多个重点领域或主导产品，这些主导产品在属性上有一定的差别。可以其中某一主导产品为例，分析不同主导产品的共同属性。

7.2 战略效应测度指标数据获取

7.2.1 高端装备制造产业战略效应测度指标数据获取

高端装备制造产业主要包括航空装备产业、海洋工程装备产业、轨道交通装备产业、卫星及应用产业、智能制造装备产业五个子产业，表7-4为航空装备产业的主导产品分析结果以及战略效应各个测度指标的量化得分。航空装备制造产业的主导产品包括新型通用飞机和直升机、航空发动机和大型客机等。

表7-4　　　　　　　　　　　　　航空装备产业测度指标数据获取

测度指标（得分）	主导产品分析
需求广度（2）	航空装备产业的产品主要用于客运与货运和军事，是交通运输方式之一，虽然航空运输需求规模逐渐上升，但由于航空运输具有成本高的特点，在所有交通运输方式中，其运输规模只在10%左右，考虑到军事等其他用途，航空装备制造产业的需求广度可定为15%（资料来源：万得数据库）
单位产品价值（4）	考虑到客运与货运并非每个消费主体都单独需要一套航空装备，所以航空装备单位产品的价值可以利用单次利用航空装备的成本，综合军事需求和长距离航空，航空装备单位产品的价值数量级定为万元
产品使用频率（1）	航空产品的寿命指标有飞行寿命、起落寿命和飞行年限寿命三类。通常飞行寿命是按照飞机的实际飞行时间来计算。大部分飞机的飞行小时寿命都在6万小时左右，部分机型的飞机已经接近8万小时；从飞行年限寿命来看，当前各种机型的飞行年限一般在25~30年之间，本次研究以25年为标准（资料来源：专家调研访谈）
流程自动化潜力（4）	航空装备制造不仅涉及机体零构件的制造、部件的装配和整机的总装等，还包括如航空发动机、仪表、机载设备、液压系统和相关附件的制造等。尽管飞机部件装配和总装工作的机械化和自动化程度比较低，但考虑到飞机制造中使用了大量的成形模胎、模具、装配型架和协调用的标准工艺装备（样板、标准样件等）。因此，航空装备制造流程自动化潜力为较高水平
流程一体化程度（3）	航空装备和传统制造行业的不同之处在于具有尺寸大、结构比较复杂、性能指标所需精度高、载荷较重、环境洁净度要求高、材料特殊等特点，此外，航空产品具有品种多、小批量生产等特点。航空装备的供应链在产量的增加的情况下会增长，一旦零件缺失会导致非常严重的后果。因此，航空设备生产除个别生产环节自动化程度水平一般外，流程一体化程度也处于一般水平
零部件外包程度（3）	航空运输对零部件的精准性要求很高，航空装备的零部件结构复杂并十分精密。另外，如发动机制造等所需的一些零部件订单量一般很小。由于航空零部件的上述特点，航空产业的产品技术标准化水平相对较低，我国由于在航空领域核心技术相对较弱，有些零部件只是外包给一两家国际知名的航空制造公司。而波音787因大量零部件采用外包，导致在运营中连续发生几起故障并全面停飞该机型进行检查这一事实也说明，航空制造业产品技术标准化的潜力为一般水平

续表

测度指标（得分）	主导产品分析
大规模定制程度（3）	由于航空装备的研发和制造成本非常大，单件产品的价值很高，单位航空设备的价格高达数千万美元甚至上亿美元，这就要求企业的市场定位和客户锁定都很明确。航空装备的生产一般不会先大批量生产，而是根据客户的实际需求来安排生产经营计划。事实也是如此，订单式的生产模式是现代航空装备的主要生产模式，即先有客户订单，航空装备制造公司再根据订单数量和交货期来计划生产。鉴于此也可以看出，航空装备的产品标准化水平也是处于一般水平
关键资源可获得性（3）	航空装备所需关键资源包括技术资源和关键投入原材料。其中包括大飞机、航空发动机相关技术一直是制约我国航空装备发展的主要因素，关键资源的可获得性较低。而对于航空装备的关键投入原材料而言，机体结构材料和发动机材料是最关键的。综合技术资源和关键投入原材料资源，航空装备制造业的关键资源可获得性水平为中等
关键资源可替代性（3）	随着新材料的不断出现，一些从强度、质量、性能上可替代现有航空装备所需的材料的新材料正在不断被研发出来，例如纳米技术的发展未来会为航空装备的制造提供更多的材料选择，纳米材料的使用可以增强飞机外表材料的抗摩擦性，延长航空装备的寿命，并有效地提高航空装备的气动性。然而，由于航空装备的结构性材料目前需求量较大，需求结构相对集中，同时对于航空装备所需的特殊性能的材料（如发动机所需的高温合金铼材料）很难被其他材料所替代。因此，总体而言，航空装备资源的可替代性一般
上游产业带动性（4）	在航空装备产业的上游产业包括直接关联行业和间接关联行业。其中直接相关的行业包括航空器的设计和制造，机载设备、空管设备、机场设备等设备的制造，以及信息技术相关的航空器、空管和维修、机场建设运营等，间接相关的行业包括航空航天产业、空间技术产业、先进材料产业、钢铁冶金、机械制造产业、自动化控制、特种加工产业、电子信息产业等一系列高科技产业，所以航空装备上游带动性程度很高
下游产业带动性（4）	美国兰德公司的相关研究发现，航空装备产业及其核心技术对相关产业的衍射，在航空领域1美元的投入可以拉动60多个相关的行业15美元的产出。航空产业下游是通用航空的运营包括私人驾驶执照培训、个人飞行活动、飞机托管、飞机销售和航空服务、机场设施、气象服务、航油，再往下延伸还包括飞机的维修、航材的租赁等。但考虑到航空装备产业本身的规模，航空装备制造产业的下游带动性程度定为较高
产业旁侧带动性（4）	航空装备的旁侧带动性主要体现在：首先，对第一产业农业的带动作用，主要体现在通用航空可用于农林喷洒、航空播种、航空监护等；其次，对第二产业工业的带动作用体现在，利用航空来探矿、利用航空巡视、航空的引港、石油飞行、航空吊挂、带电的作业、物探遥感等；再其次，对第三产业的带动性主要体现在，私人飞行、公务飞行、娱乐休闲、航空广告业、观光旅游业、航空运动等。最后，航空装备在航空抢险救援、警航、海上航空救援、医疗服务等领域的利用大大提高了城市服务水平，并提高人民群众生命财产安全。此外，通用航空执照的培训还为民航业输送了大量飞行员，所以航空装备产业的旁侧带动效应也较高
产品智能化潜力（4）	航空装备的主要构成包括推进系统、操纵系统、机体、起落装置和机载设备五个部分：（1）推进系统包括动力装置如发动机及其附属设备以及燃料；（2）操纵系统主要用于形成并传递操纵的指令，来控制飞机的方向舵及其他结构，从而使飞机可以按预定的航线飞行，操纵系统主要包括一些电子系统；（3）机体构造主要包括机身、机翼和尾翼等；（4）起落装置涉及飞机的起落架和相关收放系统等，其功能是在地面停放、滑行或飞机的起飞降落时对整个飞机的支撑，与此同时还能吸收飞机着陆和滑行时产生的撞击能量并操纵滑行方向；（5）机载设备是包括飞机所载有的各种附属设备，如仪表、导航通信、环境控制、生命保障、能源供给等以及军用飞机用的武器与火控系统和民用飞机用的客舱生活服务设施。从五个部分的结构及其功能可以看出，航空装备制造业对产品的自学习、自组织和自适应要求比较高

测度指标（得分）	主导产品分析
产品创新包容性（3）	另外，从航空装备的创新包容性来看，参与航空装备创新研究的主要包括企业研发人员、高校和科研机构，零部件供应商对航空装备制造有一定的创新参与，但消费者、企业研发人员之外的员工等对航空装备的创新研究参与度较低，因此航空装备产品创新包容性程度评定为中等水平
减量化（3）	随着新技术和新材料的出现，航空装备通过利用可替代的新材料可以实现一定程度的减量化。例如，航空装备慢慢利用铸件来取代锻焊组装部件去提高产品性能并降低制造成本，或利用轻金属材料来替代钢铁材料实现国防装备的轻量化、高速机动化等。然而考虑到航空装备制造具有产品尺寸大、构造复杂、性能要求高精度等特点，因此通过减少不必要投入的途径来实现减量化的空间一般。整体而言，航空装备制造产业的减量化为中等水平
低碳化（4）	从航空运营来看，航空产业对燃油消耗巨大，是碳排放较大的产业之一。数据显示到2050年，全球15%的温室气体来自航空运营（资料来源：联合国统计数据）。但对于航空装备制造业，航空装备的制造过程具有一定程度的碳排放量，碳排放的程度相对航空的运营会低很多。所以航空装备制造业的低碳化程度较高
无害化（3）	相对其他战略性新兴产业而言，航空装备产生的噪声污染、空气污染等环境负外部性较为严重，除了 CO_2，航空装备还主要产生 HC、CO、NO_x、SO_2 等有害物质（陈林，2011），所以，相对其他战略性新兴产业，航空装备产业的无害化程度为中等水平
共享性（2）	航空装备的核心技术的可模仿程度相对较低，专利保护程度相对较高。并且航空装备的利用受空间区域的限制较为严重。因此，航空装备产业的共享性较低
均等性（3）	从消费者角度来看，虽然目前航空运输相对其他运输方式成本较高，但随着技术的发展、航空运输行业内竞争及高铁可替代运输方式的竞争，航空运输成本相对消费者消费水平而言处于一般水平。因此，航空运输的均等性处于中等水平

从表7-4对航空装备制造业的分析来看，航空装备的主导产品单位产品价值较高，由于航空装备属于高值耐用品，所以产品使用频率很低，综合来看航空装备制造业的潜在需求规模并不是很大。同时航空装备制造的关键资源掌控能力和技术标准化水平也处于一般水平。由于航空装备制造业涉及的领域较多，产业链较长，航空装备产品的技术溢出效应较大，所以航空装备制造业的产业带动性程度很高。另外，由于航空装备结构复杂，对部件精准度要求较高，所以航空装备制造业具有一定程度的智能化潜力，但航空装备制造业的绿色指数水平和普惠性水平都不是很高。

7.2.2 节能环保产业战略效应测度指标数据获取

节能环保产业主要包括先进环保产业、高效节能产业和资源循环利用产业，三个子产业，表7-5为先进环保产业的主导产品分析结果以及战略效应各个测度指标的量化得分。先进环保产业的主导产品包括：对烟气进行脱硫脱硝、净化机动车尾气等相关的大气污染治理装备；用于城镇生活污水脱氮除磷、新型反硝化反应器等水污染治理相关成套装备；用于高效处理垃圾焚烧和烟气、污泥等固体废物处理装备；重金属、氨氮在线监测等环境监测专用仪器；用于环境应急监测的车辆等环境应急装备；减震降噪设备；环境监测仪器设备等先进环保设备。

表7-5　　　　　　　　　　　　　　先进环保产业测度指标数据获取

测度指标（得分）	主导产品分析
需求广度（3）	先进环保设备主要用于钢铁产业、电力产业、水泥产业、冶金产业、化工产业等工业生产领域。全球各国工业生产总值 GDP 占比在 30%～40% 之间，所以可将先进环保产业的需求广度定为 35%（资料来源：专家调研访谈）
单位产品价值（4）	根据利用场合不同，环保设备的价格差别较大，从几千元到几十万元不等，结合对需求广度的界定，先进环保设备的单位价值定在万元数量级
产品使用频率（3）	先进环保设备的使用寿命一般在 10 年左右，所以将先进环保设备的使用寿命定为 10 年
流程自动化潜力（4）	先进环保产业主导产品属于设备制造领域，鉴于设备制造的自动化、智能化和数字化的发展现状，先进环保产业生产流程自动化程度较高
流程一体化程度（3）	先进环保设备的零部件众多，生产环节也较多，流程一体化程度为中等水平
零部件外包程度（4）	先进环保设备零部件较多，且标准化程度较为成熟，从现实情况来看，先进环保零部件的外包程度为较高水平
大规模定制程度（4）	先进环保设备制造符合以标准化模块组装形成差异化、规模化产品这种大规模定制的生产模式，所以先进环保设备大规模定制程度为较高水平
关键资源可获得性（4）	环保产业的发展与国家的政策、环保行业市场需求、社会经济发展水平、大众的环境意识以及技术进步和创新等因素都存在密切关系，而环保产业发展最关键的资源是政策资源与技术资源。例如垃圾处理行业发展的关键驱动因素一是国家行业政策法规，二是垃圾的存量和产生量，这两者决定了垃圾处理市场的规模和发展潜力。行业政策法规与行业所处的发展阶段的影响机制体现为：第一，政策标准越高，环保行业的市场需求就越大；第二，垃圾总量越大，行业面临的机会也就越多
关键资源可替代性（4）	随着环保产业发展模式的不断成熟，环保成本的不断降低和环保意识的深入人心，以政策为主导的发展方式会逐渐向市场主导转变，市场需求资源会成为关键资源；同时，环保技术的不断更新升级也使得技术资源具有一定的可替代性。所以环保产业的关键资源的可替代性为较高水平
上游产业带动性（3）	环保产业上游主要带动钢铁产业、有色金属、电力行业、化工行业、电子元器件等行业。环保的产业链上下游较为特殊，具有重叠，先进环保产业的需求方同时也可能是供给方，如钢铁产业、电力产业和化工等行业。考虑到节能环保产业本身的规模性，先进环保产业的上游带动性为中等水平
下游产业带动性（4）	环保产业下游主要包括环保设备的用户，值得注意的是，环保产业的上游和下游产业有一定的重叠，环保产业下游主要带动钢铁产业、电力产业、水泥产业、冶金产业、化工等产业
产业旁侧带动性（5）	环保问题的解决是扩大内需、稳定增长、调整结构，实现中国经济转型升级的一项重要而紧迫的任务。通过快速发展节能和环保产业来拉动投资和消费需求，构建新的经济增长点，推动产业转型升级和发展方式转变，进而促进节能减排和民生改善，最终实现经济的可持续发展具有十分重要的意义
产品智能化潜力（4）	环保设备涉及对环境指标的监测、控制和处理，环保设备以智能化、数字化为主要特征。环保产业的产品智能化潜力较高
产品创新包容性（4）	环保设备产品的研发参与者不但包括环保设备生产企业，还包括上游零部件供应商、高校、科研院所。另外，环保已经深入人心，下游消费者也从如何降低环保成本、优化环保产业发展模式等方面一定程度地参与环保设备的技术创新。所以环保产业的产品创新包容性较高
减量化（4）	环保设备制造本身的减量化空间一般，但考虑到环保设备的利用可以实现资源的节约、垃圾废物的减少，环保产业的减量化程度较高

测度指标（得分）	主导产品分析
低碳化（5）	环保产业的目的就是实现减少垃圾排放，优化环境，所以环保设备的低碳化水平很高
无害化（5）	环保产业的目的就是实现减少垃圾和有害物的排放，优化环境，所以环保设备的无害化水平很高
共享性（5）	环保设备的利用不受区域、行业领域等因素的限制，所以环保设备的共享性程度很高
均等性（5）	环保设备的使用，使得空气、污水等公共环境得到优化，从而每个人都能享受好优质环境带来的益处。从这一个角度看，人们受益于环保设备的机会是均等的，所以环保产业的均等性程度很高

先进环保产业不仅用于多数行业领域的生产，还将应用于人们生活的方方面面，因此，先进环保产业的潜在需求规模较大；先进环保产品的基本原理都相同，所以先进环保产业的标准化潜力也很高，同时，先进环保所需的关键技术资源的可获得性也相对较好；先进环保产业对上游的带动性较为一般，对下游的带动作用以及旁侧带动作用都很大；发展先进环保产业的目的就是为了实现优化环境和生态友好，因此先进环保产业的绿色指数水平较高。由于先进环保产业的发展需要人人都具有环保意识，需要大家的共同参与，同时先进环保产业带来的健康环境可以使所有人都受益，因此，先进环保产业的智能化水平和普惠性水平都很高。

7.2.3　新一代信息技术产业战略效应测度指标数据获取

新一代信息技术产业主要包括电子核心基础产业、下一代信息网络产业、高端软件和新兴信息服务产业三个子产业，表7-6为电子核心基础产业的主导产品分析结果以及战略效应各个测度指标的量化得分。电子核心基础产业的主导产品包括：高性能集成电路；特色芯片；新一代半导体材料和器件；大尺寸薄膜晶体管液晶显示（TFT-LCD）；等离子显示（PDP）面板；有机发光二极管（OLED）、三维立体（3D）、激光显示、智能传感器和新型电力电子器件、片式化、微型化、绿色化的新型元器件等。表7-6主要以高性能集成电路为例来分析电子核心基础产业战略效应各项测度指标得分。

表7-6　　　　　　电子核心基础产业（高性能集成电路）测度指标数据获取

测度指标（得分）	主导产品分析
需求广度（3）	高性能集成电路按照处理的信号是模拟电信号还是数字电信号分为模拟集成电路和数字集成电路。集成电路主要用于电子设备的生产，电子设备涉及领域较广，从生产设备到生活设备都需要电子设备。以我国为例，2013年我国计算机、通信和其他电子设备制造业总资产达到50768.81亿元，GDP占比10%左右（资料来源：万得数据库）。从全球自动化、数字化的发展趋势看，集成电路的需求广度可以定为35%左右
单位产品价值（2）	高性能集成电路根据其用途不同价格有所差别，一般从几十元到几百元不等，军用或特殊用途的高性能集成电路价格会更高。整体看，高性能集成电路单位产品的价值在百元数量级
产品使用频率（4）	集成电路的使用寿命较长，一般都在10年左右，但如手机、电视等上的集成电路，一般会随着整机被过早淘汰。可以将高性能集成电路的使用寿命平均估计为5年
流程自动化潜力（5）	由于高性能集成电路的集成度较高，操作的精准性要求高，集成电路生产流程自动化程度很高

续表

测度指标（得分）	主导产品分析
流程一体化程度（4）	高性能集成电路生产流程主要包括：仿真设计、外延材料处理、晶圆制造、芯片制造、芯片检测、封装、测试等环节。每个环节的一体化程度比较高，虽然每个环节都有相应的生产商独立生产，最终由集成商集成。但整体来看高性能集成电路的流程一体化程度为较高水平
零部件外包程度（4）	高性能集成电路的每个环节都有相应的供应商独立生产，最后集成商进行集成测试环节。所以，高性能集成电路的零部件外包程度相对较高
大规模定制程度（5）	高性能集成电路本身就有集成的特点，不同用途的高性能集成电路所用的基本材料和零部件都差不多，所以符合利用模块化组装成差异化、规模化产品的大规模定制模式，高性能集成电路的大规模定制程度很高
关键资源可获得性（3）	高性能集成电路的原材料只占整个价值链的 10.2%，而前端仿真设计环节和后端封装测试环节分别占到价值链的 28.8% 和 43.8%（资料来源：赛迪顾问），所以高性能集成电路的关键资源是技术资源，并且这种技术资源的可获得性为中等水平
关键资源可替代性（3）	从上述高性能集成电路关键资源的分析来看，高性能集成电路的技术资源的可替代性为中等水平
上游产业带动性（2）	高性能集成电路对上游带动作用主要体现在对相关原材料的带动作用，这些原材料包括：硅材料、靶材、化学试剂、光刻胶、高纯气体、抛光液、研磨液、电镀液以及树脂材料，但高性能集成电路的原材料只占整个价值链的 10.2%，本身规模较小（资料来源：赛迪顾问）。所以对上游的带动性为较低水平
下游产业带动性（5）	高性能集成电路最终产品包括：CPU、GPU、基带处理器、射频处理器、电源管理芯片、存储器、数字电视芯片、多媒体芯片、LED 驱动芯片等，并且是下游多种产业的核心部件，所以对下游的带动作用非常大
产业旁侧带动性（4）	集成电路不仅物理外观小，其产业规模也不大，但小小的集成电路是国民经济和社会发展的战略性、基础性和先导性产业，是培育发展战略性新兴产业、推动信息化和工业化深度融合的核心与基础
产品智能化潜力（5）	高性能集成电路是许多电子设备的"大脑"，产品智能化潜力很高
产品创新包容性（4）	高性能集成电路的研发创新可参与度较高，产品设计、原材料准备、芯片制造、封装等各环节厂商都参与研发创新，许多高校和科研院所都研究高性能集成电路，并且对下游集成电路的最终应用企业，也从需求角度推动了集成电路的创新发展，所以高性能集成电路的产品创新包容性较高
减量化（3）	随着集成化程度的提高，高性能集成电路具有一定的减量化空间，但集成电路本身就体积小，原材料消耗量小，所以减量化空间一般
低碳化（4）	集成电路的晶圆生产过程中用到的多种全球增温潜势（GWP）高的含氟气体，造成大量温室气体排放。另外，以上海为例，集成电路生产过程中耗电量占上海工业总耗电量的 3.09%（资料来源：上海市统计局）。但考虑到集成电路本身规模的有限性和使用过程中的零碳排放，所以高性能集成电路的低碳化程度为较好
无害化（2）	高性能集成电路生产过程中产生的有害物包括：首先，生产过程中使用大量化学试剂和电镀液、抛光液等，废水对地表水和地下水造成一定程度污染；其次，排放酸性和碱性废气以及酸腐蚀性废气、工艺产生的尾气、锅炉烟气等有害气体。产生的危险废物主要包括：（1）危险废物：硫酸、磷酸、硫酸铵、含铜废水、硫酸铜、废矿物油、废清洗液、异丙醇、光阻液、废显影液等废液；（2）一般废物：包括废水处理污泥、报废芯片、废包装材料，以及办公生活垃圾等。另外还有一定程度的噪声污染

测度指标（得分）	主导产品分析
共享性（5）	集成电路应用领域广泛，不同区域、不同群体的消费者都可以享受到集成电路的应用成果，所以高性能集成电路的共享性较高
均等性（4）	虽然高性能集成电路应用到的最终产品的功能和价格差异比较大，不同消费者享受到高性能集成电路的机会略有差异，但集成电路本身价格比较低，所以相对而言，高性能集成电路的均等性为较高水平

高性能集成电路作为新一代信息技术的主导产品之一，对信息技术产业的发展起到基础性、关键性的作用。由表7-6的分析可以看出，高性能集成电路作为许多产品的核心元件具有一定程度的潜在需求规模，高性能集成电路的技术标准化潜力很高，高性能集成电路的关键资源掌控能力却为一般水平；高性能集成电路上游产业链较短，上游的带动性很小，对下游的带动性以及通过技术溢出效应对其他领域的旁侧带动效应较大；作为许多电子设备的大脑，高性能集成电路的智能化水平很高。高性能集成电路低碳化程度较好，减量化空间为一般水平，同时因为生产过程中产生各种有害物质而使得无害化程度较低；可以看出，高性能集成电路由于被用于各种产品设备以及公共设施上而具有较高程度的普惠性水平。

7.2.4 生物产业战略效应测度指标数据获取

生物产业主要包括生物农业、生物医药产业、生物医学工程产业、生物制造产业四个子产业。生物农业产业的主导产品包括生物育种、生物兽药及疫苗、生物农药、生物肥料、生物饲料等绿色农用产品。接下来以生物农药为例分析生物农业战略效应各测度指标得分（见表7-7）。

表7-7　　　　　　　　生物农业（以生物农药为例）测度指标数据获取

测度指标（得分）	主导产品分析
需求广度（2）	生物农药包括对农业有害生物具有杀灭或抑制作用的生物活体或其代谢产物，生物农药主要用于农业生产，而我国农业GDP占比为10%左右，全球农业GDP占比在6%左右（资料来源：2013年的万得数据库）。考虑到农业的基础性作用，因此，可将生物农业的需求广度定为15%左右
单位产品价值（2）	中国供应商网站数据显示，不同类型的生物农药的价格差别较大，基本在50~999元/瓶这个区间，所以生物农药的单位产品价值的数量级定为百元
产品使用频率（5）	虽然生物农药为一次性消费品，使用频率相对较高，但考虑到一半农作物每年需要农药的次数相对比较稳定，并且春夏季需要农药次数较多。从这个角度看，可将农药的使用寿命定为0.5年
流程自动化潜力（3）	生物农药主要有固体培养和深层发酵两种生产方法，以我国为例，重庆目前建成了世界上唯一年产能力达到3000吨杀虫真菌生物农药的高技术产业基地。但为了在发酵的不同时期提高发酵效率和产品的质量与数量，需要想办法满足微生物生长繁殖和代谢产物所必需的温度、通气、湿度、酸碱环境等营养条件和环境条件，所以生物农药的流程自动化程度为一般水平
流程一体化程度（4）	生物农药的生产不像其他产品的生产，生产出的零部件可以以库存的形式等待备用，生物农药从菌种选育、保藏、发酵、产物提取、浓缩直至最终产品，一体化程度较高

续表

测度指标（得分）	主导产品分析
零部件外包程度（1）	生物农药生产过程中，零部件较少，所以生物农药的零部件外包程度很低
大规模定制程度（2）	从上述生物农药的生产过程来看，生物农药的生产不具有大规模定制生产模式的要求，所以生物农药大规模定制程度较低
关键资源可获得性（3）	生物农药的关键资源为技术资源，由于生物农药的技术研发投入高、风险大，整体而言，生物农药的关键技术资源的可获得性为中等水平
关键资源可替代性（3）	随着生物分子学的发展，对菌种选择培育能力的增强，生物农药技术具有不断升级换代的潜力，但考虑到生物农药技术研发的高投入和高风险，生物农药技术关键资源的可替代性为中等水平
上游产业带动性（2）	生物农药上游主要是原料的投入和生产设备的间接带动性，而这两个方面的带动性都不是很大
下游产业带动性（3）	生物农药主要带动农业的发展，根据新农药管理案例，一般农药的投入产出比为1:4，而生物农药的投入产出比为1:10，但考虑到农业只占GDP的6%左右，所以生物农药向下游的带动性为中等水平
产业旁侧带动性（3）	生物农药除了直接对农业发展的推动作用，关键是实现了对环境的保护和生态平衡的贡献作用；另外，生物农药的发展也推动了生物学在食品、医药等其他领域的发展。从宏观意义来看，生物农药的旁侧带动性为中等水平
产品智能化潜力（3）	生物农药和一般化学农药不同之处就在于生物农药来自生物菌种的生成物，甚至有些生物农药直接就是菌种，生物农药本身还有"智能化农业"的叫法，但与信息技术、工业机器人等产业中人类的智慧融入程度相比，生物农药的智能化水平为中等
产品创新包容性（2）	生物农药的研发投入高、风险大，一般生产企业本身的研发投入能力都不是很大，主要研发队伍集中在高校、科研院所和部分大型农药企业。所以，生物农药的产品创新包容性较低
减量化（3）	生物农药虽然本身减量化空间不大，但考虑到生物农药生产本身投入的原材料种类和量都不大，所以生物农药的减量化程度为中等水平
低碳化（4）	生物农药的生产大多采用发酵工艺来生产抗生素，生产过程必须消耗大量的水、电以及蒸气，并有一定的碳排放，但和高碳排放的产业相比，生物农药的低碳化水平较高
无害化（5）	虽然生物农药生产过程会排放少量的悬浮物、氨氮、阿维菌素等物质，但生物农药使用过程中对人的身体、水资源和土壤等不会产生污染，可以实现环境安全。由于生物农药的活性成分来自自然生态系统，很容易被阳光、植物以及各种土壤微生物所分解，并彻底解决了化学农药高毒性、有残留、抗药性三大难题
共享性（4）	生物农药的使用不受区域的限制，生物农药也可以用于多种农作物，总体看生物农药的共享性程度较高
均等性（5）	虽然生物农药主要用于农业，但农产品是每个人都需要的，并且人们通过消费农产品来享受到生物农药的机会是均等的。所以，生物农药的均等性较高

表7-7以生物农药为例分析了生物农业的各项指标。生物农药仅用于农业生产，所以相比其他产业而言潜在需求规模不是很大，由于生物农药产品本身以及生产过程的特殊性，技术标准化水平很低，同时生物农药的关键资源的可获得性和可替代性都一般；生物农药仅对农业生产具有一定

的促进作用，对上下游带动性以及旁侧带动性程度都很低；生物农药与常规化学农药最大的区别就是可降解、无残留具有较高的绿色指数，并且生物农药带来的安全、健康的农作物可以使很多人都受惠。生物农药本身的智能化水平相对较低。

7.2.5 新能源产业战略效应测度指标数据获取

新能源产业主要包括太阳能产业、核电产业、风能产业、生物质能产业四个子产业，表7－8为太阳能产业的主导产品分析结果以及战略效应各个测度指标的量化得分。太阳能产业的主导产品包括太阳能光伏电池、多元化太阳能光伏光热发电设备、大型并网光伏发电站等。

表7－8　　　　　　　　　　　　　　太阳能产业测度指标数据获取

测度指标（得分）	主导产品分析
需求广度（5）	光伏电池、光伏电站等太阳能主导产品不仅用于人们日常生活还用于生产。光伏电池可以用作各类电器的动力系统，现在已经有了太阳能公交站台灯箱、太阳能书报亭、太阳能小区楼道灯、太阳能小区灭虫灯。而到2050年，而太阳能发电将占全球总发电量的20%～25%，到2100年太阳能将占整个能源比例的60%～70%（资料来源：欧盟联合研究中心）
单位产品价值（3）	太阳能主导产品价格受主要原料硅的影响较大，依据产品用途不同，太阳能产品价格差距较大，包含光伏电站成本，太阳能主导产品价格平均在千元数量级
产品使用频率（3）	太阳能主导产品的使用寿命主要决定于组件封装时使用的材料的耐候性，如EVA胶、背板、接线盒、电缆等。电池板所用材料决定了太阳能电池的使用寿命，通常钢化玻璃层的太阳能电池板可以使用25年，PET材料的太阳能电池板可以使用5～8年，滴胶材料做的太阳能电池板可以使用2～3年。可将太阳能主导产品使用寿命定为8年（资料来源：专家调研访谈）
流程自动化潜力（4）	太阳能光伏的提纯、拉棒、切片等生产环节早已实现全面自动化。未来电池组件的生产、电池片颜色的筛选等环节的自动化程度也会逐渐提高，因此太阳能产业的生产流程自动化程度高
流程一体化程度（3）	光伏电池生产流程包括多晶硅生产、硅锭铸造、硅片切割、光伏电池和光伏组件封装。其中电池硅料的生产流程包括：预清洗、分选型号、电阻率分档、打磨、浸泡、酸/碱清洗、烘干装箱入库。单晶的生产流程包括配料、抽真空、化料、挥发、引领、放间、转颈、等颈、收尾、冷却、检漏、拆炉、清炉、切断环节；硅棒切片的生产流程包括线开方粘棒、线开方、线开方去胶、滚磨、粘棒、切片、去胶、清洗、烘干、分选、包装；电池片的生产流程包括清洗、制绒、扩散、蚀刻、PSG、PECVD、丝网印刷、分类测试、检验包装；组件的生产流程包括单片焊接、串焊、叠层、层压、装框、清洗、电性能测试、包装入库。流程环节相比其他产业较多，生产流程一体化受限，所以流程一体化程度为中等水平
零部件外包程度（4）	不同太阳能电池所用材料不同，分别有硅、无机盐多元化合物、功能高分子材料、纳米晶等，所以种类繁多。另外太阳能发电分为单独运行和并网运行，其用途也分为方方面面。并且太阳能发电板是核心生产环节，电池板拆分外包生产难度较大，所以总体而言太阳能核心电池组件的零部件外包程度为较高水平

续表

测度指标（得分）	主导产品分析
大规模定制程度（4）	太阳能发电本身具有电池组件模块化、安装维护方便、使用方式灵活等特点，虽然对于用途相似、功能差异不大的电池组可以实现大规模定制，尽管对于不同用途的太阳能光伏电池，不能简单通过标准的模块进行组装形成差异化产品来实现大规模定制，但整体而言，太阳能产业的大规模定制程度为较高水平
关键资源可获得性（4）	太阳能产业的关键资源主要包括太阳光资源、发电材料和技术三项资源。光伏电站发电受地理位置、光照时间、光照强度等影响，但总体而言太阳光资源可获得性较好。而发电材料是造成太阳能发电成本高于风能、水力发电的主要原因之一，太阳电池材料的材料有单晶硅、多晶硅、非晶硅、GaAs、GaAlAs、InP、CdS、CdTe，整体而言可获得性较好。提高转换效率、减低发电成本等技术也影响到太阳能发电的发展，但考虑到太阳能发电、传输等受光强度的不稳定性影响较大，所以技术的可获得性一般。整体而言太阳能发电产业关键资源的可获得性为较高
关键资源可替代性（3）	从上述分析可以看出，光资源是无法替代的，虽然在研发和创新的基础上，新的太阳能发电材料和相关技术正不断出现，但总体而言太阳能发电关键资源的可替代性处于一般水平
上游产业带动性（3）	太阳能发电产业链上游主要带动的是发电材料，另外逆变器等零部件还带动了电子产业的发展，但带动程度一般。生产设备对制造业也略有带动。对于光伏发电站而言还带动了基础建设相关设备，但相对风电或水力发电而言，太阳能发电的后向带动性处于中等水平
下游产业带动性（5）	太阳能发电下游主要包括电池组件的组装及生产和应用。太阳能发电的产品和技术在其他产业领域的应用较为广泛，包括：边远无电地区等的军民生活用电；屋顶和外墙的并网发电系统；光伏水泵对无电地区的深水井的饮用和灌溉；在交通领域：如太阳能航标灯、交通信号灯、交通警示和交通标志灯、太阳能路灯、高空用的障碍灯、高速公路或铁路上的无线电话亭、无人值守的道班供电等；在通信/领域：包括无人值守微波中继站的用电、光缆维护站、广播和寻呼等电源系统；石油、海洋、气象领域：石油管道、水库闸门的阴极保护所需的太阳能电源系统、石油钻井平台中的生活及应急电源、海洋检测设备、气象或水文观测设备等所需电源系统；其他还包括家庭灯具电源和太阳能建筑以及太阳能为动力源的汽车或电动车、电池的充电设备、汽车空调用电、换气扇用电、冷饮箱等，所以太阳能产业的下游带动性很高
产业旁侧带动性（3）	太阳能产品对产业链之外的产业也具有一定的带动性，例如太阳能制氢加燃料电池的再生发电系统；海水淡化设备供电；还可用于卫星、航天器件以及空间太阳能电站等。但考虑到对其他行业的带动程度，太阳能产业的旁侧带动性为中等水平
产品智能化潜力（4）	太阳能发电具有智能化的部件包括"逆变器"等，逆变器功能是根据光的强弱来实现自动运行或停机、最大功率跟踪控制、并网系统中防止单独运行、并网系统中自动电压调整、并网系统中的直流检测功能，以及并网系统中的直流接地检测等。整体而言太阳能发电产品智能化潜力较高
产品创新包容性（4）	目前，参与太阳能发电产业的研究人员除了企业研发人员之外，还包括高校和科研机构，以及上游零部件供应商和下游产品消费者，所以太阳能发电产业产品创新包容性为较高水平

测度指标（得分）	主导产品分析
减量化（4）	目前太阳能发电产业资源利用成本较高，随着技术发展，太阳能发电会通过提高产品设计、光电转换效率等途径，一定程度上实现减量化生产，但从光电产品结构来看，减量化程度较低。但考虑到太阳能的使用对一次能源的节约带来生产过程中的资源减量化程度，太阳能的减量化水平较高
低碳化（5）	数据显示，在不考虑其上游环节的情况下，各种发电方式的碳排放量如下：煤电为275克，石油发电为204克，天然气发电为181克，风电为20克（资料来源：中广核网站），而太阳能发电几乎是零排放。所以太阳能的低碳化程度很高
无害化（5）	太阳能发电过程中几乎没有废渣污染、废料污染、废水污染、废气污染，以及噪声污染，不会污染环境和损害人体；所以无害化程度很高
共享性（4）	对于单独运行的太阳能电池而言，可以通过运输实现共享性，但对于太阳能发电站而言，其供电半径一般不应超过1000米，同时还要考虑运行人员的来往交通便利程度、低压电缆产生的输电损耗，供电的负荷以及增容的潜力等，考虑到太阳能电站并网技术的发展，因此太阳能发电共享性总体为较高水平
均等性（4）	太阳能发电的成本远高于水电、风电等发电形式，但不管是单独运行的还是并网运行的太阳能发电系统，不同群体应用的机会差别不大，所以太阳能发电的均等性好

由表7-8的分析可以看出，太阳能的应用领域极其广泛，潜在需求规模较大，由于产品生产的自动化程度和一体化程度、零部件外包程度和大规模定制程度都较高，因此具有较高的技术标准化潜力，并且关键资源的可获得性和可替代性也较好；太阳能产业对上游的带动性和对旁侧的带动性程度一般，对下游的带动程度很大；太阳能产业因清洁无害而具有较高的绿色指数和普惠性。太阳能产品的创新的包容性程度较高，所需的智能化程度也较高。

7.2.6 新材料产业战略效应测度指标数据获取

新材料产业主要包括高性能复合材料产业、新型功能材料产业、先进结构材料产业三个子产业，表7-9为高性能复合材料产业的主导产品分析结果以及战略效应各个测度指标的量化得分。高性能复合材料产业的主导产品包括树脂基复合材料、碳碳复合材料、聚丙烯腈基碳纤维及碳纤维材料，还有高稳定性、高比模量、高热塑性的复合材料、新型的陶瓷基和金属基复合材料等。

表7-9 　　　　　　　　　　　　　　高性能复合材料产业测度指标数据获取

测度指标（得分）	主导产品分析
需求广度（3）	高性能复合材料包括树脂基复合材料、金属基复合材料、陶瓷基复合材料、水泥基复合材料等，单树脂基复合材料就有4000多种，所以高性能复合材料种类繁多，应用领域广泛，包括航空航天、交通运输、石油化工、建筑、汽车、军事国防、科研、生物医药、工业器材、运动器材、高性能器材零部件等各个领域。几乎80%领域都会对高性能复合材料有需求；但考虑到每个领域对高性能复合材料的需求量有限，按40%计算的话，高性能复合材料的需求广度为80%×40%=32%（资料来源：专家调研访谈）
单位产品价值（2）	高性能复合材料的价值计算单位包括米、平方米、吨、件等，其中以米和平方米为单位的高性能复合材料价格在几十元到几百元不等，以吨为单位的高性能复合材料在几千元不等，以件为单位的价格差别也较大。因此，高性能复合材料单位产品价值的数量级定为百元

续表

测度指标（得分）	主导产品分析
产品使用频率（3）	高性能复合材料的使用寿命在 5000 小时以上（资料来源：专家调研访谈），有的高性能复合材料使用寿命没有上限，考虑到高性能复合材料应用到具体领域产品的使用寿命，高性能复合材料的使用寿命按 10 年计算
流程自动化潜力（4）	高性能复合材料的生产包括成型和固化两个主要环节，由于高性能复合材料对形状精准度要求高，除一部分环节人工操作外，大部分环节是以构件数字化设计制造、复合材料设计与制造平台、复合材料数字化制造设备等为软件和硬件基础。复合材料的设计软件与 CAD 系统的集成为设计和制造复合材料的构件提供了便利的平台。复合材料的工艺流程主要包括初步的设计、工程方面的详细设计、制造方面的详细设计和制造的输出四个阶段。所以高性能复合材料生产流程自动化程度较高
流程一体化程度（4）	高性能复合材料成型方法大致包括：喷射成型法、真空辅助树脂注射成型法、夹层结构成型法、模压成型法、注射成型法、挤出成型法、纤维缠绕成型法、拉或挤成型法、连续板材成型法、层压或卷制成型法等十多种方法，每种成型方法的中间环节少，一体化程度较高
零部件外包程度（2）	高性能复合材料是以某种材料为基材，然后和其他材料复合而成，从这一角度来看，用来复合在一起的基材和辅材就是高性能复合材料的零部件。由于高性能复合材料所需的基材和辅材种类较多，不能完全自己生产，需要从供应商采购，从这一角度来看，但高性能复合材料本身就是其他产业的投入要素，所以高性能复合材料的零部件外包程度较低
大规模定制程度（2）	复合材料种类多达上万种，虽然利用不同材料按不同比例复合都可以产生新的复合材料，但高性能复合材料不符合大规模定制的内涵，所以高性能复合材料的大规模定制程度较低
关键资源可获得性（3）	高性能复合材料本身具有低成本、高性能、多功能和智能化的特点，因此制约高性能复合材料发展的关键因素是复合技术，也就是技术资源。从目前高性能复合材料的种类和广泛用途来看，高性能复合材料的技术资源可获得性为中等水平
关键资源可替代性（3）	高性能复合材料技术同其他技术一样具有升级换代的特性，综合来看，高性能复合材料的技术资源的可替代性为中等水平
上游产业带动性（2）	高性能复合材料的上游主要包括基材和辅材原材料，产业链条短，其中基材包括树脂材料、金属材料、陶瓷材料、水泥材料、碳纤维材料等。而辅材种类则比较多，由于材料是生产活动的基础，需求量较大，但又考虑到高性能复合材料用量占比较小，所以综合来看，高性能复合材料上游带动性较低
下游产业带动性（3）	高性能复合材料的下游主要包括一些高性能复合材料成品制造，对下游的带动性为中等水平
产业旁侧带动性（5）	从全球来看，交通运输和工业设备对复合材料的需求分别占 24% 和 26%（资料来源：前瞻产业研究院的《2015～2020 年中国复合材料行业发展前景预测与投资战略规划分析报告》），复合材料同时还应用于风电、汽车、航空航天、海洋石油工程、建筑结构等领域，复合材料对其他产业的转型升级起到重大决定性作用，其旁侧带动性很强
产品智能化潜力（1）	高性能复合材料产品智能化潜力比较低，也无法通过产品升级进行更新换代
产品创新包容性（3）	高性能复合材料的研发主要在企业的研发机构和高校、科研院所等，整体看产品创新包容性程度一般
减量化（3）	高性能复合材料本身减量化空间较低，但通过对高性能复合材料的利用可以通过替代其他材料实现减量化，总体而言，高性能复合材料的减量化程度为中等水平

续表

测度指标（得分）	主导产品分析
低碳化（5）	作为下游产业的投入要素，高性能复合材料本身在生产和使用的过程中几乎不排放碳，并且高性能复合材料的应用，也让下游产业的碳排放大大降低
无害化（2）	首先，高性能复合材料生产过程中会产生少量的压花废气、热复合废气、PVC粉尘、增塑剂等；另外，高性能复合材料其报废后，对环境有很大的污染，所以高性能复合材料的无害化程度为较低水平
共享性（3）	高性能复合材料具有成本低、高性能等特点，但其利用领域相对较窄，所以高性能复合材料的共享性水平为中等水平
均等性（3）	用于建筑、生活用具等领域的高性能复合材料，均等性较好；而利用于航空航天、汽车、生物医药等领域的高性能复合材料，人们享受到这些成果的机会略有差异。综合来看，高性能复合材料的均等性为中等水平

由表 7-9 的分析可以看出，高性能复合材料的应用领域较为广泛，用量较少，使用频率较低，潜在需求规模略低。高性能复合材料作为许多行业的基础原材料，对技术标准化要求不高，技术标准化的潜力较低。高性能复合材料的关键资源掌控能力为一般水平；高性能复合材料作为许多产业链的前端，上游带动性很低。对于产业链下游而言，只是作为其他很多产业的投入原材料，不能称为对下游的带动作用，所以高性能复合材料的下游带动性也为一般水平。高性能复合材料的使用能够促进很多产业转型升级，起到很强的旁侧带动作用；高性能复合材料的智能化水平较低，由于减量化空间一般、有害物的排放、使用领域相对较窄等原因，导致绿色水平、普惠性程度也都为一般水平。

7.2.7 新能源汽车产业战略效应测度指标数据获取

在《"十二五"国家战略性新兴产业发展规划》中没有将新能源汽车再进行细分，新能源汽车产业作为一类战略性新兴产业单独存在。新能源汽车产业的主导产品新能源汽车包括燃气汽车、燃料电池电动汽车、纯电动汽车、液化石油气动力汽车、氢能源汽车、混合动力汽车、太阳能动力汽车和其他新能源汽车等。表 7-10 为新能源汽车产业的主导产品分析结果以及战略效应各个测度指标的量化得分。

表 7-10　　　　　　　　　　新能源汽车产业测度指标数据获取

测度指标（得分）	主导产品分析
需求广度（2）	到 2020 年，我国汽车保有量会达 2 亿辆（资料来源：工信部装备工业司），而在这之前，我国乘用车市场仍将处在快速发展的阶段，其增长率大约为 GDP 增长率的 1.5 倍，而我国汽车保有量的饱和点是 4.5 亿辆（徐长明，国家信息中心，2013）。因此，随着社会经济的发展，汽车（私家车、公共交通汽车）已成为大多数人的日常交通工具，无论性别、老幼、各种阶层和区域的人，都会产生乘坐汽车交通的需求，结合上述分析，汽车的需求群体可达到所有人群的 50% ~ 60%。根据 2011 年 6 月英国石油公司（BP）发布的《BP 世界能源统计 2011》报告，截至 2010 年底，以探明的全球石油储量为 13832 亿桶，大约开采 46.2 年。因此，随着石油储量减少，石油价格上升，汽车产业势必要朝着新能源汽车的方向发展，所以人们对汽车的需求最后都会向新能源汽车靠拢，但考虑到新能源汽车充电系统和发展模式的瓶颈问题，上汽董事长胡茂元提出未来新能源汽车占汽车总体的比例为 15% 左右，考虑到传统能源危机，长远来看，新能源汽车占汽车总量的 30% 来计算。因此，未来新能源汽车的需求广度为 60% × 30% = 18%

续表

测度指标（得分）	主导产品分析
单位产品价值（5）	目前，由于新能源汽车相对传统能源汽车成本较高，因此新能源汽车价格相对也略高。国产新能源汽车售价大致处于 6 万 ~ 20 万元，而国际新能源汽车品牌大致在 15 万 ~ 60 万元（新能源汽车网）。相对于目前国内消费水平并结合经济发展趋势，新能源汽车需求强度会不断上升
产品使用频率（2）	由于新能源汽车与传统汽车的主要区别在于动力源由内燃机变为驱动电池，所以，对于新能源汽车的使用寿命主要取决于车身和驱动电池，而目前新能源汽车的电池技术尚未形成成熟范式，其驱动电池未来可直接更换电池，因此新能源汽车的使用寿命直接取决于车身，可以认为新能源汽车和传统能源汽车的使用寿命相当。汽车使用寿命分为技术使用寿命、经济使用寿命以及合理使用寿命三类。一般情况下轿车和越野车的使用年限为 15 年，九座以上的非营运载客汽车寿命大约为 10 年。工业发达国家的汽车平均寿命是 7 ~ 12 年。综合以上因素，将新能源汽车的平均使用寿命定为 15 年
流程自动化潜力（4）	自福特流水线生产以来，汽车生产就开始了自动化的征程，随着信息技术、数字技术的发展，现状汽车各个生产环节都实现了高度的自动化。对于新能源汽车而言，车身和相关控制系统的制造和传统能源汽车差别不大，但其动力系统的技术完善度有待提高，自动化生产水平也有进一步提高的空间。因此，新能源汽车生产流程自动化程度总体较好
流程一体化程度（3）	在现代汽车工业中，CAD、CAE、CAM 等一体化技术渗透到汽车设计和制造的各个环节，包括汽车的设计与检验、整车实体的造型、车身的三维设计、汽车零部件的数控加工、整车的震动分析和疲劳分析，以及算机仿真技术代替实车测试和破坏性碰撞试验等，这些技术为车工业实现多品种、高质量、短周期、低成本等提供了有力的保障（李明惠，2002）。所以，从汽车各个环节一体化的程度也可以看出，汽车产业的标准化为中等水平
零部件外包程度（4）	按照零部件在汽车整车上的功能与结构，汽车零部件大致可分为车身与内饰、传动与控制、电器仪表照明、发动机零部件、电子电气、悬挂与制动、娱乐信息七大类。由于新技术的零部件将更加模块化、通用化，同时很多新技术的开发很复杂，成本和风险也不断提高，使得单一汽车厂商很难独自承担某项新技术的开发和推广，不得不外包给零部件厂商，因而零部件厂商更大程度地承担了汽车新技术的开发任务，进一步推动汽车产业产品技术的标准化程度。所以对于新能源汽车产业的零部件外包程度可以归类为较高
大规模定制程度（4）	由于汽车产品技术的高度标准化，现在的汽车实现了通过许多零件多种方式进行组合，或在不同车型汽车之间进行可替代的使用。这种模块化设计虽然有时会增加工具和模具的成本，但可以快速制造出新型号的汽车，从而显著地降低产品成本，实现大规模定制生产（顾新建，2000）
关键资源可获得性（3）	传统能源汽车的发展已趋完善，资源的可获得性非常好，相对于传统能源汽车而言，新能源汽车的关键资源在于电池系统、电机系统和电控系统资源。动力电池和电机系统等电力驱动系统在纯电动汽车中的成本占到整车的 50% 以上。限于技术创新能力的限制，目前电池、电机和电控系统成为制约新能源汽车发展的最主要因素，虽然一些新能源汽车的领导企业在这些方面已经取得了不小的成就，但从整个新能源产业来看，从较长一段时间新能源汽车关键资源的可获得性处于一般水平
关键资源可替代性（4）	新能源汽车包括燃气汽车、燃料电池电动汽车（FCEV）、纯电动汽车（BEV）、液化石油气汽车、氢能源动力汽车、混合动力汽车太阳能汽车和其他新能源汽车等，鉴于新能源汽车的种类较多，其动力系统的技术之间起到相互补充和相互替代作用。因此，新能源汽车关键资源的可替代性为较高水平

测度指标（得分）	主导产品分析
上游产业带动性（4）	传统汽车产业上游主要涉及钢铁、机械、橡胶、石化、电子、纺织、玻璃等行业；上游主要增加了电池、电机、电控系统、专用自动变速器等部件。电极原材料占据了锂电池价值链的主要部分，约占锂电池总成本的75%，涉及这一业务的企业也较多。其中，正极材料是决定电池安全、性能、成本和寿命的关键材料。目前整个产业投入主要集中在锰酸锂、三元材料和磷酸铁锂这三种材料。负极材料直接影响着锂电池在安全性能上的表现。目前，无论是国内还是国外，在负极材料的选择主要还是以石墨为主，其中天然石墨占据了全球50%以上的份额，考虑到新能源汽车本身的规模，新能源汽车上游带动性程度为较高水平
下游产业带动性（3）	传统汽车产业下游则涉及保险、金融、销售、维修、加油站、餐饮、旅馆等行业。相比传统汽车产业，新能源汽车产业下游充电设施、电池回收等产业也在新能源汽车的带动下获得了快速发展，新能源汽车的下游带动性程度为中等水平
产业旁侧带动性（3）	新能源汽车的电池技术、系统控制技术等可以应用到其他领域，但整体而言新能源汽车产业的旁侧带动性程度为中等水平
产品智能化潜力（4）	汽车的被动和主动安全系统与汽车中的其他电子系统开始融合，汽车正变得越来越自主、越智能。借助雷达、视觉检测等高级驾驶员辅助系统的应用，反应速度远比驾驶员更快的电子系统将能接管控制权，降低事故的发生频率和严重程度，并大幅提升驾驶体验。传统汽车制造商希望利用创新的技术来在日趋激烈的市场竞争中抢占先机，甚至连"外行"的谷歌也悄无声息地开展了数十万公里的无人驾驶汽车的实验。新能源汽车被视为解决汽车高速增长带来的环境问题和石油消耗困境的灵丹妙药。基于视觉的高级驾驶员辅助系统可以从多方面大大提高行车安全性和汽车智能特性。通过安装后视/前视/侧视摄像头和视觉处理，电子控制单元（ECU）可以实现多种功能来帮助驾驶员提前防范风险。受欢迎的应用包括：车道偏离告警、远光近光调整、交通标志识别、停车辅助、后视/环视和防撞等。结合以上分析可以看出，新能源汽车的智能化水平较高
产品创新包容性（4）	由前述分析可知，汽车零部件较多，且大多数零部件都有专门的供应商生产，尤其是电池动力系统，产业创新研究的不仅是研发人员，很多高校和科研院所也都参与创新研发，相对航空航天领域而言，其创新的开放性较好，参与门槛相对较低，因此，新能源汽车的产品创新包容性较好
减量化（4）	轻量化是汽车节能的重要途径之一，据奇瑞汽车股份有限公司的资深材料工程师李军介绍：在新能源汽车上使用轻量化技术，车身减重10%，电耗将下降5.5%。根据中国乘用车样本调查，乘用车重量降低10%，油耗降低7.5%~9%；电动汽车车重降低10%，续航里程增加5.5%（资料来源：中国产业信息网，http://www.chyxx.com/industry/201801/609494.html）。在2014年国际汽车轻量化材料交流会上，与会代表深入交流了汽车轻量化的研究现状和前沿趋势，对新材料的研发、加工及成本等问题进行了探讨，对亚洲未来汽车轻量化发展，节能减排，提供了重要的发展方向和技术支持。主要的议题包括：亚洲OEM如何降低轻量化材料的制造成本，以及如何向大众市场推广低成本轻量化汽车；针对轻型钢、铝、镁和复合材料，评估如何节约各种材料的成本、批量可供应性、可成型性和性能；如何通过优化车身结构设计、材料选取和降低零配件数量实现车身整体减重，达到对车身结构最优化的目的。与会代表还深入探讨了采用铝材、镁材、高强钢和复合材料的成型问题，以及热成型工艺和热冲压的应用及相关技术问题。新能源汽车减量化程度较高
低碳化（4）	从汽车行驶过程中碳排放角度来讲，新能源汽车几乎是零碳排放。但从新能源汽车整个产业链角度来讲，新能源汽车还不能实现完全低碳，例如使用新能源汽车，就需要经常对其搭载的电池进行充电。而目前我国的电力供应80%以上还是靠煤电，因此，可以说我国的新能源汽车所需的电能主要是通过煤电得来的。无论是燃料电池的、生物汽油的，还是电动汽车的，在现有的技术条件下，都还做不到低碳。但长远来看，新能源汽车产业比传统汽车产业低碳化程度高得多，其低碳化程度较高

测度指标（得分）	主导产品分析
无害化（3）	使用新能源电动汽车并非绝对无污染，例如在使用铅酸蓄电池做动力源时，电池制造、使用过程中人们都要接触到铅，蓄电池充电时会产生酸气，造成一定的大气污染。另外，蓄电池充电所用的电力，在用煤炭作燃料时也会产生 CO、SO_2、粉尘等有害排放物质。但总的来说，它的污染比内燃机的废气要轻得多，因此，新能源汽车的无害化程度处于一般水平
共享性（3）	包括科技部在内的四部委，将共同组织实施新能源汽车重点研发，继续推动新能源汽车基础研究、共性关键技术以及产业化技术研究，为产业发展提供强有力的技术支撑和战略储备；新能源汽车三级模块体系和平台架构中，整车控制器（VCU）、电机控制器（MCU）和电池管理系统（BMS）是最重要的核心技术，对整车的动力性、经济性、可靠性和安全性等有着重要影响。目前新能源汽车品牌众多，三种核心技术范式较多，可替代性强，相对垄断程度较低、专利保护程度相对也较低等，长远来看，新能源汽车的共享性程度较好
均等性（4）	为推广新能源汽车，政府给予新能源汽车以较大的税收、价格补贴等优惠政策，但新能源汽车制造和服务价格相对较高，不同的人享受到新能源私家车的机会有一定差异。除此之外，新能源汽车以及新能源公共汽车带来的智能交通、能源优化、城市管理、环境保护等多个方面的综合性、系统性的正外部效应更是所有人都能享受到的，因此，新能源汽车的均等性为较高水平

新能源汽车的生产和使用成本相对普通能源汽车较高，单位产品的价值较高，需求广度和产品使用频率相对较低，因此新能源汽车的潜在需求规模为一般水平。新能源汽车的发展模式还不成熟，基于传统汽车的发展基础，新能源汽车未来的技术标准化潜力较大。对于新能源汽车的动力系统关键技术资源，其可获得性为一般水平；新能源汽车对上游的带动较大，但由于新能源汽车本身的规模不是特别大，这种上游带动性受到了一定的限制，新能源汽车的下游带动性和旁侧带动性都为一般水平；基于电子信息技术的发展，未来新能源汽车的智能化潜力很高。由于新能源汽车的低碳环保等特征，新能源汽车的绿色指数水平较高。从长远来看，新能源汽车的共享性水平一般，但随着公共新能源交通设施的发展，新能源汽车具有一定程度的普惠性。

7.3 描述性统计分析

7.3.1 数据预处理

利用 SPSS 17.0 对所获取的战略性新兴产业的 23 个子产业战略效应的各测度指标数据进行预处理与统计分析。在此基础上，对各二级指标所对应的测度指标求取平均值，所得平均值即为战略效应二级指标最终得分，如表 7-11 所示。

表 7-11　　　　　　　　　　　　　23 个子产业战略效应二级指标得分

子产业	潜在规模性			产业带动性			成长持续性		
	潜在需求规模	技术标准化潜力	关键资源掌控能力	上游带动性	下游带动性	旁侧带动性	智能化水平	绿色指数	普惠性
航空装备制造	2.33	3.25	3.00	4.00	4.00	4.00	3.50	3.33	2.50
卫星及应用产业	3.00	3.25	3.50	3.00	4.00	4.00	4.50	3.67	3.50

子产业	潜在规模性			产业带动性			成长持续性		
	潜在需求规模	技术标准化潜力	关键资源掌控能力	上游带动性	下游带动性	旁侧带动性	智能化水平	绿色指数	普惠性
轨道交通装备	3.33	3.00	3.50	5.00	3.00	4.00	3.00	3.33	3.50
海洋工程装备	2.33	2.75	3.00	4.00	5.00	3.00	3.00	3.00	3.00
智能制造装备	3.00	4.25	3.50	3.00	5.00	4.00	4.50	4.67	3.00
先进环保产业	3.33	3.75	4.00	3.00	4.00	5.00	4.00	4.67	5.00
高效节能产业	2.67	3.75	3.00	3.00	4.00	5.00	4.00	4.33	4.00
资源循环利用	2.33	3.00	4.00	3.00	2.00	4.00	3.50	3.67	4.00
电子核心基础	3.00	4.50	3.00	2.00	5.00	4.00	4.50	3.00	4.50
下一代信息网络	3.33	4.75	3.50	4.00	5.00	4.00	5.00	4.67	4.00
高端软件和新兴信息服务产业	4.00	4.25	3.50	4.00	5.00	5.00	5.00	4.00	4.50
生物农业	3.00	2.50	3.00	2.00	3.00	3.00	2.50	4.00	4.50
生物医药产业	4.00	3.75	3.00	3.00	3.00	4.00	3.00	4.33	4.00
生物医学工程	3.00	4.00	4.00	4.00	3.00	2.00	4.50	4.00	3.50
生物制造产业	2.67	2.50	3.50	3.00	2.00	4.00	2.00	4.33	4.50
太阳能产业	3.67	3.75	3.50	3.00	5.00	3.00	4.00	4.67	4.00
核电产业	3.00	2.75	3.00	4.00	3.00	4.00	3.50	3.67	3.50
风能产业	2.67	3.75	3.50	4.00	3.00	3.00	2.50	3.33	3.00
生物质能产业	3.33	3.00	4.00	3.00	3.00	4.00	3.00	3.33	3.50
高性能复合材料	2.67	3.00	3.00	2.00	3.00	5.00	2.00	3.33	3.00
新型功能材料	3.00	2.75	3.00	2.00	4.00	4.00	3.00	3.00	2.50
先进结构材料	2.00	2.50	3.00	2.00	3.00	4.00	2.00	3.00	3.00
新能源汽车	3.00	3.75	3.50	4.00	3.00	3.00	4.00	3.67	3.50

在对二级指标加权求战略性新兴产业战略效应总体得分之前，首先对23个子产业在9个二级指标上的得分基本情况给予统计分析，结果如表7-12所示。由表7-12可以看出，战略性新兴产业23个子产业在9个二级指标上得分的最低分中绿色指数的最低得分为3分，其他几个指标的得分都低于3分，说明我国目前规划的战略性新兴产业确实在资源节约和环境保护方面发挥着重要的作用。二级指标的最高得分都超过了4分，甚至都接近5分。23个子产业在9个二级指标上的平均得分都达到了3分以上，说明战略性新兴产业的23个子产业在9个二级指标上整体表现较好。其中旁侧带动性和绿色指数都超过了3.7分，值得注意的是潜在需求规模指标在23个子产业上的平均得分为3分，说明战略性新兴产业有一定的潜在需求规模，除个别产业之外，战略性新兴产业的潜在需求规模的整体水平并不是特别高。

表 7 - 12　　　　　　　　　23 个子产业战略效应二级指标得分基本情况

二级指标	N	最小值	最大值	平均值	标准差
潜在规模需求	23	2	4	3	0.49
技术标准化潜力	23	2.5	4.75	3.41	0.68
关键资源掌控能力	23	2.5	4	3.39	0.43
上游带动性	23	2	5	3.17	0.83
下游带动性	23	2	5	3.65	0.98
旁侧带动性	23	2	5	3.87	0.76
智能化水平	23	2	5	3.52	0.95
绿色指数	23	3	4.67	3.78	0.59
普惠性	23	2.5	5	3.65	0.68

在对比分析各类战略性新兴产业的战略效应整体表现之前，需要首先确保不同战略性新兴产业的战略效应得分在统计学上确实存在差异，这样才能保证讨论不同战略性新兴产业的战略效应表现是有意义的。因此，以战略性新兴产业不同类别作为分组组别，以 9 个二级指标的得分作为每一组的观测数据，利用 SPSS17.0 进行方差分析，方差分析结果如表 7 - 13 所示。

表 7 - 13　　　　　　　　　　　23 个子产业战略效应方差分析结果

差异源	SS	df	MS	F	P-value	F crit
组间	34.8763	22	1.5852	3.3876	0.0000	1.6004
组内	86.1049	184	0.4679			
总计	120.9812	206				

从表 7 - 13 方差分析的结果可以看出，$F = 3.3876 > F（crit）= 1.6004$，且 $P = 0.000$，远远小于 0.05。说明不同战略性新兴产业之间战略效应二级指标得分存在差异，且这种差异比较显著。因此，讨论我国不同战略性新兴产业的战略效应之间的差异是有意义的。

7.3.2　七大战略性新兴产业战略效应整体对比分析

首先，在战略性新兴产业 23 个子产业各个二级指标得分的基础上，计算出七大战略性新兴产业战略效应的综合得分，最终结果如图 7 - 1 所示。

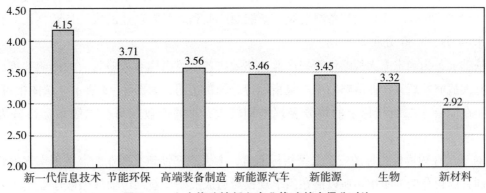

图 7 - 1　七大战略性新兴产业战略效应得分对比

由图 7-1 可以看出，新一代信息技术产业的战略效应总得分最高，达到了 4.15 分，其次为节能环保产业和高端装备制造产业，战略效应得分都达到 3.5 分以上；新能源汽车产业、新能源产业和生物产业的战略效应处于中间水平，得分分别为 3.46 分、3.45 分和 3.32 分，而新材料产业的战略效应得分最低，只有 2.92 分。

为了更直观地了解潜在规模性、产业带动性、成长持续性三个战略效应一级指标对七大战略性新兴产业的影响而产生整体战略效应上的差别，分别将七大战略性新兴产业战略效应的三个一级指标得分进行对比，如图 7-2 所示。

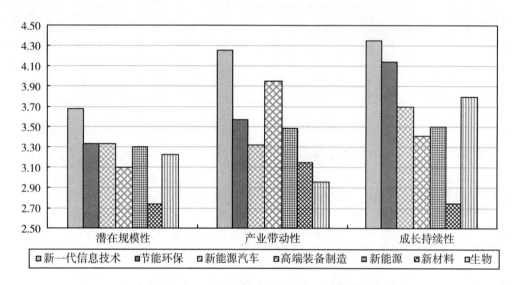

图 7-2 七大战略性新兴产业战略效应一级指标得分对比

由图 7-2 所示，对于潜在规模性指标，新一代信息技术的潜在规模性得分最高为 3.69 分，而其他产业的潜在规模性得分都远低于 3.5 分，其中节能环保产业、新能源汽车产业和新能源产业的潜在规模性得分分别为 3.34 分、3.35 分和 3.31 分，而高端装备制造业、新材料产业和生物产业的潜在规模性更低，得分只有 3.08 分、2.74 分、3.24 分；对于产业带动性指标，可以看出，七大战略性新兴产业的产业带动性得分整体较潜在规模性得分高，除了生物产业，其他所有产业带动性得分都超过了平均值 3 分，其中新一代信息技术产业和高端装备制造业的产业带动性最好，产业带动性得分都在 4 分左右。而新材料产业和生物产业的产业带动性程度较低，节能环保产业、新能源汽车产业、新能源产业的产业带动性也相对较高，得分分别为 3.58 分、3.33 分和 3.50 分；而对成长持续性指标，新一代信息技术产业、节能环保产业的成长持续性表现很好，得分都在 4 分左右，其次为新能源汽车产业和生物产业，这两个产业的成长持续性得分也都超过 3.5 分，分别为 3.70 分和 3.79 分。而高端装备制造业、新能源产业和新材料产业的成长持续性相对较低，得分分别为 3.44 分、3.50 分和 2.79 分。

在此基础上，为确定七大战略性新兴产业战略效应各二级指标对战略效应的影响程度，本课题绘制出了七大战略性新兴产业战略效应二级指标得分的雷达图，如图 7-3 所示。从图中可以看出，不同的产业在同一个二级指标上的得分表现差别较大，不同产业在每个二级指标得分表现分别如下：

（1）对于潜在规模性指标的三个二级指标而言，七大战略性新兴产业的潜在需求规模指标得分虽然有差别，但得分较为集中。所以潜在需求规模对造成战略性新兴产业战略效应差别方面影响程度不大。

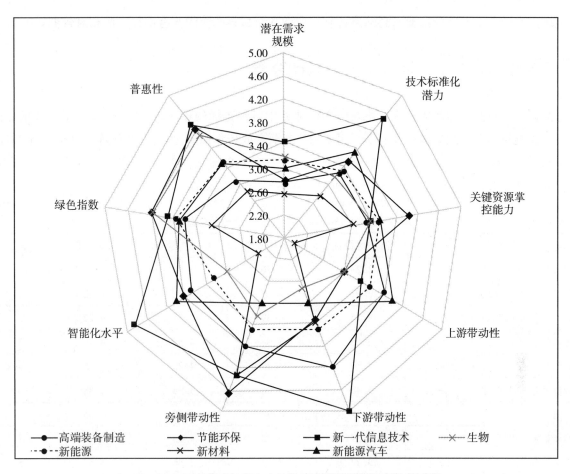

图7-3　七大战略性新兴产业战略效应二级指标得分雷达图

（2）对于技术标准化潜力指标，新一代信息技术的技术标准化潜力最大，其次为新能源汽车和节能环保等产业，而新材料产业的技术标准化潜力最差。

（3）对于关键资源掌控能力，节能环保产业表现最好，而新材料产业的关键资源掌控能力最差，其他产业处于中间水平。

（4）对于产业的上游带动性，高端装备制造业和新能源汽车的上游带动性最大，而生物产业、新材料产业和节能环保产业对上游的带动性最小，其他产业的上游带动性为中间水平。

（5）对于产业的下游带动性，新一代信息技术产业和高端装备制造产业表现最好，而生物产业、新能源汽车等产业的下游带动性相对较弱，其他产业的下游带动性处于中间水平。

（6）对于产业的旁侧带动性，节能环保产业、新一代信息技术产业、高端装备制造产业和新材料产业表现都很好，而新能源汽车产业的旁侧带动性较低，其他产业的旁侧带动性处于中间水平。

（7）对于智能化水平指标，新一代信息技术产业的智能化水平最高，节能环保产业、新能源汽车产业和高端装备制造产业的智能化水平处于中间水平，而新能源产业、生物产业和新材料产业的智能化水平最低。

（8）对于绿色指数指标，节能环保产业、生物产业和新一代信息技术产业的绿色指数较高，新能源汽车产业、新能源产业的绿色指数为中间水平，新材料产业和高端装备制造产业的绿色指数最低。

（9）在普惠性表现上，节能环保产业、新一代信息技术产业和生物产业的普惠性程度较高，而新能源汽车产业、新能源产业、高端装备制造产业和新材料产业的普惠性程度都相对较低。

7.3.3　23 个子产业战略效应对比分析

依据第 6 章战略性新兴产业战略效应指标体系中各级指标的权重,计算出 23 个子产业的战略效应一级指标得分和战略效应总得分,并将 23 个子产业依据战略效应总得分进行从大到小排序,结果如表 7 - 14 所示。其中第一行列出战略效应及三个一级指标在 23 个子产业上的平均得分,作为对战略性新兴产业 23 个子产业初步分析讨论并进行分类的标准。

表 7 - 14　　　　　　　　23 个子产业战略效应一级指标及战略效应总得分

战略性新兴产业 23 个子产业	潜在规模性	产业带动性	成长持续性	战略效应	排序
23 个产业平均值	3.23	3.56	3.64	3.51	—
高端软件和新兴信息服务业	3.92	4.67	4.50	4.42	1
下一代信息网产业	3.75	4.39	4.51	4.27	2
先进环保产业	3.65	3.94	4.59	4.09	3
太阳能产业	3.64	3.79	4.20	3.89	4
智能制造装备产业	3.48	4.06	3.96	3.88	5
高效节能产业	3.35	3.94	4.10	3.85	6
电子核心基础产业	3.39	3.73	4.05	3.75	7
卫星及应用产业	3.22	3.67	3.86	3.62	8
轨道交通装备产业	3.30	3.93	3.30	3.55	9
生物医药产业	3.64	3.27	3.79	3.54	10
——————————————————————————————战略效应平均值分界线					
生物医学工程产业	3.56	3.06	3.96	3.49	11
新能源汽车产业	3.35	3.33	3.70	3.46	12
核电产业	2.94	3.60	3.55	3.42	13
航空装备制造产业	2.77	4.00	3.06	3.36	14
海洋工程装备产业	2.65	4.12	3.00	3.36	15
生物质能产业	3.45	3.27	3.30	3.32	16
资源循环利用产业	3.01	2.87	3.75	3.21	17
风能产业	3.20	3.33	2.95	3.16	18
生物制造产业	2.88	2.87	3.68	3.15	19
生物农业	2.87	2.67	3.73	3.09	20
新型功能材料产业	2.94	3.34	2.80	3.05	21
高性能复合材料	2.86	3.21	2.79	2.98	22
先进结构材料产业	2.43	2.94	2.69	2.73	23

从表 7 - 14 对七大战略性新兴产业的 23 个子产业战略效应三个一级指标及战略效应总体情况的分析对比可以看出:

战略效应总得分超过 23 个子产业战略效应平均得分 3.51 分的产业包括高端软件和新兴信息服务业、下一代信息网产业、先进环保产业、太阳能产业、智能制造装备产业、高效节能产业、电子核心基础产业、卫星及应用产业、轨道交通装备产业、生物医药产业。其中高端软件和新兴信息服务业与下一代信息网络产业的战略效应最为显著，这说明信息化是全球发展的必然趋势，下一代信息网络以及大数据、云计算等是未来各国重点发展的对象。先进环保产业和太阳能产业的战略效应也分别排在第三、第四位，可以看出节能环保产业、太阳能产业是在全球能源危机、环境污染时代背景下的必然选择。战略效应总体得分超过 23 个子产业平均值的这些产业，基本上都具有好的潜在规模性，对其他产业具有较大的带动性作用，这些产业符合当前绿色环保、产业升级转型的可持续发展要求。需注意的是，这一类产业里的卫星及应用产业的潜在规模性得分低于 23 个子产业潜在规模性的平均值，生物医药产业的产业带动性得分低于 23 个子产业带动性的平均值，轨道交通装备产业的成长持续性得分低于 23 个子产业成长持续性的平均值。

战略效应总体得分低于 23 个子产业战略效应平均得分 3.51 分的产业包括生物医学工程产业、新能源汽车产业、核电产业、航空装备制造产业、海洋工程装备产业、生物质能产业、资源循环利用产业、风能产业、生物制造产业、生物农业、新型功能材料产业、高性能复合材料、先进结构材料产业。其中新型功能材料产业、高性能复合材料产业、先进结构材料产业等新材料产业的战略效应得分最低，因此，作为其他产业的原材料，新材料是否可以作为战略性新兴产业来发展还需进一步进行研究确定。虽然这些产业的总体战略效应得分低于 23 个子产业平均得分，但生物医学工程产业、新能源汽车产业、生物质能产业三个子产业的潜在规模性大于 23 个子产业潜在规模性的平均得分；核电产业、航空装备制造产业、海洋工程装备产业三个子产业的产业带动性得分大于 23 个子产业带动性的平均得分；生物医学工程产业、新能源汽车产业、资源循环利用产业、生物制造产业、生物农业五个子产业的成长持续性平均得分大于 23 个子产业成长持续性的平均得分。

7.4　聚类分析

7.4.1　聚类分析简介

聚类分析（cluster analysis）是根据研究对象的特征对研究对象进行分类的多元统计分析技术。聚类分析是将数据（或样本）分到不同的类/簇的过程，同一个类/簇中的对象有很大的相似性，而不同类/簇间的对象有很大的差异性。首先找出一些能够度量案例或指标之间相似程度的统计量，以此为划分类别的依据，然后，把一些彼此之间相似程度较大的聚合为一类，把另外一些彼此之间相似程度较大的聚合为另一类，关系密切的聚合到一个相对较小的分类单位，关系疏远的聚合到一个相对较大的分类单位，直到把所有的都聚合完毕，把不同类型一一划出来，形成由小到大的分类系统。最后，再把整个分类系统画成一张谱系图，用它把所有案例（或指标）间的亲疏关系表示出来（沃尔夫冈·哈德勒，2010）。

聚类分析的大部分应用都属于探索性研究，最终的结果是产生研究对象的分类，通过对数据分类的研究提出假设；聚类分析还可以用于证实（或验证）性目的，对于通过其他方法确定的数据分类，可以应用聚类分析进行检验。聚类分析根据分类对象的不同，分为 Q 型聚类和 R 型聚类。对案例的分类称为 Q 型聚类，对变量的分类称为 R 型聚类。

聚类分析一般包括选择聚类分析变量、计算相似性、聚类、聚类结果的解释等几个步骤。其中相似度的计算包括最短距离法、最长距离法、组间连接法、组内连接法、重心距离法、离差平方和法等。

7.4.2　聚类分析结果

利用 SPSS17.0 的系统聚类功能进行 Q 型聚类分析，其中以表 7 – 14 中七大战略性新兴产业的 23 个子产业为案例，以三个战略效应一级指标为案例的特征。聚类分析过程中相似度的计算采用组间连接法，表 7 – 15 为聚类近似矩阵表结果，接下来以聚类近似矩阵为基础展开聚类分析。

表 7 – 15　　　　　　　　　　　　　　　　　聚类近似矩阵

子产业	1	2	3	4	5	6	7	8	…	21	22	23
1. 高端软件和新兴信息服务	0.0	0.0	0.2	0.3	0.3	0.3	0.4	0.6	…	1.7	1.9	2.7
2. 下一代信息网产业	0.0	0.0	0.1	0.1	0.1	0.2	0.2	0.4	…	1.4	1.5	2.2
3. 先进环保产业	0.2	0.1	0.0	0.0	0.1	0.1	0.1	0.2	…	1.2	1.3	1.9
4. 太阳能产业	0.3	0.1	0.0	0.0	0.0	0.0	0.0	0.1	…	0.8	0.9	1.5
5. 智能制造装备产业	0.3	0.1	0.1	0.0	0.0	0.0	0.0	0.1	…	0.6	0.7	1.3
6. 高效节能产业	0.3	0.2	0.1	0.0	0.0	0.0	0.0	0.0	…	0.6	0.7	1.2
7. 电子核心基础产业	0.4	0.2	0.1	0.0	0.0	0.0	0.0	0.0	…	0.6	0.6	1.1
8. 卫星及应用产业	0.6	0.4	0.2	0.1	0.1	0.0	0.0	0.0	…	0.4	0.4	0.8
9. 轨道交通装备产业	0.7	0.6	0.5	0.3	0.1	0.2	0.2	0.1	…	0.2	0.3	0.7
10. 生物医药产业	0.7	0.5	0.3	0.1	0.2	0.2	0.1	0.1	…	0.5	0.6	1.0
11. 生物医学工程产业	0.8	0.5	0.3	0.2	0.3	0.2	0.2	0.2	…	0.6	0.6	1.0
12. 新能源汽车	0.8	0.5	0.4	0.2	0.2	0.1	0.1	0.0	…	0.3	0.3	0.7
13. 核电产业	1.0	0.7	0.6	0.3	0.2	0.2	0.2	0.1	…	0.2	0.2	0.4
14. 航空装备制造产业	1.3	1.1	1.0	0.7	0.5	0.5	0.5	0.3	…	0.1	0.2	0.4
15. 生物质能产业	1.0	0.8	0.6	0.3	0.3	0.3	0.2	0.2	…	0.2	0.2	0.6
16. 资源循环利用产业	1.1	0.8	0.5	0.3	0.4	0.3	0.2	0.2	…	0.4	0.4	0.7
17. 海洋工程装备产业	1.8	1.5	1.4	1.1	0.8	0.7	0.7	0.5	…	0.2	0.2	0.2
18. 风能产业	1.4	1.1	0.9	0.6	0.5	0.5	0.4	0.3	…	0.0	0.1	0.3
19. 生物制造产业	1.5	1.1	0.8	0.5	0.5	0.4	0.4	0.3	…	0.2	0.2	0.4
20. 生物农业	1.7	1.3	0.9	0.6	0.7	0.5	0.4	0.3	…	0.4	0.3	0.4
21. 新型功能材料产业	1.7	1.4	1.2	0.8	0.6	0.6	0.6	0.4	…	0.0	0.0	0.2
22. 高性能复合材料	1.9	1.5	1.3	0.9	0.7	0.7	0.6	0.4	…	0.0	0.0	0.1
23. 先进结构材料产业	2.7	2.2	1.9	1.5	1.3	1.2	1.1	0.8	…	0.2	0.1	0.0

　　通过近似矩阵对各产业之间的距离进行进一步聚类分析，图 7 - 4 为战略性新兴产业 23 个子产业聚类的树状图。依据战略性新兴产业的潜在规模性、产业带动性和成长持续性三个战略效应指标之间的相似程度可以有不同的分类组数。分成不同的组数，分类结果就有所不同，一般聚类分析都将所需聚类的案例分为 3～5 类。

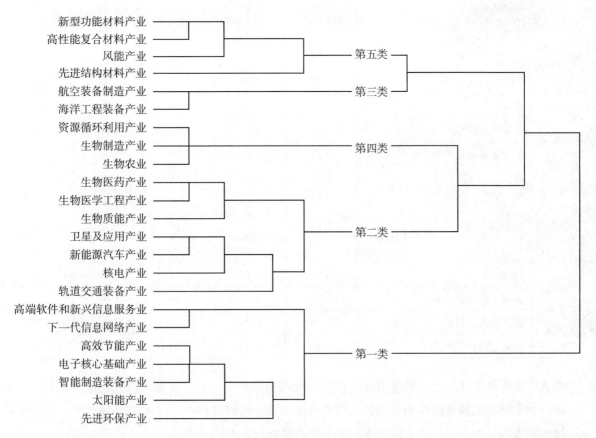

图 7 - 4　战略性新兴产业 23 个子产业聚类树状图

　　根据聚类分析的可解释力度，将战略性新兴产业的 23 个子产业分为五类，分类结果如表 7 - 16 所示。

表 7 - 16　　　　　　　　　　　　　　聚类分析分类结果

聚类类别	23 个子产业	潜在规模性	产业带动性	成长持续性	战略效应总得分	战略效应排序
参考标准	23 个产业平均值	3.23	3.56	3.64	3.51	—
第一类	高端软件和新兴信息服务产业	3.92	4.67	4.50	4.42	1
	下一代信息网产业	3.75	4.39	4.51	4.27	2
	先进环保产业	3.65	3.94	4.59	4.09	3
	太阳能产业	3.64	3.79	4.20	3.89	4
	智能制造装备产业	3.48	4.06	3.96	3.88	5
	高效节能产业	3.35	3.94	4.10	3.85	6
	电子核心基础产业	3.39	3.73	4.05	3.75	7

续表

聚类类别	23 个子产业	潜在规模性	产业带动性	成长持续性	战略效应总得分	战略效应排序
第二类	卫星及应用产业	3.22	3.67	3.86	3.62	8
	轨道交通装备产业	3.30	3.93	3.30	3.55	9
	生物医药产业	3.64	3.27	3.79	3.54	10
	生物医学工程产业	3.56	3.06	3.96	3.49	11
	新能源汽车产业	3.35	3.33	3.70	3.46	12
	核电产业	2.94	3.60	3.55	3.42	13
	生物质能产业	3.45	3.27	3.30	3.32	16
第三类	航空装备制造产业	2.77	4.00	3.06	3.36	14
	海洋工程装备产业	2.65	4.12	3.00	3.36	15
第四类	资源循环利用产业	3.01	2.87	3.75	3.21	17
	生物制造产业	2.88	2.87	3.68	3.15	19
	生物农业	2.87	2.67	3.73	3.09	20
第五类	风能产业	3.20	3.33	2.95	3.16	18
	新型功能材料产业	2.94	3.34	2.80	3.05	21
	高性能复合材料	2.86	3.21	2.79	2.98	22
	先进结构材料产业	2.43	2.94	2.69	2.73	23

由表 7-16 聚类分析的分类结果可以看出，23 类战略性新兴产业主要可以分为以下五类：

第一类主要包括高端软件和新兴信息服务产业、下一代信息网产业、先进环保产业、太阳能产业、智能制造装备产业、高效节能产业、电子核心基础产业七个子产业。这一类产业综合战略效应得分与战略效应三个一级指标的得分都远超过 23 个子产业战略效应的平均得分。

第二类主要包括卫星及应用产业、轨道交通装备产业、生物医药产业、生物医学工程产业、新能源汽车、核电产业、生物质能产业七个子产业。这一类产业只有卫星及应用产业、轨道交通装备产业、生物医药产业三个子产业的战略效应得分超过 23 个子产业战略效应平均得分，其他产业的战略效应水平相对都较低。而对于战略效应的三个一级指标而言，这一类产业至少有一个一级指标的得分低于 23 个子产业对应的一级指标的平均得分。

第三类主要包括航空装备制造产业、海洋工程装备产业两个子产业；这两个产业的战略效应总得分也低于 23 个子产业战略效应的平均得分，并且这两个产业的产业带动性较为显著，但潜在规模性和成长持续性得分都低于 23 个子产业对应指标的平均得分。

第四类主要包括资源循环利用产业、生物制造产业、生物农业三个子产业。这一类产业的战略效应总体得分也都低于 23 个子产业战略效应的平均得分，并且这一类产业的成长持续性较好，但对应的潜在规模性和产业带动性表现较差。

第五类主要包括风能产业、新型功能材料产业、高性能复合材料、先进结构材料产业四个子产业。结果显示，这一类产业的综合战略效应得分远低于 23 个子产业战略效应的平均得分，同时，这些产业的潜在规模性、产业带动性和成长持续性得分也分别远远低于 23 个子产业对应的一级指标的平均得分。可以看出，对于风能产业和新型功能材料产业、高性能复合材料、先进结构材料产业等新材料产业，应慎重考虑将其作为国家重点支持的战略性新兴产业来重点投资发展。

7.4.3　结果讨论

基于战略性新兴产业在潜在规模性、产业带动性和成长持续性三方面战略效应特征表现的相似性，对我国七大战略性新兴产业的 23 个子产业进行聚类分析，并将 23 个子产业分为五类（见图 7 - 5），接下来对分类结果进行如下讨论：

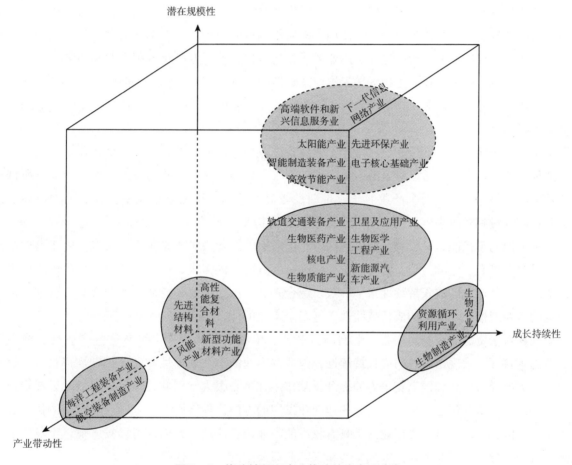

图 7 - 5　战略性新兴产业战略效应表现分类

第一，对于高端软件和新兴信息服务产业、下一代信息网产业、先进环保产业、太阳能产业、智能制造装备产业、高效节能产业、电子核心基础产业这七类产业。首先，这一类产业具有较大的潜在需求规模，技术标准化水平较高，同时这些产业的关键资源也更容易掌控，所以这一类产业的潜在产业规模较高。其次，这一类产业的产业关联度较大，产业链较长，对产业上下游的产业带动性交大，同时这些产业的发展过程中带来的技术溢出效应可以很好地促进其他产业的转型升级，这些因素都决定了这一类产业具有较好的产业带动性。最后，可以看出这一类产业中的先进环保产业、智能制造产业、高效节能产业本身就具有一定的减量化空间，其他产业则可以通过在其他领域的应用而更有利于实现资源的节约。这一类产业都满足当前低碳环保的时代要求，属于绿色产业。对于社会发展方面，这些产业发展的成果都可以使得大多数人受惠，因此这一类产业也具有较高的普惠性。资源的减量化、绿色环保、普惠性使得这一类产业可以持续性的成长。这一类产业较高的潜在规模性、产业带动性和成长持续性共同决定了该类产业整体较高的战略效应水平。

第二，对于卫星及应用产业、轨道交通装备产业、生物医药产业、生物医学工程产业、新能源汽车、核电产业、生物质能产业等产业。首先，对于卫星及应用产业和核电产业而言，这些产业的潜在需求规模相对较弱，并且关键技术资源的可获得性较弱，导致这两个产业潜在的产业规模较低。而其他几个产业的潜在规模性相对较好。其次，对于生物医药产业、生物医学工程产业、新能源汽车产业、生物质能产业，这些产业由于产业链本身较短，产业应用领域相对窄，所以对产业链上下游的产业带动性较弱，这些产业的技术溢出效应对其他产业的促进作用又不明显，所以这几个产业的产业带动性较低。最后，对于轨道交通装备产业、核电产业、生物质能产业。这几个产业由于对减量化带来的资源节约贡献作用不大，同时生产过程中产生的碳排放和有害物对环境有一定程度的危害，并且这些产业的主导产品的使用受地域等因素的限制，只能部分人享受到这些产业的发展成果，普惠性程度较低，所以这几个产业的成长持续性较差。卫星及应用产业和核电产业较低的潜在规模性，生物医药产业、生物医学工程产业、新能源汽车产业、生物质能产业较低的产业带动性，以及轨道交通装备产业、核电产业、生物质能产业较差的成长持续性，使得这一类产业的战略效应受到影响。

第三，对于航空装备制造产业、海洋工程装备产业两个产业。首先，这两个产业由于需要投入资源的种类和数量较大，所以对上游产业的带动性很大。同时这些产业的发展也可以带动下游许多产业的发展，整体而言这两个产业的产业带动性较高。然而，这两个产业主要满足个别群体的需求，并且需求量相对较小。由于产品本身体积大、结构复杂等特点，技术标准化潜力不高。同时，核心技术资源的掌控能力又较弱，所以这两个产业潜在的产业规模不是很大。其次，由于这两个产业的发展对环境有一定的污染，同时由于只能满足部分群体的需求，这两类产业的普惠性程度也不高，所以这两个产业的成长持续性水平一般。综合来看，虽然这两个产业的产业带动性较强，但由于较低的潜在规模性和较低的成长持续性，这两个产业的综合战略效应水平一般。

第四，对于资源循环利用产业、生物制造产业、生物农业等产业。虽然这些产业具有绿色环保、普惠等特征，表现出较好的成长持续性，但这些产业的潜在规模性和产业带动性都很弱，这些产业对国家的经济增长和国家竞争力的提升贡献作用并不是很大。因此，如果国家将政策或资金等资源过多倾向于这些产业，会错误引导各地产业发展的方向，最终影响国家的产业结构的优化和经济的发展。因此，对于这一类产业由于具有较好的产业成长持续性，因此可以较多地以市场为主导而并非政府主导，适当减弱在国家战略性新兴产业布局中的战略性地位。

第五，对于风能产业、新型功能材料产业、高性能复合材料、先进结构材料产业等产业。可以看出，风能产业和新材料产业本身的需求规模较低，技术标准化水平也很低，导致这些产业的潜在规模性非常低。同时，这些产业的产业带动性也较弱。另外，由于这些产业对资源节约的贡献较小，同时还一定程度地造成环境的破坏，产品本身的普惠性程度也不高，导致这些产业的成长持续性较差，综合的战略效应水平也较低。

第8章 我国战略性新兴产业发展的相关政策建议

8.1 我国战略性新兴产业判断指标体系的完善

本课题研究的战略性新兴产业战略效应指标体系不仅能够对已经布局的战略性新兴产业的战略效应进行评价，还能够对当前战略性新兴产业布局的合理性进行分析，更重要的是能够通过对产业的战略效应进行预测来判断出真正的战略性新兴产业，对战略性新兴产业的选择进行指导（见图8-1）。

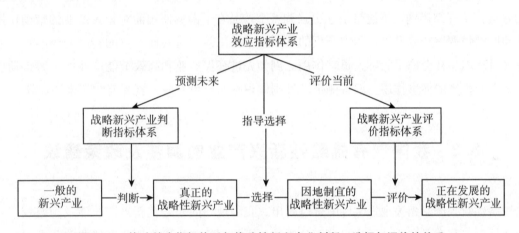

图8-1 战略效应指标体系与战略性新兴产业判断、选择与评价的关系

将战略性新兴产业战略效应指标体系用来判断和识别战略性新兴产业时，需注意以下方面：

第一，需要增加相应一级指标来测度产业的战略影响力，增加相应的二级指标。例如航天产业、生物基因工程、生物农业等产业的潜在规模和产业带动性都不是特别显著，但这些产业却代表着科技前沿发展趋势，对国家竞争力具有战略性的影响，而现有的战略性新兴产业战略效应指标体系对这些产业的战略效应评价却不是很高。因此建议在一级层面增加相应的指标，可以测度该产业的战略性决定作用，对于该指标的赋值需要有权威的专家给予判断。

第二，将"潜在规模性"的"关键资源掌控能力"二级指标改为"创新的可突破性"。因为在对战略性新兴产业的23个子产业的关键资源掌控能力进行分析时发现，对大多数战略性新兴产业发展起决定性作用的关键资源基本都是技术资源和人才资源。从技术资源和人才资源对现有战略性新兴产业规模的影响来看，对技术资源和人才资源的掌控能力体现在突破性创新对产业规模的影响作用。因此，可以直接用"创新的可突破性""潜在需求规模""技术标准化潜力"一起预测战略性新兴产业的潜在规模性。

第三，将"成长持续性"的"减量化"二级指标改为"资源节约贡献度"。因为在对战略性新兴产业的 23 个子产业进行分析时发现，有些产业的主导产品本身的减量化空间较小，但该产品可以用于其他产业，对其他产业的减量化生产有很大的促进作用。例如，工业机器人制造、节能环保设备、高性能复合材料等产业自身生产过程中的减量化空间一般，但这些产业主导产品的使用可以使其他行业通过减量化生产实现资源的节约。

第四，进一步完善战略性新兴产业战略效应指标体系各级指标的权重。要严格按照德尔菲法操作流程对被调查专家进行多轮的问卷调查，不断将上一轮的调查结果匿名反馈给各位专家，并请各位专家对战略效应各级指标的重要程度的判断给予调整，直到调查结果区域稳定。这样才能克服专家打分时自身的客观性，使得战略效应指标体系各级指标的权重更加科学、准确。

第五，完善个别测度指标的选取以及赋值。对于"旁侧带动性""产品使用频率""单位产品使用价值""流程一体化程度""零部件外包程度""大规模定制程度"等测度指标，在分析过程中发现，不同的产业表现差别较大，难以把握，需要对产品属性、生产流程进行详细了解、准确把握，必要的情况下还要借助专家的帮助完成这几个指标的赋值。例如，"零部件外包程度"测度指标，对于高端装备制造类产业比较容易判断，但对于生物类产业则需要更多的信息支撑；"产品使用频率"测度指标对于新能源汽车、高性能集成电路等有形产品较容易判断，但对核电产业这些最终的无形产品或生物农药这些一次性消费品就较难判断。再有，对"下游带动性"和"旁侧带动性"的赋值需要仔细辨别。下游带动性更强调整个产品在下游的使用而对相关产业的带动作用，而旁侧带动性则强调该产业发展过程中产生的某项技术溢出效应对其他产业的转型升级的贡献或该产业的发展对环境、社会稳定的巨大贡献作用。例如先进环保产业和高效节能产业的下游带动性体现在对下游产业生产的促进作用，但旁侧带动性则体现在对环境友好、资源节约带来的贡献。

8.2　我国现有战略性新兴产业的调整及政策建议

从战略性新兴产业相关规划文件中可以看出，我国规划的战略性新兴产业涉及领域较广，包含的子领域较多，每个子产业又涵盖很多细分领域，所规划的这些战略性新兴产业并非都进行过科学论证。本课题组进行实地调研时发现，许多地方在不考虑本地的产业基础和实际现状的情况下，盲目根据国家规划的战略性新兴产业目录进行产业布局，造成各地方的战略性新兴产业具有高度同构和资源浪费，有些产业还因产能过剩使产业发展受到严重障碍。

为了使得我国当前战略性新兴产业结构更显合理，基于对我国战略性新兴产业战略效应的实证研究结果，本课题建议对我国当前七大战略性新兴产业的 23 个子产业的结构进行调整。

影响产业演化最为关键的动力因素包括技术创新和需求拉动两个方面，又考虑到我国正处在由投资驱动发展向创新驱动发展的过程中，本课题从研发投入、投资驱动、政策支持三个方面来对不同战略性新兴产业不同时期的发展提出政策建议。其中在国家相关政策支持下，通过增加研发投入推动产业的技术创新，同时通过政策支持和投资驱动实现需求拉动，进而共同促进战略性新兴产业逐渐向成熟的战略产业演化（见图 8 - 2）。

对我国当前战略性新兴产业的调整及政策建议如下：

（1）对于战略效应各级指标得分都超过 23 个子产业对应指标的平均值的一类产业。本课题认为这一类产业具有较大的潜在规模性，对其他产业的带动作用非常显著，且可以持续性地成长，这一类产业具有很高的战略效应水平，对我国的经济转型和产业结构调整，以及未来国家竞争力的提

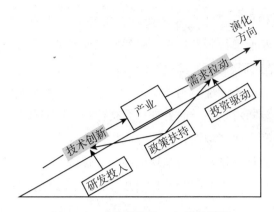

图 8 - 2　政策建议的三个分析依据

升都具有较大促进作用。这一类产业主要包括高端软件和新兴信息服务产业、下一代信息网产业、先进环保产业、太阳能产业、智能制造装备产业、高效节能产业、电子核心基础产业、卫星及应用产业八个产业（见表 8 - 1）。其中，卫星及应用产业的潜在规模性得分为 3.22 分，考虑到卫星及应用产业在信息化时代的重要地位，将卫星及应用产业也归为这一类。

表 8 - 1　　　　　　　　各级指标都超过 23 个子产业平均值的产业

子产业	潜在规模性	产业带动性	成长持续性	战略效应总得分
23 个子产业平均值	3.23	3.56	3.64	3.51
高端软件和新兴信息服务产业	3.92	4.67	4.50	4.42
下一代信息网产业	3.75	4.39	4.51	4.27
先进环保产业	3.65	3.94	4.59	4.09
太阳能产业	3.64	3.79	4.20	3.89
智能制造装备产业	3.48	4.06	3.96	3.88
高效节能产业	3.35	3.94	4.10	3.85
电子核心基础产业	3.39	3.73	4.05	3.75
卫星及应用产业	3.22（近似）	3.67	3.86	3.62

对于各项指标都较高并且综合战略效应水平也很好的这一类产业，短期和中期内要在市场培育、研发、人才、财税等各方面给予政策支持，使这些产业的潜在规模性能够平稳、快速地转化为实际的产业规模（见图 8 - 3）。

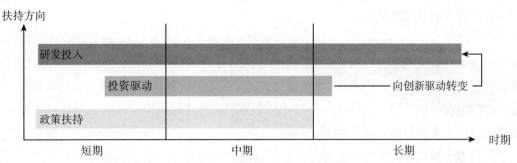

图 8 - 3　各项指标都较高的产业的发展策略建议

由于这些产业都具有较大的产业带动性，产业关联度较高，在度过短期的快速成长之后，在中期阶段应该逐渐加大在各区域层面的产业投资，逐步完善这些产业的产业体系和发展模式，最大限度地发挥这些产业的带动性作用。由于这些产业具有很好的产业成长性，所以对这一类产业在短期、中期和长期都应持续不断地进行研发投入，确保在长期发展过程中真正实现创新驱动发展。

（2）对于部分战略效应指标得分超过 23 个子产业对应指标的平均值的一类产业（见表 8 - 2）。其中轨道交通装备产业、生物医药产业、生物医学工程产业、新能源汽车产业、核电产业五个产业，有两个战略效应指标得分相对较高，而另外一个指标得分相对较低。如轨道交通装备制造产业具有一定程度的潜在规模性和产业带动性，但产业成长持续性表现较差；而生物医药产业、生物医学工程产业和新能源汽车产业具有较好的潜在规模性和成长持续性，但对其他产业的带动作用不是特别明显；核电产业虽然具有一定程度的产业带动性和成长持续性，但其潜在规模性相对较弱。

表 8 - 2　　　　　　　　　　　部分指标超过 23 个子产业平均值的产业

23 个子产业	潜在规模性	产业带动性	成长持续性	战略效应总得分
分类标准（23 个产业平均值）	3.23	3.56	3.64	3.51
轨道交通装备产业	3.30	3.93	3.30	3.55
生物医药产业	3.64	3.27	3.79	3.54
生物医学工程产业	3.56	3.06	3.96	3.49
新能源汽车产业	3.35	3.33	3.70	3.46
核电产业	2.94	3.60	3.55（近似）	3.42
生物质能产业	3.45	3.27	3.30	3.32
航空装备制造产业	2.77	4.00	3.06	3.36
海洋工程装备产业	2.65	4.12	3.00	3.36
资源循环利用产业	3.01	2.87	3.75	3.21
生物制造产业	2.88	2.87	3.68	3.15
生物农业	2.87	2.67	3.73	3.09

对于生物质能产业、航空装备制造产业、海洋工程装备产业、资源循环利用产业、生物制造产业、生物农业六个子产业，都只有其中一个战略效应指标得分相对较高。如生物质能产业具有相对较高的潜在规模性，对其他产业的带动作用和成长持续性都较弱；航空装备制造产业、海洋工程装备产业的产业带动性很高，但潜在规模性和成长持续性表现都很差；而资源循环利用产业、生物制造产业、生物农业的潜在规模性和产业带动性都较低，但产业的成长持续性很好。可以看出，国家将这一类产业列入战略性新兴产业可能就是因为这些产业在潜在规模性、产业带动性和成长持续性的某一个方面具有较好的表现。

基于上述产业的战略效应表现的差异，对各类产业未来的发展提出如下政策建议（见图 8 - 4）。

对于轨道交通装备制造业、航空装备制造业、海洋工程装备制造业。这三个子产业的共同之处在于具有很好的产业带动性，但产业本身的潜在规模性和成长持续性都较弱。不同的是轨道交通装备制造产业的潜在规模性和成长持续性比另外两个子产业的潜在规模性和成长持续性表现略好，并且战略效应整体水平也略高于另外两个子产业。这三个子产业主要是国家主导的，这几个产业的核心环节也是由极少数大型国有企业主导，考虑到这几个产业本身的潜在规模性不会太大，所以不需要从整个产业链条上给予过多的政策刺激。在短期和中期内，需要加大对这些产业核心技术的研发投入，因为这些核心技术是国际上这些产业领域竞争力的核心所在；长期来看，这些产业领域的核心技术逐渐完善之后，相应的研发投入应逐步减弱。对于中长期而言，需要在国家层面上加大这些

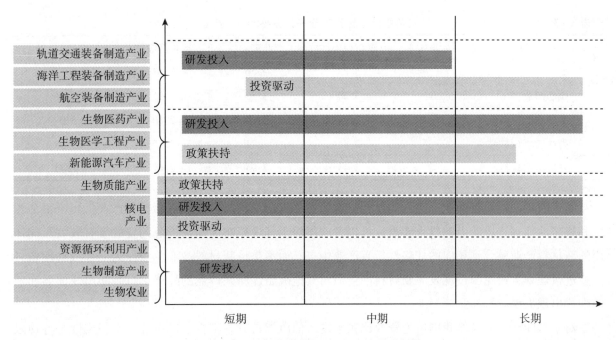

图 8-4　部分指标较高产业的发展策略建议

产业领域的投资，对于这三个产业而言，在相当长一段时间内还是靠投资驱动为主的发展模式。

对于生物医药产业、生物医学工程产业、新能源汽车。这些产业虽然具有一定程度的潜在规模性，但潜在规模性相对也略弱，这些产业确实具有一定程度的战略效应，所以在短期甚至中长期，国家需要不断地从财税、人才、市场培育等方面给予相应的政策扶持。同时，这些产业具有较好的成长持续性，所以在产业整个发展的短期乃至中长期，都需要较大的研发投入来保证产业的成长持续性得以实现，进而最大程度地发挥这些产业的战略效应。

对于生物质能产业。生物质能产业虽然具有一定的潜在规模性，但潜在规模性程度也不是特别突出，同时生物质能产业的产业带动性和成长持续性也为一般水平。生物质能产业确实具有一定程度的战略效应水平。作为对传统能源具有替代作用的新兴能源，生物质能具有重要的发展意义，鉴于生物质能原料和能源形式的特殊性，生物质能的利用具有很强的区域性。因此，对于生物质能产业的发展应主要以相关的政策扶持为主。

对于核能产业。核能产业具有一定程度的产业带动性和成长持续性，核能产业本身的潜在规模性非常弱。因此，对于核电的发展虽然需要一定程度的扶持政策，但在核电的整个发展过程中主要以投资导向和增强研发投入为重点发展策略。

对于资源循环利用产业、生物制造产业、生物农业三个子产业。这三个子产业的潜在规模性和产业带动性非常弱，并且整体的战略效应水平也很低，因此这一类产业当前对我国在抢占新一轮科技和经济制高点中并不会发挥太大作用，相关政策、资源等过多偏重于这些产业会削弱其他真正战略性新兴产业的发展优势。这一类产业具有很好的成长持续性，这一类产业是否应纳入战略性新兴产业的目录中还有待进一步验证，但可以肯定的是，相关领域对这些行业的研发投入应该持续，以便这些产业的成长持续性得以保持。

（3）对于战略效应各级指标得分都低于 23 个子产业对应指标平均值的一类产业（见表 8-3）。这类产业包括风能产业、新型功能材料产业、高性能复合材料产业、先进结构材料产业。这一类产业的潜在规模性、产业带动性和成长持续性都比较低，整体的战略效应水平也很低，对于这一类产业是否应该作为重点的战略性新兴产业发展还需要进一步研究。

表 8 - 3 各项指标都低于 23 个子产业平均值的产业

23 个子产业	潜在规模性	产业带动性	成长持续性	战略效应总得分
23 个产业平均值	3.23	3.56	3.64	3.51
风能产业	3.20	3.33	2.95	3.16
新型功能材料产业	2.94	3.34	2.80	3.05
高性能复合材料	2.86	3.21	2.79	2.98
先进结构材料产业	2.43	2.94	2.69	2.73

对于新型功能材料产业、高性能复合材料产业、先进结构材料产业等新材料产业，属于很多传统和战略性新兴产业的上游投入要素，可以考虑将对于其他战略性新兴产业的发展具有较大影响作用的新材料产业整合到相应的战略性新兴产业中去，而不是将新材料产业单独作为一种战略性新兴产业进行规划，避免因过度发展新材料产业而对其他战略性新兴产业的战略重点判断出现偏颇和资源配置出现失误。

对于风能产业。虽然我国风力资源比较丰富，但风能具有季节性、区域性、不稳定性等各种限制因素，风能发电效率、风电的传输和利用、风能发电对环境和生态的破坏等都制约着风能的发展。所以，在目前太阳能、核电、生物质能等其他更具有优势的新能源发展的情况下，建议降低对风电产业的继续投资。将投资重点和研发重点逐步转向其他洁净能源。

8.3 未来我国战略性新兴产业选择及发展的政策建议

当战略性新兴产业逐渐成长为主导产业和支柱产业之后，这些产业就不再是战略性新兴产业，而演变为成熟的战略产业。与此同时，会有新的产业成为新一轮的战略性新兴产业。鉴于战略性新兴产业的这种动态性，我国未来也面临着战略性新兴产业的选择问题。在对战略性新兴产业战略效应进行理论研究和对我国当前 7 大战略性新兴产业的 23 个子产业进行实证研究的基础上，对未来我国战略性新兴产业的选择提出以下政策建议（见图 8 - 5）。

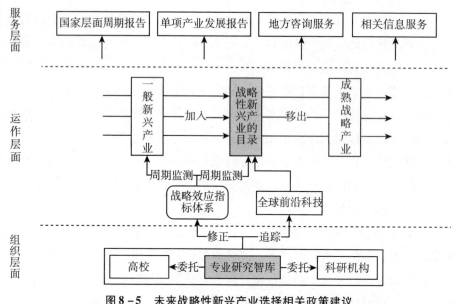

图 8 - 5 未来战略性新兴产业选择相关政策建议

　　第一，从战略性新兴产业战略效应的实证研究结果可以看出，我国对现有战略性新兴产业的提出时间紧促，存在将不是真正战略性新兴产业的产业列入战略性新兴产业目录，而真正的战略性新兴产业还有所遗漏的情况。这样有可能会使我国再次贻误发展机遇。因此建议国家相应主管部门成立国家层面的专业研究智库，对我国的战略性新兴产业进行定期的研究和动态调整。

　　战略性新兴产业专业研究智库、高校、科研机构共同围绕战略性新兴产业的战略效应，对战略性新兴产业的判断、选择等相关重大问题展开周期性研究。同时，考虑到战略性新兴产业科技含量高、技术导向性的特征，还需要对全球的前沿科技进行实时跟踪和研究，对那些可以催生出新的战略性新兴产业的技术进行遴选和甄别。

　　第二，在运作层面，专业研究智库、高校、科研机构应对战略性新兴产业目录中的产业进行周期性的监测研究，将那些发展较为成熟的战略性新兴产业逐渐移出战略性新兴产业的目录，并对其后期的发展模式和发展路径提出战略转型的政策建议。对于新出现的一些产业，在战略性新兴产业战略效应指标体系的基础上构建相应的判断指标体系，对这些新兴产业进行定期监测，当发现那些满足战略性新兴产业特征的新兴产业或可以催生出新的战略性新兴产业的前沿技术时，将这些产业和前沿科技加入战略性新兴产业目录里，针对这些新的战略性新兴产业的发展提出相关的发展建议和发展规划。通过对战略性新兴产业目录周期性的监测和更新，使得我国能够通过持续性地发展真正的战略性新兴产业实现国家竞争力的提升和我国伟大的民族复兴之梦。

　　第三，在服务层面，基于对战略性新兴产业战略效应和判断选择等重大问题的长期性的研究成果，针对国家战略性新兴产业的发展规划以及地方战略性新兴产业的选择布局等提供相应的服务。主要可以体现在以下几个方面：其一，基于对现有战略性新兴产业和一般新兴产业的周期性监测，定期在国家层面发布战略性新兴产业发展报告，对国家层面在未来的战略性新兴产业选择提出政策建议；其二，对具体战略性新兴产业的发展现状、存在问题、发展模式、政策建议等问题展开详细研究，并定期发布相关研究报告；其三，针对地方特有的产业基础、资源优势、区位优势等实际情况，给地方政府的战略性新兴产业的选择和发展提供相应的咨询服务；其四，为地方产业园区、企业等服务对象提供战略性新兴产业的选择、布局、发展趋势等相关的咨询服务。

第三篇 战略性新兴产业的
技术创新模式研究

第9章 我国战略性新兴产业技术创新模式的理论分析

9.1 战略性新兴产业技术创新模式的定义及其典型特征

9.1.1 战略性新兴产业技术创新模式的定义

熊彼特巧妙地运用生物学的突变概念来解释产业创新，他认为"产业创新就是不断从内部革新经济结构，通过不断破旧立新的'突变'来形成'创造性破坏的过程'"。蔡坚（2009）进一步阐明产业创新是融合技术创新、产品创新、组织创新和管理创新在内的复杂系统，其中，技术创新是产业创新的逻辑起点。从理论上看，内生经济增长理论认为，技术创新是经济增长的发动机。从历史上看，新产业的出现与技术创新有很大的关系，比如蒸汽机的发明带动了采矿、交通运输、冶金、机器制造等产业出现并壮大，电力的发明引发电机制造、电力机械、电缆与电线、重型工程、重化工、石油加工、内燃机、汽车等新兴产业部门，原子能和计算机的诞生则催生了电子技术、电子计算机、微电子、光纤通信、航空航天、生物工程、海洋工程等产业部门。同时，现代技术创新已不再是孤立的单个技术取得进展，而是一系列配套技术相继取得进步，多个技术之间相辅相成，构成了新兴技术群。当某项专业技术取得重大进步时，常常意味着与此相关的其他行业的技术也将出现变换，通过技术在同行业或跨行业间的传播，最终引起原有技术系统整体被替代，出现全新的产业类型。因此，可以认为技术创新是引发"产业突变"的关键动力。

在多数情况下，产业技术创新并不是个别企业创新的结果，而是由无数企业组成的群体进行技术创新活动的过程及其产物。产业技术创新不仅仅是一种知识信息从技术创新价值链线性传递与转换的过程，而是创新企业与高等院校、研究机构、政府、中介机构、投融资机构等创新主体，通过技术资源、信息资源、金融资源和人力资源等媒介交互协同的复杂网络（如图9-1所示）。有效的产业技术创新不但要在创新价值链上有效的整合创新要素，还取决于对创新企业战略、文化、组织结构与流程、管理机制、经济发展与产业环境等外围因素的有机结合与适应。

技术创新模式指的是技术创新实现的路径选择。在整个产业技术创新系统当中，企业作为创新的主体，其创新意愿和创新决策影响着所在产业整体的创新质量和水准。由于技术创新本身是一项风险高、成本大的系统工程，任何一个企业决定技术创新的时候都将对自身所面临的风险、负担的成本以及可能获得的收益进行综合权衡。因此，王森等（2012）认为，创新模式的选择可以被看作是企业在利益最大化目标下的理性行为。类似的，崔远森（2005）认为技术创新模式的选择在企业技术创新活动中起着关键的作用，因为这为后续所有活动指明方向，无论是企业技术创新中关于战略制定，还是投资力度，抑或是风险偏好等都能通过技术创新模式的选择表现出来。因此，从某种意义上讲，技术创新模式选择的正确与否决定着企业未来的成败。

综上所述，本课题对于战略性新兴产业技术创新模式的定义为：在不同的"技术—经济"范式

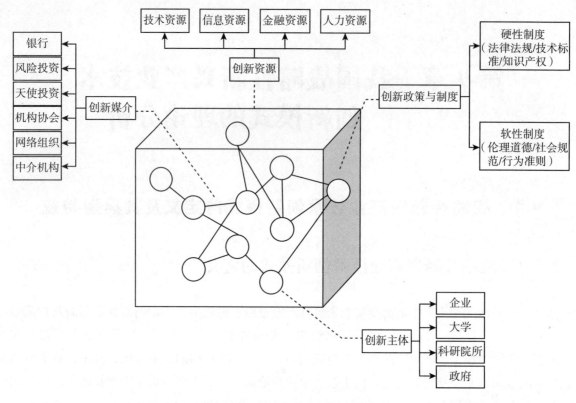

图 9-1 产业技术创新系统示意

下，战略性新兴产业主要的技术创新主体根据自身拥有的资金、技术、人才等创新资源对相关因素进行不同的组合配置，这些因素组合、配置方式的差异构成了不同的技术创新模式。

9.1.2 战略性新兴产业技术创新典型特征分析

基于产业生命周期理论的应用，结合我国战略性新兴产业当前发展阶段的特点，本课题将我国战略性新兴产业技术创新典型特征归纳为：多维度创新不确定性、多规模企业共生性和多类产业交叉融合性。

（1）多维度创新不确定性。

我国战略性新兴产业技术创新发展所面临的不确定性是多重的，就根本而言，几乎所有的不确定性都是由技术本身的不确定性引发的。系统分析，我国战略性新兴产业技术创新的不确定性主要可以归纳为技术不确定性、市场不确定性、竞争不确定性三个方面。

技术不确定性首先表现为技术发展方向的不确定性。战略性新兴产业都是成长期或成长前期的产业，该阶段产业最基本的特征就是技术发展方向不明确，存在多种发展方向的可能性，如新能源汽车产业目前以锂电池为主要动力源，而未来的主要动力源可能是石墨烯电池或其他电池，这就使产业研发具有很大的风险。由于成长期或成长前期的技术尚不成熟，随着研发人员对特定产业技术认识的突破，颠覆性创新出现的概率和频率都很高，最典型的产业是手机产业，几乎每1~2年就会出现不同程度的颠覆性技术创新，这使手机发展成为快速消费品。颠覆性技术创新层出不穷，为更多的企业特别是中小企业提供了发展机遇，同时也使在位企业（包括具有阶段性优势的企业）充满了风险。技术发展方向不明确和颠覆性技术创新层出不穷共同决定了战略性新兴产业技术创新的另一个特点，那就是技术标准和产品标准的不确定性。现代企业都深知标准的重要性，但在技术快速发展的产业之中，技术标准及其决定的产品标准很难形成，由于制定标准需要时间，往往旧的标准还未生效，新的技术就出现了，客观上就需要形成新的标准，其结果一方面导致了在位企业对专利和标准不够重视，另一方面又会激发在位企业特别是在位中小企业合作开展研发和制定标准以避免过度竞争。

市场不确定性是由需求的不确定性和技术的不确定性共同决定的。全球化、网络化和个性化潮流中成长起来的消费者的需求更富有变化性，而且这种需求的变化有时是很难用已有的需求理论进行分析和预测的，对于战略性新兴产业而言，由于其产品主要是由技术创新驱动的，对于消费者及其需求就更难把握。战略性新兴产业面临的另一个问题是很多新技术无法转化成产品创新，由于技术变化和更新很快，同时技术转化不充分或不到位，产品常常存在诸多问题，这就必然会加剧消费者的不信任，从而会加剧市场的不确定性。此外，与前述技术发展方向不确定有关，特定战略性新兴产业内部通常存在多种技术替代方案，不同的替代方案有时很难抉择，这也会导致和加剧市场的不确定性，使在位企业和潜在进入者都面临巨大的选择风险，譬如在生物医药领域，针对特定病症有多种技术路径和多种解决方案，不同的技术路径和解决方案都会推动新产品的入市，随着技术成熟度的提升和市场对产品的逐步熟悉，其结果必然会使相当数量的企业走入绝路，同时会使社会和消费者承担更多由此导致的成本。

竞争不确定性与技术不确定性和市场不确定性密切相关。战略性新兴产业是典型的知识技术密集型产业，研发创新是决定战略性新兴产业竞争力的核心因素，由于研发创新具有极大的不确定性，产业内外企业之间的竞争也充满了不确定性，技术创新决定的竞争力一方面是由实力决定的，另一方面也不乏偶然或运气的因素，譬如互联网产业中不少企业的成功就具有运气的成分。成长阶段是产业发展最快速的阶段，该阶段是产业生命周期中唯一供不应求的阶段，一旦得到市场的认可，产业能力往往无法跟上市场需求的扩张，对于战略性新兴产业的技术创新而言，最大的短板是高质量技术创新人才资源的缺乏，大量企业的涌入加剧了技术创新人才的争夺与流动，这必然提升产业竞争强度。战略性新兴产业不同于常规产业分类中的任何产业，作为成长期或成长前期的产业，无论波特的竞争战略还是资源基础学派提出的能力战略，都无法指导或充分满足战略性新兴产业内企业的需求，这就使得战略性新兴产业内部企业的竞争与发展无章可循，竞争的无序性进一步增强。

技术不确定性、市场不确定性和竞争不确定性是所有战略性新兴产业技术创新所共同具备的特征，不确定性提供了更多的发展机会，同时也蕴含着更大的风险。面对无法控制的不确定性，在位企业特别是中小企业的最优选择是合作创新。

（2）多种规模企业共生性。

我国战略性新兴产业是 2009 年之后作为国策在全国快速推广和发展起来的，目前已初具规模。2016 年 1 月，中证指数有限公司和上海证券交易所联合发布中国战略性新兴产业综合指数（简称"新兴综指"）和中国战略性新兴产业成分指数（简称"新兴成指"），其中新兴综指的样本空间包括在沪、深交易所上市以及在全国股转系统创新层挂牌的公司，同时必须是非 ST、*ST 股票以及非暂停上市股票；新兴成指的样本空间包括新兴综指内的样本股以及开放式公募基金可投资的其他标的。两类指数都采用自由流通股本加权方式，选取节能环保、新一代信息技术、生物医药、高端装备制造、新能源、新材料、新能源汽车、数字创意、高技术服务产业九大类战略性新兴产业的上市公司作为组成部分，以期能全面地体现我国战略性新兴产业上市公司的宏观发展趋势。以新兴综指1117 个入选企业为例，其在不同证券板块的分布如图 9 - 2 所示。

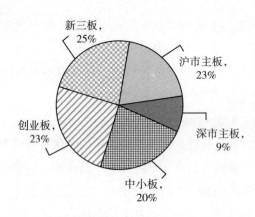

图9-2 战略新兴产业综合指数入选企业的分布

资料来源：中证指数有限公司和上海证券交易所。

在我国，无论主板还是创业板、中小板、新三板，能够上市的公司都有一定的规模和实力，都具备了基本的融资与发展能力，与此相对的是，大量战略性新兴产业中的中小企业和小微企业都没有能够上市，这样就呈现出大型企业、中小型企业和小微企业并存的局面。根据产业生命周期理论，成长期或成长前期产业主要是由中小企业构成的，无论在位企业还是新进入企业都是以中小企业为主。然而，我国战略性新兴产业发展较为特殊，由于战略性新兴产业是由国家决策层提出并作为产业国策进行推广的，伴随着各级政府的政策、资金和资源的多重支持，这样不仅有大量的创业期的中小企业乃至小微企业进入，而且改革开放后发展起来的大中型企业甚至一些巨无霸的垄断企业也大举进入，多种规模企业同场竞技使战略性新兴产业充满了火药味和戏剧性。

对于在位大型企业来说，他们拥有充足的资金、技术、人才和设备等创新资源，拥有更强的抵御风险的能力，有条件率先从基础研究切入通过整合创新链实现自主创新，有条件率先利用自己所拥有的市场网络和营销团队开发并占有市场，有条件率先从所培育开发的市场中获得高额的垄断性收益。由于大型企业既具备不确定性研发创新所需要的资源，也拥有不确定性创新所带来的风险防控能力，所以，大型企业特别是拥有研发资源的大型企业通常会选择自主创新。

对于在位中型企业来说，他们拥有一定的综合实力和一定的风险承受能力，他们通常没有强大的研发团队，无法自主开发所需要的新技术，但又不甘心简单地购买引进产业共性技术，他们的最佳选择往往是通过与专业研发组织合作，在可接受成本的前提下获得具有一定差异性的技术，并通过合作不断提升自身的研发创新能力。

对于在位或新进入的小型企业来说，他们通常都面临着技术创新资源不足、融资渠道不畅、技术创新人才匮乏、市场拓展能力有限、信息不对称等问题，其结果必然是缺乏足够的自主研发能力，缺乏足够的抗风险能力，他们的最佳选择是从专业研发组织或科技成果中介组织引进产业共性技术，然后激励企业内部的技术创新人才进行改进。

不同规模的企业同时进入战略性新兴产业加剧了产业竞争，不同规模企业所拥有的研发创新资源及风险防控能力则直接决定着其技术创新模式与战略的选择，而合适的技术创新模式与战略又决定着企业的竞争得失与未来发展。

（3）多类产业交叉融合性。

现代产业发展的主要趋势之一就是产业的交叉融合，这种融合一方面体现为多种学科或多种技术共同支持特定产业的发展，另一方面体现为不同产业跨界融合并形成新的产业。以航天产业为例，其发展需要无线电导航、气体动力学、稀薄空气动力学、航天生理学、火箭结构、火箭发射装置设计、火箭设计、发射装置设计、惯性导航、固体推进剂、航天材料、航天电子技术、航天器返回技术、飞行器制造等诸多学科领域的知识与技术支持，同时，航天产业本身也是由新材料、智能控制、高端装备制造、卫星导航、太空实验、太空旅游等多种产业融合而成的产业体系。近年来，我国大力推广的"互联网＋"战略，就是最典型的产业技术融合范例，互联网技术几乎融入了所有产业之中，现在如火如荼发展之中的大数据和物联网技术等也具有广泛的融合性。

我国战略性新兴产业的交叉融合还与其形成过程有关。我国战略性新兴产业既不是自然发展起来的产业集群，也不是按照科学分类标准划分而形成的产业分类，而是为了应对全球金融危机，主要由国家相关部门提出来的政策意义上的产业发展计划。

如上所述，战略性新兴产业的交叉融合既是自然产业发展的必然结果，同时也是人为的政策推动的结果。据此而选择合作创新模式，能够最大限度地促进不同类型战略性新兴产业的共同发展，能够最大限度地减少重复创新及社会创新资源的浪费。

9.2　我国战略性新兴产业的技术供给和需求分析

9.2.1　技术供给和需求分析的理论基础

战略性新兴产业技术创新的整体运行方向基本是由新思想、新技术、新市场组成的完整链条，基础研究支撑、应用技术开发、新技术市场推广和产品规模生产是链条上的四个关键环节。推动战略性新兴产业技术成果转移转化过程中有两个问题是关键。一个是技术供给问题，颠覆性技术创新会带来"产业拐点"的出现，技术创新供给的引领是产业拐点的充分条件；另一个是市场需求培育问题，市场需求导致的产业生态重构则是产业拐点的必要条件。科技成果的转移转化，必须从技术供给和需求培育两个方面同步发力，充分把握科技成果的价值，释放推动科技成果转化的活力。这是打通科技与经济社会发展之间通道的主要方式。因此，本课题认为战略性新兴产业技术创新受到技术供给推力和技术需求拉力的共同影响，它们相互作用力量的大小以及相互联系的途径，将决定技术均衡发展的程度。本节主要从产业技术供给和需求的角度，利用经济学中的供给需求均衡原理，分析技术创新对战略性新兴产业技术供给与需求的影响。

供给和需求作为经典经济学模型，通常被用来决定市场均衡价格和均衡产量，产品的供给和需求在一定条件下能在市场上达到均衡状态，即形成均衡价格点。如图 9-3 所示，供给曲线和需求曲线的交点 C 表示此时的均衡价格以及对应的供需量。第一种情况，在较高的价格 P_1 下供给量 Q_{B1} 小于需求量 Q_{B2}，市场表现为产品供大于求，引发卖方之间发生竞争，致使产品价格由 P_1 降到 P_c；第二种情况，在较低的价格 P_2 下供给量 Q_{A1} 小于需求量 Q_{A2}，市场表现为产品供不应求，引发买方之间争相购买，致使价格水平上升至 P_c 处。价格经过一番波动最后稳定在 P_c 处，于是成为市场的均衡价格，此时对应的均衡产量为 Q_c。

供需均衡理论如果将应用范围扩大到宏观经济范围内来考察总供给与总需求，实际情况将会复杂得多，进而衍生出不同的理论假设。萨伊在《政治经济学概论》中提出著名的萨伊定律，此后瓦尔拉斯和马歇尔等学者都对其进行过完善，该理论认为，商品的供给会为自己创造出需求，总供给与总需求必定是相等的。加尼尔（Garnier，1863）认为，假定企业单位的生产条件不变，企业单位的规模都是最适当的，需求总值在任何一种价格条件下都必须与供给总值相等。肯尼思（Keynes，

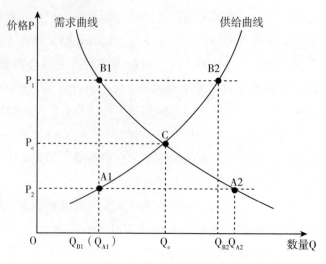

图9-3 均衡价格点示意

2016）提出的有效需求理论，对萨伊定律进行了否定，在研究了大萧条之后，他提出大萧条的原因是由于有效需求不足，当边际收入用于开支时，受边际消费倾向所限，不能全部用于开支。另外，由于货币有价值储藏的功能，人们有机会宁愿手持现金，而不愿用于投资。因此，人们的购买能力和购买意愿缺乏是资本主义经济危机和工人失业的根源。

有效供给理论从供给角度来重新认识萨伊定律，该理论的代表人物坎托和尤尼斯（Canto & Joines，2014）认为，有效供给是满足人们消费需求和消费能力的供给，如果市场上供应的产品从功能、质量、款式等方面都不能满足消费的需求，那么产品价格卖得再低也不会打动消费者；如果市场上的产品售价过高，超过消费者的购买能力，那么该产品也少有人买。发达国家在经济危机中的政策重点是扩大社会有效需求，例如20世纪30年代美国经济大萧条时期罗斯福总统"以工代赈"在全国范围大量兴建工程以刺激消费需求。我国在此阶段大力发展战略性新兴产业，通过产业结构转型升级来减少无效供给，扩大有效供给，通过优化配置全社会的各类资源，实现更高层次的供需平衡，从理论到实践都与现今"供给侧结构性改革"的思路一脉相承。诚然，由于经济问题本身极为复杂，无论是发达国家还是发展中国家，有效需求和有效供给方面的问题通常同时并存，二者相互制衡。

9.2.2 战略性新兴产业技术供给分析

9.2.2.1 技术供给的经济学分析

著名经济学家保罗·巴兰在他的著作《增长的政治经济学》中首次提出经济剩余的概念，在书中他主要论述了经济剩余在发达资本主义国家的作用。他把社会现有生产物和社会现有消费之间的差额称为实际经济剩余，即生产者和消费者在商品供给与需求实现均衡状态时节约的市场成本。供需均衡理论要求，在其他条件不变的情况下，消费者对产品供给和需求的数量取决于市场价格。全社会生产物和消费物的差额被称为经济剩余，拉坦（1994）和马歇尔（1965）等学者提出经济剩余可以分为消费者剩余和生产者剩余两部分。从这个角度出发，下面通过对消费者剩余和生产者剩余的经济学分析，对产业技术应用的获益者进行估计。

消费者剩余（consumer surplus）又称为消费者的净收益，是指消费者的支付意愿减去消费者的实际支付量。消费者剩余可以用需求曲线下方，价格线上方和价格轴围成的三角形的面积表示。生产者剩余（producer surplus）是指生产要素所有者、产品提供者，由于生产要素、产品的供给价格与当前市场价格之间存在差异而给生产者带来的额外收益。生产者剩余可以用价格线以下、供给曲线以上和价格轴围成的面积来表示。如图9-4所示，M-a-Pa代表消费者剩余，Pa-a-O代表生产者剩余，供给、需求曲线的移动给消费者和生产者带来的损失和收益由 M-a-Pa 和 Pa-a-O 两块面积的变化所决定。由于技术创新作为产品的需求弹性较高，技术产品使用者对技术创新有迫切的需求。当供给曲线向右移动时，生产者剩余可能有较大幅度的增加，即供给曲线由 S 移动到 S'。当需求曲线不变、由 S 移动到 S' 的情况下，消费者剩余从 M-a-Pa 变为 M-a'-Pa'，生产者剩余从 Pa-a-O 变为Pa'-a'-O。显然，三角形 M-a'-Pa' 的面积大于三角形 M-a-Pa 的面积，同时三角形 Pa'-a'-O 的面积也大于三角形 Pa-a-O 的面积。因此，利用技术创新产生的收益实际上是由生产者和消费者共同分享的，供给曲线因产业技术的应用而向右移动，显著提高产品产量，为生产者带来更多的收益，同时消费者也因此享受到较低的价格，这种收益是由于科学技术的应用降低生产成本所致。

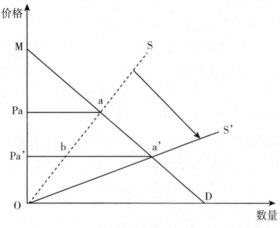

图9-4 战略性新兴产业技术有效供给变化示意

9.2.2.2 技术供给主体分析

（1）企业。

技术供给主体通常来自技术创新主体，关于技术创新主体界限的研究最早源于国家创新系统理论。2008年，英国经济学家克里斯·弗里曼在《技术和经济运行：来自日本的经验》一书中首次提出和使用国家创新系统，并被学术界普遍认同，是指"一个国家内各有关部门和机构间相互作用而形成的，用于技术创造、扩散和应用的创新网络"。林海芬和苏敬勤（2010）认为产业创新发展的主体包括产业创新系统和产业生产系统的所有主体，即包括政府、企业、高校、科研院所、中介组织等集聚了各类创新发展要素的组织或机构。产业通常是指具有某种同类属性的企业经济活动的集合，但产业创新的主体绝不仅仅是产业中的企业，而是围绕产业界的创新和发展而集聚在一起的科研开发主体、生产销售主体、政策制定和实施主体。政府和中介组织在创新过程中的主要任务是营造适宜的创新环境，他们对于技术创新本身并没有发言权，而是在技术创新活动中更多地承担着调和其他创新主体的作用。因此，本课题所涉及的产业技术供给主体主要是指企业、高校及科研院所。

企业作为技术创新主体得到了广泛的认同，代表性学者有蒂斯（1996）、厄特巴克（1971）以及汪锦等（2012）。然而，并不是所有的企业都能称之为创新的主体。第一，创新本质上是一种要求盈利的经济行为，企业创新的积极性只有在足够的利润激励和健全的制度约束下才能被充分地调动起来。第二，由新古典经济学派的创新理论可知，创新是指科学、技术、管理、信息、资源等生产要素的重新组合，这种组合只有企业家通过市场来实现，这个作用是其他组织和个人无法替代的。第三，技术创新需要很多与产业密切相关的专业性知识，而每个企业在技术研发、批量生产、市场推广、售后服务环节都会储备大量专业人才，全流程覆盖是企业能够进行产业技术创新的基础，也是企业有别于高校、科研院所的优势所在。

（2）高校与科研院所。

高校和科研院所作为知识、技术和人才的供给方，在基础研究、学科前沿技术跟踪、人才培养方面的贡献是企业难以企及的。柳卸林和何郁冰（2011）提出，基础理论的可靠性是技术成熟程度的重要标志，它是一个由量变到质变的积累过程，一旦突破，必将带来重大的理念更新，并有可能转化为经济效益。举两个基础研究转化的例子。一个是核磁共振，最初是物理学家伊西多·拉比于20世纪30年代认识到这个物理现象，后来经过不断研究积累，已经由纯的基础理论研究引入应用领域，早期主要用于对核结构和性质的研究，如测量核磁矩、电四极距及核自旋等，后来广泛应用于分子组成和结构分析、生物组织与活体组织分析、病理分析、医疗诊断、产品无损监测等方面。另一个是青藏高原的冻土研究，历经四十多年，为解决青藏铁路建设中重大冻土技术难题积累了宝贵的第一手资料，最终在青藏铁道建设中完成了成果转化。有研究数据表明，美国80%的基础研究工作都是由高校和科研机构承担的，我国高校和科研院所在前沿学科领域、专项科技工程和产业共性技术等研究工作中一直承担着关键作用。学科前沿技术由于市场应用前景尚不明确，因此鲜有企业愿意投入研究，然而学科前沿技术的掌握决定着一个产业甚至一个国家的全球竞争力，高校或科研院所由于本身没有盈利的要求，所以是探索学科前沿技术的最佳选择。人才培养是高等学校始终不变的中心任务，充足的人才储备为产业创新提供基本的动力。

9.2.3 战略性新兴产业技术需求分析

9.2.3.1 技术需求的经济学分析

内生经济增长理论代表学者罗默（Romer，1990）认为，新技术的产生是由"科技推动"和"需求拉动"共同决定的。"科技推动"观点代表学者罗森伯格（Rosenberg，1982）和多西（Dosi，1988）等认为，技术创新活动是由科学知识的发现、技术被发现的概率、研发人员和研发机构的效率、大规模推广创新技术的成本等因素决定的，他们认为更多的研发投入意味着更多的创新产出；而"需求拉动"观点的代表人物施穆克勒（Schmookler，1966）认为，创新发明活动与别的经济活动并没有什么本质上的区别，核心关注点都是对利润的追求，市场的需求引导和制约着创新发明出现和消亡。换言之，贾德（Judd，1985）认为，在刺激发明活动方面，需求比知识进步更重要，销售规模和可盈利性的变化刺激了研发投入。在战略性新兴产业技术成果转化为现实生产力的过程中，产业技术的生产与应用可以转化为企业、大学、科研院所等组织供给技术成果和企业对技术成果需求的关系。下面用经济学理论对战略性新兴产业技术需求进行分析，如图9-5所示。

假设 a 点是战略性新兴产业技术成果供给和需求的均衡点，此时的技术需求是有效技术需求，技术供给是有效技术供给。如果实际生产对产业技术有效需求不足，这将会导致与技术紧密结合的生产成果的数量减少，进而影响产业技术成果转化率。在此情形下，假设在产业技术供给不变的情况下，需求曲线因为产业技术有效需求不足而从 D 点向左平移至 D' 点，相应地，技术成果数量就会从 Qa 点移动到 Qa' 点，显然 Qa' < Qa。这说明，能转化为战略性新兴产业实际生产力的技术成

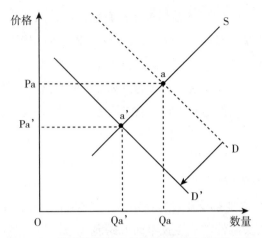

图 9-5　战略性新兴产业技术有效需求变化示意

果会因为市场购买力不足导致需求不足，需求减少量为 Qa' Qa。技术研发和产业需求之间脱节，产业技术成果应有的转化效率得不到满足，产业技术的利用因为有效需求不足而无法及时应用于生产。

9.2.3.2　技术需求类型分析

美国国家标准与技术研究院（NIST）的泰奇（G. Tassey，2008）将产业技术分解为三大类，分别是基础技术、共性技术和企业专有技术。无独有偶，美国普林斯顿大学斯托克斯（D. Stokes，2011）在其著作《巴斯德象限：基础科学与技术创新》一书中提出的巴斯德象限模型也有类似的分类方式，他称其为"科学研究象限模型"。

如果从宏观的角度来看，自成体系的技术系统通常是包含专有技术、共性技术和基础技术的综合体。例如，在手机行业中压感屏幕、双摄像头技术、指纹识别、无线充电等就是专有技术，它是具有确定的、专用的商业应用的技术；移动通信标准、基带、射频片和应用处理芯片技术、面向通信的嵌入式操作系统等就是共性技术，它是每部手机无数专有技术的基本载体；而在手机生产过程中涉及到的 CAD 绘图、零件测量、材料特征评估等就算是基础技术。本课题根据技术需求以及技术属性的不同，将技术划分为满足通用性需求的技术和满足专用性需求的技术，其中通用性技术包括基础技术和共性技术，专用性技术指企业专有技术。

（1）通用性技术

邢怀滨等（2006）认为，基础技术（infra-technology）普遍存在于科技和生产的各个环节，基础技术在科技进步和产业发展过程中不可或缺。按照泰奇的定义，所谓基础技术是指各种各样的技巧工具的集合，包括测量和测试方法；使这些方法有效运用的人工制造物，例如科研活动中的仪器、测量（测试）技术、大型设备安置和调试时的轴系平衡技术、行业共性数据库、信息与通信技术中的接口标准、日常生活中使用的各种度量衡技术等。基础技术一般可分为科学和工程数据、测量和测试方法、生产时间和技术以及界面四个类别。这些技术主要是为其他活动提供支持，通常隐性地存在于生产过程背后，很少直接体现在产品中，因此常常被人们忽视。贾菲（Jaffe，1996）在研究美国先进技术计划（ATP）的溢出效应时，根据基础技术应用的广泛性，认为基础技术是支持整个产业界研发、生产和商业运作的技术。基础技术这一概念，是那些在技术体系中处于基础地位、为各类科技与经济社会活动提供支持的技术的统称。如果将整个技术体系比喻成一棵大树的话，那么基础技术就相当于树干，起着支持整体的作用。

1988 年美国先进技术计划（ATP）中共性技术被首次清晰定义为：科学现象的一个概念、要素，其具有被应用于广泛的产品和生产过程的潜力（吴贵生，李纪珍，1999）。关键共性技术包括关键基础零部件、关键技术材料、先进基础工艺及相应的技术支持和技术标准。泰奇（2008）认为，共性技术研究是技术研究开发的第一个阶段，这一阶段的目标是证明有潜在市场应用价值的一种产品或过程的概念，从而能在进入后续的应用性更强的研发前降低大量的技术风险。共性技术总体具有三个特征：首先，共性技术有很强的外部性，因此导致较严重的市场失灵。共性技术具有相当广泛的用途，可以在一个行业甚至多个行业得到应用。正因如此，单个公司不愿意或很少投资于共性技术研究。如果完全依靠市场机制，会导致共性技术研究的投入严重不足。其次，从研发阶段看，共性技术研究处于竞争前（pre-competitive）阶段，企业都要在共性技术这个"平台"上进行后续的商业开发，最终形成企业专有的产品和工艺，具有关联性。共性技术研究跨越了应用研究和竞争前的试验发展两个阶段，处于整个技术创新链、产业价值链中的基础性地位，它的有效供给能够改善企业获取技术的能力，降低企业后续应用性研发的技术风险，成为企业核心技术形成的引擎，是企业技术储备的关键与提高自主创新能力的源泉。最后，共性技术也是关乎产业发展的通用技术，具备准公共产品的性质，体现了基础性。发展共性技术能够通过关联效应、激励效应与示范效应为一个或多个行业广泛应用，实现共性技术及其研究成果的社会共享，成为产业技术跨越、结构升级的阶梯，从而产生巨大的经济社会效益，带动整个产业技术水平迅速提高，引发产业升级换代。可以说，共性技术研发是企业创新的基石，没有产业共性技术，就难以形成企业核心技术，自主创新就无从谈起，更不用说产业的可持续发展。仍以树为例，大大小小的树枝就相当于不同层次的共性技术，虽不如基础技术那般是整个技术体系的根基，却直接决定着企业专有技术的发展水平。

对比基础技术和共性技术之后发现，这两种技术类型同时具有持续性和稳定性的特点。持续性在于它们从研发到商业化的难度大、周期长，特别是在基础材料、关键工艺、核心元部件、系统集成等方面可能会遇到较多困难，如生物制药技术、新材料制造工艺或技术等。而稳定性在于依托这些技术而成的产品更新换代较慢，市场相对稳定，产品盈利时间相对较长，容易形成新兴产业，例如新能源、新药品、新材料等。

（2）专用性技术。

专用性需求技术是那些通过应用研发获得的技术成果，具有完全的专用性，拥有自主知识产权，能为企业带来正常的投资回报。作为专用性需求技术的代表，企业专有技术不仅包含的范围十分广泛，例如图纸、实验结果、配方等，同时其表现形式既有书面形式，也有以人们头脑中的观念和技能为表现形式的隐性知识（know-how）。李纪珍和邓衢文（2011）认为，与实验室中的基础研究相比，共性技术虽然更加贴近市场，但终究还是无法直接应用于产品，专有技术的形成需要经过对共性技术进行二次开发才能形成最终面向市场、能为企业带来直接收益的技术。前述基础技术、共性技术相当于一棵树的树干、树枝，那么企业专有技术就相当于树上无数的叶子，数量较多且形态各异。

通用性技术和专用性技术之间有着密不可分的关系。通过对重大关键的通用性技术进行突破研究，攻克限制战略性新兴产业行业进一步发展的关键技术，为行业内各个企业发展专有技术、开发新产品铺平道路，最终形成企业专有技术。例如，在我国智能制造产业中，以高端电子装备为代表的制造技术，是支撑智能制造发展的重要前提，如通信导航、芯片制造、雷达制造、天线制造、柔性电子制造、自动控制等，在制造方面存在一些关键共性技术需要突破，如机电热磁的一体化综合设计、电气互联、微电子流片、微组装、高密度封装、精密和超精密加工、共形天线、表面工程技术等，直接制约着制造质量和水平的提升，影响智能制造的自主发展。只有通用性技术取得突破，尽可能多地获得知识产权，及时构建技术标准，我国企业应用专用性技术的产品才有机会接受全球市场的检验，若没有通用性技术作为基础，再多的专用性技术都将是无源之水、无本之木。

在通用性技术和专用性技术的供给主体方面，企业、高校和科研院所分工各有不同。通过基础技术和共性技术的应用可以推动多产业内产品和流程创新，具有比较广泛的应用性，但这两类技术由于短期内无法立刻获得收益，同时在研发时间和研发成本方面消耗过高，很少有企业愿意对此投入，造成"失灵"现象，因此对于这两类技术来说主要供给方是高校或科研院所，但个别研发实力较强的企业也具备共性技术研发的能力；而专用性技术由于具有较强的针对性，能在较短时间内为企业带来投资回报，所以主要的技术提供方应该是企业。

9.3 我国战略性新兴产业技术创新的理论模型

战略性新兴产业是典型的技术创新驱动的产业，无论是在位企业还是新进入企业，无论是大型企业、中小型企业还是小微企业，都必须选择和实施某种形式的技术创新，才能生存和发展下去，区别只在于选择何种技术创新路径或模式。

根据本课题归纳的我国战略性新兴产业技术创新的三种典型特征，在位企业选择技术创新模式时主要是考虑综合实力、技术创新资源、风险防控能力和创新体系互补等关键因素。对于大型在位企业而言，综合实力和风险防控能力很强，技术创新资源具有比较优势，其首选必然是自主研发，这种模式有利于维持技术领先地位，独享垄断收益，但其技术成果随产品扩散后会产生溢出效应，客观上会带动同产业中小企业和小微企业的发展，这种技术创新模式本课题称作外溢模式。对于在位中小企业或小微企业而言，综合实力和风险防控能力都很有限，通常无法拥有属于自己的技术创新资源，其技术创新策略或模式的选择面非常有限，一般都会选择引进产业共性技术或无专利保护技术，当然他们也会自主开发一些简单的技术，但这些技术追根究底也是通过克隆或逆向工程获取的产业共性技术，由于这些技术主要是由外部的专业研发机构供应的，本课题称作供应模式。对于在位中型企业而言，综合实力和风险防控能力相对较强，也具有一定的技术创新资源，他们无法完全自主研发企业发展所需的新技术，又不满足于仅仅引进和使用产业共性技术，对于他们而言，最佳选择是通过与专业研发机构合作，对产业共性技术进行个性化改进，在控制成本的前提下尽可能地提升技术的差异性，本课题称这种模式为大规模定制模式。我国战略性新兴产业的交叉融合特征使各类企业在选择技术创新模式时会重点考虑创新体系的互补性，同一战略性新兴产业内部的不同企业之间为了最大限度降低竞争的不确定性会选择合作创新模式，不同战略性新兴产业之间为了实现创新价值链的价值最大化也会选择合作创新模式，无论哪种合作创新，多数都会以联盟的方式来实施，本课题称作联盟模式。

对上述模式做进一步归纳，可以发现，战略性新兴产业内部企业选择技术创新模式时重点考虑两方面因素：一方面是技术创新满足需求的通用性或专用性，此为技术需求的角度；另一方面是创新源的内生化或外在化，内生化表明技术创新发生在企业内部，外在化表明技术创新发生在企业外部，由大学、科研院所等专业研发机构提供，此为技术供给的角度。从技术需求和供给两方面的因素构成了战略性新兴产业技术创新模式选择的两个轴变量，由这两个轴变量进行组合后，就可以推演出战略性新兴产业技术创新的四种模式（见图 9-6）。

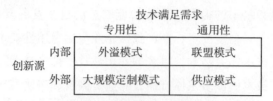

图 9-6 我国战略性新兴产业技术创新理论模型

9.4 我国战略性新兴产业的四种技术创新模式

我国战略性新兴产业的四种技术创新模式是在位企业应不同约束条件选择的结果，更准确地说，是不同在位企业在特定约束条件下的最优选择。约束条件是在位企业技术创新模式选择的前提，而不同的技术创新模式选择则决定其路径、收益和风险。

9.4.1 外溢模式

外溢模式适合在位大型企业，特别是拥有强大技术创新资源的大型企业。外溢模式的创新源主要来自内部，所满足的是本企业的差异化技术需求。一般而言，战略性新兴产业中的在位大型企业都是在传统产业中发展壮大的，为了转型或寻找新的发展机会而进入了战略性新兴产业领域，由此决定的外溢模式主要特点包括：

（1）短期目的是利用政策机遇、寻找发展机会、实现企业转型发展，根本目的是维持垄断竞争优势，获取垄断利润。

（2）优势主要与在位大型企业已形成或拥有的更强的综合实力、融资能力、营销能力、管理能力、社会影响力以及丰富的人力资源储备等有关，这些资源与能力使在位大型企业能够在初期的竞争中完胜中小企业。

（3）核心是建立企业自身的研发组织，在选定的产业方向上开展前瞻性和战略性的研究，通常需要前向延伸到相关领域的基础研究，后向打通创新价值链，确保在已进入的产业领域实现创新引领。

（4）关键在于对技术发展方向的判断与把握，为此就需要引进或培养创新领军人才，同时要重视和开展产业技术战略研究，定期制定或更新产业技术战略路线。

（5）风险主要与技术发展方向误判、创新资源错配、技术成果难于转化等有关，其中，技术发展方向误判的风险最严重，将会给企业带来灾难性的损失。

（6）收益包括创新带来的垄断收益、不断成长的创新团队、成功实现转型发展等。此外，无论主观上在位大型企业为了建立联盟而转移技术成果，还是客观上随着新技术申报专利和新产品上市而带动相关产业群企业的技术进步，其知识、技术和人才外溢都有利于战略性新兴产业整体的发展，这也是外溢模式的由来。

需要指出，我国为数不少的大型企业并没有自己的研发组织，或者说其研发组织的竞争力不能够胜任战略性新兴产业发展的需要，这类大型企业进入战略性新兴产业之后，就不适合选择外溢模式，他们更可能的选择是定制模式或联盟模式，此处的定制模式不同于大规模定制模式，大型企业强大的综合实力使他们可以与专业研发组织一对一合作，甚至使专业研发组织成为其"御用"合作组织，专门为其定制研发差异化的技术。

9.4.2　联盟模式

联盟模式适合所有类型的企业，包括在位企业和潜在进入者，如在位大型企业、中小型企业和小微企业，联盟模式的创新源来自联盟成员合作开展的创新活动，也可以说来自内部，所满足的是各联盟成员的通用性技术需求。联盟模式主要特点包括：

（1）首要目的是合作制定和实施产业技术标准，其次是为了降低技术创新的成本与风险，最后是为了实现技术创新资源的有效互补。

（2）优势主要在于能够较大程度上避免过度的恶性技术竞争，有利于不同联盟成员企业在各自的专业化领域实现技术突破，并通过协同创新实现技术创新的规模化优势。

（3）核心是建立共同的合作研发平台，就合作研发战略、模式、收益分享、风险共担等达成共识，打造具有高度执行力的研发团队。

（4）关键在于推选具有公信力和领导力的联盟核心企业，该核心企业应承诺提供更多的资源、承担更多的责任并在合作研发过程中发挥更大的作用，目前，我国相关区域政府的产业管理部门在推动联盟模式方面发挥了更积极的作用。

（5）主要风险是机会主义，即部分或多数联盟成员更关心如何获取更多的联盟技术创新成果，而不愿意承担应尽的责任。

（6）最大收益是联盟成员企业的共同发展，联盟模式将促进区域产业转型发展而不仅仅是企业转型发展，将能够为区域塑造新的产业增长极。

9.4.3　供应模式

供应模式更适合中小企业和小微企业，创新源主要是来自外部的技术供应商，所满足的主要是企业的通用性技术需求。供应模式的主要特点包括：

（1）主要目的是为了最大限度降低技术创新的成本和风险，同时也是为了借助外部的技术创新力量来培育企业的技术创新优势。

（2）优势在于"船小好掉头"，具有一定的技术创新灵活性，能够较低成本和较低风险地转变技术创新方向与重点。

（3）核心是产业技术发展方向判断能力、科技成果评价能力和技术创新合作能力。其中，正确的判断是前提，有效的科技成果评价是重点，技术创新合作是未来发展的基石。

（4）关键在于技术成果的转化与产业化能力，中小企业或小微企业很难拥有高水平的技术创新能力，但必须能够拥有把引进的技术成果产业化的能力，产业化不仅意味着把技术成果转化为产品，还要能够把技术产品成功推向市场。

（5）主要风险是路径依赖，过度依赖外部的创新源，一方面会抑制自身技术创新能力的发展，另一方面则无法形成差异化的产品，从而无法形成本企业的核心竞争力和竞争优势。

（6）收益主要是企业的快速成长，与外部技术创新主体合作使中小企业或小微企业能够把更多资源配置到企业的其他发展领域，有利于通过合作与学习来培育企业自身的技术创新能力。

9.4.4　大规模定制模式

大规模定制模式更适合大中型企业，创新源主要是来自外部的技术供应商，所满足的是相对专用性的技术需求。大规模定制模式的主要特点包括：

（1）主要目的是在控制成本与风险的前提下尽可能满足企业的个性化技术需求。

（2）优势在于能够兼顾成本与差异化双重优势。

（3）核心是建立企业自身的核心研发队伍或者合作引进专业研发组织的技术创新团队，基于专业研发组织提供的产业共性技术，进行延伸开发和应用性改进。

（4）关键在于控制成本，由于中型企业或大中型企业的综合实力和风险承受能力有限，必须避免激进的技术创新可能造成的灾难性后果。

（5）主要风险是被"夹在中间"，即在增加成本的同时却未能形成有市场价值的个性化技术。

（6）收益主要是有利于强化与专业研发组织的合作，有利于形成稳定的合作关系，有利于探索和实践协同创新模式，有利于快速提升自身的技术创新能力，有利于获得更多的市场份额和财务收益。

上述四种技术创新模式主要是理论分析与推演的结果，在既定的边界条件框架内，这四种模式是战略性新兴产业内部企业全部的可能选择，每种类型的企业根据所确定的边界条件的不同，实现创新价值最大化的最佳选择通常只有一种，次优选择则可以有一种或两种。从这个意义上而言，这四种模式可以称作我国战略性新兴产业技术创新的经典模式，其主要特征可以归纳如表9-1所示。

表9-1　　　　　　　　　我国战略性新兴产业技术创新模式的主要特点

创新模式	目的	优势	核心	关键	风险	收益
外溢模式	利用政策机遇寻找发展机会，实现转型发展，维持垄断优势，获取垄断利润	强大的综合实力、融资能力、营销能力、管理能力、社会影响力、丰富的人力资源储备	建立企业自身的研发组织，整合创新价值链，实现创新引领发展	技术发展方向判断与把握，引进或培养创新领军人才，开展产业技术战略研究，制定技术战略路线图	技术发展方向误判、创新资源错配、技术成果难于转化	创新带来的垄断收益，不断成长的创新团队，成功实现转型发展，带动产业群共同发展
联盟模式	合作制定和实施产业技术标准，降低技术创新的成本与风险，实现技术创新资源的有效互补	避免过度的恶性技术竞争，实现专业化领域强强合作，实现协同创新获得技术创新的规模化优势	建立共同的合作研发平台，取得合作研发共识，打造具有高度执行力的研发团队	推选具有公信力和领导力的联盟核心企业，充分发挥区域政府产业管理部门的作用	机会主义，即联盟成员更关心如何获取更多的联盟技术创新成果，而不愿意承担应尽的责任	实现联盟成员企业的共同发展，促进区域产业转型发展，塑造区域新的产业增长极
供应模式	最大限度降低技术创新的成本和风险	具有一定的技术创新灵活性	科技成果评价能力和技术创新合作能力	技术成果的转化与产业化能力	路径依赖，即过度依赖外部的创新源	企业的快速成长，特别是技术创新能力的提升
大规模定制模式	控制成本与风险的前提下尽可能满足企业的个性化技术需求	兼顾成本与差异化双重优势	建立企业自身的核心研发队伍或引进专业研发组织的技术创新团队	控制成本，避免激进的技术创新可能造成的灾难性后果	"夹在中间"，即增加成本同时却未能形成有市场价值的个性化技术	强化与专业研发组织的合作，形成协同创新模式

第 10 章　我国战略性新兴产业技术创新模式多案例研究

10.1　研究方法与研究样本选择

10.1.1　研究方法选择

本课题采用罗伯特·殷（R. Yin, 2013）提出的个案研究方法，并使用多个案的方式。一般来说，多个案研究法具有重复检验的逻辑包括原样复现（literal replication）以及理论复现（theoretical replication），在多个案研究中，若每一个个案皆有类似的预期结果，则称作原样复现。另外一方面，理论复现则是指即使很不一样的对照、相反个案，都能观察到相同的结果。赫里欧和菲尔斯丁（Herriot & Firestine, 1983）指出，个案研究可以借由多个案的跨个案比较，以理论为基础，找出个案间的各种可能关系，除了研究的结果更具有说服力之外，亦可以将研究结果推广至整体产业。

案例研究除了可以构建理论之外，也可以验证理论、批判理论。除此之外，充分对比单案例研究可知，这种以复制逻辑作为基础的多案例研究明显具备更为扎实的理论构建性以及更为良好的适用性。多个案的分析与验证，常被认定为较有证据力，而研究成果也将较为稳健。多个案可视为进行多重实验，目的在于强化"复现（replication）"而非遵循"抽样"逻辑，以提升研究效度。

为了测试或验证理论，本课题采用的复现逻辑是要达到"分析式概化（analytic generalization）"，而非调查研究中的抽样逻辑，亦即"统计式概化（statistical generalization）"。因此，在选择案例时，除了要考虑样本的代表性以外，更要着重关注研究问题的特性、理论需要，以及资料的丰富程度等。若能在多个案中，根据理论或命题的基础，预测此类结果，即为原样复现，但若在可预测的情况下产生不同结果，则为理论复现。虽然罗伯特·殷（2011）认为，较多的个案数有助于得到较好的效度，不过考虑到研究者在时间与资源的限制，本课题依据原样复现所要求的 2~4 个案例数量，选取四个案例作为分析的基础。

10.1.2　研究步骤

针对验证性案例研究，艾森哈特（Eisenhardt, 1989）研究并建立相对完善的研究过程框架，包括：研究起步、筛选案例、明确协议与工具、进入现场、整理分析数据、建立假设、比较分析文献、完成结束。图 10-1 展现了研究步骤、活动和动机。

关于案例研究的步骤，罗伯特·殷（2013）提出包括五步：研究设计、数据收集准备、数据收集、分析数据、撰写研究报告。基于前人对案例研究过程的研究，本课题的多案例研究流程如图 10-2 所示。

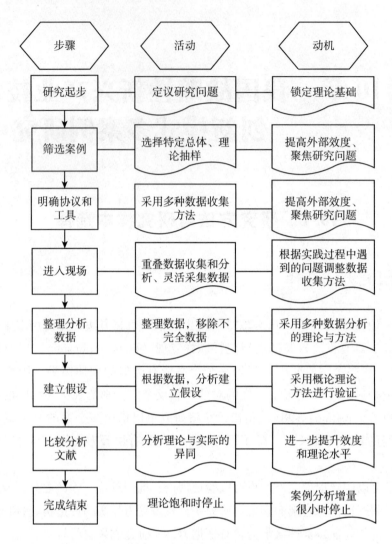

图 10 –1　验证式案例研究方法步骤

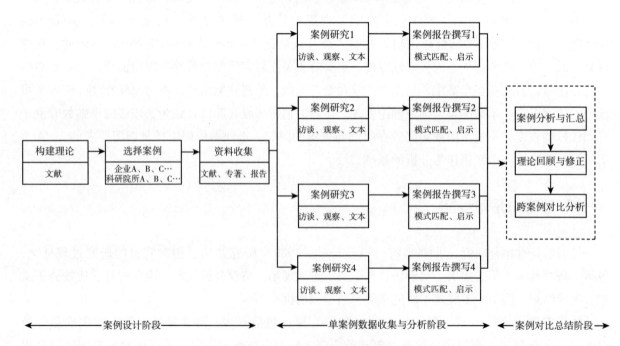

图 10 – 2　本章多案例研究过程

10.1.3　研究样本选择

因为不同的企业在技术创新模式选择上的差异性较大，同时企业所在的外部环境存在很强的动态性，所以选择多案例交叉印证的做法，不仅对取得普遍性研究结论有所帮助，而且还能验证前文构建的一般性理论分析框架。本课题在兼顾案例典型性、数据可获得性和研究便利性三个因素的基础上，最终选择华为技术有限公司、佛山陶瓷产业技术创新战略联盟、中国科学院微电子研究所和中国汽车技术研究中心作为案例研究样本。

（1）案例典型性。

我国战略性新兴产业技术创新外溢模式要求行业领军企业承担技术创新的重任，凭借自身强大的研发优势引领行业技术创新前进的方向，华为技术有限公司自1987年成立以来在技术研发方面的执着有目共睹，是目前信息通信领域当之无愧的领军企业。华为从成立之初就将技术创新作为决定企业生死存亡的生命线，通过科学地选择技术创新的切入点，针对企业发展的不同阶段选择适宜的创新模式，从一个深圳微不足道的创业公司逐渐成长为享誉世界的巨头。因此，对华为公司的深入研究对我国企业提高自主创新能力，增强竞争优势，具有极大的指导意义。

联盟模式要求联盟组成结构主要是中小型企业，在共享思维的前提下形成有效的协同合作，以降低技术创新过程中较高的成本风险。佛山陶瓷产业90%以上的组成企业是中小企业，产品技术集成度较差，为了降低能耗、提升产品的市场价值，这些中小企业自发形成技术研发联盟，以形成协同创新，为佛山陶瓷产业注入新的活力。

供应模式要求专业研发机构能在企业尚处于弱小阶段，无法独立进行技术创新时给予支持，将自身的比较成熟的技术供给企业，由他们进行进一步开发并实现技术产业化。中国科学院微电子研究所在技术成果产业化方面取得了比较出众的成就，每年在中科院各地研究所技术专利产业化的收益排名中名列前茅，与许多企业建立了良好的合作关系，帮助许多具备潜力的中小微企业突破研发、生产方面的技术难题，为这些企业快速发展提供了重要的支持，因此选其作为供应模式的典型代表。

大规模定制模式要求企业与科研组织之间能够形成良好的研发互动效应，企业方虽然不像外溢模式中大型领军企业那样拥有自主创新的实力，也不像联盟模式或供应模式中小型企业那样在技术研发方面发言权很小，而是具有一定技术开发实力的中型企业，但仍然需要与研发组织合作研发行业关键技术，因此需要研发组织对已有的基础性、通用性技术进行二次开发，以满足特定企业在技术研发、规模生产方面遇到的问题。中国汽车技术研究中心一直承担着我国汽车产业共性技术研发的重任，通过与各地汽车制造厂商的合作，将研究中心已有的共性技术结合企业方提出的具体需求进行改造，实现"共性技术个性化"的转变。

（2）资料可获得性。

本课题选取的四个案例分析对象都比较成熟，例如华为有限公司、中国科学院微电子研究所、中国汽车技术研究中心都已经成立超过30年，而佛山陶瓷产业技术联盟虽与另外三个组织相比发展时间较短，但是由于陶瓷产业是佛山市旨在重点突破的产业，因此其发展情况受到全市的关注。

（3）研究便利性。

华为技术有限公司的相关研究、专著已有很多，同时华为公司也经常受到新闻媒体的关注报道，因此可以便利地从网络、书籍、文献中获取研究资料，便于本书多样化资料的获取和互相印证比较。另外，课题组与中国科学院微电子研究所、佛山陶瓷产业技术创新战略联盟以及中国汽车技术研究中心关系良好，有利于经常性地开展实地调研。

为了增加研究效度及其信度，本课题遵循案例研究多个来源的证据原则进行资料收集。每个案例所收集的资料来自相关著作、学术文献、媒体报道、档案记录等多种来源，以增加案例内容的丰富程度。

10.2　我国战略性新兴产业技术创新外溢模式案例研究

10.2.1　华为技术有限公司背景综述

华为技术有限公司（以下简称"华为"或"华为公司"），可以说是世界上最神秘的企业之一。华为于1987年成立于中国经济特区深圳。在成立之初，华为作为一家民营企业，在资金、关系、人才方面与同时代的竞争对手根本无法抗衡，但凭借任正非高瞻远瞩的战略眼光和坚忍不拔的意志品质，华为人艰苦拼搏并最终走向世界。目前，华为公司已跻身福布斯全球500强企业，海外收入已超过本国业务收入，占公司总收入的67%[①]。2014年，华为销售收入达到465亿美元；2015年，华为更上一层楼，实现销售收入608亿美元，短短一年增收140多亿美元（如图10-3所示）。

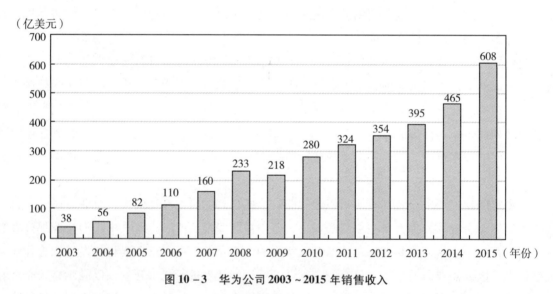

图10-3　华为公司2003~2015年销售收入

资料来源：根据历年华为公司年报整理。

华为一路走来遇到无数困难，命运跌宕起伏，几度沉沦，几度崛起。1987年，任正非只带领六个人就成立了颇具"小作坊"意味的华为公司，以超凡的冒险精神，凭借国家大力鼓励电信业发展的政策趋势，做起交换机贸易生意。误打误撞进入交换机领域的华为公司没有被浮利所惑选择单一地做代理，而是清醒地认识到，以技术进步打破市场垄断，是国内企业求得生存的必然趋势。在艰难的度过国内程控交换机市场国外列强"七国八制"和国内群雄并立的"战国时代"以后，华为公司义无反顾地走上了充满风险的自主研发道路。此后，华为公司在技术和公关

[①]　资料来源：https://club.huawei.com/thread-4659043-1-1.html。

两头发力，一举贯通政府和市场之间的渠道，在技术专利战略的带领下穿过层层封锁走进国际市场。任正非借鉴毛泽东"农村包围城市"的战略，带领华为由边缘城市逐步渗透到中心城市，稳步提升市场份额，令所有国际通信领域的领先公司都无比惊讶。2012 年，华为一跃成为全球最大的电信设备制造商；2013 年，华为在全球部署的 LTE 商用网络和 EPC 商用网络名列世界第一；2014 年，华为存储发货套数首次跻身全球年度前五，全球收入增长率第一；2015 年，华为以太网交换机在 2015 年全球收入排名第三，同比增长高达 34.9%，增速在各大厂商中排名第一，路由器市场方面华为在中国排名第一，全球排名第三；2016 年，华为数据中心网络交换机全球市场销售额第三[①]。

　　纵观华为公司近 30 年的发展历程，可以发现华为公司并不是从诞生之初就一直践行自主创新的研发战略，而是先通过与国内外著名高校、行业大型企业的深度合作，以模仿创新的方式不断积累自身的技术实力，待到量变引发质变，最终成为世界范围内自主创新的典范企业。

10.2.2　华为公司技术创新外溢模式表征

　　自 1987 年成立以来，华为公司技术创新模式历经模仿创新（1987 ~ 1995 年）、合作创新（1995 ~ 2004 年）以及自主创新（2004 年至今）三个阶段，这三个阶段伴随着华为公司技术创新能力不断增强而步步演化。华为公司几乎进入了我国所确定的所有战略性新兴产业领域，包括新一代信息技术、新材料、新能源、节能环保、生物医药、高端装备制造、数字创意和高技术服务等产业类型。因为战略性新兴产业正成为全球各国调整产业结构、寻找新的经济增长点和战略高地的必然选择，华为公司进入战略性新兴产业主要是为了通过抢先布局维持自身在通信领域的技术领先地位和垄断优势，这将有利于未来取得重大技术突破和获得行业主导权。华为公司在移动互联网、云计算、大数据、物联网等战略性新兴产业领域一直保持非常高的核心技术研发投入，借助国家大力发展战略性新兴产业的"东风"，持续聚焦战略性新兴产业必将进一步提升公司的全球竞争优势。

　　目前针对华为公司的研究角度多种多样，本课题主要聚焦华为公司自主创新阶段技术创新外溢模式的具体表征，通过相关文献、报告、访谈等形式搜集资料，洞察外溢模式的本质内涵与实践应用，具体情况如表 10 - 1 所示。

表 10 - 1　　　　　　　　　　　华为公司技术创新外溢模式表征梳理

年份	涉及产业领域	具体表征
2009	新一代信息技术	华为公司推出业界首个下一代 PON（10G EPON、10G GPON 和 WDM PON）全系列解决方案，已成为 FTTx 领域最受运营商青睐的解决方案，显示了华为在 PON 领域的领先实力
2009	三网融合	三网融合要求广电网络部署一个合适的并可面向未来演进的新引擎来驱动发展。华为为此提出了融合宽带 Cable 解决方案，成为业内少数具备全业务解决方案资质的企业之一
2013	节能环保	华为公司开始在手机产品中使用生物基塑料，减少了对石油资源的依赖，有利于社会的可持续发展

[①]　程东升，刘丽丽. 华为三十年——从"土狼"到"狮子"的生死蜕变 [M]. 贵阳：贵州人民出版社，2016.

年份	涉及产业领域	具体表征
2014	生物医药	华为公司与北大医院合作,利用其自主研发的主动漫游技术、提供高效的医疗信息化网络解决方案,从而助力医疗行业信息化更加高速的发展
2014	新一代信息技术	华为公司在其下一代 Wi-Fi 实验室(深圳)成功测试业界首款基于下一代新架构的10Gbps Wi-Fi 样机,率先将 Wi-Fi 提升到 10G 时代
2014	新一代信息技术	华为公司牵头成立下一代 Wi-Fi 标准工作组 IEEE802.11ax 并获得业界认可,该工作组将致力于下一代 Wi-Fi 标准制定,推动 Wi-Fi 和 ICT 产业的发展
2014	新一代信息技术	为了让视频通信能够更加逼真,华为正在研究一种崭新的"场通信"技术,并于 2015 年初推出场通信原型机 MirrorSys
2014	高端装备制造	"华为 SAP 智能制造联合解决方案"等 14 个项目入选中国与德国智能制造合作试点示范项目,较好地推动中德两国在智能制造领域的务实合作
2015	新一代信息技术	华为公司准确把握 NFV(网络功能虚拟化)是实现下一代 MBB(移动宽带网络)转型的关键技术。为此,华为推出 CloudEdge 解决方案,帮助运营商向下一代 MBB 网络演进。华为在全球建立了 3 个 Open NFV 实验室进行产业链开放合作,并在全球 7 个研发中心投入超过 500 名研发人员进行 CloudEdge 整体解决方案开发
2015	新一代信息技术	开放网络大会(Open Networking Summit 2015)上展示了面向用户的下一代 SDN 网络编程语言 NEMO(NEtwork Modeling Language)
2015	新一代信息技术	华为公司在世界移动通信大会上展出下一代超宽带家庭路由器,包括有线 G. Fast、无线 LTE Cat12、融合类 Hybrid 三大技术,充分体现了华为在家庭路由器领域的行业领导者地位
2015	新一代信息技术	华为发布全球首个以业务和用户体验为中心的敏捷网络架构及全球首款敏捷交换机 S12700,作为业界首款 T-bit AC 的核心交换机,解决了外置 AC 处理性能瓶颈,通过敏捷网络架构,全球首次把 SDN 引入园区网络,让网络更敏捷地为业务服务
2015	新一代信息技术	华为宣布其 GSM-R 铁路通信解决方案的中长期规划,该方案基于 EIRENE(欧洲综合铁路无线增强网络)标准,在全球展开商用部署
2015	物联网	华为推出其物联网操作系统 LiteOS,该方案被称为"为物联网而生的网络解决方案",希望日后能成为行业标准
2015	物联网	华为公司在分布于全球 8 个研发中心的 3300 名研发人员的努力下,完成了 IoT 连接管理平台、Huawei LiteOS、NB-IoT、eLTE、敏捷物联网关、智慧家庭网等核心技术及解决方案,完成了端到端的技术积累
2015	新能源	华为借助 SUN2000 系列并网逆变器组成的光伏电站产品为智能光伏电站提供解决方案,该产品通过四项并网性能测试,标志着华为成为全球首家经过电站零电压穿越认证的逆变器品牌,各项指数指标位居全球前列
2015	高端装备制造	华为智能制造解决方案荣获智能制造年度优秀示范解决方案,华为基于开放平台的工业互联网络及智能制造解决方案正在受到越来越多工业企业的认可
2015	高端装备制造	华为公司发布三款智能穿戴设备(智能手表 Huawei Watch、智能手环 TalkBand B2、智能音乐运动耳机 TalkBand N1),在 2015 年的中国智能穿戴市场上关注率与三星公司并列第二名,仅低于苹果公司

年份	涉及产业领域	具体表征
2016	新材料	华为中央研究院瓦特实验室公开宣布其锂离子电池研发团队实现重大突破，将石墨烯材料与锂电池有机结合，生产出全球首个高温长寿命石墨烯助力的锂离子电池，这一研究成果将给通信基站的储能业务带来革新
2016	新一代信息技术	华为发布新一代室内移动宽带解决方案 LampSite3.0，该方案首次解决了困扰行业许久的关键射频技术难题，全带宽的方式真正产生，将室内数字网络扩展到多运营商共享场景，支持更加灵活的多载波聚合、分布式 MIMO，256QAM 等大量技术创新，并可向 5G 平滑演进
2016	新一代信息技术	华为海思 2016 年销售额位居国内第一，勇夺国内十大集成电路龙头企业，展现了华为公司在集成电路领域强大的实力
2016	物联网	华为公司正式发布端到端窄带蜂窝物联网解决方案，使物联网成为运营商未来的基础类业务之一
2016	物联网	华为在传感领域推出自主研发的 Boudica 物联网芯片、IoT-OS 物联操作系统，支持从数据孤岛向数据融合的演进，通过数据共享与交换 + 大数据集成管理，支撑城市大数据应用，构建智慧城市生态圈
2016	生物医药	药明康德及药明康德下属企业明码生物科技与华为公司在上海联合发布了精准医学云平台
2016	数字创意	华为公司推出首款 VR 眼镜，正式涉足虚拟现实领域。华为 VR 眼镜达到了 20 毫秒超低延时，实际佩戴效果远高于同类产品
2016	数字创意	华为发布了业界首个视频体验可视化管理解决方案 VideoSense，转向以用户视频体验为中心的主动网络管理，实现视频体验的"可视、可管、可优"，促进运营商大视频时代的商业成功
2017	高端装备制造	华为提出无线充电基站构想，希望未来这种新型基站除了担任常规的蜂窝数据信号支持外，还将提供 GPS 信号增强和无线充电两种功能

从表 10 - 1 可以清晰地看到，华为公司作为全球第一移动通信技术解决方案提供商，在我国战略性新兴产业中各个产业领域都有涉及，体现了自身强大的实力。而华为公司介入战略性新兴产业的发展，除了对战略性新兴产业本身发展趋势看好以外，还为了能够借助国家大力发展战略性新兴产业的政策"东风"，获得企业竞争力的进一步提升。

10.2.3　技术创新外溢模式运行机制分析

10.2.3.1　运行过程

外溢模式主要是针对战略性新兴产业中的在位大型领军企业，这类企业具有雄厚的资金实力，可以花费巨额的资金来创建自己的科研机构，同时良好的风险承受能力使得这些企业在独立完成技术创新全流程变得不再那样遥不可及。在位大型领军企业在进行创新项目时，原始创新源通常来自内部的基础研究组织或技术中心，市场和技术部门在市场信息、产业环境的调研分析的基础上对新技术进行评估，在确定研发之后，企业通过自身的艰苦攻关取得研究成果，并转化为现实生产力，从而实现自主创新的全过程。其他中小企业得益于在位大型领军企业的研发成果并广泛扩散，进而使该技术成为事实上的产业共性技术，最终实现技术引领。外溢模式可以减少中小企业在技术创新过程中产生的风险，降低新技术的研发成本。中小企业在大型领军企业的领导下进行技术创新，大型领军企业对追随企业进行新产品、新技术创新具有重要的引导作用。但要注意的是，外溢模式并不是大型企业封闭在本组织内"埋头造车"，它只是针对创新源与创新主体之间关系的描述。外溢模式依然要满足开放性创新的原则，在必要的情况下充分调动企业外部的各类创新主体共同创新，例如大学、科研院所、其他同类企业等。其运行流程如图 10 - 4 所示。

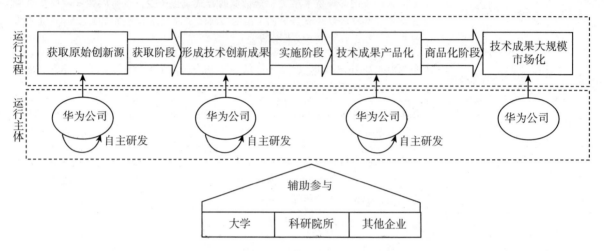

图 10 - 4　华为公司技术创新外溢模式运行机制

10.2.3.2　运行特征

（1）主导关系。

外溢模式主要是以在位大型企业为中心进行与生产相关的科研活动，或者把具有开发前景的科研成果商品化，掌握核心技术的在位大型企业处于主导地位，在与其他企业的互动过程中扮演着"盟主"的角色，具有一定的领导能力。截至 2016 年 12 月 31 日，华为加入了 360 多个标准组织/产业联盟/开源社区，担任 300 多个重要职位，在 IEEE-SA、BBF、ETSI、TM Forum、WFA、WWRF、OpenStack、Linaro、OPNFV 和 CCSA 等组织担任董事会成员。2016 年华为提交的提案超过 6000 篇，累计提交提案达 49000 余篇。截至 2016 年 12 月 31 日，华为累计获得专利授权 62519 件；累计申请中国专利 57632 件，累计申请外国专利 39613 件，其中 90% 以上为发明专利[1]。例如，华为在 3GPP 持续贡献和致力于生态系统的建设，通过多年努力，如今华为无论从文稿数、通过提案数、职位数都处于领先地位，综合实力和影响力处于第一位，担任 CT 全会工作组主席、SA2 工作组主席、RAN3 工作组主席、CT3 工作组主席、SA5 工作组主席、GERAN2 工作组主席及 3 个副主席等领导职位。此外 2011 ~ 2015 年累计超过 120 个报告人职位[2]。再例如，华为公司主导、参与云计算、存储的国际国内标准，担任国际标准组织多个关键职位——SNIA TSC member、OASIS Board、INCITS Board、NFV/OPNFV TSC member 等，并主导影响相关组织的发展方向；占据 OASIS Board、SNIA TSC、SNIA SMI 等项目报告人、OPNFV multisite 项目负责人、数据中心联盟副秘书长等 20 多个职位。这些都体现了华为凭借自身强大的技术研发实力，在全球各类行业组织中的影响力逐渐提高，

---

①　资料来源：http://www.c114.com.cn/news/126/a1036935.html。

②　资料来源：根据华为官网整理。

形成较强的技术外溢能力，为外溢模式的应用奠定基础。

（2）优势。

华为公司技术创新外溢模式具有两个优势：其一，拥有数量庞大的、分布广泛且具有国际竞争力的研发创新队伍；其二，核心技术平台化的思维模式，这是华为公司制胜市场的法宝。

华为公司在世界各地设立了研发机构，17万全球员工总数当中研发人员占比约为45%，接近8万人。通过全球设立研究院的形式，凝聚世界各国优秀资源集中产品研发，跟踪科技前沿时刻保持领先位置。截至2016年，华为公司已和全球客户及合作伙伴共同建立了36个联合创新中心，其主要分布在中国和欧洲，成功合作的重要创新项目超过100个；在6个国家里分布有16个研发中心；全球研发人员约79000名，占公司总人数的45%。拥有500多位云计算企业级合作伙伴，向全球108个国家和地区超过2500家客户提供服务。未来种子项目覆盖全球67个国家，1.5万名学生受益。华为创新研究计划（HIRP）已有100多家学术机构、超过千名学者参与。此外，华为将在2015～2020年投入10亿美金实施"沃土开发者使能计划"（简称"沃土计划"），包括"创新基金""开发支持""华为认证""人才培训"以及"销售基金"，意在技术、人才、市场等全方位打造面向开发者伙伴的开发使能平台，促进协同创新[①]。

除了研发产品开发工作中需要的核心技术，华为公司还主动优化升级其核心技术平台，这样方便研发同一个产品平台的多种品种的产品，降低产品研发的成本和难度。产品平台包括全系列产品所需要的公共要素的集合，含有公用的系统架构、子系统、模块/组建、核心技术等，如图10-5所示。

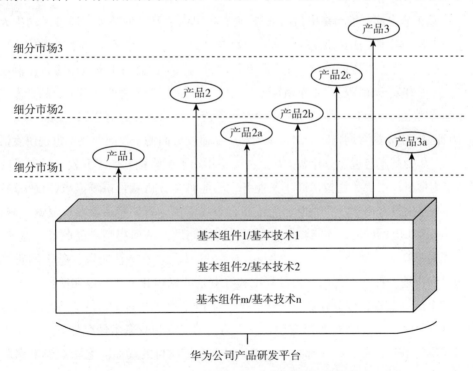

图 10-5　华为公司技术平台示意

产品开发面向客户需求，强调多样化、个性化，通常以适应不同客户应用的产品系列的形式存在。而产品平台的开发面向各类技术要素，强调集中化、先进化。产品平台通常能够为多个产品系列服务，产品开发时技术人员只需要做少量改动即可构建新的产品，同时产品平台具有比较好的扩

---

① 资料来源：根据华为官网整理。

展性，能够覆盖多个产品系列的使用要求，或者可以覆盖一个产品系列高、低端多类产品的使用要求。在华为不同系列的产品线上，例如接入网、智能网、传输、无线等，总能找到大量相似的硬件单板或软件模块，他们都是基于同一个产品平台开发的。这些不同产品之间可以共用的构建模块，例如子系统、模块/组件、关键零部件，通常叫作 CBB - 通用构建模块。一个产品平台通常由多个 CBB - 通用构建模块和专用构件组成。华为公司后来在智能网、信号传输、数字交互等多个领域保持持续创新动力还是要归功于之前 C&C08 数字程控交换机的产品平台战略的成功，每件有关的新产品都充分发挥了与 C&C08 技术平台的技术相关性和延展性。

这种开发方式可以缩短开发周期和上市时间，降低产品的复杂程度，并有助于提高产品质量，节约使用开发资源。同时，产品平台在不同的产品系列中大量采用，成熟度较高，大幅降低制造成本及优化库存的同时，避免了技术不稳定带来的隐患。

（3）核心。

技术创新外溢模式的核心在于，领军企业自身要建立高水准、高效率的研发组织，以便整合创新价值链，实现创新引领发展。核心产品 C&C08 诞生以来，华为的产品线越来越长，直接导致研发部门对于市场的敏感度急转直下，这成为阻碍华为进一步发展的屏障。1997 年末，任正非匆忙地访问了休斯飞机公司、IBM、贝尔实验室与惠普公司。当任正非在 IBM 公司参观学习的时候，了解到 IBM 的产品研发流程，他对其中的管理模型非常感兴趣，与相关人员深入交流之后让他一下看到了治疗华为公司目前困境的"良药"。

1998 年，经任正非发起，推动在华为内部进行"向 IBM 学习"的活动，通过活动华为深刻地认识到能够快速响应客户需求是产品研发的实质。1999 年 2 月，作为华为公司的企业顾问，IBM 公司启动 IPD（集成产品研发流程）咨询项目。在实施 IPD 项目前，华为公司研发费用浪费比例仅是业界最佳水平的一半，产品开发也相当迅速，周期较短，此外，华为将 10% 销售额用于产品开发。虽然华为的销售额每年都有所增长，但其产品的毛利率却逐年下降，人均效益只有思科、IBM 等企业的 1/3 ~ 1/6。在充分调研后，IBM 的咨询顾问指出，华为在产品研发方面的主要问题是不重视研发活动的计划性和评审，比如，华为基本忽视业务计划，甚至在高层指示下就直接开始了开发，导致无法研发出实用产品；以前华为项目评审更关注技术而不是业务，不能科学分析获得市场需求，仅采用主观判断。因为项目审核和战略决策都出于主观判断，无法迎合市场需求，后期产品就要反复返工修正。因此，解决产品开发这一源头上的问题，才能够解决公司系统性问题，从而提高产品收益。基于 IBM 咨询顾问的意见，华为 IPD 项目划分为关注、发明和推行三个阶段。在关注阶段，基于调研结果，多次进行培训、探讨和沟通，使相关部门和人员真正理解 IPD 的思想和方法。发明阶段的主要任务是设计方案和选取三个试点 PDT，按 IPD 进行运作。推广阶段是逐步推进的，先在 50% 的项目中推广，然后扩大到 80% 的项目，最后推广到所有项目。华为公司 IPD 流程基本情况如图 10 - 6 所示。

华为公司在实行 IPD 之前，每天都处于捉襟见肘、疲于应付的局面。老版本尚未完全稳定，又要着手进行新版本的升级；或是旧功能还没有实现，又要思考新功能如何添加。而 IPD 流程在设计之初就将用户服务、市场、生产等相关部门糅合在一起，把客户需求调查做细，把维护的需求做进设计里，最后在需求调查完备、设计方案周全的基础上，再开始动手研发。表面上需求调查和设计阶段的时间拉长了，但产品的修改周期、销售周期、生产周期、维护周期在"一次把事情做对"的指导理念下被大大缩减，使得产品总体的开发周期反而缩短了。

（4）关键。

由于在位大型企业在外溢模式执行中处于主导位置，该模式运行的成效与该企业有直接关系。

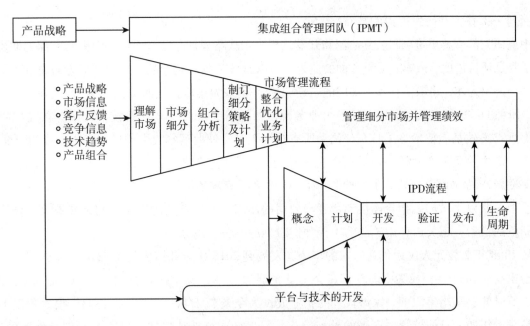

图 10 – 6　华为公司 IPD 流程示意

这就要求使用外溢模式的在位大型企业具备两个关键要素：第一，要有涵盖创新全流程的研发体系，能为企业技术发展方向进行判断和把握；第二，要能不受技术研发失败所影响，坚定不移地持续进行创新投入，切实支持、鼓励研发部门开展创新活动。

1996 年之后，三大部门构成了华为的研发体系，即产品战略研究规划办公室、中央研究部和中试部，他们的存在给华为公司实践技术创新外溢模式指明航向，具体结构如图 10 – 7 所示。

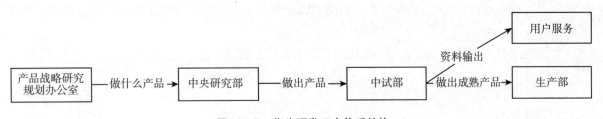

图 10 – 7　华为研发三大体系结构

战略规划办公室主要对新项目进行总体规划和评估，通过集体考察、征询技术专家来评定新项目在未来的创新性、带动性和营利性。通常该部门对人员综合素质要求较高，需对项目从立项到市场化全流程都比较熟悉，公司在立项和薪水方面经费投入也相对较高。1998 年华为预研部诞生，开始系统性地对具有前瞻性的产品及技术进行研发，主要负责更新、更难的核心技术及具有前瞻性的产品研发。预研工作主要可以划分为产品预研和技术预研，两者的共同点在于都是着重探索和解决产品（技术）实现的可行性。之前华为公司研发 C&C08、GSM 的经验是从学习国际技术标准开始，研发部工作人员跟在国外大厂商制定的技术标准后面疲于奔命，绞尽脑汁思索如何做出符合标准的产品。预研部的成立极大地改善了这种情况，他们主动上溯到技术源头，根据公司的技术优势和战略部署参与标准的制定，这样使华为的技术研发变过去的被动为主动，成为别的厂商在研发、生产前需要遵从的参考，提高了研发层次。这样的好处在于，尽可能避免了早期曾出现的当产品已经成型之后才发现无法兼容国内外用户的现象，极大地降低了产品研发的技术风险。近年来，随着技术革新速度进一步加快，华为公司顺势又成立"2012 实验室"，汇集来自世界各地的学者、工程师，研究范围涉及机器学习、信息检索、自然语言处理、数据挖掘、第五代通信等多个领域，成为构筑华为面向未来技术和研发能力的基石。

中央研究部主要负责项目实际研制和开发，相比于战略规划办公室而言，中央研究部的职责更具体，主要是项目进度、成本、质量方面的监督，可以看作是技术到产品的过程。华为中研部主要是为了凝聚全公司人才，将散落在各个部门的"游击队"整编为集体作战的"正规军"，提高技术攻关能力。中研部的成立既实现了公司鼓励各个业务部、各地研究所放手开发新技术，又能在需要举全公司之力重点突破某项技术难关时充分调动所有技术人员，使此后华为大规模技术创新成为可能。

中试部主要负责产品的小批量生产验证测试、产品生产工艺、产品从研发转生产前的成熟度研究，保证新产品"可以开始着手生产"。因为中试之后意味着要进入批量生产环节，并将产品送至用户手中，所以中试部承担着连接消费者和公司的作用，消费者关注产品的质量和效果，作为掌控产品品质的最后一道关口，中试部的工程师们时刻深感责任重大。

从1988年2万元人民币创业起家的华为，发展到2016年全球销售收入5216亿元人民币，海外销售占比高达到60%，成为中国真正意义上的世界级企业，其中研发费用达到764亿元人民币①。华为之所以能够从当年深圳一家做代理的企业成长为今天全球第一大电信设备商，很大程度上凭借的正是几十年如一日的持续对未来的投入。其实，当全球科技从最初的靠一个好创意称霸的时期，进入比拼综合实力时代，一夜暴富的神话虽然依旧常见，但现今任何一家能够保持几十年营收增长的巨头，全部是那些肯拿出营收一大部分用来做研发的企业。因为核心技术已经成为科技企业的发展引擎，靠模式或微创新或许能够短期实现增长，但在商业长跑中注定只有掌握核心科技的企业才能长期立于不败之地。2012年，华为公司在主营行业并不尽如人意的情况下，意外地提高研发投入至当年销售额的15%（约合45亿美元），用来支持手机终端和企业网业务，当年推出的华为Ascend P1手机也为华为公司在日后全球手机产业中奠定了地位②。从2006年开始，华为公司10年累计投入超过3200亿元人民币（如图10-8所示），2016年根据欧盟委员会发布的"2016

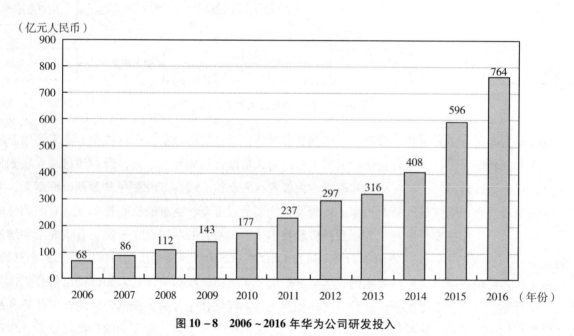

图10-8 2006~2016年华为公司研发投入

资料来源：根据历年华为公司年报整理。

---

① 资料来源：根据华为公司年报整理。
② 资料来源：根据华为官网和年报整理。

全球企业研发投入排行榜"显示，华为公司以 83.58 亿欧元（608 亿元人民币）研发投入位居世界第八名，在所有参与排名的中国科技公司中排名第一。只有充裕的研发资源投入，企业发展才能有后劲。正因为如此，本课题组普遍更看好华为公司通过持续在研发领域的投入，利用自身日益壮大的行业影响力，不断将自己的最新技术外溢到整个行业当中，同时有效吸收外部知识和技术的模式。

10.2.3.3　运行收益与风险

华为公司自主创新的成效令世界瞩目，这也为公司在行业内获得了一系列殊荣。2011 年，在上海举行的"中国增长、创新与领导力峰会"上，华为公司被全球著名咨询公司 Frost & Sullivan 授予"年度全球电信管理服务增长与创新奖"，这是国际权威机构对华为公司管理服务在复合增长、市场地位、创新能力以及交付能力等方面的充分肯定。2013 年，华为公司再度被 Frost & Sullivan 授予"2013 年度云基础设施产品创新奖"。这一奖项是为了表彰华为公司在云基础设施市场上，对产品创新方面所做出的卓越贡献。同年，在 LTE 全球峰会上，华为公司荣获"最佳 LTE 创新商用"大奖，表彰华为在 LTE 产业中不懈的努力和突出的贡献，同时验证了华为在 LTE 领域的领先地位。2015 年 LTE/5G 全球峰会上，组委会给华为颁发了"NFV 创新奖"和"5G 最杰出贡献奖"，肯定了华为在网络功能虚拟化、云化，以及推动 5G 标准化及商用方面做出的巨大贡献。

华为公司的技术创新优势不但为其带来了丰厚的垄断收益，而且在促进深圳产业转型发展和带动深圳中小企业发展方面也发挥了积极的作用。2015 年，深圳高新技术产业增加值达 5847.91 亿元，占 GDP 比重达 33.4%，其中华为功不可没①。同时，华为在广东地区强大的影响力也使得公司的每一项重大决定都深刻影响着来自上下游的众多合作企业，正所谓"牵一发而动全身"。

华为公司的技术风险防控能力很强，但也存在一定程度的风险，任正非曾谈到"华为正在本行业逐步攻入无人区，处在无人领航，无既定规则，无人跟随的困境"，这说明，纵然如华为一般的巨型公司在面对未知技术领域依然会存在风险，如芯片、平台软件方向的探索。

10.3　我国战略性新兴产业技术创新联盟模式案例研究

10.3.1　佛山陶瓷产业背景综述

据统计，2015 年全球瓷砖产量约为 184 亿平方米，我国陶瓷砖产量完成 110.76 亿平方米，占全球瓷砖产量的 60%。我国陶瓷产地主要集中在广东佛山、山东淄博、福建晋江和四川夹江等地，这些地区合计产量约占全国总产量的 90% 以上。根据 2015 年全国陶瓷砖产量统计数据显示（不含港澳台地区的统计数据），广东陶瓷砖产量位居全国第一（如图 10 - 9 所示）。在广东各市区当中，佛山陶瓷产量规模最大，约占全国的 50% 以上，汇聚全国 80% 以上的陶瓷品牌和最多的国外陶瓷品牌，"佛山陶瓷"作为一张地区名片彰显了佛山在中国陶瓷行业中重要的地位②。

---

① 资料来源：http：//chinasourcing. mofcom. gov. cn/city/159/72730. html.
② 资料来源：陶瓷信息网 http：//www. taoci-info. com/wap/index. php? moduleid = 21&itemid = 7622.

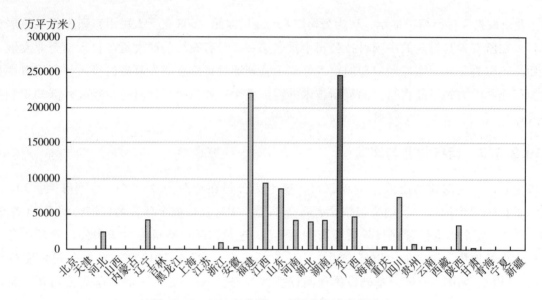

图 10－9　2015 年我国 31 省份陶瓷砖产量统计

资料来源：陶瓷信息网。

佛山陶瓷历史悠久，制陶技术可以追溯到 700 多年之前，自古便被誉为"南国陶都"。自从 20 世纪 80 年代引进意大利建筑陶瓷生产线以来，佛山陶瓷产业在国外先进制陶技术的带动下，结合本土技术特点不断发展，整体产量和技术水平都取得了长足的进步，成为我国陶瓷产业的代表地区。目前，佛山陶瓷的抛光砖、仿古砖、微晶砖、内墙砖、外墙砖、广场砖、马路砖等品种一应俱全，出口世界一百多个国家和地区，在国内的一级经销商达数万家。总产量约 20 亿平方米/年，总产值超过 1000 亿元/年，产量占全国 30% 以上，出口量占全国 70% 以上。其中保留在佛山本土的规模以上企业 62 家，生产线 330 多条，从业人员超过 10 万人，形成了瓷砖生产、装备制造、化工制造、产品研发、物流运输等完整的产业链①。

在佛山的陶瓷行业中，目前 95% 以上的企业是合伙经营的中小型陶瓷企业，在经济实力、研发设施条件、产品研究能力、技术人才数量等方面，这些企业都相对薄弱。由于技术创新成本过高，多数中小企业对技术创新望而却步，企业无法完成完整的技术开发任务，更有甚者对创新不屑一顾，不正当地窃取其他企业知识产权的行为已经成为行业内公开的秘密，只要市场上某种陶瓷销路较好，其他企业会很快"学习"精髓并推向市场，导致市场产品同质化严重，众多的技术纠纷也极大地挫伤了企业自主创新的积极性。根据目前所掌握的数据显示，佛山陶瓷建材行业内大中型企业数量占全市支柱产业总数的 16%，然而这些企业研发经费占销售收入的比重只有 0.2%，研发人员占全体员工总数的 2%；在专利方面，佛山陶瓷企业专利申请总数在支柱产业所有企业中占 0.5%，其中发明专利申请总数占 5.6%，技术创新总体状况很不理想（赖红清，2009）。除此之外，近年来宏观环境不利也制约着佛山陶企发展。一方面，全球陶瓷产业产能过剩严重，产量逐年下降的态势愈发明显，直接影响我国陶瓷出口情况；另一方面，由于陶瓷生产涉及较多环保问题，近年来佛山陶瓷生产过程中节能减排的压力越来越大，但净化生产流程就必须技术改革，这对陶瓷产业里的中小微企业来说负担很重。佛山陶瓷产业若要摆脱现状，对技术创新、设备更迭、从业人员素质要求就必须不断提高，那些无法跟上整个行业发展脚步的企业逐渐被市场所淘汰。

国家质检总局 2015 年对佛山陶瓷区域品牌估值超过 400 亿元，在全国区域品牌中排名第六，

---

①　资料来源：http://www.jia360.com/new/41181.html.

在广东省知名品牌示范区中排名第一①。为了能更好地利用"佛山陶瓷"的品牌，提升陶瓷产业高能耗、低技术的发展现状，佛山积极建立陶瓷产业技术战略联盟，促进陶瓷企业抱团发展。

10.3.2　佛山陶瓷产业技术创新联盟模式表征

陶瓷产业是佛山的一大重要支柱产业，多年来"低端锁定""高污染排放"等负面标签令昔日的"佛山陶瓷"名声蒙上一层厚厚的灰色。为解决目前佛山陶瓷产业污染排放严重超标、市场同质化严重导致的恶意竞争，结合佛山陶瓷民营中小企业占比高达 95% 以上的特色，佛山陶企走上了一条抱团联合发展的联盟之路。通过实地走访佛山、访谈参观、网络调查等调研方式，在此主要系统地对佛山陶瓷产业相关联盟进行了归纳与梳理，如表 10－2 所示。

表 10－2　　　　　　　　　　　　　佛山陶瓷技术创新联盟模式表征

年份	联盟名称	具体表征
2007	华夏陶瓷产业联盟	华夏陶瓷产业联盟广泛联合若干全国陶瓷企业、色釉料及机械制造企业，依靠华夏建筑陶瓷研发中心为技术载体，为企业提供行业共性技术研发的系统性解决方案
2007	陶瓷清洁生产创新联盟	在佛山市科技局的指导下，华夏建筑陶瓷研发中心联合 43 家企业成立"陶瓷清洁生产创新联盟"，通过产业共性技术研发，有力推动联盟的创新发展
2011	国家陶瓷检测重点实验室联盟	由河北唐山、江西景德镇、山东淄博、湖南醴陵和广东佛山五地质监系统内的国家陶瓷检测重点实验室共同发起成立国家陶瓷检测重点实验室联盟，正式运作后将参与和主导国家、行业等标准的制定
2012	陶瓷废渣烧结砖标准联盟	佛山市三水区联合辖区内多家企业成立陶瓷废渣烧结砖标准联盟，希望能进一步规范陶瓷废渣烧结砖市场，全面提升制作工艺水平以及产业竞争力
2013	佛山建陶产业技术创新服务联盟	联盟将创新性横向整合科技、质检、检验检疫系统国家级陶瓷实验室资源，面向陶瓷企业提供研发、设计、制造、检测、专利、标准等全创新链服务，为陶瓷产业转型升级提供更大更强的技术支撑
2014	佛山市陶瓷艺术产业联盟	佛山市陶瓷行业协会和佛山市新石湾美术陶瓷厂有限公司倡议成立，获得了佛山市规模以上的 15 家工艺美术陶瓷企业和佛山市 11 位中国工艺美术大师、中国陶瓷艺术大师签名参与
2015	中国建材品类联盟	由中国陶瓷工业协会营销分会主办，十家国内建材品资深企业牵头的中国建材品类联盟在佛山成立。联盟发起单位希望通过抱团跨界整合，集结更多力量加强技术创新实力，促进我国建材行业转型升级
2016	佛山陶瓷标准联盟	佛山市标准化协会联合国家陶瓷及水暖卫浴产品质检中心、市陶瓷学会，以及广东新明珠、蒙娜丽莎等十余个企业代表形成"佛山陶瓷标准联盟"
2016	众陶联产业平台	由中国陶瓷城、佛山东鹏陶瓷、新明珠、蓝源资本和佛山市陶瓷产业联盟 5 个股东共 15 家企业共同建立了佛山众陶联产业平台，该平台选择"产业＋互联网＋金融资本"为关键路径，以金融资本为驱动，切入陶瓷供应链，依托于互联网平台，各陶瓷企业的采购均在平台集成，消除中间环节，提升产业效率与产业资源的集中度

① 资料来源：陶瓷信息网。

年份	联盟名称	具体表征
2016	佛山南庄陶瓷产业联盟	以新明珠、华夏陶瓷城、瓷海国际、陶瓷总部基地等十余家大型陶瓷企业为核心，联合其余数十家中小企业联合组成佛山南庄陶瓷产业联盟，提升陶瓷产业的技术含量
2016	佛山陶瓷卫浴电商联盟	由东鹏、箭牌卫浴、鹰牌集团等核心企业联合成立佛山陶瓷卫浴电商联盟，旨在帮助佛山陶瓷卫浴行业拥抱互联网，推动佛山陶瓷卫浴电商的良性发展

资料来源：作者根据调研情况整理。

从表 10-2 中可以看到，佛山市依托自身陶瓷产业的优良传统，成立了多种多样的产业技术创新战略联盟，通过抱团发展的思路，集聚佛山陶瓷产业内大中小各类企业，形成合力共谋发展。

10.3.3 技术创新联盟模式运行机制分析

10.3.3.1 运行过程

本课题提出的联盟模式理论上适用于所有类型的企业，因为目前科技发展速度日新月异，只有相关企业联合起来才能在技术变化中主导先机，正所谓"众人拾柴火焰高"。其首要目的是合作制定和实施产业技术标准，其次是为了降低技术创新的成本与风险，最后是为了实现技术创新资源的有效互补。

联盟模式的主要运行机制如下：在核心企业牵头组织下，出于确保合作各方市场优势的目标，企业间结成的互相协作和资源整合的一种合作模式。联盟内成员无论企业规模如何，统一在"互通有无、风险共担、利益贡献"的理念下建立共性技术平台，制定产业技术标准，打造联盟知名品牌，共享市场信息资源。通过各企业专业实验室间的联合，加强整个产业链的联合技术攻关能力，实现在技术水平、设备仪器、企业人才培养、数据资源等方面的资源集成和共享，突破行业关键共性技术。尽管如此，联盟模式的顺利运行依然少不了一些外部参与者的支持与配合，例如政府在政策制度方面的优惠扶持，大学、科研院所在知识和技术方面的权威帮助，以及中介机构对联盟外技术、市场方面的信息服务。因此，联盟模式形成了以核心企业牵头，中小企业为主体，其他创新参与者外围辅助，在技术、产品、市场领域深度协同的运行机制（如图 10-10 所示）。

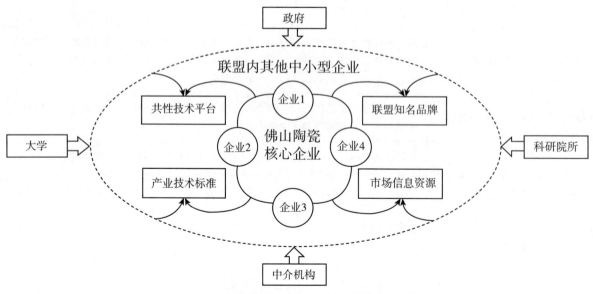

图 10-10 佛山陶瓷产业技术创新联盟模式运行机制

10.3.3.2　运行特征

（1）主导关系。

联盟模式下技术创新主要集中在联盟企业内部，其中牵头企业将会作为联盟运行初期的核心动力主导联盟的发展，他们在完善联盟运行制度、激发联盟成员创新意愿、打造联盟技术平台、沟通联盟外部创新源等方面发挥了重要的作用。例如，作为佛山陶瓷清洁生产创新联盟的牵头单位，A企业（被访者不愿透露企业名称）为解决陶瓷生产过程中能耗浪费、污染环境的情况，第一次提出陶瓷生产全流程清洁生产系统解决方案的共性技术项目，联合多家联盟成员企业共同研发，并在整个联盟内推广应用，取得了良好的节能减排效果。再例如，作为佛山陶瓷老牌龙头企业之一的欧神诺陶瓷股份有限公司是建筑陶瓷行业唯一同时拥有博士后科研工作站、省工程技术中心、省级企业技术中心的国家级高新技术企业。近二十年来，欧神诺重视创新活动并不断提高创新投入，产品不断进行升级更新，具有非常高的技术研发水平及陶瓷材料基础科学研究实力，使企业不断发展壮大。像欧神诺这类重视技术创新的公司在佛山陶瓷众多联盟中还有一批，这些龙头企业以自身的创新优势带动联盟内其他企业开展技术转型升级，为提升联盟成员技术创新水平和陶瓷产业可持续发展做出突出贡献。

（2）优势。

联盟模式的优势在于避免过度的恶性技术竞争，实现专业化领域强强合作与协同创新，获得技术创新的规模化优势。

陶瓷行业知识产权纠纷、诉讼官司非常难解决，有的时间长达七八年，耗时耗力。比如，金刚棍棒、洞石、微晶玻璃复合板材等几乎都是中国最具特色的产品，但目前此类产品的侵权事件依然时有发生，在调研过程中据一家佛山陶瓷企业负责人介绍，唯一积极的办法就是集合多数企业建立产业联盟，因为在市场上某些企业得罪一家企业不会在乎，但得罪一个团体就会有所顾忌了。

在取得规模化优势方面，2016 年 3 月佛山众陶联产业平台成立，该平台致力于打造全球陶瓷产业链整合千亿服务平台，构建陶瓷产业上下游协作共赢生态系统，被誉为陶瓷界的"阿里巴巴"。根据相关人员介绍，众陶联已成功打造供应链、金融、资本、云物流四个重点平台：供应链平台通过整合陶瓷原料、能源、机械设备、标准服务等各方面信息，建立供应链集采平台实现共享采购、平台采购、集中采购、源头采购和流量采购，重点关注质量标准、付款条件、交付地点、采购数量和检测方法，使供应商和采购商直接沟通，集成采购商资源，采购方可从供应方获得物美价廉的原材料，三方进行共同合作，获得更高的利润；金融平台通过汇聚政府、风险投资、银行配套等多渠道资金来源，解决付款标准化、重大项目投资和企业资金出路的问题；资本平台重点关注项目方向，聚焦那些单个企业做不了或者不想做以及带有颠覆性的投资或整合，比如行业新能源、新技术、降低成本的途径、标准化工艺技术等；云物流平台则是通过收购、兼并、联动等一系列手段建立具有行业特色的物流平台，借助大数据、云计算等先进技术为陶瓷企业降低物流成本。

（3）核心。

联盟模式运行的核心在于建立共同的合作研发平台，取得合作研发共识，打造具有高度执行力的研发团队。利用联盟优势对内部创新资源有机整合，吸引社会各创新主体对行业共性技术进行研发，这成为设立研发平台的初衷。以南庄镇为例，佛山南庄镇拥有世界级的陶瓷国际会展中心、国家级的华夏建陶研发中心、中国陶瓷产业总部基地、中国陶瓷中央商务区等，被誉为"中国建陶第一镇"。佛山的建筑陶瓷年销售额占全国的 70%，出口额占全国的 60%，而仅南庄镇的销售额和出口额就占到佛山的 80%，但高污染、高能耗的陶瓷生产方式曾让无数有意落户南庄的投资项目落空[①]。2006 年开始南庄政府下决心对陶瓷产业开始进行产业转型升级，由当地政府组织，华夏建筑陶瓷研究开发中心（现名为佛山市华夏建筑陶瓷研究开发中心有限公司）牵头搭建技术创新公共服务平台。平台与中国产业发展促进会合作成立华夏陶瓷产业联盟，平台作为联盟核心成员以及重要组织者，积极发挥带头作用，利用联盟的优势，整合联盟内成员单位的科技创新资源，多次组织陶瓷产业相关专家和组织机构召开项目评审会，讨论新项目申报的可行性与合作模式。比较典型的当属"大规格超薄建筑陶瓷砖产业化技术"的开发过程，该技术集合联盟内包括科达机电公司、东鹏陶瓷公司、华夏陶瓷研究开发中心等多家企业研发力量的共同努力，不仅攻克了困扰行业多年的关键技术难题，还提炼出多项专利技术与行业标准，极大提高了陶瓷企业的综合实力。2016 年，在南庄镇政府的大力推动下成立陶瓷产业联盟，使陶瓷企业抱团发展，方便拓市场，降低成本。通过联盟抱团的方式有力地推动了南庄陶瓷企业的自主创新能力，进而推动了整个产业的水平提升。

（4）关键。

执行联盟模式的关键在于推举出公信力强的核心企业，以便在最大程度上凝聚联盟成员，实现共同目标。在调研的过程中，一位佛山陶瓷产业规划负责人告诉笔者："有大品牌和规模型企业担当'领头羊'的角色，对于产区内企业的资源配置、销售模式、品牌建设，甚至是内部管理都会产生积极的引导作用。"而广东佛山，恰好聚集了一批拥有创新能力和规模实力的大企业，如东鹏、宏宇、新明珠、新中源、蒙娜丽莎、嘉俊、简一、金意陶、鹰牌、欧神诺等。这些企业近些年在产品创新、营销模式创新、品牌建设等方面做出的努力和探索有目共睹，强有力地推动了所在联盟的整体发展，起到了良好的带头作用。2015 年，东鹏宣布进军"大家居"领域，发布"建陶工业2025"战略；新明珠集团旗下强势品牌冠珠陶瓷宣称将践行"业内品牌"向"大众品牌"的品牌战略；欧神诺云商平台上线，旨在解决渠道碎片化、顾客导入成本高的难题，高效挖掘、对接资源和需求。

受宏观环境影响，2016 年佛山市陶瓷产量下滑超过 30%，瓷砖价格明显下滑，平均出厂价降幅达 10%~13%，终端市场价降幅超过 15%[②]。尽管如此，在以东鹏、简一、蒙娜丽莎、诺贝尔等核心企业的带动下，佛山陶瓷联盟坚定技术创新逆风而上，相继推出新产品（例如大理石瓷砖、大规格陶瓷薄板、喷墨渗花砖），与陶瓷市场的整体低迷形成鲜明对比，其中联盟核心企业和一些出色的小微企业甚至依然保持了两位数的增长。

10.3.3.3 运行收益与风险

通过佛山陶瓷产业多种形式的产业技术联盟可以看到，研发实力偏弱的小微企业通过联盟模式整合创新资源，能极大地降低陶瓷产业中小企业的技术研发瓶颈，进而达到联盟成员企业风险共担、利益共享的目的，同时促进区域产业转型发展、塑造区域新的产业增长极。例如，2016 年，陶瓷产业链上 15 家企业已经在众陶联产业平台进行整合和集成，共达到 400 亿元的总产值，在平台运行一年后，预测企业总产值增加 600 亿元左右[③]；《广东省建筑陶瓷技术路线图》由清洁陶瓷产学

---

① 刘磊等. 佛山南庄：一个工业强镇的破立之路 [N]. http://liuyan.people.com.cn/n1/2018/1214/c58278-30466146.html.

② 资料来源：《2016 佛山陶瓷（砖）行业发展报告》。

③ 资料来源：根据佛山众陶联供应链服务有限公司官网整理。

研创新联盟成功完成，作为第一个建筑陶瓷行业的技术路线图，整体描述和预测了建筑陶瓷产业的技术前景，为联盟内企业发展指明了方向。中央相关部门在做了专题调研后，高度评价该成果；"陶瓷行业清洁生产关键共性技术"等一系列难题由"华夏陶瓷产业联盟"成功攻克，其中新开发的掺 60% 陶瓷废渣的陶瓷砖可实现陶瓷废渣全部回收利用；"大规格超薄建筑陶瓷砖产业化技术开发"项目实现瓷砖减薄 1/2 ~ 3/4，节能 75% 以上，减少 20% ~ 30% 的粉尘和废气排放，极大地降低了陶瓷生产对当地环境的破坏，积极地推动了陶瓷产业转型升级。佛山陶瓷产业的企业家们集成合作共同谋发展，借助联盟模式将陶瓷产业打造成为广东省传统产业转型升级的标杆，重新塑造"佛山陶瓷"这一名片的知名度和美誉度。

需要注意的是，联盟模式由于融合了众多参与主体，联盟内部个别企业机会主义行为将会危害到其他成员的利益，给联盟的稳定性带来巨大的风险，甚至可能造成联盟合作的终止。因此，需要联盟牵头企业、地方政府和监管机构充分发挥治理、引导的作用，健全联盟运行规章制度，保证联盟成员切身利益不受侵害。

10.4　我国战略性新兴产业技术创新供应模式案例研究

10.4.1　中国科学院微电子研究所背景综述

中国科学院微电子研究所，前身为成立于 1958 年的原中国科学院 109 厂。109 厂在 1986 年时与中国科学院半导体研究所、计算技术研究所有关研制大规模集成电路部分合并组建中国科学院微电子中心。2003 年 9 月，中国科学院微电子中心正式更名为中国科学院微电子研究所（以下简称"中科院微电子所"或"微电子所"）。中科院微电子所是我国半导体与集成电路事业的开创者与开拓者，同时也是国内微电子领域学科方向布局最完整的综合研究与开发的国家级研究机构。

为响应中国科学院"三个面向""四个率先"① 的新办院方针，中科院微电子所在整体定位方面适时做出调整。首先，在国家集成电路产业链建设与战略性新兴产业发展中寻找定位，以局部关键技术突破为主向承担引领国家相关领域的全局性、系统性、集成性重大创新任务转变。其次，在面向世界前沿的微电子技术创新寻找突破点，从"填补国内空白"向"结合国情实现世界水平创新"的方向转变。

与之相适应，中科院微电子所对管理体系与机制创新也进行了改革。科研体系方面，紧紧围绕应用研发、专利、数据库研究领域划分与内部机构调整相结合，对研究所进行了全面梳理。评价体系方面，微电子所面对产业化的研发工作主要采用目标导向和结果导向的评价机制，面向基础前沿的研究以构建核心知识产权为导向。最终，研究所将学科部门划分为前沿基础研究、核心产品和技术研发、行业应用、行业服务四大门类。截至 2017 年底，研究所针对前沿基础研究共有 2 个重点实验室，针对核心产品和技术研发共有 3 个研发中心，针对行业应用共有 6 个研发中心，针对行业服务共有 4 个研发中心（如图 10 - 11 所示）；所内在职员工 1096 人，科研与专业技术人员 1005 人，其中，中国科学院院士 2 名，研究员及正高级工程师 85 人、副研究员及高级工程技术人员 254

---

① 三个面向：面向世界科技前沿、面向国家重大需求、面向国民经济主战场。四个率先：率先实现科学技术跨越发展、率先建成国家创新人才高地、率先建成国家高水平科技智库、率先建设国际一流科研机构。

人①。设有博士和硕士学位授予点和博士后流动站，截至2017年底，在读研究生332人，在站博士后20人②。

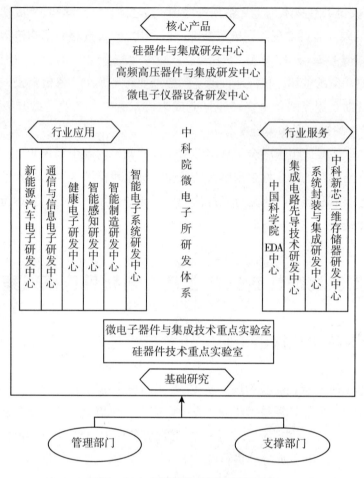

图 10 – 11　中科院微电子所组织架构

中科院微电子所在几十年的发展过程中同海内外的很多知名大学、科研机构和企业都有交流合作，在我国微电子领域享有重要的地位。中科院微电子所不仅在学科前沿领域的基础研究方面实力深厚，同时顺应产业发展趋势，尽可能地去迎合市场需求，采用技术成果许可或转让、提供解决方案、产品等方式面向社会为多家企业服务，帮助他们完成技术成果转移转化。根据目前所掌握的资料，2012年中国科学院共转化8500项技术，其中，微电子所转化超过1500项，约占18%，其技术转化竞争力之强由此可见一斑③。因此，通过微电子所与高校、科研院所、企业之间的展开合作而形成的技术创新模式非常满足本课题所提出的典型供应模式。

10.4.2　中国科学院微电子研究所技术创新供应模式表征

截至2015年年底，微电子所对外投资成立企业46家④。按产业链分类，涵盖了芯片设计、服务、封装、测试、材料等环节；按应用分类，业务领域覆盖计算机、通信设备、智能手机、平板电

---

①② 　资料来源：根据访谈实录和中科院微电子所官网整理。

③ 　资料来源：根据访谈实录和中科院2012年工作总结整理。

④ 　资料来源：《中国科学院微电子研究所2016年年鉴》。

脑、消费类电子、汽车电子、工业控制等方面。本课题采用实地访谈、网络收集、文献检索等方式，系统地对微电子所技术创新供应模式的表征做了较为翔实的挖掘、分析、整理，具体内容如表 10-3 所示。

表 10-3　　　　　　　　　　　中科院微电子所供应模式表征梳理

年份	供给公司	具体表征
1981	北京中科圣泽科技发展有限公司	作为微电子所直属的科技公司，凭借研究所的技术支持，在纯净水生产、润滑剂研制方面具有优势
1989	北京中科知创电器有限公司	公司依托中科院微电子研究所的科研成果及人力资源，使公司在消防应急疏散行业产品技术创新方面优势显著
1992	北京泰龙电子技术有限公司	公司依托微电子所强大的科研实力和人才技术优势，遵循市场导向，致力于推动微电子所科研成果的落地和产业化
2007	杭州中科微电子有限公司	自主开发出中国首款 CMOS（互补金属氧化物半导体）应用于车载系统的全球卫星导航接收射频及基带芯片"航芯一号"
2008	杭州中科微电子有限公司	与微电子所合作研制具有完全自主知识产权的低成本卫星导航接收芯片和手机解决方案。历经 3 年研发成功国内首款应用于手机的低成本全球卫星导航接收芯片
2009	成都锐华光电技术有限责任公司	以微电子研究所的国家"863"科技计划项目研发成果为基础，生产国内第一款全光 QSFP 收发一体高速光缆，其中 QSFP 光缆及多媒体高清影音系统传输技术均处于世界领先地位
2009	沈阳重科微电子有限公司	微电子所向公司以科技成果无形资产作价投资 4100 万元，转让成果近 20 项（专利技术），吸引社会、地方投资近 1.3 亿元
2010	深南电路有限公司	公司与微电子所联合开发高密度 CMMB 模块取得成功，该研究主要由微电子所对模块进行系统设计，深南电路有限公司负责基板制作和模块测试，该产品的加工制作全部都基于国产化工艺能力，是国内首款完全国产化的高密度模块
2010	华润微电子有限公司	借助微电子所提供的绝缘栅控双极晶体管系列产品，公司功率半导体市场拥有国内第一条完整通过客户产品设计验证的 IGBT 工艺线，很好地平衡了公司在节能环保和降低成本方面的选择
2010	无锡中科微电子工业技术研究院有限责任公司	公司依托于中国科学院微电子研究所的半导体、芯片技术，致力于开展物联网应用的通信芯片、全球卫星导航芯片的研发
2011	杭州中天微系统有限公司	微电子所 EDA 中心利用自身在技术服务方面的优势为中天微提供 C-SKY 嵌入式 CPU 系列产品的授权和培训服务，并将该产品并入 IP 平台，帮助企业降低成本和风险，缩短产品生产周期
2011	江苏中科君芯科技有限公司	以微电子所硅基 IGBT 技术成果出资成立公司，在技术研发和市场化方面取得一系列突破，成为国产 IGBT 主力企业之一
2012	华进半导体封装先导技术研发中心有限公司	微电子所及其他多家专业机构提供系统级封装/集成先导技术，帮助企业研发开展关键集成技术、多种晶圆级高密度封装工艺和 SiP 产品应用

年份	供给公司	具体表征
2013	武汉新芯集成电路制造有限公司	微电子所等四家研发机构拿出将近1500件知识产权，打包整体许可武汉新芯公司使用，显著地拓宽了武汉新芯公司主营业务的覆盖面及其研发部门的技术创新能力
2014	苏州明皓传感科技有限公司	公司通过采用微电子所研发的8in. Al-Ge共晶圆片级封装技术（WLP）和配套的减薄和划片技术，不仅大幅降低了产品的尺寸和成本，在良品率和稳定性方面也有了长足的进步
2015	东方晶源微电子科技（北京）有限公司	借助微电子所集成电路方面的技术优势，为公司提供极大规模半导体产品设计和制造中制程问题的解决方案以及相关设备
2016	中芯国际集成电路制造有限公司	发挥微电子所在MEMS传感器设计和成套工艺设计方面的优势，帮助中芯国际缩短产品设计、研发、生产、规模化量产的周期
2016	诺嘉智能养生发展有限公司	通过微电子所提供先进传感技术，弥补企业在技术研发、科研人才方面的短板，实现产品对用户的健康指标的采集分析
2016	杭州娃哈哈集团	借助微电子所智能制造相关技术、芯片、健康电子技术，帮助公司在食品安全领域实现突破
2016	中航国际航空发展有限公司	微电子所根据自身在智能感知、远程监控、数据传输、数据汇聚和集成应用等核心关键技术研发优势，帮助中航国际在航空零部件领域进一步发挥其产业优势

资料来源：作者根据调研情况整理。

从表10-3中可以看到，中科院微电子所凭借所内微电子领域尖端技术多年的积累，通过技术投资、资金投资等方式与我国许多企业进行合作，取得了非常好的成效，为协助科技型企业提高自身技术创新能力起到了较好的作用。

10.4.3 技术创新供应模式运行机制分析

10.4.3.1 运行过程

战略性新兴产业内中小企业或小微企业鉴于自身规模、实力所限，在技术创新过程中防控风险的能力较弱，随着产品生命周期缩短以及技术专业化程度不断提高，企业面临的市场竞争越来越激烈。为掌握所在领域的先进技术，中小企业或小微企业只能借助外部技术创新力量，以便培育企业的技术优势。通过梳理微电子所供应模式的表征可以发现，供应模式主要有两种形式，分别是内部供应衍生企业和外部供应在位企业，其运行过程如图10-12所示。

（1）内部供应衍生企业。

内部供应衍生企业主要指微电子所内科研人员在研究所支持下创办企业，主要从事所内技术成果转化业务。这些初创小微型企业的创业者与核心技术均直接来自研究所，通常由研究所或其资产公司以全资、控股或参股的形式建立。采用这种方式的初创小微型企业能以较低的成本和风险承接研究所内已成熟的技术突破或科研成果向市场转移转化，伴随与之相关的人员、资金、设备、关系、渠道等。作为回报，衍生企业会给研究所带来投资回报和资产增值。例如，2013年微电子所认

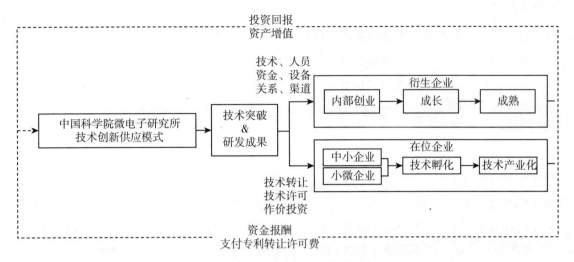

图10-12 中科院微电子所技术创新供应模式运行机制

缴出资225万人民币成立江苏中科君芯科技有限公司（以下简称"中科君芯"），作为公司第一大股东，中科君芯依托微电子所硅器件与集成技术研究室的研发成果，主要负责功率电子元器件的研发、生产、测试、销售、技术服务等。技术研发团队在IGBT产品研制方面技术实力雄厚，借助微电子所20多年的技术积累和基础，使得公司在成立短短几年时间便处于国内领先地位。

（2）外部供应在位企业。

除去研究所内部自创企业，微电子所技术创新供应模式的另一种形式就是对外直接投资中小企业或小微企业。与内部供应衍生企业不同的是，外部供应在位企业时，微电子所主要对企业进行非排他性的技术许可或作价投资。而接受微电子所技术供给的企业以支付专利许可费或是资金报酬来作为回报。例如，2016年中科院微电子所与深圳诺嘉智能养生发展有限公司（以下简称"诺嘉公司"，2013年成立）签署合作协议，借助微电子所弥补企业在技术研发、科研人才方面的短板。中科院微电子所通过提供集成传感器技术，帮助诺嘉公司实现产品对用户健康指标的采集分析，打造关注未来人群健康的社区健康服务互动平台。

10.4.3.2 运行特征

（1）主导关系。

以科研院所为代表的专业研发组织作为供应模式的外部技术供应方，研发阶段在与企业之间的关系中占据主导地位，掌控技术研究工作。随着科研院所将技术成果、专利以授权转让、许可等形式出售给企业，原本科研院所的主导地位逐渐向企业转移。不管是科研院所内部衍生的企业，还是外部直接技术供给的中小企业，随着技术转移的发生以及企业自身的不断壮大，企业将会逐渐主导后续的产品开发和产业化工作。微电子所的诸多技术供应企业的案例中都可以明确的看到这点。

（2）优势。

微电子所较少与相关企业签署排他性合作协议，这样一方面能够确保微电子所的引领性和影响力范围，另一方面则能够使合作企业保持充分的技术创新灵活性，合作企业可以选择多个创新供应源，同时也可以基于引进的共性技术进行再开发。例如，2013年，微电子所许可某初创公司（未透露公司名称）1000余项先进制造工艺专利，许可年限为20年，从企业方来看，丰富的技术选择不仅为企业突破市场带来多种可能性，同时该协议也并没有束缚微电子所的技术应用范围，那些关键共性技术依然能面向整个行业发挥巨大的影响力。

（3）核心。

供应模式运行的核心在于专业研发机构应该具有较强的技术预判力，包括技术先进性的预判和技术商业性的预判。首先，研发机构要注重技术先进性，为企业提供先进的研发成果更易于建立企业的核心竞争力，为其带来更大的经济利益。其次，由于供应模式中研发机构在初始期处于主导地位，因此对任何一项技术项目进行投入与开发之前都应该充分评估其商业前景。

（4）关键。

供应模式成功的关键在于技术接收方——中小企业技术成果吸收转化能力。微电子所不是简单地给合作企业提供技术成果，也就是说，微电子所不满足于开展技术转移，更多时候所提供的是技术成果转化服务，微电子所的科技人员通常会协助合作企业把所提供的技术转化为产品，同时培育合作企业的技术成果转化与产业化能力。例如，2015 年中科院微电子所与东方晶源微电子科技（北京）有限公司合作（以下简称"东方晶源"），并致力于为该公司提供极大规模半导体产品设计和制造中制程问题的解决方案以及相关设备。微电子所在为东方晶源提供技术的同时，派遣专业研发队伍多次进驻企业提供技术服务和转化指导，使公司对技术创新有的放矢，取得了较好的收益。

10.4.3.3　运行收益与风险

与微电子所合作，中小企业的最大收益是企业的快速成长，包括能力成长、市场成长和品牌成长。能力成长主要是指技术创新能力的快速提升，市场成长是指应用微电子所技术而开发的高技术产品快速为客户所接受，品牌成长则是指微电子所及其背后的中国科学院的品牌延伸而引发合作企业的品牌价值快速提升。例如，北京泰龙电子技术有限公司早在 1992 年就与微电子所形成合作，在微电子所强大技术实力的帮助下，公司成长迅速，2011 年泰龙公司成功研发 300W～3000W 晶体管射频电源（13.56MHz），获得第七届国际发明展览会银奖。经过多年的发展，产品性能和规格不断提高，规格齐全，年销售电子管与晶体管射频源国内市场份额的 70% 以上；2015 年 3 月，四川省豆其科技股份有限公司与中科院微电子研究所签署了"高端存储器技术战略合作协议"及"产品开发技术服务协议"，中科院微电子研究所的加入壮大了豆其科技在高端闪型存储器芯片设计领域的力量；2017 年，微电子所与成立仅三年的华大半导体有限公司形成战略合作关系，华大半导体有限公司希望与微电子所的合作增强本企业人才和技术力量，更好地满足客户降本增效的需求，实现产业生态布局。

尽管供应模式能为企业在技术来源方面提供充足的选择，但该模式可能会使企业过度依赖外部的风险也同样明显。在对微电子所实地调研的过程中了解到，有许多与微电子所合作的企业在合作初期虽然是本着提高自身技术创新水平的初衷，坚定从自主创新的角度出发，但是在合作的过程中由于顾忌学习成本过高或是企业管理者自身思维存在局限性，不愿投入过多资金提升企业内部研发团队实力，以至于过度依赖微电子所的技术供应。

10.5　我国战略性新兴产业技术创新大规模定制模式案例研究

10.5.1　中国汽车技术研究中心背景综述

1985 年，随着我国对汽车行业技术突破的需求，经国家批准成立中国汽车技术研究中心（以下简称"中汽中心"），现隶属于国务院国有资产监督管理委员会管理，是在国内外汽车行业具有广泛影响力的综合性技术服务机构和科研院所。其主要职责范围包括：帮助政府设立汽车行业标准，建立健全技术法规、产品相关技术检测、质量体系认证、行业规划与政策研究、信息服务与软科学研究。

三十余年的发展时间，中汽中心渐渐成长为一家总资产达 76.6 亿元的具有国家级科研机构性质的组织，针对汽车行业特点建设了一批具备国际领先水准的试验设备和场地，成立了一系列针对性较强的研发部门，培养了大量优秀的汽车技术人才[①]。2012 年，中汽中心位于天津东丽区的新院区正式投入使用，院区内主体项目有：电磁电器试验室（10m 法电磁兼容试验室）、发动机综合试验室（重型车辆整车试验室、发动机排放试验室、轻型车发动机排放试验室）、汽车安全碰撞试验室、整车排放试验室（重型车辆排放与油耗转毂试验室、轻型车排放与油耗转毂试验室、环境试验室）、中试车间、轻型车耐久试验室、新能源试验室（清洁能源发动机试验室、整车排放与油耗转毂试验）、NVH 噪声试验室、零部件试验室等，其中三个试验室的试验水平位居世界第一。据了解，中汽中心 2015 年拥有职工 2953 人，其中专业技术人员 1007 人，占总人数的 34%。在专业技术人员中，具有教授级别的高级工程师共有 42 人，拥有博士学位的共 67 人，高级职称 272 人[②]。中汽中心设有汽车标准化研究所、汽车试验研究所、汽车技术情报研究所等近 20 个专业研发部门，涵盖新车可行性评估研究、工厂规划、产品技术标准、质量体系认证，直至汽车回收利用技术研究及服务等汽车生命全周期。

由于中汽中心本身属于行业技术管理和国家汽车行业主管单位的技术支持单位，因此在开展工作的过程中"独立、公正、第三方"一直是其坚持秉承的行业定位。在行业服务方面，中汽中心主要承担三类职责：一是政府服务，包括汽车标准化与技术法规、车辆生产企业及产品公告管理、投资项目评估、国内车辆识别代码（WMI/VIN）管理；二是检测服务，包括汽车检测、中国新车评价规程、中国生态汽车评价规程、汽车试验场、车辆司法鉴定；三是市场服务，通过试验室、试验设备、技术积累以及人才团队方面的优势为企业提供工程设计与管理、数据资源服务、行业政策研究与项目咨询、网络期刊、行业论坛及活动、产品认证、质量体系认证及培训等服务。在科技创新方面，中汽中心在车辆工程、汽车安全技术、汽车节能技术和汽车环保技术方面均具有较高造诣，此外，中汽中心对汽车安全、尾气排放管理、新能源技术等行业共性技术一直在不懈地探索，在国内外汽车行业具有一定的知名度和影响力。

中汽中心现已同国内外许多汽车整车制造企业建立了良好的合作关系，包括国内的上汽、北汽、奇瑞等公司，以及国外的福特、奔驰、丰田等公司。他们之间的合作更偏重于应用端的研发，由中汽中心为合作企业提供定制化的服务，在访谈中汽中心相关负责人时了解到，这种定制化服务与中汽中心行业共性技术多年的积累密不可分，因此属于较典型的大规模定制模式。

10.5.2　中国汽车技术研究中心技术创新大规模定制模式表征

经过查阅中汽中心相关网站、搜索引擎组合检索、实地访谈内部工作人员，本课题主要对中汽中心的合作伙伴企业进行系统梳理，了解中汽中心与各企业之间的合作方式，挖掘中汽中心技术创新大规模定制模式的表征，如表 10 - 4 所示。

---

① 资料来源：中国汽车研究中心官网。
② 资料来源：根据访谈实录和中国汽车研究中心官网整理。

表 10 - 4　　　　　　　　　　　　中汽中心大规模定制模式表征梳理

年份	定制公司	具体表征
2006	上汽通用五菱有限公司	上汽通用五菱提出构建微型商用车试验标准的需求,希望借助中汽中心汽车试验和检测方面的技术基础给予帮助
2010	威伯科汽车控制系统公司	威伯科汽车控制系统公司提出希望借助中汽中心在道路交通安全研究领域的技术积累,合作完成"ESC 减少交通事故有效性分析"项目
2011	玉柴机器股份有限公司	玉柴公司与中汽中心达成协议,借助中汽中心在汽车行业标准与技术法规、产品检测试验与认证、产品开发等领域的技术优势支持玉柴公司自主创新项目
2011	上海卡耐新能源有限公司	卡耐新能源有限公司由中汽中心与日本英耐时株式会社合资成立,在中汽中心新能源汽车电池动力共性技术的支持下,研发出"三元材料动力锂离子电池"产品
2011	米其林公司(中国)投资有限公司	米其林公司(中国)希望得到中汽中心在汽车和道路安全、新能源技术、道路安全、环保、节能等领域共性技术的研发成果,为中国社会"可持续移动性"做出贡献
2012	通用汽车中国公司	通用公司与中汽中心形成联合小组,专门收集雪佛兰 Volt 沃蓝达示范运行车辆的驾乘反馈,借助中汽中心新能源汽车政策方面的优势,更好地为新能源政策的制定出谋划策
2012	奇瑞汽车股份有限公司	奇瑞公司与中汽中心达成协议,公司希望能在汽车新产品技术法规的前瞻性开发和本公司现有产品的适应性技术改进上多向中汽中心学习
2013	湖北齐星汽车车身股份有限公司	公司与中汽中心达成合作协议,湖北齐星汽车车身股份有限公司利用中汽中心车身制造、车体安全方面的共性技术来优化自有产品线,提供更加安全可靠的车身
2013	厦工楚胜专用汽车制造有限公司	厦工楚胜专用汽车制造有限公司与中汽中心在工程机械和专用车生产技术方面进行合作,公司希望中汽中心能为企业提供具有企业自身特色的技术升级
2013	柳州五菱汽车公司	柳州五菱汽车公司希望借助中汽中心在汽车底盘、热管理、整车开发、电子控制方面的共性技术优势,为企业产品进行全方位优化
2014	大众汽车集团(中国)	大众公司与中汽中心达成合作协议,希望借中汽中心多年来国内领先的汽车安全技术,开展中国儿童乘车安全和儿童座椅的研究、推广,更好地保障儿童乘车安全
2014	沃尔沃汽车	沃尔沃公司为解决儿童乘车安全问题与中期中心达成战略合作,凭借中期中心多年来在汽车安全领域的先进经验和技术积累,在儿童乘车安全及相关立法方面提供支持
2014	长春北车电动汽车有限公司	长春北车电动汽车有限公司与中汽中心成立联合工程技术开发中心,北车电动车希望依靠中汽中心在电动车、新能源方面的共性技术全面提升公司产品性能
2014	北京汽车集团有限公司	依靠中汽中心在关键共性技术研究与产品开发、工程咨询、设计与管理方面多年的积淀,北汽公司委托中汽中心对北京现代黄骅工厂项目进行技术服务

年份	定制公司	具体表征
2014	润英联公司	润英联公司与中汽中心签订长期合作协议，润英联公司希望借助中汽中心在汽车添加剂方面的技术积淀，促进中国车用润滑油技术水平的提升
2015	长安标致雪铁龙汽车有限公司	长安标致雪铁龙与中期中心成立"联合试验室"，希望中汽中心在集成整车排放、发动机、电子电器、新能源等方面给予公司技术支持
2015	昆明贵研催化剂有限责任公司	贵研催化与中汽中心成立"联合试验中心"，旨在利用中汽中心的技术特点，为汽车行业提供优异的产品、可靠的质量、完善和有效的服务，满足汽车行业技术竞争力持续提升的需求
2015	奇石乐中国有限公司	奇石乐公司凭借中汽中心车辆动力学 CAE 分析，底盘调校研发团队的技术支持，双方在车辆动力学与耐久性试验领域就奇石乐测量系统应用方面进行合作，成立"联合试验基地"，为汽车工业客户提供广泛的工程服务
2016	东风柳州汽车有限公司	东风柳州汽车公司与中汽中心合作，希望借中汽中心在车辆安全和效率领域共性技术成果，提升公司车辆的性能
2016	浙江亚太机电股份有限公司	亚太股份与中汽中心形成友好协商，明确 ADAS 领域标准体系方面建立全面合作伙伴关系，并成立先进驾驶辅助系统标准合作研发基地。共同拟订 ADAS 国家标准、行业标准
2016	雅安市政府	为推动新能源汽车产业加快发展，雅安市政府与中汽中心形成战略合作，利用中汽中心在行业规划、技术标准研究、产业共性技术方面的优势，为雅安市汽车产业的发展出谋划策
2016	宁德时代新能源有限公司	宁德时代作为新能源制造企业的佼佼者，通过与中汽中心合作，可以结合中汽中心动力电池技术方面的优势，提升产品电池的安全性和可靠性
2016	知豆有限公司	知豆公司通过成立"联合工程技术开发中心"向中汽中心提出技术需求，中汽中心在自身新能源汽车领域共性技术的已有研究基础上，结合知豆公司的个性需求进行二次研发

资料来源：作者根据调研情况整理。

　　从表 10-4 中可以看出，中汽中心与国内外许多汽车制造厂商都建立了较好的联系，通过自身在汽车技术领域的积淀，在汽车安全、新能源汽车、整车性能提升等方面与汽车企业合作，形成联合研发团队，深入企业内部了解实际情况，对自身共性技术进行二次开发，为企业技术创新能力提升做出了积极的贡献。

　　此外，中汽中心常年接待来自全国各地汽车制造厂商的造访，例如，浙江吉利控股集团、比亚迪汽车工业有限公司、北汽福田汽车股份有限公司等汽车整车、部件公司纷纷带队前往中汽中心参观考察，寻求合作机会（如图 10-13 所示）。系统分析中汽中心的合作企业，大多数都是大中型企业，这些企业有自己的研发队伍和研发资源，有一定的差异化技术需求，没有能力承担高端差异化技术研发的成本与风险，为了应对汽车市场日益个性化的需求，又必然要求兼顾技术创新成本与差异化，这样，这些合作企业的大概率选择通常会聚焦大规模定制模式。

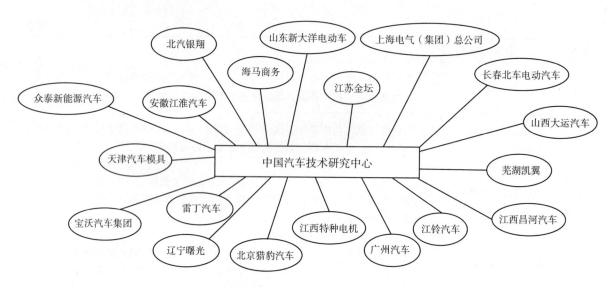

图 10-13　调研观摩中国汽车技术研究中心的汽车企业（部分）

10.5.3　技术创新大规模定制模式运行机制分析

10.5.3.1　运行过程

适用大规模定制模式的对象一般是行业里的大中型企业，这类企业自身实力尚未达到像大型领军企业那样可以独立完成新技术或新产品的研发。因此，当他们需要技术创新的时候，会考虑向外部创新源寻求帮助，于是中汽中心作为外部创新源的代表性研发机构就成为企业求助的目标。首先，企业的研发团队通过多次的造访调研，了解中汽中心所拥有的技术类型、试验实力、设施水平等条件。例如，长春北车电动汽车、长安标致雪铁龙汽车有限公司等在决定与中汽中心签订合同之前，技术部门负责人多次带队前往中汽中心参观考察。其次，在确定中汽中心有能力完成企业技术需求之后，企业会与中汽中心正式签订委托研发或联合研发的协议，并提出技术需求。明确企业技术需求之后，中汽中心结合自身在汽车产业各领域共性技术的基础，组织相关技术团队与企业技术团队接头了解具体情况，同时准备与研发相关的试验设备、场地等。最后，在技术研发过程中，双方研发人员通常会在一起工作，以便交流最新进展。在中汽中心新能源汽车领域共性技术积累的指导下，通过前期试制、测试样品形成产品雏形，再到中期小批量样机生产、仿真模拟、中试环节来评估产品的稳定性及量产可行性，在确定产品质量和生产线稳定后转入大规模生产阶段，此时中汽中心通常会选择将整套成熟的"研发—生产"体系出售给合作企业。

企业根据自身的个性需求可以要求中汽中心对共性技术进行后续开发，双方展开更加深入的合作。中汽中心大规模定制模式的运行机制如图 10-14 所示。

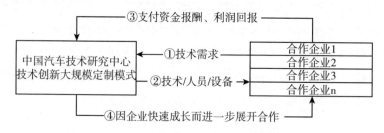

图 10-14　中汽中心技术创新大规模定制模式运行机制

10.5.3.2　运行特征

（1）主导关系。

大规模定制模式运行初期，专业研发组织类似于为企业突破技术瓶颈而献计献策的"大夫"，通过了解企业技术需求，结合自身专长为企业量身定做解决方案。此时，在双方的主导关系中，专业研发组织处于主导地位。例如，中汽中心在与随州市汽车企业合作的初期，凭借自身在共性技术、行业标准、产品认证方面的优势，为企业在生产设备智能化、新能源动力系统、车辆安全、节能环保等方面提供支持。然而，在研发中后期，研发组织和企业双方的技术差距渐渐缩小，企业研发队伍通过不断吸收、内化研发组织的技术，自身技术创新实力也不断增强。研发组织和企业之间的关系也从之前的研发组织主导技术创新，转变为联合创新。例如，中汽中心与奇瑞公司的合作案例中，奇瑞公司研发团队不断学习中汽中心相关技术，在研发后期双方在汽车可靠性、轮胎安全、噪声、振动与声振粗糙度、电控系统等方向找到了新的契合点，同时就未来共同进行汽车领域预测性研发以及对现有产品技术改进达成了基本共识，为今后的合作打下了坚实基础。

（2）优势。

大规模定制模式的优势在于拥有外部技术供应商以后，大中型企业在兼顾低成本与差异化方面形成了双重优势，同时还有效地降低了研发风险。中汽中心在企业研发方面成果显著，尤其在汽车行业共性技术方面的研发，在汽车安全、新能源汽车、排放、汽车电子网络共性技术研究方面全国领先。据了解，中汽中心认为：通过对行业共性技术的研究，既可以降低汽车制造企业成本上的负担，又能够有效地引领本土汽车制造企业自主创新能力的提升，摆脱核心技术受制于国外企业的状态，推动我国汽车产品走向世界。

（3）核心。

大规模定制模式的核心在于企业不应仅仅满足于技术本身，而应该在引进外部技术创新团队的过程中逐步建立企业自身的核心研发队伍，从根本上提高企业的研发能力。大规模定制模式并不是企业与科研院所建立简单的委托研发关系，随着合作不断加深，由于大中型企业在选择大规模定制模式之前本身具有一定的研发能力，因此企业要达成预期目的，需要建立自身的核心研发队伍，真正实现由委托研发、联合研发、自主创新能力提升的转变。例如，柳州五菱汽车公司在与中汽中心合作的过程中，就充分发挥了自有研发团队的作用，其研发团队通过与中汽中心技术研发人员的交流合作，全面提高了五菱汽车在汽车底盘、热管理、整车开发、电子控制方面的研发能力，真正达到外部技术"为我所用"的目的。

（4）关键。

选择与企业当前实力相匹配的技术路线，避免一味采取技术激进策略导致成本失控，进而丧失市场地位，这是采取大规模定制模式成败的关键。2010 年，国内新能源汽车厂商众泰公司与中国汽车技术研究中心达成合作意向。然而，2011 年在相关技术尚未成熟的情况下众泰公司就直接向市场推行纯电动汽车，导致杭州出现汽车自燃事件，为企业带来不利的影响。此后，在中汽中心的帮助下，众泰公司调整自身的技术战略，并取得良好的市场反响。2016 年，中汽中心连续两年被众泰公司评为"年度优秀开发合作供应商"。

10.5.3.3　运行收益与风险

大规模定制模式的适用企业聚焦于具备一定创新能力的大中型企业，因为这类企业本身具有自己的研发力量，向外部专业研发机构寻求帮助的过程中，自身吸收能力不断提高为技术团队带来创新能力的持续进步，这是大规模定制模式能为企业带来的最大收益。例如，大陆集团是全球首屈一指的汽车零部件供应商、轮胎制造商及工业领域合作伙伴，为了加强双方的合作关系，该公司与中汽中心签署了战略合作协议。在中汽中心的支持下，大陆集团于2015年4月建立盐城试验中心，大陆集团的研发能力得到了有效的提升，中汽中心凭借其专业知识为大陆集团在中国开拓市场提供定制化的解决方案，并将其整条价值链本土化。2016年5月，中汽中心与宁德时代新能源的合作，通过中汽中心在加速动力电池基础科学研究成果的优势，为宁德时代新能源提升电池的安全性和可靠性，推动电池技术的进步。这种合作对新能源产业的发展，将产生很大的积极影响。2016年，中汽中心与国内电动车企业知豆有限公司合作成立"联合工程技术开发中心"，通过与中汽中心的合作，提升了知豆公司的技术创新能力，有利于在有效控制成本的前提下形成差异化技术，有利于降低因探索新技术而面临的风险。

然而，企业也要警惕被"夹在中间"的风险，即成本增加却无法形成消费者愿意支付的差异化产品。2016年5月，在中国汽车工业协会月度信息发布会上，中汽中心技术情报研究所负责人介绍道，根据对2015年度汽车产量占比超过98%的37家主要汽车企业（集团）的调查，按照每日两班生产、250个工作日统计，2015年年末已形成汽车整车产能3122万辆，在建产能超过600万辆。与之相对比的数据是，2015年全年我国汽车产销分别完成2450万辆和2460万辆，这意味着，去年有650万辆左右的过剩产能。该调查数据主要来自对37家主要汽车企业（集团）的调查，结果显示，乘用车产能利用率为81%，产能利用率比较合理，商用车产能利用率为52%，产能利用率不充分，汽车产能结构性过剩问题已经显现。中国汽车产业的产能过剩，很多都是低级水平重复生产投资，而产能过剩非常容易导致恶性竞争，各厂商为了争夺市场，产品不讲品质、只拼低价，不但让企业背上沉重的成本负担，更重要的是产品在市场上无人问津，导致企业"吃力不讨好"，承担巨额的亏损。汽车生产企业应重点加强新技术、新产品研发和产业化投入，培养强化市场敏感度，提高已有产能利用率，增强资源整合能力，增加有效供给。可以说，在应用大规模定制模式时，除了在研发方面必要的投入以外，还要综合考虑市场、技术、供应链成熟度，在恰当的时机推出新产品，让技术创新真正为企业带来收益。

第 11 章　我国战略性新兴产业技术创新模式局限与改进策略建议

11.1　当前我国战略性新兴产业技术创新模式应用中的问题

通过对我国战略性新兴产业技术创新模式从理论到实践的全面分析和考察，结合技术创新模式演化博弈试验的结果，本课题从企业内部、企业与外部合作以及企业技术创新环境等方面分析当前我国战略性新兴产业技术创新模式在应用过程中存在的问题。

第一，由于对自身实力估计存在偏差，一些企业的技术创新模式选择不当。技术创新模式的选择本身体现了企业对自身的技术创新能力、风险承担能力、成本控制能力、市场运营能力等的综合考量。通过前文的系统分析，对于自身规模较大、实力较强的企业来说，外溢模式是他们进行技术创新时最合适的选择；对于自身规模一般、具备一定实力的中型企业来说，选择大规模定制模式可能会取得最好的效果；而对于那些中小型、小微型企业来说，接受外部技术创新源的帮助或者选择抱团，即选择供应模式或联盟模式应该是他们实现技术创新突破的捷径。本课题在对全国多地区的走访调研过程中发现，一些企业存在技术创新模式选择不当的问题。具体表现是：有的羽翼尚未丰满的中小企业对自身盲目自信，认为自己在某项技术水平上已经达到一流水平，忽视整个技术系统的协调发展，于是选择外溢模式，技术研发过程中，盲目扩张自己的产品范围，在缺乏对市场容量、市场潜力以及商业推广价值严格论证的情况下就涉足自己并不擅长的领域；还有的企业则过于保守，这种情况通常在科研院所转制的企业中比较常见，公司研发实力很强，但是在市场开拓的思路上过于保守，刻意地追求稳健，还执着于选择联盟模式或供应模式，导致企业丧失扩大市场份额的时机。

第二，一些企业的经营者急功近利，企业技术创新工作存在着明显的"短视行为"。在调研过程中发现，我国相当数量的企业家存在急功近利心态，这些企业由于对技术创新认知不够全面，在与专业研发机构建立合作关系之后，不是想办法通过合作提升本企业的技术创新能力，而是选择放缓甚至停止技术创新的步伐。具体表现是当企业在生产经营中出现其他状况，例如，供应链上下游协调不力，生产良品率持续走低，市场营销无法打开局面等，此时企业技术创新活动常让位于其他环节，一味将希望寄托在外部技术供给源上，造成技术创新与其应有地位严重不符。从华为公司的案例分析中可以看到，华为公司在成长的前十年间，作为一个羽翼尚未丰满的中型企业广泛地与国内外各大高校、科研院所、知名公司开展技术合作，学习外界的先进技术，同时在任正非的推动下成立产品战略研究规划办公室和中央研究部，在明确企业自身技术创新战略及其市场定位的基础上，对国内外本领域前沿技术进行跟踪和评估，积极主动地学习这些技术并在此基础上不断地改进，最终内化为具有自主知识产权的核心技术。这使华为公司的技术研发由之前的被动应对变为现在的主动出击，不仅提高了产品研发的效率，避免浪费时间、资金、技术，同时也极大地降低了产品研发的技术风险。

第三，企业由于知识产权保护意识薄弱、力度不足，导致企业技术创新过程中知识产权纠纷时有发生。企业对自身知识产权保护意识的薄弱主要表现在：在技术创新的初始、实施、应用阶段无完整保护知识产权的良好措施。举个简单的例子，科研成果研究出来后，很多企业不是先去申请专利，寻求法律保护，而是先进行成果鉴定、发表论文、公开成果，造成新颖性的丧失，失去了申请专利的大好时机。反观国外，欧盟知识产权局（EUIPO）2016 年调查发现，60% 的中小企业认为知识产权对其经营有利。除了对本企业知识产权没有足够的敏感度以外，在调研过程中还发现许多中小企业对其他企业的知识产权缺乏足够的敬畏之心，对侵犯其他公司知识产权行为的严重程度估计不足，个别企业甚至对于侵权行为置若罔闻。据了解，2012 年法院对佛山 400 多家陶企进行调查，发现有超过 90% 的企业没有建立知识产权内部管理制度；佛山陶瓷企业十强之中，有将近 50% 的企业找不到知识产权管理人员，有些董事甚至不知道"知识产权"为何物。

第四，企业在进行内外部合作的过程中存在多种风险，对合作的稳定性产生较大影响。汤建影和黄瑞华（2005）提出影响研发联盟企业间知识共享的因素有：企业拥有的知识性资源、企业的组织学习能力、共享知识的技术属性、共享过程的沟通与信任和企业文化。在调研过程中课题组发现，企业开展内外部合作研发的过程中会遇到合作伙伴选择不当、技术非法模仿和抄袭、关键人才流失、市场份额减少、利益分配不均等风险。李泊洲和罗小芳（2013）的研究表明，在我国，联盟失败率高达 40%～70%，其中合作伙伴选择不当是主因。企业在进行技术合作研发时知识共享是必经环节，基本的信任是形成合作关系的基础。很多企业对竞争与合作之间关系的认知存在较大偏差，在联盟运行过程中企业间重竞争而轻合作，在机会主义思想的驱使下只求尽可能地从其他企业中获取资源，而不愿意承担应尽的义务，从而导致联盟各成员之间的合作障碍和信任危机。在课题组对佛山陶瓷产业技术创新战略联盟的调研过程中，发现佛山陶瓷产业经历了 30 多年的发展，尽管在产品图案、花色、材质、工艺、设备等方面已经做到全国领先，但在陶瓷产业技术创新战略联盟内能够坚持自主创新的厂商比例仍有待提高，联盟内小企业、小作坊造假行为防不胜防，正牌企业打假要耗掉大量的时间金钱，结果经常得不偿失，有些企业花费几万元甚至几十万元调查造假企业、收集证据，用掉大量时间精力，就算打赢了官司，得到的赔偿也不抵打假成本，有的甚至只得到几千元赔偿，严重打击了联盟内率先创新企业的积极性。

第五，科研院所在基础研究和应用研究之间定位模糊，技术成果转移转化渠道不畅。以科研院所为代表的外部技术供给源在我国战略性新兴产业技术创新的过程中具有重要的作用，它为那些刚刚起步的中小企业在技术创新方面提供支持，通过将研究所的技术成果以转让、许可等方式转移转化，帮助企业提高自身创新能力，增加产品科技含量，减少生产运营成本。然而，探索科学规律和解决理论命题是我国科研院所的主要职责，这与技术创新所要求的科技成果产业化的目标南辕北辙。在本课题组的调研过程中发现，一些研究所在研发过程中并没有考虑研究内容是否具有产业化前景，还有一些研究所则将获取经济利益作为开展研发活动的标准。这两种现象的直接后果就是科技成果转移通道不畅，科研院所两头为难：一方面是科研成果只能在"象牙塔"中被束之高阁，无法对产业发展和国家竞争力提升起到实质性作用；另一方面是由于过于追求技术成果的产业化应用，科研院所缺乏学科领域的前沿尖端研究，在基础研究方面丢失自身优势。

第六，企业研发投入明显不足，基础研究能力普遍较弱。这个问题的出现本质上是由于我国企业对技术创新的重视程度不够。中国社科院在 2017 年发布的《法治蓝皮书（2017）》中披露，约有 67% 的企业研发经费投入在 100 万元以下，投入 500 万元以上的企业仅占 4.1%。而对企业的专利研发周期调查发现，企业研发周期 1 年及以下的占 23.2%，1～2 年的占 44.1%，合计占 67.3%；

而真正愿意在 3 年以上进行长期研发的仅占到 6.2%。这说明绝大多数企业不愿花费太长周期从事研发活动。课题组的调研也基本印证了这点，走访过程中发现许多中小型民营企业的经营者们主观上对于技术创新态度消极，经营理念过于追求短期利益，风险规避意识往往过强，面对技术创新忧心忡忡，利用外部资源的能力和愿望都很低，致使企业的技术创新能力从根本上被抑制住。肖广岭和柳卸林（2001）认为，技术创新投资越大，技术创新能力也会越强。华为公司可算作我国企业研发投入的典范，欧盟委员会发布"2016 全球企业研发投入排行榜"中，华为公司以 83.58 亿欧元（608 亿元）的研发投入位居中国第一。华为公司 30 年来持续地研发投入换来的是如今成为全球第一通信设备供应商，然而，像华为公司这样重视研发投入，涉足基础研究的企业在我国还只是凤毛麟角。

第七，战略性新兴产业发展过程中地方政府行为不当。在实地调研过程中本课题组发现，一些地方政府对待企业技术创新的态度存在两极分化，要么对企业开展技术创新不作为，或是鼓励企业技术创新的相关政策缺乏持久性，要么对企业技术研发方向插手过多，限制企业的创新活力。由于技术创新的收益具有长期性和不确定性的特点，因此从技术创新能力的发展到最后能够在市场上获利，往往需要较长的时间。多数中小企业由于实力不足，需要政府通过制定政策的方式（例如财政政策）对其技术创新进行支持。一方面，目前一些地方政府在对创新型企业实施财政政策的时候，过于追求短期收益，而忽视技术创新的根本规律，一旦短期无法达到要求就减少，甚至停止财政资助。例如，中国科学院上海硅酸盐研究所佛山陶瓷材料研发中心（以下简称"研发中心"）由中国科学院上海硅酸盐研究所与广东省佛山市人民政府、佛山市禅城区人民政府共同建设。当地政府在引进研发中心之初给了一笔启动资金，但在这之后并没有对研发中心进行持续的财政支持。据相关负责人介绍，由于缺乏相应的资金，研发中心购买必要研发设备或是支付员工薪水都成了困难，研发中心所有的资金来源需要自己去找，情况非常被动。另一方面，虽然我国政府在动员创新力量、调配创新资源方面优势明显，能在短期内"集中力量办大事"，但缺点同样明显，政府毕竟离技术前沿较远，倘若由政府主导技术创新方向，很容易产生偏差，在某种程度上刺激了过度投资，带来资源配置扭曲、产能过剩加剧、市场公平竞争受损等问题。此外，由于缺少盈利性要求，政府插手过多容易造成一些企业离开扶助无法独立生存，不利于企业健康成长。

第八，信息和技术中介服务还不完善，技术创新的供需信息脱节。企业技术创新的每个阶段都需要拥有信息，包括市场需求信息、前沿技术信息、竞争对手信息等，全面、准确、及时的信息能优化企业创新决策，加速创新过程，最终提高创新收益。在调研走访企业、科研院所的过程中发现，一边是中小企业对新技术的需求日益增加，积极地寻求各种科技项目；而另一边大学、科研院所、研发中心等专业研发机构手握大量先进技术专利却不知道如何将技术找到适合的企业作为"下家"，无法将先进技术应用于企业的实际生产。这种由于技术中介服务不到位，导致企业和研发机构技术创新供需信息不对称的情况出现，有效供给和有效需求都无法实现，在一定程度上制约了我国战略性新兴产业技术成果转化效率。

11.2　提升企业内部技术创新能力的策略建议

针对上述问题，本课题从企业内部角度出发，针对企业技术创新模式选择过程遇到的问题提出下列改进性策略建议。

（1）企业通过加强内部研发部门建设，明确企业技术战略方向，提高企业组织的学习能力，进一步建立健全企业研发体系。

内部研发部门对战略性新兴产业内的各个企业而言意义重大，从对外联系方面，研发部门是企业与高校、科研院所或其他企业技术交流合作的载体，从对内支持方面，研发部门集聚企业创新资源，为企业发展提供新技术、新产品、新工艺，带动战略性新兴产业的发展和相关产业技术的进步。尽管我国企业研发部门的发展取得一定成效，但依然存在地区发展水平不均衡、研发机构效率偏低、创新机制不健全等问题。因此，在加大研发投入力度的基础上，鼓励有条件的企业建立各类企业研发部门。第一，引导企业围绕市场需求和长远发展，结合自身实力建立研发机构，健全技术研发、产品创新、科技成果转化的机制。第二，在明确市场定位和技术标准的基础上，研究战略性新兴产业技术发展趋势，引导企业建设重点实验室，围绕战略性新兴产业的需求开展基础研究，形成工艺及技术开发、应用研究、基础研究相配套的梯度研发结构，进一步优化企业内部技术创新研发体系。第三，以企业研发部门为依托支持企业与各地高校、科研院所开展合作，主攻技术成果工程化研究，在合作过程中培养企业吸收能力，提高技术成果转移转化效率。

（2）企业管理者树立并强化自主创新意识，努力营造创新文化氛围。

企业自主创新意识是提升我国战略性新兴产业技术创新水平的前提，企业自主创新意识体现了企业家对创新的认知层次和重视程度，自主创新意识越强的企业越能够把创新当作企业发展的源动力，进而推动战略性新兴产业的可持续发展。从华为公司的成长过程中可以看到，正是自主创新意识深深植入华为公司的每个发展阶段，使公司上下崇尚自主创新，以顽强进取的精神不断克服创新之路上的种种困难，一步步成为行业领军企业。因此，增强企业自主创新意识，培养创新文化可以从以下三点实现：一是从价值观上在全公司保持一致，真正把创新驱动摆在事关企业发展全局的核心位置，加强规划和组织领导，推动全公司科技创新规划有序实施；二要在企业上下树立创新发展理念，大力弘扬创新创业文化，营造勇于创新、敢于创新、崇尚创新的浓厚创新氛围，鼓励员工踊跃提供新思想、新点子，支持企业开展各种创新；三要加强创新战略、创新政策宣传，切实提高企业员工的创新意识，鼓励企业与外部展开交流合作，以开放的心态吸纳学习外部先进知识和技术。

（3）提高企业对知识产权的重视程度，引导战略性新兴产业知识产权科学布局，成立知识产权联盟，以强化维权效果。

培育发展战略性新兴产业是一项复杂的系统工程，战略性新兴产业良好顺利地发展必然离不开完善的商标布局和先进的专利技术。为全面培养和加强企业知识产权保护和运营能力，特提出以下建议：第一，支持企业建立和完善内部知识产权管理制度，通过设立知识产权工作专职岗位，配备知识产权管理和处理知识产权侵权和纠纷等业务的专业人员，提高知识产权保护的效率。第二，引导企业加强知识产权前瞻性、战略性布局，降低国外知识产权使用许可费支出，积极探索技术创新、知识产权和技术标准之间相互促进的机制，形成以技术创新带动知识产权形成，以知识产权影响国际技术标准建立的传导机制，借助技术标准推广的契机实现知识产权所有者的利益最大化。第三，鼓励企业成立知识产权保护联盟，以团体的力量来维护自己的合法权益。由于全球市场竞争不断加剧，知识产权纠纷无论从波及范围还是影响程度都上升到前所未有的高度，仅凭个别企业开展维权活动显然效果不佳，所以要推进产业知识产权联盟建设，完善政府、行业协会、企业三位一体的管理服务模式，提高行业协会全球知识产权管理服务能力。

（4）企业慎重选择技术创新战略联盟合作对象，降低合作过程中的风险。

产业技术创新战略联盟成员的质量是未来联盟得以稳定运行的基础，因此在联盟合作伙伴的选择问题上企业应该慎重对待。第一，企业要明确联盟动机，通常企业间形成联盟的动机主要有控制成本、基础性研究、技术优势互补、获取知识和技能、缩短创新周期、寻求财务支持等，因此选择合作伙伴之前，企业应该合理分析自身对联盟的预期需求，并将其作为衡量合作伙伴的标准。第二，不同性质的联盟企业可采取相应的技术创新战略联盟策略。当大型企业进行技术联盟时，应依托于国家战略需求，并结合战略性新兴产业发展情况，工作重心应体现在整合当前的技术资源，尽力攻克阻碍行业发展的重大技术难题。当企业与跨国公司或境外企业寻求合作机会时，应时刻思考如何通过技术创新联盟整合全球技术资源，实现知识共享、知识创造与知识吸收，反过来提升本土企业在战略性新兴产业方面的技术创新能力。当企业与境内其他类型公司合作时，则需要关注如何更有效地引导和带动地方企业和民营资本参与技术创新，以提升区域创新活力和竞争力。第三，联盟组建后需对合作伙伴保持动态跟踪和分析，对影响联盟稳定、阻碍目标达成的合作伙伴要及时解除结盟关系，并且注重吸纳新合作伙伴，以保证联盟健康发展。

11.3　完善企业技术创新外部环境的策略建议

针对企业遇到的问题，本课题为完善企业技术创新外部环境特提出以下策略建议，希望能为相关创新政策制定者提供一定参考。

（1）完善联盟治理机制，保障联盟运行质量，实现联盟预期目标。

构建科学的治理机制，降低联盟成员在合作过程中可能产生的诸多风险，是我国战略性新兴产业技术创新战略联盟得以顺利运行的基本保障。第一，建立健全良好的沟通管理机制，确保联盟成员能平等、有效、及时地进行沟通。这是因为联盟的决策者来自不同的成员企业，代表不同的利益主体且地位平等，不可避免会引发联盟内部的利益冲突和分歧。良好的沟通管理机制可以协调联盟内各企业之间的利益纠纷，加强企业间交流、合作的频次，合理分配联盟共享收益，形成更具理性的企业决策。第二，通过制定联盟奖惩措施构建奖励和约束机制，以赏罚分明的态度从严要求联盟成员行为。鼓励联盟成员积极参与技术创新合作，抵制联盟成员盗版、仿冒、造假等机会主义行为，必要时应采取法律措施维护联盟其他成员的权益，有效解决联盟信任危机。第三，构建联盟创新绩效评价和反馈机制，保持企业技术创新处于正确的方向。从技术创新过程和技术创新结果两方面入手，制定科学全面的联盟创新成效评价指标，在广泛收集联盟合作过程中各类信息和数据的基础上，对全联盟企业间合作进行跟踪考察。联盟根据考察结果对成员企业技术创新的绩效进行反馈，对于成效显著的企业配合激励机制给予一定奖励，对于成效较差的企业要及时给出整改建议。

（2）推行科研组织分类改革制度，让不同类型的科研组织在技术创新活动中各司其职。

以科研院所为代表的外部技术供给源对我国战略性新兴产业中的企业，特别是刚刚起步的中小企业而言具有重要意义。科研组织的技术成果如果能顺畅地从企业找到出口推向市场，不仅对企业和科研组织双方都具有经济收益，同时对提升我国科学技术对产业发展的推动作用大有裨益。然而，现在我国多数科研组织本身缺乏明确定位，既要追求科学探索，又要解决经费瓶颈，在基础研究和应用研究之间摇摆不定，导致科研方向高度分散化、研发成果过度碎片化。为此，研发组织要明确自身定位，做出根本性选择，在学科前沿探索和应用技术研发两方找到属于自己的位置。对于那些聚焦基础研究的科研组织，政府要足额且及时地划拨经费解决组织运转问题，确保他们全力专注于基础研究而不被经济问题所困扰，技术成果转移转化的工作外包给专业公司来做，减轻这类研发组织的负担。对于那些有志于解决产业应用研究难题的研发组织，建议把绩效考核指标从研发组织传统的论文数量、专利申报量、课题承接量等考核维度转变为技术贡献率、成功率、投入产出率等更聚焦于打通科技和产业转化渠道的评价指标。通过与企业紧密合作，把握当前市场需求，让研发活动服务于国民经济发展和产业转型升级，真正提高科研组织对我国战略性新兴产业技术创新的作用。

（3）支持出台有利于创新驱动的财政政策，多渠道拓宽技术创新主体的资金来源，激发各类主体的创新积极性，为技术创新主体提供有力的资金支持。

由于我国中小企业技术创新过程中普遍存在研发投入不足的问题，而一些中小企业由于自身规模所限，根本无法拿出足够的资金用于研发，因此政府可以通过实施有利于技术创新的税收政策释放中小企业的创新积极性。第一，加大财政扶持力度，在财政专项切块资金中按比例设立战略性新兴产业核心技术攻关专项资金，采用竞争性扶持方式，无偿补助战略性新兴产业核心技术攻关、重大核心装备研制等。第二，实施税收返还制度。对年上缴营业税和所得税总额在一定额度的企业，经认定后，全额奖励营业税和所得税区财政留成部分，所需缴纳的地方性综合规费实行先征后奖。第三，在战略性新兴产业领域开展产学研相结合工作，进行公共技术服务，打造技术研发与转化、检测等专业公共创新技术服务平台，对那些符合一定条件的平台，政府对创新平台主体单位给予奖励。第四，对首台（套）产品给予一定奖励，对采购地方工业产品等按照产品实际购买价给予一定奖励，鼓励企业展开自主创新。此外，探索多种渠道拓宽技术创新的资金来源。例如，根据不同投资主体的运作特点，政府引导机构投资者、天使投资人、行业骨干企业等投资主体参与技术创新投资，大力发展风险投资，鼓励和规范市场化运作、专业化管理的技术创新投资基金。注意在政策实施过程中要理解技术创新的一般规律，明确技术创新的收益具有长期性和不确定性的特点，避免以短期利润回报来考察接受资助的企业。

第四篇 战略性新兴产业科技创新领军人才胜任能力研究

第12章 战略性新兴产业科技创新领军人才胜任能力的理论研究

12.1 相关概念界定

12.1.1 科技创新领军人才

2004 年,《上海市 2004 年度人才开发目录》中提出"领军人才",其内涵包括了两层意思:一是必须学有专才;二是必须具备成为一个团队的核心和灵魂的能力。2005 年,"两弹一星"功勋奖章获得者钱学森院士向温家宝总理建言时提出了走科学与艺术结合之路,培养领军人才的观点。钱老认为:现在中国没有完全发展起来,一个重要原因是没有一所大学能够按照培养科学技术发明创造人才的模式去办学,没有自己独特的创新东西,老是"冒"不出杰出人才。自此以后,我国学者开始将目光投向创新领军人才。纵观国内相关文献研究,学者在这一概念上也是仁者见仁,智者见智,目前还没有一个比较权威的定义。本课题对相关研究进行总结和归纳,具体如表 12 - 1 所示。

表 12 - 1 科技创新领军人才相关概念界定

文献	研究方法和对象	概念界定
上海公共行政与人力资源研究所(2005)	采用实证个案调查的研究方法对上海科技领军人才及其团队进行分类访谈调研	科技领军人才主要是指,在自然科学、社会科学和科技型企业经营管理的广阔领域,包括在基础(理论)研究、应用研究、技术开发和市场开拓的前沿地带,发挥学术技术领导和团队核心作用,推进科技向现实生产力转化,整合、优化社会资源,发掘、创造价值源泉,通过持续创新引领时代潮流,从而对经济社会的发展做出杰出贡献的人才
张永莲(2006)	理论分析	领军型人才是具有战略发展眼光,能够领导一个团队认清局势,能在工作中统筹领导的专门人才
李铭俊(2006)	理论分析	创新型领军人才首先在学术水平上必须是本领域公认的、成绩卓著的专家学者;其次必须具有良好的学术眼力、管理能力、人格魅力、胆识魄力等综合素质,能够带领一支创新团队,不断取得创新突破,推动和引领该领域的发展
教育部科学技术委员会战略研究重大专项(2009)	以诺贝尔奖获得者、高引用科学家和两院院士为样本,用统计分析的方法	领军人才是具有重大专业贡献、领导能力、团队效能突出,并具有显著的引领作用的高层次人才,是人才队伍中最杰出的群体,是具有典范作用和领军功能的核心人才,对国家和地区科技创新能力的提高、综合竞争力的提升具有至关重要的作用。从国际国内现有的人才体系来看,领军人才可以具体地指诺贝尔奖获得者、高引用科学家以及国内工程院和科学院院士

文献	研究方法和对象	概念界定
詹绍（2010）	理论分析	创新型领军人才是在科技创新和人才培育上有大建树的"帅才""将才""大师级人才"
赵跃（2010）	理论分析	科技创新领军型人才通常意义上是指那些已取得同行公认的创新性成绩或创造性科技成果，具有发展潜力，能够引领和带动某一领域的科技发展并处于领先地位的科技团队带头人，不仅包括科技创新领域的杰出领导者，亦包括科技创新产业化领域的杰出企业家
张拓（2011）	理论分析	在某一科技领域中具有突出的专业素质，研究成果或课题处于国际先进水平，掌握核心技术并具备自主研发能力，能够引领和带动某一领域发展的科技团队带头人，以及在战略决策、企业管理、资本运作等经营管理领域具有突出能力和成功经历的团队带头人
韩文玲（2011）	理论分析	从战略型新兴产业的视角认为创新型领军人才是指高科技领域如在信息产业、生物技术、环保技术、航空航天技术、新材料技术等自然科学和技术领域，能够紧跟国际最新发展，具有原始创新能力的高端技术专家
白杨（2012）	理论分析	科技领军人才就是学术技术带头人，指在一定的时间、空间的范围内，在科学技术基础研究、设计研发或技术应用的某个领域、某个方面有变革性理论发现或技术发明，并具有广泛的应用前景，得到了业内专家的公认，在该领域处于领先地位，并成为其发展趋势的引领者

根据以上文献对创新领军人才的概念描述，可以发现，学者们主要以一种"客体的方式"（object approach）去定义科技领军人才，即"具备某种特征的某类群体"。目前学者所提及的"特征"大致可以归纳为能力、专业技术水平、责任和领域四大范畴；领军人才的主体定位也各有不同，大多数聚焦于团队核心人物、技术带头人、专门人才等。

科技创新领军人才作为一类人才概念在我国出现较晚，在国外没有与之直接对应的词汇，从其内涵来看，这类人才在我国历史中并不是第一次出现，在国外研究中也有相似概念。由于科技领军人才概念最初来自政策文件，因此这方面研究受国家科技人才政策的影响较多。目前学者们对科技创新领军人才的研究停留在对行为特征表现的感性认识和抽象总结，且还未达成一致。

"科技创新领军人才"涉及人才、领军人才和科技创新三个关键词。人才一词在人才学理论体系中有较明确的定义，即指具有一定的专业知识或专门技能，进行创造性劳动，并对社会作出贡献的人，是人力资源中能力和素质较高的劳动者。领军人才是在我国文化背景下产生的人才概念。"领军"在我国古代指官名，出自《文选·潘岳》即领军将军，率领军队之意。不同的历史时期，时代召唤不同领军人才。20世纪80年代，社会较为推崇"社会精英"，这类人才是社会各个领域的佼佼者。目前所谓的科技创新领军人才不仅继承了精英的内涵，即强调个人的出众能力和贡献，同时也注入了新的时代要求，即重视其在团队中的领导能力、协调能力和整合能力，是团队的核心与灵魂（韩文玲，2011）。

科技创新涉及科技与创新两个概念。这里首先要强调的是科技，科技是科学和技术的简称。在我国，科学与技术的差别一直没有得到过多重视，从一定程度上说，我国对科学与技术的混淆有着较深的文化根源。因此在我们国家关于创新的讨论总是把科学和技术当作一个事物即"科技"加以讨论，很少有人认为有必要认真对待科学与技术的差别。科学和技术遵循不同的发展规律，科研人员和技术人员具备不同的素质特征，因此在此讨论科技创新领军人才时很有必要将其分而论之。创新是一个经济和社会概念，自从熊彼特提出这一概念，随着创新研究的深入，创新概念和内容不断拓展，创新实践愈加丰富。但其本质始终不变，就是强调新知识、新技术的开发与应用，创造出新的经济或社会价值。科技创新体现了领军人才的属性，限定了活动范围。

综合现有学者的定义以及人才的属性，本课题认为科技创新领军人才是"科技""创新"和"领军人才"的偏正式复合词，前后语素之间具有修饰被修饰的关系，"科技"修饰"创新"，"科技创新"共同修饰"领军人才"。"科技创新"是科技领域的创新，包括原创的科学研究和技术创新，是应用新知识和新技术、新工艺，采用新的生产方式和经营管理模式，开发新产品，提供新服务的过程。科技创新领军人才是指在某个科技领域有突出贡献，起到引领带动作用的人才。故本课题将科技创新领军人才的定义归纳为，"在某一特定领域或行业中，通过科技创新引领整个领域发展，做出突出贡献的高层次科技人才"。这里突出贡献主要指：取得了重大的科技突破、开辟了新的研究领域（方向）、解决了重大的领域发展问题、突破关键核心技术、提供系统的解决方案、产生重大社会经济效益（白春礼，2013）。

12.1.2　产业科技创新领军人才

鉴于产业升级是经济社会以及科技发展的必要途径，而创新型科技人才又是产业升级的重要支撑，在信息技术革命推动区域产业转型升级的时代背景下，创新人才培养日益受到国内外学者的关注。目前关于与产业领军人才相关的概念如表 12 - 2 所示。

表 12 - 2　　　　　　　　　产业科技创新领军人才的代表性观点

文献	概念	内涵
张榫榫（2013）	高新技术产业人才	该类人才的典型特质为专业技术背景渗透型，具备深厚专业技术背景，坚持终生学习与持续创新，能够为高新技术产业发展做出突出贡献的群体
熊景维（2012）	高新技术产业人才	从事高新技术产业研发、生产和管理的人才，既包括开展技术产业化研发和直接参与一线生产的创新型人才及高技能人才，也包括对高新技术企业的创建、经营与战略设计等过程进行筹划和组织的人才，还包括推动科技和经济相结合的企业领导者和管理者
李玲等（2012）	战略性新兴产业人才	在战略性新兴产业相关领域中具有较强的科技研发、专门技术和经营管理能力，能够参与战略性新兴产业的各项生产与管理活动，并且取得创新成果、为产业发展做出贡献的人才
肖峋等（2011）	高技能人才	具有高超技艺和精湛技能，能够进行创造性劳动，并对社会作出贡献的人才，主要来自技能劳动者中已经取得高级技工、高级技师和技师职业资格者

关于产业科技创新领军人才的理论研究较少，但在现实中提及较多。从构词类型分析，"产业"是对"科技创新领军人才"的修饰和限定，是指在特定产业内的科技创新领军人才。首先，科技创新领军人才的专业能力要与产业技术领域相匹配；其次，科技创新领军人才要对本产业的技术创新

方面做出突出的贡献；最后，产业科技创新领军人才对某产业的发展起到引领和带动作用。因此产业科技创新领军人才不仅应该是专业上出类拔萃的本行业、领域公认的杰出人才，而且必须能够带出一流的团队，具备构建产业核心竞争力的能力，是团队核心和灵魂，是团队的组织者和领导者。

从人格特征角度看，产业科技创新领军人才具备深远的战略眼光，超强的发展能力，超群的胆识魄力，以及杰出的团队统领能力。他们能以全球化视野，把握本领域、本产业发展趋势，确定产业发展方向与发展战略；能采用先进的管理理念和经营方法，瞄准时机，果断决策，带领产业脱颖而出；能打破常规，开拓创新，带领产业取得令人瞩目的成就；善于整合资源、协调集体的智慧，具有极强的凝聚力和影响力，是团队的核心与灵魂。因此，产业科技创新领军人才的内涵可以用图12-1表示，他们不仅是科学家或工程师，更是具有专业能力、战略眼光、市场意识和领导能力的科技领导者，是科学家/工程师＋企业家＋领导者的高水平复合型科技创新人才。

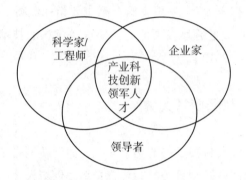

图12-1 产业科技创新领军人才内涵示意

需要强调，科技创新领军人才与产业科技创新领军人才两者之间的主要区别在于前者更偏向于在某一专业领域的突出表现，而后者则更偏向于多角色和功能的融合。因此产业科技创新领军人才对人才能力的要求更高且更全面。

12.1.3 战略性新兴产业科技创新领军人才的概念界定

新兴产业本质上是新兴科技和产业技术的融合，属于知识密集型产业。较之于传统行业而言，对新知识技术存在着相当显著的依赖性，同时对人才，尤其是科技创新领域的人才存在着很强的依赖性，是否拥有杰出的科技创新领军人才，将对产业的发展前景带来直接而深刻的影响。2010年颁布的《国务院关于加快培养和发展战略性新兴产业的决定》中，将节能环保、新兴信息产业、生物产业、新能源、新能源汽车、高端装备制造业和新材料七个主要领域划分为国内现阶段着力发展的战略性新兴产业。

战略性新兴产业科技创新领军人才属于产业科技创新领军人才，即在战略性新兴产业领域的科技创新领军人才，其具体内涵如图12-2所示。在现实中，战略性新兴产业科技创新领军人才可以分为狭义的和广义的两类。从狭义上讲，战略性新兴产业科技创新领军人才应属于在战略性新兴产业中从事研发、技术创新（尤其是从事 R&D 和技术创新活动）、生产实践活动，具有很显著的创新精神、较高的创新素养和水平，同时获得了卓越的创新绩效，对产业的科技进步、经济发展、效益提升作出突出贡献的优秀和杰出的专业技术人才和高技能人才。从广义上讲，还包括在战略性新兴产业中从事企业经营管理活动，具有较强的创新意识、较高的创新素质和创新能力，并取得显著创新绩效，对产业发展做出突出贡献的各类经营人员、管理人员、企业家等优秀和杰出的复合型专业技术人才和高技能人才。

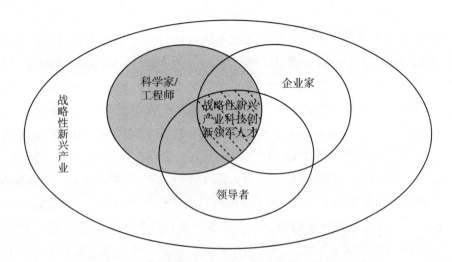

图 12-2　战略性新兴产业科技创新领军人才内涵示意

根据主要创新活动属性的不同，现实中战略性新兴产业科技创新领军人才主要包括三种类型：其一是开展基础性科研工作，其成果有效地解决了重大科研问题或开创了全新的研究方向，且有望在未来培育出极富创新性的技术的科学工作者；其二是致力于研发和创新技术，或力求推动和扩展研发和创新技术应用领域的发明家或工程师；其三是利用科学技术来扩展机会，完善公共政策或创建新的商业模式的社会精英和企业家。

12.2　战略性新兴产业的不确定性特征

12.2.1　技术的不确定性

技术发展是贯穿战略性新兴产业生命周期始终的主线，是推动战略性新兴产业科技创新的主要动力。在以技术突破为主导的产业导入前期，有较长时间处于理论基础的探索，当理论积累到一定程度后将会出现一系列新兴技术的突破，但是新兴技术是否能突破、何时突破、谁来突破都存在极大的不确定性。一旦突破性新兴技术出现，各种应用技术创新开始爆发式增长，一系列新兴技术的出现代表着新的技术范式形成。在产业导入后期，各种技术不成熟、创新呈现发散状、各种创意层出不穷，由于人们对于未来技术趋势的不同预测，多种技术方向并存，最终哪一项技术，或哪一个技术体系能够成为主导技术是不确定的。产业进入成长期后，竞争者数量增多，各企业之间都在为争夺主导技术而积极进行技术创新，出现多种技术路径、多种平行技术轨迹为了成为产业主轨道而展开激烈的竞争。另外，主导技术并不是一劳永逸的，在产业发展的过程中随着技术的不断进步，社会需求的改变，主导技术也会随之变化，因此这一阶段产业的行业标准和主导技术亦存在极大的不确定性。由此可见，无论是新兴技术的从无到有，还是从多种技术路径到主导技术的形成，以及主导技术的变更，均表明了战略性新兴产业技术创新过程中技术发展的高度不确定性。

12.2.2 市场的不确定性

科学技术唯有与市场需求相结合才能实现技术的经济价值。在战略性新兴产业的导入前期，处于探索阶段的新理论、新知识和新技术的创新活动大多数没有十分明确的社会或市场需求激发，而是仅凭借技术自身的发展惯性驱动，因此这一阶段无法对未来市场需求进行准确推断。新兴技术逐渐成熟之后，由于不同创新主体对技术、市场和产业的未来发展方向预期不同，所采用的技术路径也区别较大，这就造成了存在多种基础技术以及不同属性产品共存的局面。一方面，在多种技术路径下，最终产品在设计上存在很大的差别，不同设计理念的产品是否能激发潜在需求，创造出新市场存在极大的不确定性；另一方面，作为基础创新的结果，新兴技术尚不完善，新技术产品在投放市场初期往往是不成熟的，技术性能缺乏必要的市场验证，随着技术水平的快速提升，产品性能和可靠性及其细分市场都会发生转变，而最终是否能赢得稳定的消费群体，跨越"达尔文之海"都具有高度的不确定性。当战略性新兴产业进入成长期，技术体系基本完善，市场结构趋于稳定，不同竞争主体为了争夺更大的市场而采取积极的战略布局，这一阶段的市场规模及其市场控制程度也是多变而不可预测的。由此可见，从产业导入前期新兴技术市场需求的不确定到产业导入后期的细分市场不确定再到成长期市场规模不确定，市场的不确定特征是战略性新兴产业的关键特征。

12.2.3 产业竞争的不确定性

战略性新兴产业与其他产业相比对技术创新的依赖性较强，最先取得技术突破者往往会取得较大的先发优势，甚至有可能长期占领产业竞争的有利地位，因此在产业导入后期，不同创新主体也会存在技术竞争，即争取最先突破新兴技术。在战略性新兴产业导入后期，由于技术不成熟，技术体系尚不完善，这不仅制约着产品生产能力同时也限制了市场的占有速度和规模，因此，这一时期各创新主体围绕关键技术的获取展开竞争。进入成长期的产业，社会需求不断扩散，但有效供给不足，整个市场呈现一片蓝海，大批企业涌入该领域，这一时期往往存在多种差别很大的基础技术和设计方案，这些产品之间相互竞争会导致其中一种或极少数集中成为主导技术。一旦某个或某些企业的创新产品设计在激烈的竞争中获胜，成为主导设计，就能凭借技术壁垒或者创新带来的垄断收益，形成显著的竞争优势。反之，如果某些企业的创新产品设计未能成为主导技术，在竞争中落败甚至被淘汰出局，原有技术优势及市场份额将会被取代，面临前期投资难以收回的风险。由此可见，从产业导入前期的谁先突破新技术，到产业导入后期的谁先掌握关键技术，以及成长期的谁能参与主导设计，产业竞争一直围绕技术和市场而展开，其结果同样存在极大的不确定性。

根据以上对三种不确定的简要阐述可以发现，战略性新兴产业成长的过程中会面临技术、市场和竞争的不确定性。结合产业技术 S 曲线，可将战略性新兴产业不同阶段的创新规律归纳如图 12-3 所示。

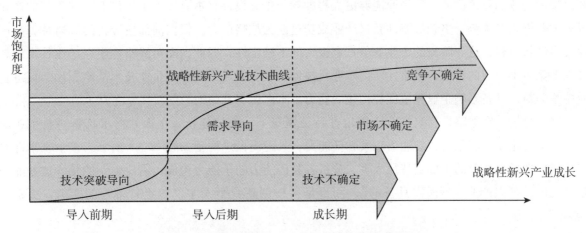

图 12 – 3　战略性新兴产业成长阶段与不确定性特征

12. 2. 4　战略性新兴产业科技创新领军人才的胜任能力

由于战略性新兴产业成长过程中存在技术、市场和竞争三方面的不确定性，产业的发展极可能是"春盼收获秋遇灾"，例如：经过漫长的基础研究新技术却迟迟未能得到突破；新兴技术突破之后由于无法判断应用领域，而使技术停留在实验室中不能转化；技术转移转化过程中无法掌握关键技术而不能尽快使技术产品化；没有持续创新的能力不能将新兴技术产业化，等等。也可能是"墙内开花墙外香"，如美国人开发晶体管技术，而日本人收获晶体管的果实，甚至可能是"前人栽树，后人乘凉"。因此，在战略性新兴产业发展中，追求短期效益的企业家往往由于自身能力或认识不足而错失企业发展的良机，从而影响整个产业的竞争优势。这种情况下，那些具有科学家＋企业家＋领导者复合能力的战略性新兴产业科技创新领军人才就显得尤其重要。同时，战略性新兴产业的不确定性特征也对战略性新兴产业科技创新领军人才的胜任能力提出了特殊要求。

首先，科技创新领军人才作为创新团队的带头人，通过主导团队创新的方向和过程对团队创新成果产生较大的影响。这里的创新成果包括新思想、新理论、新技术或新需求，是新兴技术产业化的起始点，更是产业技术创新的源泉。真正具有重大突破的创新成果不仅能够带动整个学科领域的发展，同时会引领相关产业技术的进步，因此科技创新领军人才关键是要通过突破性创新，为新兴技术产业化取得技术先发优势。根据前面所分析的战略性新兴产业技术创新过程，技术发展具有极大的不确定性，因此，面对战略性新兴产业技术创新过程中技术不确定的特征，战略性新兴产业科技创新领军人才需要识别新兴技术轨迹，突破关键核心技术，具备引领产业技术发展的能力，本课题将其归纳为科技引领能力。

其次，科技创新领军人才作为优秀的技术专家直接或间接地参与新兴技术商业化的过程中。新兴技术商业化是新兴技术或产品满足新需求，实现技术经济价值和社会价值的过程。科技创新领军人才在创造突破性创新的同时还要对新兴技术的商业前景做出较为准确的判断和预期，这将有助于新兴技术的产业化。根据前面所分析的战略性新兴产业技术创新过程，市场具有极大的不确定性，因此，面对战略性新兴产业技术创新过程中市场不确定的特征，战略性新兴产业科技创新领军人才需要发掘能够将技术成果商业化并能创造高度潜在市场价值的"技术窗口"，具备识别技术应用机会和领域的能力，本课题将其归纳为技术转化能力。

最后，科技创新领军人才作为企业的科技管理者或领导者的主要作用是要确保企业能够持续创新，塑造企业的竞争优势，使企业能够更大程度参与主导设计，占有较大市场份额，在激烈的产业竞争中获得相对优势，引领战略性新兴产业成功过渡为战略产业。根据前面所分析的战略性新兴产业技术创新过程，这一阶段的产业竞争具有极大的不确定性，因此，面对战略性新兴产业技术创新过程中竞争不确定的特征，战略性新兴产业科技创新领军人才需要影响企业技术战略布局，促进企业持续创新，具备影响企业竞争优势构建的能力，本课题将其归纳为创新领导能力。

综上分析，在战略性新兴产业不确定性特征情景下，科技创新领军人才需求具备科技引领能力、技术转化能力和创新领导能力三大胜任能力，其逻辑概念模型如图 12 - 4 所示。接下来本课题将从战略性新兴产业的不确定特征入手，分析各胜任能力的子能力构成，需要强调的是，这些能力是"战略性新兴产业发展所需具备的"，而不是科技创新领军人才"一定具备"的能力，更不是"必要"能力。

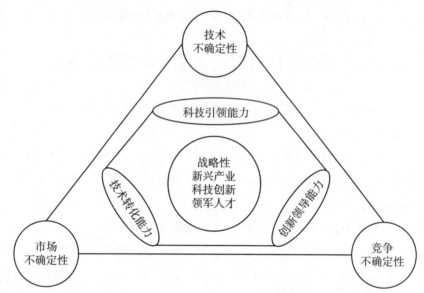

图 12 - 4　战略性新兴产业科技创新领军人才胜任能力概念模型

12.3　战略性新兴产业技术不确定性与科技创新领军人才

12.3.1　战略性新兴产业技术不确定性的理论分析

新增长理论的主要代表人经济学家保罗·罗默在其经济增长模型中指出：从整个社会发展的过程观察，在利益最大化的经济人假设下，技术作为内生变量影响着整个经济系统的变化。由此可知，技术活动是产业发展的内在变量，技术的自然属性和社会属性共同对产业造成影响，产业的发展过程也是技术的经济社会价值实现的过程。

战略性新兴产业与传统产业相比，对技术创新有较强的依赖性，本质上是技术创新推动的产业。推动战略性新兴产业发展的技术来源主要有两条途径：一条途径是利用原创新发现或新兴技术来带动后续的原创新突破，战略性新兴产业的形成和发展是新兴技术产业化的过程（陈继勇，2012）。如计算机的发明带动了全新的计算机硬件、软件等一系列新兴产业的形成和发展。另一条途径是已有先进技术的新应用，在这种方式下，战略性新兴产业的形成和发展是技术转移转化或扩散的过程。例如以信息技术为基础的物联网和云计算产业已被各国列为重点发展的战略产业。

首先，从技术的起源来看，无论是新技术的创新还是已有先进技术的扩散，其源头都要追溯至新技术的产生。著名经济学家、技术哲学家布莱恩·阿瑟（W. Brian Arthur）在其著作《技术的本质》中提出：新技术是针对现有目的而采用一个新的或者不同的原理来实现的技术。新技术是在概念当中或实际形态当中，将特定的需求与可开发的现象链接起来的过程。技术并不是自己独自生产出来，自己单独发展的，任何技术都一定来自一些无法解释的心理过程，注入所谓的"创新"或"黑箱之外的思考"，经过这些过程，技术才能实现并发展。新技术通过进化，以某种精确的方式从以前的技术中"诞生"出来，并且要通过某种可能的适应过程得到发展。换句话说，技术的进化过程实质上也是"创新"的过程。这里的"创新"更强调的是新颖性而非熊彼特所指的发明商业化的过程。

著名哲学家波普尔认为，新技术的创造和科学进步具有相似的规律，即遵循着"发现问题—解决问题—发现新问题—解决新问题……"这样的路径。应用新技术处理原有问题的过程中，会产生一系列新的问题，这时又要寻找更新的技术处理新问题，技术就是通过这样周而复始的活动不断进步。因此，在这个过程中，技术创新活动很难清晰地划分。同时，技术创新活动的难点也会随着整个创新过程的展开而发生变化，原始问题也可能需要修正，甚至彻底被颠覆。这充分说明，创新问题内在地包含着不确定性。

其次，从技术的发展过程来看，技术的发明和创造都是沿着一定技术轨迹的运动过程，但这个轨迹的形成却存在一定的不确定性。20 世纪 90 年代初，"技术轨道"这一概念被美国技术专家多西（Dosi）首次使用，用于描述技术范式变迁过程中方向和动力的改变。多西提出技术轨道是在既定技术范式的约束下，按照既有路径出现的技术和经济的进步轨迹。此后，多位学者对此展开深入研究，2001 年，美国学者詹金斯和弗洛伊德（Marl Jenkins & Steven Fioyd）在多西技术轨道理论的基础上，提出技术轨道的三个重要特性，其中不确定性就是其中之一。技术轨道通过能量来控制技术进步方向，通过动力来加速技术进步的速度，其不确定性是由于在动力积累不足的情况下，在多条技术路径最早兴起阶段，哪一条会成为最终的新的技术轨道是难以预测的，当最终技术轨道一旦确定，那么这种不确定性程度就会减弱（和矛、李飞，2006）。

另外，也可以用行业技术轨道的形成过程来解释技术的不确定性。产业技术轨道发展方向受两类技术创新活动的影响——渐进性技术创新和突破性技术创新。其中渐进性技术创新是指在既定技术范式内，对现有技术的改进或引进，是针对现有市场需求对现有技术的一种渐进的、连续的调整和改进。突破性技术创新，是指基于科学原理上的突破性技术而产生的创新，此类创新往往会导致产品性能的主要指标发生跃迁，导致市场规则、竞争态势，甚至使整个产业发生变革。下面将从以上两种创新类型对行业技术轨道形成的影响，来解释新技术产生及其技术轨道形成的不确定性。

如图 12 - 5 所示，任何行业的任何技术或创新活动发展过程均呈现出 S 形规律。在一项技术的产生初期，技术发展比较迟缓，随着相关新知识理论及新技术的积累，新技术一旦取得重大突破之后技术进步将会大大加速，当新技术成熟后，技术的发展速度开始减慢，逐渐靠近饱和线，行业技术轨迹就这样正式形成。

从图 12 - 5 可以看出，技术进步随着时间上的不断累积而呈现出一种 S 形的增长轨迹，尽管进步的轨迹是有固定形态的，但技术进步实现的途径却是有多种选择的。图 12 - 5（a）展示了渐进性技术创新推动技术轨道形成的过程，例如，增加电动汽车电池使用时间是一条完整的技术轨迹 I，但在技术轨迹形成的过程中，可以选择使用更为高效的新的电池材料，如图中 i1，也可以选择减少电动汽车每公里耗电量这一技术来实现，如图中的 i2，而 i1 和 i2 都具有 S 形曲线的特点，无论 i1

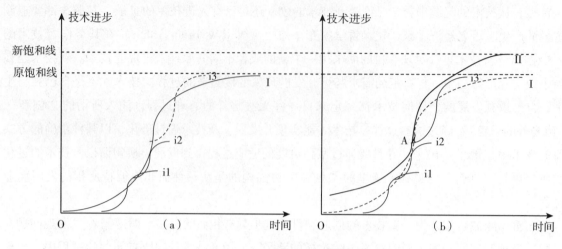

图 12 – 5　行业技术轨道形成机制

还是 i2 都可能实现行业技术轨道 I 的形成。值得注意的是在图 12 – 5（a）中，如在电动汽车电池使用时间的技术轨道 I 中，主导设计是使用最高效的新电池材料提高电池的使用时间，如果发现改变整个电动汽车的供电系统也能够增加电池的使用时间（即 i3），但同时发现这一脱离技术轨道的创新会导致高成本（包括经济成本和制度成本），因此当创新 i3 出现突破趋势时，会由于技术轨道的刚性而不能实现。图 12 – 5（b）是突破性创新对行业技术轨道形成的影响情况，由于某种原因 i3 实现了突破性进展，迫使技术轨道 I 在 A 点发生了"转折"，进入了一条更高的新轨道 II，在提高饱和限的同时，也突破了行业技术轨道。由此可见，在整个技术轨道形成过程中，无论是渐进式创新还是突破式创新对技术轨道的影响都存在多种可能性。

综上所述，战略性新兴产业是新兴技术产业化的过程，然而新兴技术的产生、发展及其产业技术轨道的形成是在不可预测中形成的，是一个复杂、动态的过程，充满了极大的不确定性。可以用奎恩（J. B. Quinn）的一句话生动地描述技术的不确定性表现："一个新的创新的进展在不可预测的耽搁和挫折中突然到来……基本上是杂乱地发展的。"

12.3.2　战略性新兴产业技术不确定性特征的典型案例——以新能源汽车产业为例

新能源汽车产业是典型的战略性新兴产业。新能源汽车技术代表着新的技术范式的出现，与传统的燃油汽车相比，采用了全新的更为先进的汽车发动技术原理，能够更为有效地解决环境污染和能源短缺的问题。从发展情况来看，新能源汽车技术已进入成长期。

20 世纪末，国际性能源危机和环境问题逐渐凸显，世界各国都开始积极地寻求解决方案，大力研发新能源汽车成为世界各国应对能源问题的主要举措。最早从事此方面研究工作的是通用等美国汽车公司，他们在美国能源部的资助下，以开发新一代高能电池为目标成立了"先进电池联盟"。随后为了发展燃料电池开启了"Freedom CAR"计划和"新一代汽车合作伙伴计划"。此时日本把中心放在发展燃料电池，而欧盟则致力于发展氢燃料和生物燃料。

2008 年后，全球金融危机的爆发加速了世界各国对发展新兴产业的战略需求，力争通过在新兴产业的领先提振各国经济发展，各国对新能源汽车产业的发展也从最初的技术布局转为战略重点布局。这一时期，美国、德国、日本等工业化国家均颁布了积极的产业政策大力支持新能源汽车产业的发展。例如美国政府先后投入逾 24 亿美元支持研发自助插电式电动汽车及其电池零部件，同一时期还针对新能源汽车的发展发布了"高科技车辆制造激励计划"和《美国复苏与再投资法案》。在高额研发投入的带动下，突破式创新十分频繁，新能源汽车技术脱离实验室逐步实现商业化。从 2008 年开始，新能源汽车技术才进入技术高速发展时期，即新能源汽车产业发展的导入后期。这一时期，混合动力汽车（HEV）、纯电动汽车（BEV）、燃料电池电动汽车（FCEV）和氢发动机汽车等新能源汽车产品进入市场。表 12 – 3 是国际车业新能源汽车研发布局。

表 12 – 3　　　　　　　　　　　　　国外早期节能与新能源汽车研发格局

地区	企业	混合动力				纯电动	燃料电池
		微混	中混	强混	插电式		
美国	通用	+	+ + +	+ + +	+ + +	+ +	+ +
	福特	+	+	+ + +	+ +	+ + +	+ +
	克莱斯勒	+	+	+ +	+ +	+ +	+
欧盟	大众	+ +	+	+	+ +	+ +	+
	奔驰	+ + +	+ + +	+ + +	+ +	+ +	+ + +
	宝马	+ + +	+	+	+	+ +	+ + +
日本	丰田	+	+ +	+ + +	+ + +	+ +	+ + +
	日产	+	+	+ +	+	+ + +	+
	本田	+ +	+ + +	+	+ +	+ + +	+ + +
其他	现代	+	+	+	+ + +	+ +	+

　　注：参见钟志华等. 节能与新能源汽车产业培育与发展研究报告［M］. 北京：科学出版社，2015。表中"＋"表示技术研发的成熟度。

　　由表 12 – 3 可知，在节能与新能源汽车产业发展初期各国主要企业所采用的技术发展路线图并不相同，同一地区不同企业研发重点也不相同。不仅如此，每一种技术发展路线其技术方案也有较大的差别。以混合动力汽车为例，混合动力汽车可以分为串联式、并联式和混联式三种，按照匹配的电动机和电池系统的功率不同，以及是否能够单独依靠电力形式，可分为轻度、中度和重度混合动力技术。具体到技术实现方式，各个企业又有不同的方式来匹配发动机、电机和变速箱，形成不同的技术路线。例如，丰田、福特、通用采取 E-CVT（电子控制无线变速器）方式；本田采取 ISG（启动发电一体机）电机方式；日产、标致—雪铁龙采用的 BSG（皮带传动启动发电一体化电机）双电机方案；大众、现代、日产、三菱和变速器厂商伊顿采取双离合器 ISG 方案等，具体如表 12 – 4 所示。

表 12 – 4　　　　　　　　　　　　　新能源汽车技术方式及具体产品

技术方式	企业及车型
E-CVT	丰田：普锐斯、凯美瑞、雷克萨斯 CT200h 福特：escape、Fussion，2 平台 4 车型 日产：Altima，丰田技术 爱信：三种混合动力变速箱
ISG 系统	本田：Civic、Insight

续表

技术方式	企业及车型
E-CVT 双模	通用：Tahoe、Escalade，5 车型 克莱斯勒：Aspen、Durango，2 车型 宝马 X6 混合动力版
双离合器 ISG	大众：Touareg 现代：Sonata Hybrid（锂电池） 日产：双离合器 + CVT
BSG 双电机	标致：并联 - 双电机 日产：Tino

进入 21 世纪以来，发展新能源汽车仍然是各国战略竞争的焦点，加大研发投入，重视政策支持等举措都为新能源汽车产业的快速发展提供了保证，新能源汽车产业开始进入快速成长期，各项技术发展迅速，如新体系电池技术和新兴锂离子电池技术的性能实现了倍增，新能源汽车的车速、续航里程和充电速度等性能指标有了明显提升，插电式混合动力技术路线的发展潜力得到了明显的印证。与此同时，市场需求规模也迅速扩大，从最初的个别国家的小众市场到 2014 年全球销量已达到 30 万辆。新能源汽车市场存在多种技术标准，例如，北美地区车型主要以混合动力系统为主，欧洲市场重点发展混合动力系统与插电式混合动力系统，日本采用氢燃料电池汽车，中国则专注于纯电动车。

新能源汽车技术不确定性案例分析的结论：

（1）通过对新能源汽车产业兴起与发展过程中技术发展状况的总结，可以发现新能源汽车产业已经经历了产业导入期，进入成长期。20 世纪 90 年代～2008 年是新能源汽车产业的导入前期，这一时期面对日益突出的能源危机和气候问题，各国开始重视新能源汽车技术的研发。与传统汽车产业不同，新能源汽车在新一代技术范式下，美国、德国、日本等发达国家选择了不同的技术路径对新能源汽车技术进行研发投入。

（2）2008～2012 年，全球新能源汽车产业技术取得不断的突破，产业进入产业导入后期。从表 12 - 3 可以发现，在这一时期由于不同国家和企业对市场需求的预期不同，重点研发的技术产品也不尽相同。这一时期已经有产品进入市场，但市场刚刚形成，规模较小。

（3）2012 年之后，新能源汽车产业进入成长期，技术也较为成熟，各项性能得到明显提升，市场已具一定的规模。但市场还未形成统一的行业标准，北美、欧洲、中国和日本侧重不同产业化路线。

综合以上分析，新能源汽车产业技术是在新技术范式下的创新发展，在同一范式下存在多条技术轨迹，技术轨迹的方向又存在多种选择。随着各技术方向的发展，新能源汽车产业未来的主导技术还不明朗。

12.3.3 战略性新兴产业发展的技术风险及领军人才胜任能力构成

战略性新兴产业发展过程中技术存在极大的不确定性，这种不确定性来自新技术的产生和演进过程中路径和效果的不可预知性。其中，技术产生的不确定性来源于人的有限理性、技术创新所处的客观条件的约束以及创造性活动的本身；技术演进过程的不确定性源于技术创新的速度、方向和路径具有可变性和选择性（夏天，2005）。如前所述，科技创新领军人才需要具备驾驭这种技术不确定性的能力，即科技引领能力。不确定性与风险同在，风险是不确定性的结果表现，"不确定性"具备先天的不可预测，但风险却是可以预测的（吴永忠，2002）。以下将通过分析技术不确定性所导致的主要风险类型，推理出战略性新兴产业科技创新领军人才科技引领能力的具体构成。

（1）技术选择风险。

战略性新兴产业技术的不确定特征首先表现为在各种新技术共存的环境下，哪一种技术方向最终能够实现产业化是不确定的。随着科学技术的发展，技术层出不穷，或是因为太超前，或是因为不成熟，真正能带来经济社会效益的技术毕竟是极少一部分，且很难分辨。面对在新的技术范式下不断涌现的新理论、新技术，如何选择、判断具有产业化前景的新兴技术是发展战略性新兴产业的前提，也是每个国家都非常关切的问题。一旦判断失误将延误产业发展的最佳时机，不仅失去先发优势，甚至导致产业后期发展也受制于人，这里将其归纳为技术选择风险。

战略性新兴产业是新兴技术的产业化。如上节所述，无论是技术轨道的发展还是新技术范式的出现，都存在一定的不确定性，而这种不确定主要受技术发展趋势以及技术突破可能性的影响。某个战略性的研究领域或某种新兴技术可能是一个新兴产业的源头，也可能是传统产业变革升级的关键瓶颈，对战略性新兴产业的选择和培育具有至关重要的作用。

当前世界将迎来新一轮的科技革命，信息、材料、能源、农业、空间、海洋等重大基础前沿与交叉等技术领域呈现多点群发式突破态势。产业发展也面临着来自经济、制度、文化环境的深刻变革和动态挑战，是选择丧失产业发展的"机会窗口"，还是走向更深层次的产业系统技术变革，直接取决于对产业技术发展演化方向的准确把握（张立超，2015）。纵观产业发展史，在战略性新兴产业中最先识别前景性高技术的国家往往是技术领先国家。因此，本课题认为科技创新领军人才的科技引领能力首先表现为判断技术发展方向的能力，即在战略性新兴产业阶段技术发展方向不明确的情况下，能够准确预见科技发展规律，判断某一领域在未来一段时间内具有前景的新技术方向的能力。

（2）技术突破风险。

技术突破促进了新技术产生和产业技术创新的发展，技术突破是产业技术进步的动力。在未来技术方向选定的情况下，高前景性新兴技术能否取得突破是技术不确定性表现出的另一个风险。技术突破并不是一蹴而就的过程，是经过在正确的技术方向长期积累，聚集了与突破性技术创新相适应的所有技术元素之后所形成的对产业技术基础具有较大激发作用的关键技术成果。一旦完成技术突破，技术演进将发生跃迁式发展，会发生两种情况。一种是新兴技术将替换原有主导技术开辟新的技术轨迹；二是在原有技术基础上扩大技术的性能属性从而扩大了技术的应用范围。

突破性技术能否按照预期的目标实现应达到的功能和市场效果，在研发之前和研发过程中都是不确定的，包括选择何种技术突破，技术突破能否实现、何时实现等最终结果都是不可确定的（陈继勇，2012）。因此，谁能第一个冲出藩篱，抢占技术高地是不确定的。

突破关键技术是战略性新兴产业发展和产业竞争的重中之重，突破性技术需要打破原有的思维模式，创造新的技术体系，是一种"创造性的毁灭"，突破性技术创新不仅受到诸如前期技术积累、创新资源和创新模式、思维方式等多种因素制约，还需要有较强的基础研发能力和技术集成能力（陈继勇，2012）。

目前，战略性新兴产业处于发展初期，部分产业技术轨道已经形成，如新一代信息技术、节能环保产业，而另外一些产业的技术路线还处于探索之中。各国都在为争取产业技术发展的先发优势而重点布局，这一时期，先取得关键性技术突破的国家将实现技术先发优势。因此，作为科技创新领军人才科技引领能力的另外一个子能力构成就是把握关键技术的能力，即能够以产业技术发展的重大问题为导向，实现技术突破的能力。

综合以上分析，本课题提出理论命题 12-1。

命题 12-1：在技术不确定的情况下，战略性新兴产业科技创新领军人才需要具备科技引领能力来应对不确定带来的风险，主要包括判断技术发展能力和把握关键技术的能力。

12.4 战略性新兴产业市场不确定性与科技创新领军人才

12.4.1 战略性新兴产业市场不确定性的理论分析

战略性新兴产业本质上是前景性高新技术商业化的过程，这里需要强调的是前景性高新技术而非高新技术，两者的主要区别就在于高新技术是否存在广阔的市场前景。相比基础性创新，如何使前景性高新技术实现成功的技术化和商业化对于产业技术创新更为重要。未来决定研发与创新竞赛的关键将在于哪一家企业能够有效地将研发成果转化成为创造利润的商品。前景性技术的商业化能力成为知识经济时代影响产业竞争成败的一项最重要的因素。

前景性高新技术的商业化过程一般表现为两类不同的过程。其一表现为从基础技术研发到技术实现产业化的整个过程，即指"理论—技术—产品—市场"的整个环节。在这种情况下，技术创新是从新兴技术出发，以新兴技术的发展为主导，判断新兴技术能够满足的社会需求，从而实现创新。其二表现为将技术作为一种商品在市场进行买卖，从而实现技术的价值。在这种情况下，技术转让、技术授权是实现高新技术商业化的主要途径。技术创新是从新需求出发，以满足社会新需求为主导，通过有目的地整合新兴技术来实现创新过程。由此可见，无论技术商业化过程表现为前者还是后者，其核心命题都是要把技术与需求相结合，实现技术的应用价值。因此，从技术创新角度看，一项技术的成功突破并不是技术创新的终点，而是技术创新另外一个新的起点，一项技术只有真正被市场接受才是真正实现了商业化过程。

在第一种商业化过程中，基础创新的成果只有能够与某种潜在的市场需求相结合，才能形成产品，最终商业化，实现技术成果的价值。在最初，促进基础创新的需求一般是以政治需求、军事需求和其他公共需求等形式表现出来的非市场需求的力量。可见，在很大程度上是由基础创新创造了新技术的潜在市场。

由于战略性新兴产业处于产业发展初期，人们对技术还不了解，市场范式还未确立，需求是模糊的，这就导致新技术的应用领域不明朗。同样的技术应用于不同的市场，会产生截然不同的市场效果。在这种情况下，事先很难预测产品开发形式以及市场接受程度、能力和速度。特别是，新产品越是高技术密集，用户接受起来越是谨慎、小心。

在第二类商业化过程中，技术作为商品在市场上交易。交易的目的是要满足市场某种既有需求。而在这种情况下，技术的商业化价值是通过技术整合来实现的。技术整合是不同类型技术之间的整合，在整合之前各项技术是分散的个体，在创新主体的创新目标指导下，各种不同的技术通过一定的标准筛选过后，通过导入、提炼，实现技术发展的产品化、工程化、产业化。

对于战略性新兴产业技术而言，产业技术整合既没有规律可循，更没有经验可以借鉴，在满足新需求的目标下，其面对的是各种新技术或已有技术，这些技术可能还未成熟，其功能属性不完善，可能需要多领域的新技术融合，因此这就加大了技术选择、导入和提炼的难度，进而导致技术整合结果的不确定性，即技术整合的产品是否能被市场接受，是否能使产品实现工业化生产等都是未知的。

最后，市场不确定性还可能来自不同技术的扩散和交叉融合。战略性新兴技术较多源于技术在不同领域之间的融合，因此新兴技术的应用领域是难以预测的，市场效应更是未知的。例如生物技术和信息技术的交叉融合成为目前全球生物产业的创新特点，随着高性能计算、大数据及基因组学等技术创新的推动，生物技术飞速发展，不仅在健康产业、医药产业和农业产业的应用领域不断深入，同时还向工业领域转移。

综上所述，战略性新兴产业市场的不确定性来自市场需求的潜在性，技术整合的复杂性以及技术的扩散和交叉的融合性。

12.4.2　战略性新兴产业市场不确定性特征的典型案例——以计算机产业为例

计算机技术是当今世界发展最快、影响最大的技术，它不仅改变了人们的生产和生活方式，更成为人类由工业经济社会向信息经济和知识经济社会转变的核心推动力量。作为 20 世纪中期兴起的典型的战略性新兴产业，计算机产业已经发展为世界级的战略产业，衍生出软件产业等多个新兴产业，深刻影响着全球的产业竞争态势。

20 世纪初，随着科学技术的快速发展，海量数据处理问题制约了多个领域技术发展，此时迫切需要发展一种高性能的计算工具，尤其是战时军事指挥面临的巨大的计算要求，更为计算机技术的发展提供了强大的动力。

在巨大需求的有力拉动下，在有关部门的全力支持下，通过科技人员创造才能的极大发挥，1945 年年底标志着人类计算工具历史性变革的巨型机器 ENIAC 诞生。ENIAC 的诞生使得计算机的发展进入电子管计算机时代。由于广泛地使用了电子线路，ENIAC 同以往继电器计算机等相比最突出的优点就是高速度。它比已有的计算机快 1000 倍，这使得它能够胜任相当广泛的现代科学计算。但这些输入输出都要通过穿孔卡片或穿孔纸带，与电子运算器的高速并不比配，而且体积庞大，价格高昂，所以计算机在当时也只能用于军事等特殊行业。曾经设计 ENIAC 的两位科学家很快认识到自己工作的商业价值，离开了摩尔学院，于 1948 年成立了埃克特—莫希来计算机有限公司，但仅仅得到了 2 台电子计算机的订单。

在物理学家肖克莱的领导下，1947 年美国学者成功研制出了半导体晶体管，与电子管相比，晶体管具有体积小，重量轻、寿命长、耗电少等优点，因此人们想到采用半导体晶体管取代电极管作为计算机器件，设计并研制出晶体管计算机，实现了技术跃变，从此计算机进入了商业计算领域。1951 年，IBM 聘请冯·诺依曼为顾问，于 1953 年研制出 IBM701。这种机器使用静电管作为内存，磁鼓作外存，在 3 年时间里交付 18 台，初步打开了电子计算机市场。

20 世纪 60 年代，半导体集成电路的出现，使得第三代电子计算机成功问世，计算机的性能实现了又一次飞跃。由于集成电路技术的使用，电子计算机的体积更小、耗电更少，造价更低，计算机进入小型机的发展时期。1965 年，美国生产的小型机有一千多台，1970 年则增加到一万多台，生产厂家发展到六七十个，产品也有一百多种。小型机的成本只有大型机的十分之一甚至几十分之一，其功能却相当于大型通用机。

进入 20 世纪 70 年代，由于大规模集成电路技术的发明和运用，电子计算机发展进入了微型化、耗电少、可靠性高的阶段。1971 年，世界上第一台微处理器和微型计算机在美国硅谷应运而生，开创了微型计算机的新时代。1974 年，英特尔公司推出了 8 位字长的功能更强的微处理机 8080 芯片。到第二年，市场上就有 20 多种各个公司分别推出的微处理器芯片。8080 引发了计算机技术的又一次革命——个人电脑的出现。

20 世纪 70 年代以后，个人计算机发展起来，最早的个人计算机是美国 Apple 公司开发的 Apple II 型计算机，于 1977 年开始在市场上出售。从此之后，各种型号的个人计算机如雨后春笋般纷纷出现。随着个人计算机功能不断增强，价格日益低廉，用途日益广泛。

进入 20 世纪 80 年代以后，个人计算机呈现出爆炸式的大发展，据统计，1980 年美国销售个人计算机 72.4 万台，1981 年销售量几乎翻一番，达 140 万台，1982 年又翻一番，销售 280 万台，价值约 50 亿美元，其发展之迅猛超过了以往任何类型的计算机。

美国计算机产业的形成和发展，实现了重大技术突破和新产品开发满足人们新需求（即信息消费需求）的有机结合，推动了新的产业革命，不仅极大地促进了美国的经济发展和国家竞争力的增强，而且对人类社会生产和生活方式产生了革命性的影响。

美国计算机及信息技术产业的发展历程表明，随着计算机技术的不断完善，从最初的电子管、晶体管、半导体集成电路到大规模集成电路等重大技术的突破，计算机产业产品也从电子计算器、大型计算机、小型计算机向微型计算机升级，随着性能的不断提升，计算机的市场从最初的只应用于如军事等特殊行业，逐步扩大到商业计算机市场，随着体积和成本的降低，在 20 世纪 60 ~ 70 年代更是创造了个人电脑市场。

12.4.3 战略性新兴产业市场风险及领军人才胜任能力构成

战略性新兴产业市场不确定性的根本原因来自技术的不确定和需求的潜在性。由于新兴技术尚未成熟，新技术的应用领域不能准确预测，再加之社会需求的潜在性，新兴技术转化为何种商品及商品的市场前景都是不确定的；另外，高新技术产品一般是多种技术综合应用的产物，新兴技术产业化过程中需要多种技术的跨界整合，这就导致市场需求更加难以预测，从而影响最终产品的市场接受程度。战略性新兴产业市场的不确定性影响着新兴技术产业化的速度和规模，进而决定了一国能否获得战略性新兴产业发展的先发优势，因此是实现战略性新兴产业的战略关键。

企业是创新驱动发展的主体，更是战略性新兴产业技术创新核心主体。例如，我国承担探月工程、载人航天工程、深海探测等国家重大科技项目任务的主体大多数是企业。这些企业大多数都是由科研院所转化而成，具备较强的技术创新实力，他们能够在承担国家科技任务的同时，把自己的技术转化为市场需要的产品。但在战略性新兴产业阶段，更多的企业不具备这样的技术创新能力，因此更需要科技创新领军人才的参与和领导。如前所述，战略性新兴产业科技创新领军人才需要驾驭市场的不确定性，通过技术转化能力，发掘能够将技术成果商业化并能创造高度潜在市场价值的"技术窗口"，识别技术应用机会和领域。以下将通过分析战略性新兴产业的发展过程市场中不确定性的具体表现，推导出科技创新领军人才技术转化能力的主要能力构成。

（1）技术产品化风险。

战略性新兴产业是新兴技术产业化的过程，在技术创新从实验室走向市场的过程中，要面对许多不确定性。而关键的一步就是注入新技术的产品设计是否能够较为经济地制造出来，市场是否会接受这个产品（Parthasarthy & Hammond，2002），即凝聚着高科技成果的新产品能否实现转化为商品的"惊险一跳"是战略性新兴产业市场不确定所表现的第一类风险，本课题将其称为技术产品化风险。

美国高科技营销专家杰弗里·摩尔在其1991年的著作《跨越鸿沟》中首次提出技术采用生命周期理论，成为当今用来分析市场对高科技产品接受程度的战略工具。根据技术采用生命周期理论，科技创新产品被大众接受的整个周期是一条呈正态分布的钟形曲线，这个周期可被划分为五个发展阶段，而在每一个阶段产品都会面临不同性质的顾客：创新者、早期采用者、早期大众、后期大众和落伍者，而每一类顾客又代表了不同阶段产品的需求特性。每一项高科技产品都会经历上述五个阶段组成的曲线，但在这个曲线中存在一个像"鸿沟"那样的区域，清华大学雷家骕教授将其称为"市场沉寂区"。大部分失败的高科技产品都是由于没有能够顺利穿越这个沉寂区所致。

战略性新兴产业产品的本质是新兴技术，技术成果在向产品转化的过程中存在"市场沉寂区"。"市场沉寂区"是技术采用生命周期中最可怕、最无情的区域，且非常隐蔽，很难被企业发现。因此，科技创新领军人才的技术转化能力需要识别技术的应用领域和机会，本课题将其定义为推动应用创新的能力，即通过对特定领域内已有技术发展趋势及其相互关系的挖掘，推断该领域可能被市场接受的技术形态，发掘能够将技术成果商业化并能创造高度潜在市场价值的"技术窗口"。

（2）产品市场化风险。

新兴技术产业化的第二步是要确保产品实现商业化，最终完成产业化的过程。从本质上看，技术商品是一种无形产品，由于购买者的有限理性，很难对它的质量作出准确测度。同时，作为一种专用的知识交易，参加交易的人数有限，且交易过程存在着很强的机会主义风险。另外，技术商品所带来的绩效也存在高度的不确定性，因此，技术产品在市场化的过程中同样存在较大的风险，本课题称为产品市场化的风险。

一般来说，产品市场化作为产业技术创新过程的一个环节，其创新模式可分为三种：内部开发、市场交易和合作开发（罗炜，2002）。在战略性新兴产业中，由于技术与市场存在极大的不确定性，技术更新周期较快、研究与开发的成本巨大是其主要特征，自主创新面临着较快的成本上升压力和创新失败风险，因此，内部开发对于战略性新兴产业产品市场化而言并非一种最优的技术创新途径。另外，按照威廉姆森（D. E. Williamson）的观点，技术商品的特殊性决定了它是存在高额交易费用的商品，因此市场交易方式也不是技术创新的最佳途径。

技术产品的特殊属性决定建立在信任基础上，相互沟通、彼此信任、共担风险、成本低的合作创新才是战略性新兴产业产品市场化的最佳途径。通过成员企业共同参与，合作创新不仅可以承担企业单独无法承担的大规模研究项目，还可以克服专利制度不完全时，研究开发中常常遇到的"搭便车"现象，从而提高创新的积极性。合作创新克服了重复研究和重复投资的弊端，充分实现了知识的分配和共享、企业合作协同作用，充分体现了规模效应，表现出更高的创新效率。因此，科技创新领军人才的技术转化能力需要通过提升合作创新来实现，即通过促进不同的创新主体进行合作，提高合作效果，尽快取得市场的能力，本课题将其定义为提升合作创新能力。

需要强调的是，本课题认为，科技创新领军人才的主要作用还是知识和技术的创新，即相对于前面提出的判断技术发展方向和把握关键技术的能力而言，推动应用创新能力和提升合作创新能力相对要求并不是很高，这两种能力只为促进知识和技术创新，更有效地规避新兴技术产业化过程中的市场风险。

综合以上分析,本课题提出理论命题 12 -2。

命题 12 -2:在市场不确定的情况下,战略性新兴产业科技创新领军人才需要具备技术转化能力来应对不确定性带来的风险,主要包括推动应用创新能力和提升合作创新能力。

12.5 战略性新兴产业竞争不确定性与科技创新领军人才

12.5.1 战略性新兴产业竞争不确定性的理论分析

1999 年,托比·哈菲尔德(Toby Harfield)提出,在新兴产业出现的过程中,对于新兴产业的发展,良性的市场竞争与政府鼓励相比,前者更为必要。除此之外,多数学者认为,市场竞争选择与政府扶持的共同作用将会促进新兴产业的发展(Mansfield & Aeademie,1991;Joseph & Giaea-lone,2001)。战略性新兴产业的发展不仅要重视技术创新以及关注市场需求,还要尊重市场规律,接受市场竞争的洗礼、检验,让产业在市场中长大、发展和壮大(黄桂宝,2012)。

在战略性新兴产业发展阶段,技术标准尚未统一和明确,国家之间、企业之间的产业竞争主要表现为主导设计竞争。主导设计是指在不同的技术标准竞争中最后胜出并被广泛采用的那一套设计标准(谭劲松等,2007),由于主导设计促进了产品标准化,能够实现产品的规模经济性,移除技术扩散的重大障碍,因此代表了产业发展进程中的一个里程碑(刘志阳,2010)。根据技术演化理论,技术演化遵循变异、选择和保留的步骤,在变异阶段出现的某项新技术可能会因市场或组织的选择行为而上升到主导地位,进而转化为主导设计,并在之后的保留过程中通过渐进性创新得以强化。能否获得某一战略性新兴产业产品的主导设计掌控权,不仅关系到战略性新兴产业能否顺利实现跨越式发展,更是关系到国家经济能否保持下一个繁荣期的核心命题(谭劲松等,2007)。

主导设计的竞争结果不仅决定了获胜技术和失败技术以及其发起企业的命运,还决定了围绕每项新技术的一系列互补性产品和服务行业的兴衰(叶伟威,2009)。对于任何企业来说,把已开发或正开发的技术转化为本行业主导设计的能力对其长期竞争地位及成功具有决定性的作用,否则会受到主导设计技术的排斥。

随着战略性新兴产业的成长,大量新兴技术取得突破,技术范式基本形成,随着市场需求被激发,市场规模在不断扩大,一些敏锐的创新者积极进入此领域进行开拓,由于不同创新者对市场需求的预期不同,存在多个技术轨道,新技术存在多个版本,加之市场需求特性在不断变化,各企业之间的主导设计之争也愈加白热化。

决定主导设计形成的因素较多,目前学者们一致认为最重要的是技术的先进性(刘志阳,2010)。拥有技术先进性并不意味着该项标准可以获得主导地位,但拥有技术上的突破性创新是成为主导设计的必要条件。除了技术先进性之外,市场开拓能力、政府干预以及在这个竞争过程中采取的战略都对主导设计竞争有直接的影响。有学者认为,技术发展过程是高度路径依赖的,随机或特殊事件对技术竞争的最终结果具有显著影响,因此主导设计的形成归因于组织不可控的外部因素;也有学者认为主导设计的形成具有相当普遍和可预测的影响。而且,企业战略对这组因素可以发挥显著影响。因此,尽管会有一些超出企业控制的事件对主导设计的形成产生影响,但企业可以积极管理那些控制范围之内的因素,使天平向自己倾斜,同时最大化自己开发的技术成为主导设计的概率。

另外，有学者认为高新技术产业的主导设计的形成并不是既定不变的。一个产业的主导设计可能会随时间发生变化。特别是在技术发展和技术更迭频繁的背景下，主导设计容易因更具优越性的技术出现而改变。这也说明了主导设计的竞争是变化中的竞争，即使是竞争领先者也有被赶超的可能性。

综上所述，引发战略性新兴产业竞争不确定的本质是主导设计的不确定，而主导设计不确定的根源是技术的不确定。由于主导设计的形成和改变会随着技术进步而动态变化，以及影响主导设计变化因素的多样性，最终谁能够掌握主导设计，成为市场的主导者是不确定的。由此可知对于战略性新兴产业竞争的不确定性特征本质上是产业竞争状态常态化，竞争结果不可预知性的表现。

12.5.2　战略性新兴产业竞争不确定性特征的典型案例——LCD 产业为例

LCD 产业是电子信息产业的附属产业，20 世纪中业在 IT 和信息产业的带动下已经成为许多国家国民经济的主导产业。近年来韩国的平板显示屏产业取得了举世瞩目的成就。然而，直到 20 世纪 90 年代初期，韩国企业才开始涉足 LCD 产业，白手起家的韩国企业通过自主创新追赶并超越实力雄厚的日本企业，取代了其在 LCD 市场的龙头地位，这是战略性新兴产业竞争不确定的典型例证。

（1）全球 LCD 产业发展整体态势。

1988 年，奥地利植物学家赖尼铁兹在研究植物结晶特性的过程中发现，将温度加热到 145℃时，结晶会呈现出白色，继续加热至 175℃时则会变为透明状态，德国物理学家莱曼研究之后将之命名为液晶。LCD 主要利用液晶材料的特性，加上电路的驱动促使液晶转向，以控制外部光源穿透来达到敏感效果的光电显示元件，它是一个将电子信息转变成光学讯号的光电装置。LCD 的种类繁多，目前使用最为广泛的是 TN 型、STN 型和 TFT 型。

虽然液晶技术早在 19 世纪末就被发现，但是将其商品化却是在 20 世纪后半叶。1961 年美国 RCA（Radio Corporation of America）公司的海梅尔研制成功了一系列数字、字符的显示器件以及 LCD 钟表、驾驶台显示器等实用产品。1968 年 RCA 公司向全世界公开报道了此项发明，标志着液晶显示技术正式走向产业化。

在美国 RCA 公司宣布开发出 LCD 产品的相关报道一出现，便引起了日本科技界、工业界的重视。日本敏锐地洞察到 LCD 新技术的发展前景，他们将当时正在兴起的大规模集成电路与液晶相结合，以"个人电子化"市场为方向，很快开发出了一系列液晶显示产品，形成了 LCD 大规模实用化的格局。研发初期，由于 LCD 的应用市场仅局限于电子表和电子计算器，企业研发的重点是现实彩色化和提升显示容量。20 世纪 80 年代之后，由于人们对显示容量的要求越来越高，LCD 的功能和尺寸必须提升，于是陆续有厂商加入 LCD 产品的研发中来。技术上的不断进步促使液晶显示产品从过去的 TN-LCD 逐渐发展到 STN-LCD，再到主流的 TFT-LCD 产品。

韩国和中国台湾地区早在 20 世纪 70 年代中后期就开始投入 LCD 的研发与生产，但是由于早期主要是企业行为，政府参与的不多，产业初期发展比较缓慢。进入 90 年代中期，与半导体产业相比，LCD 产业的利润较高，吸引了韩国积极加入大尺寸 TFT-LCD 市场的竞争。韩国通过大幅降低 TFT-LCD 面板的利润与日本企业竞争，给当时处于 LCD 产业龙头地位的日本企业带来了巨大的威胁。1997 年前后，亚洲金融危机爆发，使得日本经济一落千丈，日本企业为了应对韩国的强大竞争，开始寻求对外合作，将 TFT-LCD 面板的生产技术转移到中国台湾地区。2000 年之后，随着中国台湾地区面板企业陆续量产，加入 TFT-LCD 市场竞争，导致全球 LCD 产业迅速形成了韩国、中国台湾、日本三强鼎立的格局。

（2）韩国 LCD 产业的兴起与壮大。

实际上，韩国早在 1979 年就拉开了发展 LCD 产业的序幕。1984 年，三星集团率先投入更具附加值的 STN-LCD 的研发。到 80 年代末期和 90 年代初期，韩国的现代集团、大宇集团、LG 集团皆相继投入 TFT-LCD 的研发工作。从此，韩国的 LCD 产业逐步发展壮大起来。

韩国大规模发展 LCD 产业是在 20 世纪 90 年代初期。三星、LG、现代电子等企业均于 1991 年前后开始组建 LCD 产业部，初期他们以小规模的 LCD 产业研究小组开始，之后逐渐扩大并最终分离成为独立的公司。这些企业原本都在生产和出口电子产品，对 LCD 设备的需求很大，之后随着笔记本电脑的问世，显示器的需求量更是大幅增加。因此，虽然当时 LCD 市场被日本独霸，但韩国企业仍对 LCD 的广阔前景持乐观态度。

在刚进入 LCD 产业时，韩国并不具备所需要的技术积累和技术力量。同时，日本为了限制韩国 LCD 产业的发展，加强了对韩国的技术封锁，韩国企业根本无法通过正常的技术转移途径实现产业发展，必须从头开始研发，为此他们采取了一系列的举措。起初，韩国从日本购入产品进行分解研究，例如，LG 以 7 万韩币的价格买入日本 5.6 英寸 LCD 产品进行研究。三星当时还没有驱动 LCD 的半导体专业集成电路，在研究过程中购入分解的日本产品达到 1000 余个。从低起点起步的韩国 LCD 产业研究人员以开发超越日本的技术为目标，对产业生产线不断地进行改善以提高效率。此外，在产品的标准化方面也根据市场的需要不断挑战新的技术。经过长期艰苦和不懈的研究和开发，在液晶屏生产厂与设备制造商及零部件生产商之间的通力协作和相互支持下，韩国在具有完全自主知识产权的 TFT-LCD 技术研发上取得了成功，并超过了日本，成为行业核心技术的掌控者和领导者。

韩国 LCD 产业培育和发展的成功，与其在国际市场上采取的有效竞争战略密不可分。20 世纪末期，在亚洲经济普遍低迷且不确定的情况下，韩国政府采取了积极投资的政策，有力地促进了产业竞争力的提高。从 1995 年开始，三星和 LG 电子积极投入大量的资金参与兴建 TFT-LCD 生产线，使得韩国的 LCD 的面板产能在短期内大幅增长。至此，韩国正式进军全球 LCD 市场，同时也形成了全球 LCD 产业低价格竞争格局，直接挑战日本的产业霸主地位。1995 年，韩国 TFT-LCD 厂商以超低价格进军国际市场，使得 10.4 英寸 TFT-LCD 面板的价格下跌 50%。从 1997 年第四季度开始，韩国爆发金融危机，韩元剧烈贬值，韩国厂商再次以低价格倾销 TFT-LCD 面板，造成全球 TFT-LCD 面板价格全面崩盘，低价格竞争优势却使得韩国在全球 TFT-LCD 面板市场的占有率快速成长。1998 年，韩国利用企业调整，改善了财务危机。例如在三星确立 TFT-LCD 为其核心竞争产业之一；LG 电子与飞利浦合作成立 LPL 公司。在全球 TFT-LCD 供不应求的程度逐渐升高的情况下，韩国厂商大幅增产，扩大了在全球 TFT-LCD 市场的占有率。1999 年三星电子与 LPL 在全球的 TFT-LCD 市场占有率分别达到 16% 和 15%，已经完全超越日本，排名全球第一、第二位。

韩国 LCD 产业案例分析的结论：

（1）通过上述案例我们可以发现，韩国 LCD 产业的兴起和壮大，是在美国已经研发和生产出了 LCD 相关产品，日本已经实现了 LCD 产业化之后，此时正处于 LCD 产业发展的成长期，由于人们对显示容量的要求越来越高，LCD 的功能和尺寸必须提升，于是陆续有厂商加入 LCD 产品的研发中来。技术上的不断进步促使液晶显示产品从过去的 TN-LCD 逐渐发展到 STN-LCD，再到主流的

TFT-LCD 产品。可见当时市场还未形成行业主导设计。

（2）韩国抓住国际市场大量需求大屏幕 LCD 显示器的机会，协调相关企业围绕大屏幕液晶显示器展开联合研发和公关，掌握产业发展的技术主导权，实现产业发展后来居上，在国际市场赢得了显著竞争优势，取代了日本的霸主地位，成为行业的领导者，这也充分说明了在战略性新兴产业发展过程中竞争的不确定性。

（3）韩国 LCD 产业培育和发展的成功，与其企业的竞争战略密不可分。以三星和 LG 为首的韩国大批企业积极地投入 LCD 产业的竞争中，在技术方面，通过模仿创新，二次创新最终完成技术赶超。在行业主导设计和行业标准方面也不断调整方向，最终取得了竞争优势。由此可见，实现发展战略性新兴产业，需要发展一批具有很强自主创新能力和国际竞争能力的企业。

12.5.3　战略性新兴产业竞争风险及领军人才胜任能力构成

在战略性新兴产业进入成长期后，新技术的经济价值和市场价值逐渐显现，开始脱离实验室转化为应用性的生产知识，新产品被开发出来并进入市场。创新主体力求寻找外部资源以弥补自身能力限制，逐渐形成具有稳定结构和技术优势的产品主导设计，新产品的市场份额不断扩张。这一时期的技术创新活动主要以主导技术的竞争为导向。由于技术的不成熟，多个技术轨迹并存，加之市场需求的潜在性和政府干预等外生变量的影响，在战略性新兴产业阶段，经常出现多项新技术标准共存，从而出现为争夺主导地位而竞争的无序场面，最终谁能把握设计主导权并不确定。然而辩证地看，战略性新兴产业竞争的不确定性对于产业竞争者既是"威胁"又是"机遇"，在竞争中取胜者将会占领更大的市场或成为产业的领头羊，引领产业发展，错失良机将会被市场淘汰走向衰退或成为追随者。

战略性新兴产业处于产业的发展初期，大多数企业尚不具备自主科技创新能力，更重要的是，任何企业的科技创新资源和能力总是有限的，具有重要市场价值的突破性科技创新在多数情况下都可能涉及企业、科研院校、政府、投资机构、推广机构及中介机构等多个创新主体的协同创造（Vijayk Jolly，2001），因此这一时期企业、大学和科研机构之间为了新技术突破，技术的转化以及产业化结成战略合作伙伴关系。科技创新领军人才面对战略性新兴产业技术创新过程中竞争不确定的特征，需要通过创新领导能力影响企业技术战略布局，促进企业持续创新，构建企业竞争优势。

（1）"无人区"风险。

在以基础技术研究为主的产业导入前期，新技术范式的形成是不同创新主体共同努力的结果。各主体通过有组织的研究与开发工作，对各种可能技术方向进行探索和选择，形成不同的技术轨迹。然而由于其新兴性，技术水平差距不大，且都面临无人领航，处于无既定规则、无人跟随的状态，本课题称其为"无人区"风险。

"无人区"风险的根本原因来自战略性新兴产业技术和市场的不确定。面对"无人区"，技术发展路径、方向和市场需求都需要进入者根据自己的预期做出判断，一旦判断错误，不仅会延误产业发展的最佳时机，丧失竞争机会，甚至会影响整个国家在国际竞争中的战略地位。"无人区"风险要求最先进入行业的企业通过自主创新实现突破性创新成果，从而取得先发优势。

（2）"跟随者"风险。

随着新兴技术的突破，领军企业率先获得先发优势，大量的跟随者进入市场，并试图通过消化吸收积累，进行技术集成、转移和创新，以此"后发优势"缩小与先进入者或领跑者之间的距离。

跟随者因为有领先者的示范带动作用，技术和市场的不确定性都大为下降，但是却面临着技术机会少甚至被替代的危险，本课题称其为"跟随者"风险。

"跟随者"风险的根本原因同样来自技术和市场的不确定性。在战略性新兴产业发展初期，技术进展迅速，仅通过追随现有领头企业的技术很有可能造成技术空心化困境。同时，如果企业没有通过消化吸收来积累技术能力和资源，无力进行技术改进与创新，且当现有技术轨迹上升时，多次技术引进、消化吸收和改进其资源积累和技术能力还是不能跟上领先者的技术进步，就会出现"引进—落后—再引进"的恶性循环，那么企业就会掉入跟随者"陷阱"。另外，在追赶的过程中，面对已经在市场上有一定口碑和基础的先进入者以及不断变化的市场需求，跟随者要利用现有技术更好地满足新需求，做到另辟蹊径或赶超前者才能生存，否则将会随着产业的发展而置于被动状态，甚至淘汰出局。"跟随者"风险要求跟随者通过二次创新，或颠覆性创新赶超领先者，实现后发优势。

综上所述，无论是领先者通过自主创新实现突破性创新冲破"无人区"风险，或是跟随者通过二次创新或颠覆性创新克服"跟随者"风险，决定企业竞争成败的关键是企业的持续竞争优势，而持续竞争优势源自企业的持续创新能力（汪应洛，2004）。企业持续创新能力是企业在相当长的时间内，持续不断地推出、实施新的创新项目，并持续不断地实现创新经济绩效的能力（向刚，2004），是不断适应竞争环境变化和追逐新的竞争优势的能力（陆奇安，2004）。而人本特性是企业持续创新能力的本质。企业持续创新能力的人本特性是指企业家和企业核心及骨干层形成的团队是企业持续创新的核心和主体，企业持续创新能力的核心和本质是企业家和企业团队的持续创新能力（向刚，2004）。

在知识经济时代，科技创新的破坏性和跨界整合性已经大大加剧了新兴产业内竞争程度，科技创新领军人才已不可能以新知识新技术的拥有者和学术的垄断者自居，而需要积极投身高科技新兴产业，为社会经济的发展做出自己的贡献。因此，战略性新兴产业科技创新领军人才首先需要将自身的创新能力转化为企业的持续创新能力，最终将创新转化为企业的核心竞争力，实现企业的创新驱动发展，本课题将其定义为促进创新驱动发展能力。其次，战略性新兴产业科技创新领军人才要能够吸引和培养优秀的科技创新人才，组建具有持续创新能力的创新团队，从而为企业的持续创新提供战略性的人力资源保障，本课题将其定义为凝聚创新人才的能力。

综合以上分析，本课题提出理论命题12-3。

命题12-3：在产业竞争不确定的情况下，战略性新兴产业科技创新领军人才需要具备创新领导能力来应对不确定性带来的风险，主要包括促进创新驱动发展能力和凝聚创新人才能力。

第13章 战略性新兴产业科技创新领军人才胜任能力的验证式多案例研究

13.1 案例选择与数据获取

13.1.1 研究方法的选择

本课题采用殷（Yin, 2003）提出的个案研究方法，使用多个案的方式。一般来说，多个案研究法具有重复检验的逻辑——包括原样复现（literal replication）以及理论复现（theoretical replication）。在多个案研究中，若每一个案皆有类似的预期结果，则称为原样复现。理论复现则是指即使很不一样的对照、相反个案，都能观察到相同的结果。厄兹詹和艾森哈特（Ozcan and Eisenhardt, 2009）指出个案研究可以借由多个案的跨个案比较，以理论为基础，找出个案间的各种可能关系，除了研究的结果更具有说服力之外，亦可以将研究结果推广至整体产业（Herriot & Firestine, 1983）。

案例研究除了可以构建理论之外，也可以验证理论、批判理论（Lee et al., 1999；Yin, 2004），除此之外，充分对比单案例研究可知，这种以复制逻辑作为基础的多案例研究明显具备更为扎实的理论构建性以及更为良好的适用性。多个案的分析与验证，常被认定为较有证据力，而研究成果也将较为稳健（Herriott & Fire-tine, 1983）。多个案可视为进行多重实验，目的在于强化"复现"（replication）而非遵循"抽样"逻辑，以提升研究效度。

为了测试或验证理论，本课题采用的复现逻辑是要达到"分析式概化"（analytic generalization），而非调查研究中的抽样逻辑，即"统计式概化"（statistical generalization）（Yin, 1994）。因此，在选择案例时，并非考虑到样本的代表性，而是着重于研究问题的特性、理论需要，以及资料的丰富程度等（潘淑满，2003）。

虽然较多的个案数有助于得到较佳的效度（Yin, 1994），不过考量研究者在时间与资源的限制下，本课题依据原样复现所要求的2~3个案例数，选取3个案例作为分析的基础。

13.1.2 案例选择及过程

13.1.2.1 战略性新兴产业的样本说明

按照学术理论界的普遍看法，借鉴历史上各大产业革命阶段内有关主导产业群的定义，本课题对历史上各次产业革命的主导产业进行了梳理，具体如表13-1所示。

根据表13-1世界发达国家主导产业发展的时序，本课题主要选择对人类社会发展有重要影响的战略性新兴产业阶段的五大产业作为分析对象，这五大产业是美国电力产业、美国汽车工业、生物科技产业、软件产业和德国合成氨产业。

表 13 - 1 产业革命主导产业发展时序

产业革命	科学基础	技术基础	标志	主导产业
第一次产业革命	牛顿力学体系	蒸汽动力技术	动力机器生产的普遍化	机械制造业（蒸汽机制造业、火车制造业、汽船制造业）、冶金业（钢）
第二次产业革命	电磁理论与牛顿力学理论	电力技术	生产电气化	农机制造业、船舶业、航空工业、汽车工业、电气工业（发电工业、输电工业）、化学工业
第三次产业革命	现代物理学（动力学理论）	信息技术	全自动化生产	航空工业、原子能（核）工业、材料工业、广义信息业（计算机业、信息业、电讯业）

13.1.2.2　科技创新领军人才的选择标准

本课题所指的科技创新领军人才至少包括两类：科学创新领军人才和技术创新领军人才。从研究目的和研究问题出发，本课题所指的"科技创新领军人才"实际上更多的是经济领域的科学和技术领军人才，而非纯科学领域内的领军人才。本课题所指的科技创新领军人才是面向战略性新兴产业发展的科技创新领军人才，是在战略产业的兴起中起到关键作用的科技领军人才，是指利用重大的科学发现或技术突破，改变技术发展范式，解决了产业发展的瓶颈问题，并最大化满足社会需求的顶尖创新人才。

本课题选择科技创新领军人才的标准是：

（1）科研或技术水平被同行认可。

（2）对战略性新兴产业的发展有重大贡献。

（3）创新贡献至今仍然影响着我们的生产和生活。

13.1.2.3　具体研究样本选择过程

本课题首先对选中的五大产业从新兴到成熟的发展过程进行历史回溯，找出符合标准的科技创新领军人才样本。结果显示，每个产业都会存在若干名符合标准的科技创新领军人才（由于回溯内容篇幅巨大，此处省略）。考虑到数据的可得性，选出五个产业兴起阶段具有代表性且有较大社会影响力的六位科技创新领军人才作为研究对象①。具体情况如表 13 - 2 所示。

表 13 - 2 个案说明

战略性新兴产业	科技创新领军人才	科技创新活动及贡献
美国电力产业	托马斯·爱迪生	电灯的发明及应用，是美国兴起电力技术革命的源头，其所建立的电网，是对电的最早最大规模的应用
美国汽车产业	亨利·福特	福特汽车公司的成功带来了汽车工业史上的第一次变革，对推进汽车制造产业化做出了巨大的贡献
德国合成氨产业	弗里茨·哈伯 卡尔·博施	因发明和改进了氮气和氢气合成氨的方法而分别获得诺贝尔化学奖

---

① 为了展现新兴产业兴起过程的完整性，在合成氨产业案例中将涉及的两个主要领军人物哈伯与博施均作为研究样本。

战略性新兴产业	科技创新领军人才	科技创新活动及贡献
美国生物科技产业	赫伯特·博耶	成功克隆基因，这是生物技术工业建立的基石；建立了基因泰克公司，代表着美国生物医学产业未来的发展方向
美国软件产业	加里·基尔代尔	为微机首创了世界上第一个实用的软件 API，开发的 DOS 操作系统则为微软公司的成功铺下基石

13.1.3　数据获取

为了增加研究效度及其信度，本课题遵循案例研究多个来源的证据原则进行资料收集。每个案例所收集的资料来自个人传记、个人发表的相关论著和文章、媒体相关报道、档案记录和学术文献等多种资料，以增加个案内容的丰富程度。表 13-3 为案例研究的主要资料来源。

表 13-3　　　　　　　　　　　　　资料收集简录

案例	材料类型	具体内容
托马斯·爱迪生	个人传记	《爱迪生传》，李其荣；《世界名人传记丛书：爱迪生传》，米·雅·拉皮罗夫—斯科勃洛；《人类惠师：爱迪生》，弗朗西斯·特里维廉·米勒等
	相关著作	《他们创造了美国》，哈罗德·埃文斯；《发明技术史》，徐二明
	学术文献	具体见本书参考文献
亨利·福特	个人传记	《我的生活与工作——亨利·福特自传》，亨利·福特；《亨利·福特自传》，亨利·福特
	相关著作	《管理百年》，斯图尔特·克雷纳；《他们创造了美国》，哈罗德·埃文斯；《美国企业家：三百年传奇商业史》，拉里·施韦卡特；《美国产业结构》，詹姆斯·W.布罗克
	学术文献	具体见本书参考文献
弗里茨·哈伯和卡尔·博施	个人著作	《科技创新典型案例分析》，周程
	相关著作	《合成氨工业的奠基人——哈伯》，袁翰青、应礼文
	学术文献	具体见本书参考文献
赫伯特·博耶	相关著作	《他们创造了美国》《美国创新史》《空气炼金术》
	学术文献	具体见本书参考文献
加里·基尔代尔	个人著作	《DOS 之父加里·基尔代尔》，个人自传《电脑倾情》
	相关著作	《编程大师访谈录》，Susan Lammers
	学术文献	具体见本书参考文献

13.2 美国电力产业的兴起与爱迪生

13.2.1 电力产业兴起背景

19世纪60~70年代，在众多科学家的努力下电学理论逐渐完善，人们开始向更为实际的方向努力，各种重大电力技术新发明不断涌现。随着电力技术的商业化和产业化，电力产业逐渐兴起，成为了极具代表性的战略性新兴产业。

在电力产业初步形成的萌芽阶段，电力技术获得持续的突破，技术范式逐渐形成。1831年，法拉第电磁感应实验成功，同时还制造了第一个原始的电动机，在电学史上开创了一个新纪元，以此标志着第二次技术革命的开始。再好的电动机也要有电源，电池提供的电流毕竟是很有限的，这就需要发电技术的进步。1869年，比利时的齐纳布格拉姆（1826~1901）发明了带整流子的直流电机，其主要功能是能产生平稳而无脉冲的电流。1873年，西门子公司的工程师又发明了"鼓形绕组"，大大缩小了转子的体积，提高了发电效率，鼓形绕组和整流子原理用到直流电动机上，大大改进了电动机的性能，这样，就完成了电机技术的又一次飞跃。真正可以提供动力的电动机是德国物理学家雅各比（1801~1872）在1883年制成的。显然，用两个导电环代替换向器或整流子，直流发电机就变成交流发电机。但是，在爱迪生的电灯和特斯拉的交流电动机研制成功以前，交流电没有太大的用途，它既不能用于电解，也不能用于电弧灯和作为动力来源。至此，19世纪初实用电学的三大基础学科，即电化学、电磁感应与电磁波已经形成。对电的研究也从理论试验逐渐进入应用研究阶段，各种新技术大量涌现，但此时真正使电走出实验室的关键技术还未取得突破。

随着近代工业的迅速发展，作为工业动力的蒸汽机局限性明显地暴露出来，已经不能满足社会的需要，以电力代替蒸汽动力等其他能源已成为当时社会的发展趋势，社会的潜在需求正在萌芽。然而由于新兴电力技术尚未成熟，各种应用研发还处于探索过程中，如何将电力技术转化为真正能满足社会需求的技术和产品是困扰众多发明家和企业家的难题。当时，多个国家已经开始探索电力技术用于能源供给。1875年，世界第一个火力发电站在法国巴黎火车站应用。1878年，日本工部大学在埃尔顿教授的指导下，用电池点燃了弧光灯。19世纪80年代初，美国在纽约建立了珍珠街电厂，这是当时全球首个商业性质的发电厂，给城市居民供应电力以供生产、生活使用。至此，美国的电力产业真正兴起，也成为全世界领先的战略产业。

13.2.2 爱迪生科技创新历程及其对产业的贡献

爱迪生（Thomas Alva Edison）是美国电学家、发明家和企业家。爱迪生对电灯的发明及应用，是美国兴起电力技术革命的源头，其所建立的电网，是对电的最早最大规模的应用。爱迪生的一生，是美国从落后农业国向工业国过渡、从全盘照搬欧洲技术到建立美国自己的技术体系的时代，为人类电力发明的应用做出了卓越的贡献。

（1）选择照明技术，设立创新目标。

19世纪60年代末，爱迪生凭借报务员的身份前往美国的波士顿。在这一年，他顺利获取了其人生中的首项发明专利权。他发明的装置实现了投票数记录自动化。爱迪生预想该装置能够提高国会工作的效率，势必会得到众人的青睐。可是，国会议员表示，他们对进一步提高效率并没有兴趣，偶尔出现满投票也只是迫于政治需求而已。自此，爱迪生下定决心，以后不再发明人们不需要的东西，而致力于研发真正能满足社会需要的发明，这也成为爱迪生一生的宗旨。

1878 年 7 月，爱迪生与乔治·派克教授一起旅行到达塞米提溪谷后，亲眼目睹大量工人手拿十字镐、满头大汗地从事挖矿工作。于是爱迪生说："你不觉得这些工人的精力和时间都浪费了吗？这附近明明存在瀑布，就地取材用瀑布开发水电，为工作提供动力，他们就会轻松很多，而且效率会显著增加数十倍！""你说得很对。"同行的派克表示认同，"可以充分应用电力的人最终会是整个人类的恩人。"[①]

"教授，我坚信在不远的未来，整个美国的瀑布都会派上用场，成为供电的水力。电力不单单能够供工厂生产，还能够让每家每户生活所用。除此之外，电力还能经过转化形成光进行照明，那个时候，现在气味难闻、光线暗淡且有安全隐患的煤油以及瓦斯灯，都会成为历史。"[②]

（2）迎难而上，提出全新解决思路。

19 世纪 80 年代之前，很多人都意识到电灯的研发是可能实现的，但存在着一系列重大的技术障碍、理论与实践之间的巨大差距。灯泡的制造，不但需要发现一种能经受高热而不轻易断裂的灯丝，还要确保玻璃容器的真空条件，在当时的技术水平下，仅仅这两大难题就很难解决。科学新闻记者艾拉佛莱托曾在实验到 23 次的时候放弃了。很多科学家投入了探索照明设备研究中，但大多数只是处于试验阶段，并不能真正地得到使用。

1878 年，爱迪生重回门罗公园，暂时搁置其他事情，一心研究灯泡。他努力掌握气体发光的相关理论，浏览了大量煤气工程学的文章，经过刻苦研究，最终得出了解决方法。据爱迪生回忆："我当时购买下煤气工程学会及其全部外界交易资料文件、多年来的每期书刊。顺利获取这些资料数据以后，我对纽约的煤气运输路线进行了实地考察，终于认为电流分路是能够实现的，且电灯能够实现商业化突破"。然而这一思路却受到众多科学家的质疑。

在《电与煤气争夺通用照明地位》一文中，爱迪生在标题下明示："爱迪生的目标在于以电力替代煤气实现照明，同时保证电力照明不在任何一个方面逊于煤气照明，更要让电力照明充分实现人类的现实需要。"

在当时的条件下，一个人想要及时了解到所有科学知识的新成就、大量的新技术和新材料是不现实的。从 1878 年 9 月开始，在门罗公园的研究所，爱迪生雇佣了 7 个拥有丰富实践阅历和经验的助手，并自行定制具体详尽的实验方案，确定了 2 个不同的实验方面：其一，对超过 1600 种受热程度不同的材料进行试验；其二，进一步改善抽空机器和装置，保证灯泡的真空性。除此之外，爱迪生还深入探究了新型发电机等内容。

经过不断的实验，爱迪生成功测试完上述受热程度不同的材料，最终发现白金丝的耐热度最好，可是其价格很高，还是需要寻找新的材料进行替代。19 世纪 70 年代末，爱迪生经过无数实验发现用炭丝充当灯丝的效果非常理想。1897 年，经过实践证明，炭精丝灯泡可以不间断使用 45 小时，这是人类历史上首个具备较大实用意义的灯泡发明，并使得电灯在全社会普及成为可能。

（3）发明成功只是起点，致力于白炽灯的改进。

虽然当时的社会已经被爱迪生发明的电灯所震惊，然而当时的效果并没有达到爱迪生自己的

---

①② 李其荣. 爱迪生传 [M]. 武汉：湖北辞书出版社，1996.

要求。在整个 19 世纪 80 年代，爱迪生针对灯泡的形状、性能、实用性和耐久性不断地进行改进。譬如，爱迪生又对超过 6000 种植物纤维进行测试，最终以竹丝为材料，在密闭炉内进行充分的高温烧焦，并加工形成炭化竹丝，最后用作灯丝。爱迪生再次优化了玻璃容器的真空程度，此时灯泡可不间断照明 1200 小时。当爱迪生着手改进电灯时，他同时在考虑价格的问题，以期尽量节约原材料价格而使成本降到最低。他认为"只有在价格足够低廉的时候，人们才会青睐并愿意使用它。"为此，他又做了大量的尝试，历经上千次实验失败，终于找到了适合制作灯丝的材料。

1882 年，灯泡生产数量达到了 10 万个；经过 10 年发展，年度产出数量提升 40 倍，达到了 400 万个。在 1903 年的时候，年度产量突破 4500 万个，电灯得到充分的推广之后，其需求不但没有减少，反而大大增加，这与爱迪生努力降低灯泡成本有着直接的关系。同时随着白炽灯的普及，社会已有的照明方式已被逐渐改变。

（4）电力产业的最早开辟者。

1880 年夏，爱迪生逐步发觉，虽然白炽灯的研究艰难重重，但是它距离成功已经很近了，而此时他又做出更远大的设想。他对电灯的前景以及发展规模进行了前瞻预测，将这个付诸实际行动，开始投入发电装置和电路传输的研究工作，爱迪生计划实现向广大居民输电。

计划的第一步是对公寓、住所以及商业建筑等处的电力设备进行进一步的改进与完善。从爱迪生的计划来看，这是一个崭新的、复杂的系统。如果想要让电灯得到广泛的运用，就意味着需要一个强有力的发电系统进行支撑，爱迪生需要尽快研制出一个可以依据众多电灯打开以及关闭时的具体用电数量进行供给的发电系统。实现该目标，无疑难度更大，是一项比电灯发明更为伟大的智力成果。

1880 年，爱迪生申请了与电灯、高真空装置以及特殊灯泡、灯架相关的专利。至此其专利达到了 56 项，而且这些专利绝大部分是和电灯以及发电机、各种辅助设备、配电装置相关的[①]。在这之后，爱迪生构建了首个直流发电站，同时研发制作出了发电机这一主要的机械设备以及电压稳定器、开关等众多配件，确保电灯设备的配套使用。

为了进一步推广电灯的使用，爱迪生构建了新的照明系统，建立了纽约第一个电灯照明区。1882 年，爱迪生创建了全球首个名为珍珠的商用发电厂，当时其发电能力达到了 900 马力，相当于可以为 7200 个电灯供电照明，这意味着电力工业技术系统雏形初成。

（5）通过战略布局，推进整个电气时代的进步。

在爱迪生的一生中，有多项关于电气领域的发明创新，即从多个方向对电气技术发展进行战略布局。例如对于电话技术的改进。据史料记载，爱迪生是第 23 位申请电话专利的人，但是在贝尔发明电话之后，人们认为它并没有什么用处，只是将电话看作一种玩具，而不是真正可以在生活中使用。经过爱迪生的改良后，电话不仅成为一种能够满足大家需要的产品，而且还体现了其商业价值。再比如电报设备的发明。电话、电报技术实际上是早期通信产业发展的萌芽。1889 年，爱迪生发明了放映机，这是一种展现活动物体照片的器具，它"使电影走出了实验室"。在 84 年的生命中，爱迪生最为耗神的研究发明就是电池了。为了研发电池，他用了 10 年的时间和精力，进行了超过 5 万次试验，花费了超过 300 万美元[②]。而他最后发明的蓄电池不仅可以用于收听无线广播，且电池寿命相比其他无线电蓄电池要长 3 ~ 6 倍。除此之外，蓄电池还能在火车以及轮船等交通工

---

①② 尼古拉斯·卡尔. 大转换：重连世界，从爱迪生到 Google［M］. 北京：中信出版社，2016.

具上使用，以免因为发电厂距离过远而无法顺利供电。事实上，蓄电池的用处多到让人难以想象，到现在也有一些人继续使用。

爱迪生不仅仅是一个伟大的发明家，同时也是充满创新精神的企业家。爱迪生一生创立 200 多家公司，其中包括通用电气公司。1869 年，爱迪生与波普开办了电气工程波普—爱迪生公司，它是美国这类公司的第一家，主要承办私设电信线工程。在公司成立时爱迪生已经获得关于电报机的相关 150 项专利，他研发出的四重电报机，是众人公认的伟大发现，这项发明对电报学的贡献仅次于莫尔斯，在电报业务领域该公司遥遥领先。

1878 年，他创立了爱迪生电灯公司，这个时间也就是爱迪生开始着手发明电灯的同一年，可以看出白炽灯从无到有，从发明到商品也是电灯公司发展的过程。该公司的发展始终以白炽灯研究开发过程为中心。在 19 世纪 90 年代初，电灯公司与汤姆森—休斯顿电气公司进行合并，成立通用电气公司，至今通用电气公司还是全球最受尊敬的企业。通用电气公司也秉承了爱迪生的创新精神，在电气领域多方向发展自己的业务。进入 20 世纪之后，爱迪生继续向多领域发展，他在 1908 年建立了电影公司——Motion Picture Patents Company，也就是众人所知的 Edison Trust，这家企业集团主要由 9 个电影工作室共同构成。

13.2.3　爱迪生胜任能力分析与命题验证

本课题以电力工业的产业化历程为背景，对爱迪生的科技创新活动进行回溯，可以发现 19 世纪初的美国电力工业是典型的战略性新兴产业，而在美国电力工业崛起的过程中，爱迪生在其中起到重要的促进作用。以下将结合案例对爱迪生所表现出的胜任能力及其构成做具体分析。

（1）爱迪生科技引领能力分析。

爱迪生的科技引领能力主要表现在面对不断涌现的电学理论和电力技术，他能够准确判断技术的发展方向，突破了电力照明的关键技术，实现了对电力技术的引领和电力产业的开辟。

从案例中可以得知，爱迪生从小对化学实验充满了浓厚的兴趣，再加上成长在那个工业迅速发展的时代，电力基础技术已基本成熟，社会需求也初露端倪，爱迪生敏锐地洞察到电力技术应用对社会的影响。在未研发电灯时，爱迪生主要进行电气发明，譬如先前发明的普用印刷机、电报机相关发明、声波分析谐振器及炭精电话送话器，由此可见他已积累了丰富的电气技术研究工作的经验，申请多项专利，已经是美国家喻户晓的发明家。由于长期关注物理、化学、电学技术的进展，他预言掌握电力技术将会为未来社会带来巨大的变革，将会推进整个时代的进步。由此可以得知爱迪生具备判断技术发展方向的能力。

在爱迪生发明电灯之前，多位科学家已经意识到这个发明的重要性，进行了大量的探索，但是由于存在较大困难，没有发现一种具有实际使用价值的电灯。当爱迪生投入此项研究之后，他不顾别人的质疑，决定采用电流分路的方式。通过爱迪生自己不懈的努力，从亲自寻找理论基础、技术方法，到不断尝试各种材料，最终实现了别人眼中的不可能，成功地应用电流分流技术解决了家用照明系统的难题。由此可见爱迪生具备较强的把握关键技术的能力。

综上分析，纵观爱迪生毕生贡献及具体研发创新历程，本课题将爱迪生对命题 12-1 的验证情况整理如表 13-4 所示，由此可见，爱迪生的科技引领能力较为突出，且同时具备判断技术发展方向和把握关键技术的能力。

表13-4   爱迪生科技引领能力命题的验证

命题12-1：在技术不确定的情况下，战略性新兴产业科技创新领军人才需要具备科技引领能力来应对不确定带来的风险，主要包括判断技术发展能力和把握关键技术的能力

构念	验证
技术不确定性	19世纪60~70年代，在众多科学家的努力下电学理论逐渐完善，人们开始向更为实际的方向努力，各种重大电力技术新发明不断涌现。在电力产业的最初发展阶段，电力技术不断完善，技术范式逐渐形成
科技引领能力	面对电学理论和电力技术不断涌现，他能够准确判断技术的发展方向，突破了电力照明的关键技术，实现了对电力产业的开辟和引领
判断技术发展方向	爱迪生长期从事此方面的工作，关注物理、化学、电学技术的进展，他预见电的应用将会为未来社会带来巨大的变化。"能成功地利用电气的人，才会成为人类的恩人。"
把握关键技术	爱迪生为了解决电灯持续发亮的问题，在发明电灯时采用了电流分流技术，这是电灯成功的关键技术。另外，在将电灯发明推广时，自主设计发明了输电供电所需的大批机器，正是这些关键技术的掌握使电灯照明技术得到了普及

（2）爱迪生技术转化能力分析。

爱迪生的技术转化能力主要表现在面对多技术的多种可能应用领域，他总是能准确地找到相关技术和社会需求相结合，开发出具有重大经济价值和社会价值的产品。

在梅森所著的《自然科学史》中，记录了亨利·福特评价爱迪生的一句话："爱迪生用一生为理论科学家以及实用科学家之间的区别做了终结，让我们每每提及科学发现，总是会不自觉地想象这项发现也许会在某一天落到实处，满足人类需求。他用严谨的科学理论取代了习惯性依靠经验的方式，把科学带进了一个全新的实用性殿堂。"

根据爱迪生的口头描述："虽然很大一批人都视我为单纯的科学家，但是我的看法是不同的。我从来不曾以自然法则或者规律为对象进行研究或者发明。对比牛顿等人，我是不同的，他们的目的是找到真理和规律，而我是一个真正的专业的发明家，我所做的实验以及发明具有显著的商业使用性。"[①]

由此可见，爱迪生总是把技术应用放在首位，只把发明作为实现目标的手段。爱迪生电灯发明的成功只是其科技创新顶峰的开始，而不是其最终目标，这也是有别于其他科学家、发明家的地方。技术历史学家鲁思·考文写道："以前从未有人这样做过。每申请到一个专利时，爱迪生就已经设想好他的车间怎样应用该项发明，一旦思考成熟了，就使之完形，形成商业产品，同时也在考虑怎样投资和进入市场，否则，他不会开始下一个研究项目。"[②]

事实也证明，爱迪生在多个领域对电气技术的应用做出了重大的贡献。例如：他对电话技术的改进，不仅扩大了电话的使用价值，也创造了这项技术的商业价值；电话、电报技术实际带动了早期通信产业的发展；放映机的发明使电影走出了实验室；他发明的蓄电池不仅可以用于收听无线广播，且电池寿命相比其他无线电蓄电池要长3~6倍，还能投入火车以及轮船等交通工具上使用。综上所述，爱迪生具备较强的推动应用创新能力。

在爱迪生的一生中，以他的名字获得的专利多达1093项，而在那个年代仅凭一个人的力量是

① 李其荣. 爱迪生传 [M]. 武汉：湖北辞书出版社，1996.
② 琼斯. 光电帝国：爱迪生、特斯拉、威斯汀豪斯三大巨头的世界电力之争 [M]. 北京：中信出版社，2015.

不能完成如此大量的创造性工作的。爱迪生如此高的工作效率主要得益于其创办的门罗工厂。门罗工厂作为爱迪生最初创建并且成功的实验室，一直以来被世人称为人类历史上最伟大的实验室，它"标志着集体研究的开端"，开辟了合作研发的先河。爱迪生在门罗工厂开始组织专门人才分派任务，共同致力于一项发明，进行系统的、复杂的、品类繁多的科学研发工作。由此可见，爱迪生是通过团队成员合作创新才取得了如此高效的创新绩效。

另外，爱迪生在技术应用推广中充分体现了与其他组织的合作能力。例如，爱迪生在推动电灯向社会扩散方面引入风险资本、筹措资金和借助新闻媒体。他还很有远见地提前获得了为灯泡用户接线的权利，使他的灯泡客户可以顺利地享用电力带来的便利。有评论家说：科学家史望发明了一个产品，爱迪生创造了一个产业。由此可见，尽管在那个年代还没有合作创新的概念，但爱迪生却已经在行动中证明了其具有提升合作创新的能力。

总结上述分析，并纵观爱迪生毕生贡献及具体研发创新历程，本课题将爱迪生对命题12-2的验证情况整理如表13-5所示，由此可见，爱迪生具有较强的技术转化能力，且同时具备推动应用创新和提升合作创新的能力。

表 13-5　　　　　　　　　　　爱迪生技术转化能力的命题验证

命题12-2：在市场不确定的情况下，战略性新兴产业科技创新领军人才需要具备技术转化能力来应对不确定性带来的风险，主要包括推动应用创新能力和提升合作创新能力

构念	验证
市场不确定性	随着近代工业的迅速发展，作为工业动力的蒸汽机已经不能满足社会的需要，其局限性明显地暴露出来，以电力代替蒸汽动力等其他能源已成为当时社会的发展趋势，社会的潜在需求正在萌芽。然而由于新兴电力技术尚未成熟，各种应用研发还处于探索过程中，如何将电力技术转化为真正能满足社会需求的技术和产品是困扰众多发明家和企业家的难题
技术转化能力	面对技术的多种可能应用领域，他总是能准确地找到相关技术和社会需求相结合，开发出具有重大经济价值和社会价值的产品，如电灯、电车、录影机等
推动应用创新	爱迪生进行研究的出发点在于应用，而发明则是其完成目标的一种途径。大部分科学家的目的很纯粹——求真，却没有深入思考发明和研究的商业性，但是爱迪生不一样，他所作的努力和贡献都是为了更好地解决现实问题，更好地为人类创造服务、提供产品，他从来没有抱着科学研究的目的进行研发，同时他穷其一生的重点成果，绝大多数都开辟了全新的应用领域，并且多项发明都得到较高的社会认可，取得了较高的经济回报
提升合作创新	爱迪生创办的门罗工厂开辟了合作科研的先河；不仅如此，在推动技术应用过程中，爱迪生也愿意与相关企业、政府和其他组织展开合作

（3）爱迪生创新领导能力分析。

爱迪生的创新领导能力主要体现在其创建企业、组建团队及培养人才的过程中。爱迪生不仅仅是一个伟大的发明家，更是一位创新领导者。

技术历史学家鲁思·考文曾如此评价爱迪生："从一开始爱迪生就知道他想要建立一个科学技术体系和一系列维持这一体系的公司。爱迪生凭借科学来进行创新，但又创造了进行创新的科

学——把发明开发出来建成完整的工业。"①

从案例中亦可发现，爱迪生非常擅长于凝聚管理人才。为了实现更大的目标，爱迪生充分网罗足智多谋的天才，然后把他们组织起来，激励他们与自己一起实现目标。1879年底，爱迪生已经拥有国内最好的实验室，并储备了为之开辟一个车间和配备大批接受过大学教育的工程师和科学家。爱迪生在19世纪70年代结识了三个使他从一个发明者转而成为创新者的关键人物。他们是：英国的一位纺纱机械师查尔斯·巴奇勒，瑞士的一位制表匠约翰·克鲁奇，一位健谈的铁路工程师和电报工程师爱德华·约翰逊。3个人都忠诚地为他工作多年。巴奇勒的主要工作是把爱迪生的粗糙的略图变成精确的绘图，克鲁奇制作准备申请专利的模型，约翰逊则负责安排专利申请、签合同和制作工资表，还有无所不通的约翰·奥特为爱迪生打点研发之外的其他事宜。据史学家考证，门罗公园实验室中，一共有8个拥有法定资格的科学家配合他进行研究。由此可见，爱迪生也具有凝聚创新人才的能力。

综上所述，回溯分析爱迪生研发创新历程及毕生贡献，本课题将爱迪生对命题12-3的验证情况整理如表13-6所示，由此可见，爱迪生具备较强的创新领导能力，且同时具备促进创新驱动发展和凝聚创新人才的能力。

表13-6 爱迪生创新领导能力的命题验证

命题12-3：在产业竞争不确定的情况下，战略性新兴产业科技创新领军人才需要具备创新领导能力来应对不确定性带来的风险，主要包括促进创新驱动发展能力和凝聚创新人才能力

构念	证据描述
竞争不确定性	当时，多个国家已经开始探索电力技术用于能源供给。1875年，世界第一个电弧灯在法国巴黎北火车站燃亮应用。1878年，日本工部大学在埃尔顿教授的指导下，用电池点燃了弧光灯。美国国内也有多个科学团队和企业在进行照明系统的研发和设计
创新领导能力	爱迪生凭借卓越的创新能力不断网罗人才，开创多家企业，并能够将自身技术的创新能力转化为企业的核心竞争优势
促进创新驱动发展	1878年创立了爱迪生电灯公司，这个时间也就是爱迪生开始着手发明电灯的同一年，可以看出白炽灯从无到有，从发明到商品也是电灯公司发展的过程。该公司的发展紧紧围绕着白炽灯的研发过程，是技术创新在推动整个公司的发展壮大
凝聚创新人才	为了实现更大的目标，爱迪生广泛吸收各种智商高、谋略好的人才，对其进行组织和培养，共同拼搏。1879年年底，爱迪生已经拥有国内最好的实验室，并储备大量接受过大学教育的工程师和科学家。据说，门罗公园实验室中，一共有8个拥有法定资格的科学家配合他进行研究

本课题在电力产业兴起的背景下，分析了科技创新领军人才爱迪生所具备的胜任能力。研究发现，对20世纪初的美国来讲，电力产业是典型的战略性新兴产业；爱迪生通过科技创新对电力产业的兴起以及美国电力产业竞争优势的确立起到促进作用；从爱迪生的具体创新历程和贡献可以发现其兼具科技引领能力、技术转化能力和创新领导能力三类胜任能力，支持本课题对战略性新兴产业科技创新领军人才胜任能力的理论命题结论。

---

① 琼斯. 光电帝国：爱迪生、特斯拉、威斯汀豪斯三大巨头的世界电力之争［M］. 北京：中信出版社，2015.

13.3　美国汽车产业的兴起与福特

13.3.1　汽车产业兴起背景

17 世纪 70 年代，牛顿提出了喷气式汽车的具体方案，意图以喷灌喷发的蒸汽为动力，促进汽车前进，可是最终没有据此成功制作出来，直至蒸汽技术面世。18 世纪 70 年代初期，工程师尼古拉·约瑟夫·居纽（Nicolas Joseph Cugnot）在法国制造了世界上第一辆蒸汽动力车。这种蒸汽动力车主要用于牵引与推动，但由于其体型笨重，操作复杂且价格昂贵并没有普遍使用。蒸汽机带动机车尚且大费周折，用它来驱动汽车就更是有点先天不足，这样为汽车提供动力的任务就落在内燃机上面了。1876 年，德国人奥托成功研制出在动力史上具有划时代意义的"活塞式四冲程奥托内燃机"，为汽车的发明解决了关键技术难题，为汽车的诞生奠定了坚实的技术基础。

1879 年，汽车的另一位先驱者卡尔·本茨（Karl Benz）制造出第一台两冲程发动机并获得专利。19 世纪 80 年代初期，威廉海姆·戴姆勒在德国研发出了电火花自动点火装置，并以此为基础，经过一年的研究，研发出汽油发动机。1886 年戴姆勒制造出汽油发动机四轮载货汽车，这在汽车技术发展史上具有里程碑式的意义，人们把 1886 年作为汽车元年，标志着汽车技术已经从发明转变为具有使用价值的产品。

刚进入 20 世纪时，美国汽车工业还处于初期阶段。1908 年，福特汽车公司向市场推出 T 型车，当时定价为 300 美元，是同等类型汽车售价的 25%，更是部分汽车售价的 10%，正因为此举，汽车开始逐步发展成大众化的代步工具。5 年以后，福特汽车第一次在生产过程中通过流水线形式实现汽车的装配工作，汽车工业因此产生革命性的改变。1946 年之后的十几年间，汽车的长度以及宽度增加，底盘更低，同时车后还添加了翘尾，福特雷鸟汽车更一度成为跑车的先锋代言人。1960 ～ 1979 年，消费者抛弃以往强调越大越美的汽车造型，以甲壳虫为代表的小型汽车大为流行。1946 年福特野马跑车率先掀起小型车的革命。自 20 世纪开始发展至今，美国汽车工业已经经历了一个多世纪，一直在残酷的市场竞争中追求创新谋求发展，而福特汽车作为美国汽车行业的领军企业不断满足市场需求，调整和创新汽车的性能以及外形，对全球汽车工业产生了重大影响，其对美国汽车工业兴起和发展的作用功不可没。

13.3.2　福特科技创新历程及其对产业的贡献

亨利·福特（Henry Ford），美国汽车工程师与企业家，被称为"给世界装上轮子的人"。1899 年，福特成立底特律汽车公司。1908 年，福特公司的 T 型车投入市场，它成为低价、可靠的运输工具的象征。1913 年，福特汽车公司首创了流水线装配的大规模工作方式，带来了汽车工业史上的第一次变革，对推进汽车制造产业化做出了巨大的贡献。

（1）关注汽车技术发展动向，确定技术方向。

亨利·福特从小就着迷于机械制造。长期的农场生活萌发了他创造更好更快交通工具的念头，他一直希望能够制造出拖拉机，把农场的苦役从血肉之躯上卸下，扩大农夫的生活圈子。当时蒸汽动力汽车、拖拉机已经在英国得到应用，然而他认为这种蒸汽动力汽车的设计不够轻便、安全，且也不适合当时美国的道路条件。因此为了制造出更适合美国生活的汽车，福特一直关注发动机的发展，探索更好的动力机制。直到1876年，德国人奥托制造了四冲程"无声气体发动机"，动力是间断的，许多科学家和发明家认为这种发动机没法和蒸汽机相比，但福特认为可以另辟蹊径。此后十多年，福特一直追踪着内燃机的发展轨迹，研究它的构造和运行，通过大量的探索性实验，1890年福特制造出了双缸发动机，之后他一心想着将其用在道路交通工具上。

（2）选择技术路径，制造出自己的第一辆机动车。

19世纪末，正是人类步入电力发展的伟大时代，人们都在憧憬电力的未来，对于内燃机的未来没有抱以足够的乐观。然而，福特却认为电力驱动汽车有很多问题导致其并不能达到其制造汽车的目的：一是架空电线很昂贵；二是电力没法用触轮来驱动道路用车；三是没有一种重量合适的蓄电池适用于汽车，况且电车的活动范围也会受到很大的限制。福特坚信内燃机对于机动车的牵引才是当时最合适的选择。

1894～1895年福特正式开始行动，此时他已经落后于美国其他实验者了，而这些实验者又落后于欧洲两三年的时间。当时福特已经是底特律电力公司的一名工程师，他白天工作，晚上做自己的实验。虽然当时有很多人都在从事内燃机的应用研究，但由于信息传播渠道局限，无法得知其他人关于此方面研究的进展。在这个过程中福特的一切知识来源于工作，关于传送、转向和其他一般的装置，福特借鉴了蒸汽拖拉机的经验，一一解决了点燃、熄灭火花和避免多余重量等问题。

1896年6月4日，福特完成了他的第一辆汽车。1897年他设计的化油器获得了专利权。虽然早期汽车的发明是多种多样的，但从来没有人用永磁电机来给火花塞送电，也从来没有人用过火花塞，福特制造汽车的每件配件都是独创的。同时他建立了一个属于自己的车间，吸引了一些有志青年。1898年初，在大家的通力合作之下，第二代福特汽车问世了，1899年推出第三代福特汽车。

（3）创建公司，规划发展目标。

仅限于实验制造汽车并不是福特的最终目标，他期望大批量地生产。在20世纪的最初几年里，美国的平民百姓很憎恨汽车，认为它象征着自命不凡的有钱人和干活儿的穷人之间令人不快的鸿沟，当时差不多100万人中只有1个人能买得起汽车。当时的社会并没有对汽车的需求，甚至从未有过对于新产品的需求，更没有人预见到汽车可以成为一种产业。不仅如此，对于汽车最开始人们的认识也有一定的局限。大多数人认为一流的汽车应该是赛车，然而福特却不这么认为，他确信汽车应该是生活的必需品。1899年8月，福特辞去爱迪生公司总监职务，从此将全部精力投身于汽车事业，他坚信汽车肯定会成功。1902年3月成立了自己的福特汽车公司。福特认为制造最好的车才是生产汽车的目标，才能为顾客提供更好的服务。这是能够满足广大群众需求的车，这种车以实用为主，轻便、简单、安全、低价位。

公司成立后大部分核心人员都是之前底特律汽车公司的员工，其中包括拥有精湛制图技术的蔡尔德·哈罗德·威尔斯、设计师巴塞尔。与以往一辆接一辆复制设计好的汽车相比，福特在提高车速和研究汽车紧急状态下的安全性问题中学到了更多的知识。研究赛车使他用上了最前沿的汽车制造技术：斯派德霍夫发明的一种点火线圈，也是现代火花塞的起源。赛车的经验使福特相信，如果他们把两个气缸竖放，不仅能产生更大的力量，而且能减少震动，这又是一项具有历史意义的重要创新。

然而福特清楚在当时那种实验性生产方式下，不可能生产出能够以低价出售的好汽车。福特敏锐地意识到，汽车的生产不能受传统手工艺订单生产方式的限制，因为对于特定物品的需求，95%的人是不清楚他们想要什么的，人们关注的是"以最低的价钱购买同等价位中质量最好的东西"。

福特认为巨大的市场需求隐藏在普遍需求之中，就是以最好的质量、最低的价值、提供给 95% 人最满意的服务。福特对于产品的生产原则是，首先考虑什么东西能够满足人们的需要，然后再考虑怎么生产它。

（4）瞄准市场需求，成功推出 T 型车。

在 1902～1905 年福特一直在努力生产一种通用的车型。之前参与制造的服务用车、赛车和公路检测都对其确定通用车型提供了很好的信息，再加上对现有车型的市场反馈，1905 年初，福特通用车型的设计基本成型，但是要找到既坚固又轻便的材料却不容易。1905 年下半年，他发现了一种含有钒成分的法国钢，重量轻且很有韧性，这正好符合福特对材料的要求。经过多次尝试，钒钢生产成功。有了钒钢，福特将整车拆开进行检测，确定每个部件应该使用的钢材种类。这是在大型结构机器制造史上首次科学地判定钢材的确切质量。钒钢的应用减轻了车的重量，但是作为通用车型，车型的设计必须考虑保持平衡和安全，这就要求保证所有部件强度都符合他们的用途，这样才能保证车辆既轻便又安全。经过年复一年的提高、改进，质量更好、价钱更低、操作简单且绝对安全的 T 型车于 1908～1909 年成功推出。T 型车的成功源自好的意图假设加上深思熟虑的工艺设计。

1895～1905 年的 10 年间，全美建立大约 3000 家汽车公司，其中有几百家公司真正把汽车推向了市场。所以，福特的卓越成就并不在于领先别人，而在于让汽车走进了寻常百姓的生活。他那既便宜又结实的 T 型车让美国人开始喜欢上了汽车。在这片广袤的北美大路上不停迁徙的民族，每个人都认为自己不比别人差，而福特的汽车既完美又毫不夸张，正是适合他们使用的交通工具。

（5）管理创新，实现汽车制造的产业化。

经过多年的企业经营，福特认为与其改变企业的基本产品去取得更大的市场，不去改变产品的生产方式，这样才会降低成本，使产品得到更大的使用，从而给企业赢得更大的市场。1913 年福特将流水线引入他的工厂，实行低成本的标准化大生产，大规模和标准化生产方式极大地提高了生产量，批量生产普通大众消费得起的 T 型车。汽车进入大众消费阶段。企业生产中以前就有流水线生产，但福特的流水线是全新的，是具有革命性的。在未来长达 10 年的时间里，福特的年度产量成倍上涨，产品零售价格下降幅度显著，降至原先零售价格的 2/3，达到每辆 440 美元。到 1927 年，当最后一辆 T 型车离开生产线时，已经有 1500 万辆汽车被售出，同时，在全球超过 20 个国家装配福特汽车[①]。其生产模式使福特汽车得到了广泛的使用甚至普及，是新的工业生产模式的一大突破，显著影响了当代社会以及文化。福特的这一生产创新实质上是把一种常见的事上升为一种科学，把一种新方法变为一种坚定的举动。道格拉斯·布林克利把它定义为，通过不断的进步实现公司的发展——"那是一种将在未来 15 年里横扫工业化世界，并从此成为行业规范的灵活管理方法"。

除此之外，福特为了公司的生产效率，减少了公司对外部供应商的大部分依赖，将生产商的纵向一体化推向了极致。福特拥有自己的森林，由此可得到生产底盘的木材；让自己的玻璃厂来生产挡风玻璃；他有 16 个煤矿来为他提供蒸汽动力，在巴西还有 260 万英亩的植物园为他提供橡胶；在大湖区还有一个船队为他运送矿石。而且，他也是可替换零部件的倡导者，有些权威人士认为，这比流水线提高生产力的幅度更大。

---

① 亨利·福特. 我的工作与生活：福特自传 [M]. 李伟译. 北京：新世界出版社，2010.

13.3.3 福特胜任能力分析与命题验证

以汽车工业的产业化历程为背景,对福特的科技创新活动进行考察,可以发现对19世纪的美国而言汽车工业是典型的战略性新兴产业,而在美国汽车工业崛起的过程中福特在其中起到重要的促进作用。

(1)福特科技引领能力分析

福特的科技引领能力主要体现为:在汽车技术发展方向上具有前瞻性地选择了内燃机,通过多年的钻研较早取得了化油器专利,完成了底特律的第一辆汽车的生产制造,在美国汽车技术发展和商业化方面起到引领带动的作用。

19世纪末,人们普遍看好电力技术发展前景,大多数科学家和企业家都致力于发展电动汽车,而福特却认为电力驱动汽车存在诸多问题,不适合作为制造汽车的主流技术路径。他坚信内燃机对于机动车的牵引才是当时最合适的选择,而且最终历史也证明了在那个时代,以及往后的一个多世纪,内燃机机动车才是真正符合科技与社会发展趋势的产品,也正因如此,汽车才能对整个社会带来变革性的巨大影响。由此可见,福特具有判断技术发展方向的能力。

福特意识到内燃机的重大意义之后,多年一直追踪着内燃机的发展轨迹,研究它的构造和运行,通过大量的探索性实验,终于制造成功双缸发动机。为了将双缸发动机应用在道路交通工具上,福特自行研发制造了整车中其他装置,如传送、转向等,另外还克服了点燃、熄灭火花和避免多余重量等当时困扰汽车整车技术的难题。尽管他对汽车研发的起步晚于当时欧洲和美国的很多研究者,但还是凭借自主创新完成了技术的突破,领先完成了汽车的制造。1896年,福特完成了他的第一辆汽车,这是底特律的第一辆汽车。1897年他设计的化油器获得了专利权。由此可见,福特具有掌握关键技术的能力。

综上所述,福特不仅前瞻性预见了内燃机作为汽车动力的技术路径,更是通过自己的努力,识别并突破了一系列制造汽车的关键技术,本课题将福特对命题12-1的验证情况整理如表13-7所示。

表13-7 福特科技引领能力命题的验证

命题12-1:在技术不确定的情况下,战略性新兴产业科技创新领军人才需要具备科技引领能力来应对不确定带来的风险,主要包括判断技术发展能力和把握关键技术的能力

构念	验证
技术不确定性	从17世纪中期开始,牛顿、纽居、奥托、卡尔·本茨和戴姆勒等多位科学家和工程师对汽车技术进行研究和探索,至19世纪初,汽车相关理论基本奠定,然而汽车未来的发展方向仍不明确
科技引领能力	在汽车技术发展方向上具有前瞻性地选择了内燃机,并通过多年的钻研较早取得了化油器专利,完成了底特律的第一辆汽车的生产制造,在整个汽车技术发展和制造方面起到引领带动的作用
判断技术发展方向	福特在制造汽车之前曾担任过多年的机械工程师,积累了丰富的经验,他一直关注发动机的发展,探索更好的动力机制。直到1876年,还有许多科学家和发明家认为这种发动机没法和蒸汽机相比,但福特认为可以另辟蹊径。福特综合分析当时蒸汽动力、电动车的弊端,结合美国道路及其社会对汽车的需求特点,断定内燃机动力汽车是未来的发展方向
把握关键技术	福特一直追踪着内燃机的发展轨迹,研究它的构造和运行,通过大量的探索性实验,福特掌握了内燃机汽车制造的关键技术,除了双缸发动机之外,还包括其他关键配件的制造,解决了整车制造的多个难题

（2）福特的技术转化能力分析。

福特的技术转化能力体现在其制造底特律首辆汽车成功之后，又努力将实验室中的汽车转化为可大批量生产的产品，带动美国汽车产业的兴起。

从案例中可以得知，受成长环境和经历影响，福特从小就希望发明一种解放劳动力、扩大农民生活范围的实用性工具，这体现了他最初的推动应用创新理念。在反复试验，成功制造了底特律第一辆汽车之后，福特并不是止步于此，而是希望将其大量生产，让更多的人使用汽车。事实证明，福特通过自主创新，实现了汽车的量产，最终达到汽车产业化的目标。另外，福特对市场的洞察能力也是极其准确的。在20世纪的最初几年里，美国市场对汽车的需求并没有出现，甚至人们对于昂贵的汽车还带有偏见，认为那是富人专有的玩物，而非普通家庭可以享受的。福特却不这么认为，他确信汽车应该是生活的必需品。正是这种对市场需求的敏锐洞察使福特坚定地沿着汽车开发技术创新的方向前进。1896年、1898年、1899年福特分别推出了福特一代、二代和三代产品，每一代都在原有的基础上进行了改进，更加符合市场的需求。由此可见，福特具有推动应用创新的能力。

在成立福特汽车公司之后，他一直秉承这样的理念，对于产品的生产，首先考虑什么东西能够满足人们的需要，然后考虑怎么生产它，要为顾客提供最好的服务。福特公司的目标是制造能够满足广大群众需求的车，这种车以实用为主，轻便、简单、安全、低价位才是生产汽车的目标。在设计和生产T型车的过程中，他充分汲取了潜在用户对于汽车的需求特点，不断完善汽车的性能和特点。这是典型的用户导向创新，也证明了福特具有的提升合作创新能力。

综上所述，回溯分析福特的创新历程与主要贡献，本课题将福特对命题12-2的验证情况整理如表13-8所示，由此可见，福特具有较强的技术转化能力，且同时具备推动应用创新和提升合作创新的能力。

表13-8　　　　　　　　　　　　　福特技术转化能力的命题验证

命题12-2：在市场不确定的情况下，战略性新兴产业科技创新领军人才需要具备技术转化能力来应对不确定性带来的风险，主要包括推动应用创新能力和提升合作创新能力

构念	验证
市场不确定性	戴姆勒—奔驰汽车公司最先将汽车作为商品出售，标志着汽车技术商业化的开始。不过在1914年以前，公司生产出来的汽车大多是极少数人才能享受到的奢侈品，汽车还处于发明和实验生产阶段
技术转化能力	福特的技术转化能力体现在其制造底特律首辆汽车成功之后，又努力将实验室中的汽车技术转化为可大批量生产的产品，带动美国汽车市场的萌芽
推动应用创新	长期的农场生活使其深深体会作为农民的劳作之苦，并发自内心地希望能减轻农民的苦役，扩大农夫的生活圈子，使他们能够更好地工作生活，这由此萌发了他创造更好更快交通工具的念头；福特制造汽车并不是满足少数人的需求而是希望制造出能够满足广大群众需求的车。最开始人们对于汽车的认识有一定的局限，认为一流的汽车应该是赛车，然而福特却不这么认为，他确信汽车应该是生活的必需品
提升合作创新	对于产品的生产，首先考虑什么东西能够满足人们的需要，然后考虑怎么生产它。在成立福特汽车公司之后，他的目标是制造最好的车——满足广大群众的需求、实用、轻便、简单、安全、低价，这样才能为顾客提供更好的服务。这是顾客合作创新的典型创新模式

（3）福特创新领导能力分析。

如果仅仅是因为科技引领和技术转化，福特公司还不足以成为汽车行业的领导者。在初期多家

企业竞争的格局中，福特公司以其持续的创新能力在众多竞争者中脱颖而出，成为行业的翘首，这与福特本人的创新领导能力密切相关。

福特是公认的卓越企业家，但无论是其成功推出的 T 型车还是标准生产线的引入，其背后均是技术创新在推动。福特是工程师出身，他的 T 型车构想只有通过精密的工程技术才能实现，标准化流水线也需要通过精细的生产流程改进技术才能成功，因此深究福特卓越的企业管理能力，其背后实际上是技术创新能力的绩效表现，最终实现了企业内涵式发展。

福特的创新能力还体现在他早期的设计和生产汽车过程中。福特汽车公司从最初的组装，到逐渐自己制造零部件，自己制造发动机，一系列超前的技术改进和研发最终使福特公司的生产效率大幅提高，完成了福特的心愿——制造大众的汽车。福特公司连续 10 年成为汽车行业的领军企业。从第一辆电动马车到第一代福特车，第二代、第三代，以及后来的各种福特车型，福特一直在持续改进车型和性能，不断推出新产品，并且通过引进和改造生产流水线提高生产效率，将科研优势转化为企业竞争优势。由此可见，福特本人利用自身的创新能力驱动着福特公司的创新发展，这是其创新驱动发展能力的表现。

从案例中我们也可以发现，福特对优秀人才的凝聚力。最早福特创办公司时，大部分员工都是原来福特的老同事或朋友，他们具备丰富的汽车研发生产经验，出于对福特本人的信任，毅然加入福特的创业团队。福特吸引了 3 位电厂的奇才吉姆·毕晓普、乔治·加图和爱德华·霍夫与他合作完成自己的二代福特车。这充分说明其具备凝聚创新人才的能力。

综合以上分析及其福特的创新历程与贡献，本课题将福特对命题12 - 3 的验证情况整理如表 13 - 9 所示，由此可见，福特具备较强的创新领导能力，且同时具备促进创新驱动发展和凝聚创新人才的能力。

表 13 - 9 福特创新领导能力的命题验证

命题 12 - 3：在产业竞争不确定的情况下，战略性新兴产业科技创新领军人才需要具备创新领导能力来应对不确定性带来的风险，主要包括促进创新驱动发展能力和凝聚创新人才能力

构念	证据描述
竞争不确定性	福特虽然是美国汽车产业早期的开拓者，但在当时德国汽车工业已经兴起，以卡尔·本茨、戴姆勒等一批工程师为首的企业家不仅在汽车技术领域有领先突破，且已经开始经营机车销售，从世界汽车行业来看，行业竞争结构还未确定
创新领导能力	面对汽车产业技术创新过程中竞争不确定性，福特率先实现了流水线生产，并在汽车研发方面不断地推出市场欢迎的产品，促进企业持续创新，使福特公司在整个汽车行业中获得了绝对竞争优势
促进创新驱动发展	在福特掌管期间，福特汽车公司从最初的组装，到逐渐自己制造零部件，自己制造发动机，一系列超前的技术改进和研发最终使福特公司的生产效率大幅提高，完成了福特制造大众汽车的心愿，使福特公司连续 10 年成为汽车行业的领军企业。 从第一辆电动马车到第一代福特车，第二代、第三代，以及后来的各种福特车型，福特一直在持续改进车型和性能，不断推出新产品，并且通过引进和改造生产流水线提高生产效率，将科研优势转化为企业竞争优势。 福特是公认的卓越企业家，但无论是其成功推出的 T 型车还是标准生产线的引入，其背后均是技术的创新在推动。福特是工程师出身，他的 T 型车构想只有通过精密的工程技术才能实现，标准化流水线也需要通过精细的生产流程改进技术才能成功，因此深究福特卓越的企业管理能力，其背后实际上是技术研发在推动，实现了企业内涵式发展
凝聚创新人才	最早福特创办公司时，大部分员工都是原来福特的老同事或朋友，他们具备丰富的汽车研发生产经验，出于对福特本人的信任，毅然加入福特的创业团队；福特与 3 个电厂的奇才合作完成了自己的二代福特车

本课题在汽车工业兴起的背景下，分析了科技创新领军人才亨利·福特所具备的胜任能力及其构成。研究发现，对 20 世纪初的美国来讲，汽车产业是典型的战略性新兴产业，亨利·福特通过科技创新对汽车的商业化和产业化起到巨大的推动作用，对汽车产业的兴起、成长以及竞争优势获取起到促进作用；从亨利·福特的具体创新历程和贡献可以发现，其兼具科技引领能力、技术转化能力和创新领导能力三类胜任能力，支持本课题对战略性新兴产业科技创新领军人才胜任能力的理论推导命题。

13.4　德国合成氨产业兴起与哈伯和博施

13.4.1　合成氨产业兴起背景

19 世纪中后期，一方面人们逐渐意识到随着人口的增长，人类将面临粮食短缺危机，另一方面由于战争对炸药的大量需求，欧洲各国纷纷开始研究合成氨技术，这关系到一个国家长治久安，是经济社会能够实现可持续发展的战略性产业。

自从工业革命出现并推进后，欧洲各国都受到了广泛的影响，人口数量有所上升，基于此背景，怎样利用不可再生的土地资源支撑不断上涨的人口生存、生活，成为欧洲各个国家亟待解决的现实难题。与英、法等一些占据众多殖民地的欧洲资本主义"老大哥"相比，德国承受的对于粮食的需求压力更为巨大。进一步提高粮食生产规模则意味着德国需要更多的肥料，可是当时可供给的人类和牲畜排泄物等传统型肥料已经不能达到拓展粮食生产规模的需要。同时，工业革命也导致炸药用量突飞猛涨。机器大工业的实现需要以钢铁的大量使用为支撑，而钢铁供应是否充足主要取决于采矿行业的进展，对采矿业而言，绝对不能缺少炸药。另外，利用各种交通运输方式运送原材料、人工劳动力以及产品则意味着国家需要加大河道以及铁路、公里的建设，这些工程更是无法缺少炸药。再加上 19 世纪中期克里米亚战争的出现，导致欧洲国家的炸药需求量显著上涨，而此时在印度恒河周围发掘的硝石远远无法达到实际的需求。

1899 年英布战争爆发，为了预防德国硝石运输线有可能被英国海军切断的不测，德国学者威廉·奥斯特瓦尔德（Friedrich Wilhelm Ostwald）启动直接用氮气和氢气合成氨的研究，这对 19 世纪的德国而言，是必须突破的大难关。在这一研究之前，部分学者曾尝试进行相似研究，可是因为物理学和化学还处在一个初步发展的阶段，研究者尚未深入掌握化学反应过程中的平衡与速度这项重点技术，所以，一直没有获得突破性的进步。许多学者在尝试研究了一段后由于得不到满意的效果，最终放弃研究、转移目标，可是也有部分德国研究者不折不挠，在进入 20 世纪之后依旧执着地深入这项研究。

13.4.2　哈伯和博施科技创新历程及其对产业的贡献

1931 年，弗里茨·哈伯（Fritz Haber）以及卡尔·博施（Carl Bosch）两位杰出的德国化学家，凭借其发现、改善氮、氢合成氨方式的成就荣获诺贝尔化学奖。在哈伯和博施两位科学家的努力下，德国于 20 世纪初最早完成了合成氨的工业化应用，经过 50 多年的实践以及使用可知，氨的合成促进了经济的飞跃，是可以解除人类燃眉之急的一项重要福利，是 20 世纪化学工业以及应用化学范畴中最为伟大的一项收获。因为合成氨工业获得了如此巨大的成就，全球粮食生产发展史也因此产生巨变，人口上涨所增加的粮食需求得以满足，多项催化以及化学工程科学也因此拥有了更好的基础。纵观 20 世纪化工行业的发展，合成氨技术一直处于核心位置，意义重大。

（1）突破创新，高压下实现合成氨工业化技术。

18 世纪 50 年代中期，布里斯特里（Briestly）通过硝砂与石灰共热的方式，首次成功制取得到了氨。80 年代后期，贝托莱（Berthollet）发现，氮元素和氢元素共同构成氨，接着，很多化学家就以此为切入点，尝试着利用这两种元素实现氨的合成，譬如能斯特（Nernst）等一些优秀化学家都尝试过这一研究，可是却都面临了化学平衡这"一座大山"。这主要是因为当时还未发现质量作用以及化学平衡的相关规律，故而研究的化学家和科学家都表示：以氮元素和氢元素实现氨合成是难以实现的。

哈伯早期主要从事电化学研究，1902 年参加美国电化学学会期间参观了尼亚加拉大瀑布附近的一座电弧法固氮中试工厂，并对人工固氮研究产生了兴趣。当时物理化学作为一门新的科学分支正待兴起，阿累尼乌斯、范特霍夫、奥斯特瓦尔德、能斯特等著名物理化学家群星灿烂，催化剂、反应速度、化学平衡、电离学说是当时研究的热门课程。卡尔斯鲁厄工业大学的两位科学家本特和恩格勒正在进行着高温下气体反应动力学和热力学与工业应用的研究，他决定接受邀请担任化工教授汉斯·本特的助手。哈伯最终转向物理化学，远非由于纯理论兴趣，他所从事的是物理化学与实际应用的结合，这从他日后发表的《工业气体反应动力学》（1905）一书可以反映出来。

起初，哈伯着手电弧法固氮研究，因实验进展不够理想，故从 1904 年开始把研究站点转向合成氨。他几乎把所有时间都用来从事合成氨研究。哈伯首次提出在高压下实现合成氨工业化的理念，在其年轻的英国助手罗塞格尔（Robert le Rossignol）的协助下，通过改进实验装置，加大反应压强对合成氨展开了一系列研究。罗塞格尔不仅擅长于机械设备的加工制作，而且还跟随 1904 年的诺贝尔化学奖得主拉姆齐（William Ramsay）从事过一段时间的氨分解研究。这对哈伯的合成氨研究帮助极大。

此时，哈伯提出可以通过高压环境进行氨的合成，这是世界上第一个提出这种思路的化学家。该思路使合成氨实验装置实现了突破，工业历史上首个加压催化过程得以出现。此举是世界工艺史上的标志性事件，意味着工业催化进入了全新的纪元。经过数年的发展，相继出现的甲醇合成、费托合成油和在多项催化剂存在下的高压反应技术就成为有机化学领域中的基本实践。

可是，哈伯利用反应器合成的氨，无法满足工业领域的规模化生产。经过研究，哈伯又提出一个伟大的设想，即可以通过封闭程序以及反复操作技艺的方式，使反应室里面尚未发生反应的气体成功获得分离器的剥离之后充分参与反应，实现合成。该方法看起来可行性高、操作难度低，不仅可以满足化工领域实施规模化生产中的氨需求，还给有机化学领域下的高压反应奠定了坚实的基础。哈伯的设想颠覆了化学研究中盛行的静止观，反其道而行运用了动态方式，并导入了反应速率以及时空产率两个重要概念，取代原先的反应产率，保持其和热力平衡定律的匹配性。

在发现温度与压强之间的最优平衡点的基础上，为进一步提升合成氨的速率，哈伯又将全部精力投入高效触媒的筛选。他联合其试验助手陆续测试了镍粉、镁粉等元素，可是最终试验结果并不理想。随后，哈伯又对稀有物质进行试验，1909 年 3 月他发现，以稀有金属锇为触媒的效果最为理想，能够显著加快合成氨的速度，这一发现表明，工业化生产的前景越来越明朗了。

然而，在整个自然界，锇的量极少，其价格相当昂贵；就算在全球范围内收购锇充当触媒，也不易满足大量生产合成氨的需求，因此必须找到一个非稀有物质充当触媒，才能实现合成氨技术的大量推广和使用。终于，在其助手罗塞格尔的全力帮助下，哈伯最终发现铀这一适合作为触媒的物质。至此，合成氨解决了又一大难题，即实验装置可否保持高速而稳定持久的运行。

尽管哈伯在合成氨的工业化生产技术研发方面取得了一系列的突破，然而目前还没有适合工业化生产合成氨所需的试验设备。在实验室进行合成氨实验时所进行反应的气体较少，而在进行生产时，为了确保合成氨的产出数量，一定要适度增加反应室的体积，而其试验所用高压反应室的原材料是稀有的石英结晶，不仅量少而且大自然并没有这样足够制造工业设备的巨型的石英结晶。无奈之下，就必须要制造出一个不仅足以承受较高的压强和温度，还能够保持持久稳定运作的反应装置。在一段时间的探索之后，哈伯在一项模拟试验中，成功让反应装置运作了整整 300 分钟的时间。当时，高压反应室中的氮气被转化成氨的达 6% ~ 8%。哈伯的氢氮合成氨技术和设备不但能够提高氨合成的效率，还能够通过循环系统以及反应热回收系统保证反应中的气体得到循环利用，大大加强了环保和经济性。

（2）聚焦主要问题，努力实现合成氨产业化。

实际上在哈伯的合成氨设备出现之前，利用电弧炉的方法已经能够进行人工固氮，可是其能耗过高。对水资源以及电力资源十分充足的美国以及挪威等国来讲是可实现的，但是对德国而言，其水资源和电力资源相对比较匮乏，故而利用该方式固氮所耗费的成本过高。而哈伯制造的装置所消耗的能源比电弧法要低得多；实现放大之后，固氮所耗费的成本几乎和智利硝石相差无几。当时德国化工领域的巨头 BASF 公司早就开始在固氮领域展开研究，但一直没有取得实质性的进展。当得知哈伯在合成氨研究方面取得的技术进展后，BASF 进行充分的测度和估计，很快做出投资哈伯人工固氮研究的决策，并安排卡尔·博施作为这个项目的协调负责人。

博施，出生于德国科隆。20 岁进入夏洛腾堡大学学习冶金工程，2 年后转入莱比锡大学学习化学，1898 年获有机化学博士学位，师从约翰尼斯·威利森努斯（Johannes Wislicenus）。1899 年进入德国最大的化工染料公司 BASF，一直负责 BASF 公司化工合成方面的研发工作。博施在早期就开始转移固氮研究的方向，密切注意其他固氮领域的系列研究。遗憾的是，他没能取得成功。正在博施烦恼无法得到突破时，哈伯的氢氮合成氨方法传入其耳中。因为有了博施的充分协助，仅仅一年多时间，哈伯再次获得了显著突破，于是剩余工作交由博施组织执行。

1909 年的夏天，博施最初组织合成氨项目中间试验研究的过程中，遭遇的困难难以想象，最大三个难题在于：第一，怎样开发高效且经济的触媒；第二，如何大规模地生成高纯度的原料气体；第三，设计开发足以承受高温高压的合成装置。

虽说哈伯找出了铀这一物质充当触媒实现催化，可是由于铀容易和氧以及水发生反应，继而丧失应有的催化效果。所以，和铈一样，铀也无法达到理想的催化效果。于是，博施把研发新触媒的任务转交给米塔斯博士。1909 年 2 月份，米塔斯提出假说——"获胜的催化剂是多组分体系"，同时组织安排系列试验进行测试。而 BASF 公司也针对此研制出了众多模型反应器。三年后，在 500 多天的时间里，他们共开展了试验 6500 次，尝试了催化剂 2500 种。最后证实，最佳催化剂是一种多组分混合物，它的构成和 Gallivare 磁铁矿相似度很高。直到如今，全球使用的氨催化剂依旧是按照该原理进行制作的。

因为上述催化剂极易被氮气以及氢气中的一些杂质"污染"从而失去催化的功能，所以对原材料气体的纯度要求再度提高。那时候，已经出现了提取纯度较高氮气的技术，可是，用这种技术提取高纯度氢气需要耗费极高的成本。于是，博施又把该项任务转交给卡尔·克劳赫，这个年轻的化学家经过研究得知，铁只有在含氨水的铜离子溶液里才保持完好，没有出现腐蚀情况，这表明，只需在铜离子溶液中放适量的氨消除 CO，就可以避免铁在溶液中被腐蚀。至此，大规模提取纯度较高的氢气的问题也解决了。

顺利解决两大难题之后，研制一个足以承受极高温度和压强的大规模合成反应装置成为最后的障碍。虽然哈伯在前期围绕中试反应装置问题进行的研究奠定了一定的基础，可是如果仅仅是单方面拓展实验室装置显然是不行的。博施认为要解决该问题，首先要解决大型空气压缩的问题。当时现有的压缩空气技术和装备均不适合合成氨的要求。因此，博施所率团队只有以此为基础，并根据合成氨生产的需求重新进行设计。

博施等人在对中试合成反应容器进行研究的同时，还深入了解和研究了那时候最为发达的蒸汽机以及柴/汽油发动机。博施等人还访谈和咨询众多大规模钢铁公司的管理负责人，向他们了解大炮制造技术的实时进展。接着，博施依照任务职责，重新组织安排了研究人员，同时引进了一些工程技术人员、设备机械加工厂。经过全体研究者的共同努力和奋斗，几个月后，他们成功制作出两台高 2.4 米圆柱形的合成反应容器，还用混凝土为原料制作的防护罩对反应器进行保护。但是，没有想到，这两台容器仅仅运作了 72 小时便爆炸了。

会出现爆炸的原因在于，合成反应容器内部壁身产生了一些裂痕。为更进一步搞清楚爆炸缘由为目的，博施设置了金属材料研究室，进行专门的研究。最终得知，主要是因为氢原子凭借其小粒径的特点，在高压环境中进入了因遭受高热而发生膨胀作用的碳素钢内部，接着和碳产生反应导致爆炸。这意味着，博施需要再次改进，但是合成反应条件变动难度大，所以博施只能用其他金属为原料的容器，或者在容器内侧施加保护层。那时候，足以耐高热以及高压的金属基本是罕见的贵金属，譬如铂等。如果采用铂等金属制作容器，成本难以承受。故而，博施只能请相关专家研究制作出和氢元素不会发生明显反应的钢材，并需要保证该钢材足够强硬。发生爆炸之后，几十个科学研究者、数百个辅助人士埋头继续改进，经过半年的努力，也没能找到一个可行的办法。

在研究保护层方式的过程中，博施突然想到，到当时为止，其进行的大量研究都是针对氢原子遭遇高热而膨胀的状况进行的，为什么不能换一种思路进行呢？终极目的在于预防爆炸，但是阻挡氢原子钻进去并非唯一方式，沿着这个思路，博施提出，为高强度碳素钢圆筒增加一层内衬的方式或许可行。借助内衬，能够有效规避氢原子钻进碳素钢圆筒内壁。要是这层内衬因为时间原因出现脆化，则可根据需要进行及时的更换。理论上来讲，只需充分减少氢原子的渗透，则碳素钢圆筒便不会轻易出现催化的情况。

内衬材料则可使用一些强度一般、含碳数量较少的熟铁。添加一层熟铁材质的内衬以后，怎样把钻进内衬外侧的部分气体尽快排到外部又是一个需要解决的难题。如果不尽快把气体排到外部，经过一定的累积，还是会产生侵蚀现象。针对该难题，博施进行长久的思考之后，终于在 1911 年 2 月得到答案：实际上，氢气外泄后，仅需保证氢浓度低于爆炸需要的程度即可。所以，在碳素钢圆筒之上打上小洞就能够有效排泄部分渗入的氢原子，且不会导致爆炸发生。

1911 年 3 月，博施将自己的系列设想付诸实施，爆炸果真没有出现。至此，合成氨产业化中所遇到的难题最终都被博施他们一一解决了。同年，博施成功制出了全球首台高压合成氨反应器，这意味着大规模兴建合成氨工厂的技术可行性已基本具备，这是合成氨催化历史的重要标志，具有里程碑式的意义。

（3）合成氨的市场推广与扩大生产。

1914 年 4 月，博施登上董事长的位置。成功建设合成氨工厂并进行生产之后，氨的产量快速上升，如此就需要进一步拓展农村市场，和智利硝石进行正面的竞争。想要成功获得广大农村市场，必须对氨进行转化，使其成为一种不会散发刺鼻气味的、中性的、传播难度低的化学肥料。实现这个过程，最为直接且容易的方式为：以硫酸铵形式取代氨。可是，农民长期使用硝酸盐类肥料，没办法接受硫酸铵。这样，如何把氨转变为硝酸，再转化形成硝酸盐类肥料，又是博施必须解决的一头"拦路虎"。

那时候，若是采取接触法实现转化的话，则需要铂这一触媒，无疑这种方式成本过高不可取。博施将任务交给米塔斯，提示他可以参考研究合成氨触媒的一些经验，争取尽快发现新的触媒取代铂。不久，米塔斯等成功找到了新的高效触媒，且其成本十分低廉。

为了切实提高德国农作物的产量，引导农民科学地使用化学肥料，在博施的推动下，合成氨工厂于 1914 年年初专门成立了一个农业研究所。该研究所的主要任务是，以多种含氮化肥为对象进行测试，研究其实际功效和最优使用方法。这不是为了推广销售其产品，而是希望能够持续改善其产品，分析德国农村农作物种植的现实问题。除此之外，为了更好地指导农民科学合理使用化学肥料，博施还让公司设置了专门的农业技术推广站，请专门的技术人士宣传和指导德国农民学习施肥技巧。

在博施的努力下，德国农民逐渐接受硫酸铵作为主要肥料，销售量持续上升。此时，合成氨工厂需要大量的硫酸支持生产。然而当时德国国内用于生产硫酸铵的原材料黄铁矿总是供不应求，只能选择进口的方式获得黄铁矿，以至于生产成本居高不下。尽管德国的黄铁矿资源不足，但其煤炭资源和石膏资源非常丰富。以博施为主的高层早就开始琢磨怎样改善生产硫酸的技艺，持续增强其硫酸铵的竞争优势。在长时间的探究之后，相关科学研究人员最终找到了一个方法，即把二氧化碳、氨与石膏进行充分反应制成硫酸铵。该方式主要会生成硫酸铵以及碳酸钙两种物质，它同样是一种深受市场欢迎的产品，能够有效调整土壤的酸碱度。但是，怎样有效经济地分离它们又是一个难题，为了成功分离它们，科学研究人员进行了很多努力。最终，博施提议，对美国淘金者使用的浸泡吸引过滤装置进行改进，该想法成功实现了两种物质的分离。至此，大规模生产氨、硫酸铵中需要用到的空气、水、煤炭等原材料皆能够依靠本国自给自足获得，并且十分经济划算。

BASF 公司成功构建合成氨工厂并进行生产以后，一直致力于持续改造合成氨生产装置的工作，然而效果有限。除非完全改造合成反应容器，否则合成氨产能是无法再次实现重大突破的。博施认为，公司只要能够批量生产与智利硝石成分相同的硝酸钠之后，将不用担心智利硝石会卷土重来，同时也能确保 BASF 公司在固氮领域的竞争优势。因此，博施积极寻求政府投资，兴建用氨生产硝酸钠的工厂。博施主动游说德国政府，强调硝酸钠可以很方便地用来生产炸药，更重要的是用硝酸钠生产炸药的费用远比用石灰氮生产炸药便宜。最终帮助博施说服政府的乃当时兼任德国政府科学顾问的哈伯。在哈伯的推动下，博施和德国政府签订了一项协议，承诺半年内完成奥堡合成氨工厂的改造。针对该项计划，政府部门会给予 600 万马克的资金支持。

1916 年 4 月，BASF 公司再次和政府合作，双方协议在洛伊纳镇建造一个合成氨工厂。虽然在战争时期完成这项协议需要攻克很多的难关，可是在博施的领导下，BASF 公司经过 1 年后成功建成。同年，该厂的产出数量直达 36000 吨，直到战争结束，其年度产出量更是飙升到 16 万吨。BASF 公司洛伊纳合成氨工厂的建成标志着合成氨这个新兴产业已在德国崛起①。

---

　① 周程，周雁翎. 战略性新兴产业是如何育成的？——哈伯-博施合成氨法的发明与应用过程考察 [J]. 科学技术哲学研究，2011，28（1）：84-94.

13.4.3 哈伯和博施的胜任能力分析与命题验证

本课题对德国合成氨的产业化进程进行回溯发现，对 20 世纪初期的德国来讲，合成氨产业是典型的战略性新兴产业。合成氨法固氮原理的确立，主要是哈伯围绕社会需求持续开展实验研究的结果。合成氨的工业化生产，不仅得益于哈伯的实验室研究，更得益于博施主持的中试研究。以下将分别对哈伯和博施的胜任能力做具体分析。

（1）哈伯和博施的科技引领能力分析。

哈伯是最早参与固氮研究科学家之一，也是首个发现可以在高压环境下完成合成氨工业化的化学家，引领并带动了整个合成化工领域和固氮产业的发展。随后在博施的努力下，改善氮、氢合成氨方式，最早实现和合成氨的工业化生产，因此，哈伯和博施均表现出突出的科技引领能力。

18 世纪 50 年代，面对当时固氮难题，许多科学家都在致力于解决，但均没能成功，都认为由于当前理论和技术的局限性实现固氮是那个时代不可逾越的难题。哈伯的高压下实现合成氨工业化的设想给氨的合成实验奠定了坚实的基础，促成了世界工业史加压催化技术的发展。从案例中可以发现，哈伯早期从事电化学研究，出于对合成氨技术的兴趣，才转而投向此领域的研究。一开始哈伯采用电弧法进行固氮试验，这也是当时大多数科学家所采用的方法，由于试验效果并不理想，哈伯果断放弃。经过深思熟虑，哈伯最终提出采用高压合成的设想，这一设想颠覆了化学研究中盛行的静止观，反其道而行运用了动态方式，并导入了反应速率以及时空产率两个重要概念，取代原先的反应产率，保持其和热力平衡定律的匹配性。由此可见，哈伯从原有领域转向选择合成氨技术作为自己的研究领域，选择了正确的方向进行试验，充分体现了哈伯对产业技术的发展趋势做出了准确判断，具备判断技术发展方向能力。

哈伯在提出高压固氮的设想后，便开始全身心投入试验。然而试验进展并不是一帆风顺。在这个过程中哈伯通过自己的努力突破了两个关键技术，一是发现高效触媒，二是设计高压下的试验设备。随着这两项技术的攻破，哈伯对于高压合成氨的设想也被成功证实。由此可见，哈伯同样具备掌握关键技术的能力。

与哈伯相比，卡尔·博施虽不是第一个解决合成氨问题的科学家，但是他从很早就开始关注这个领域，并认为这是 BASF 巩固其竞争优势的关键技术布局，德国摆脱产业困境的唯一出路。因此博施较早就开始组织公司研发团队攻克此难题。当他得知哈伯的研究思路和成果时，经过谨慎的测度和评估，认为哈伯的思路和试验方法是可行且具有乐观前景的，因此立即促使 BASF 对哈伯进行资助，展开项目合作。由此可见，博施具备一定的判断技术发展方向的能力。

由案例可知，哈伯在实验室实现了合成氨的工业化生产技术，更重要的中试试验是在博施的领导下完成的。要真正实现合成氨技术的量产，必须对哈伯所提出的合成氨工业化方法进行全面的改良。这个过程所遇到的问题是全新的，并且没有任何前人理论研究成果可以借鉴，其困难程度可以想象。博施凭借自身的科研基础，总是能发现问题的关键所在，提供准确的方向和思路给团队成员，最终取得了中试试验的成功。由此也可推断博施具有较强的掌握关键技术的能力。

综合以上分析，结合哈伯与博施的创新历程与贡献，本课题将哈伯与博施对命题 12－1 的验证情况整理如表 13－10 所示，由此可见，哈伯与博施的科技引领能力较为突出，且均具备判断技术发展方向和把握关键技术的能力。

表 13 - 10　　　　　　　　　　　哈伯与博施科技引领能力命题的验证

命题 12 - 1：在技术不确定的情况下，战略性新兴产业科技创新领军人才需要具备科技引领能力来应对不确定性带来的风险，主要包括判断技术发展能力和把握关键技术的能力

构念	验证	
技术不确定性	至 19 世纪末，多个学术研究者进行合成氨的相关研究，可是因为物理学和化学还处在一个初步发展的阶段，学术研究者尚未深入掌握化学反应过程中的平衡与速率这项重点，所以该项研究没有获得突破性的进步	
科技创新领军人才	哈伯	博施
科技引领能力	实现了工业历史上首个加压催化过程，此举是世界工艺史上的标志性事件，意味着工业催化进入了全新的纪元	改进并完善了合成氨工业化技术及设备，引领了合成氨产业技术发展
判断技术发展方向	哈伯从 1904 年开始把研究方向从电化学点转向固氮研究，并且在固氮研究时放弃当时学界普遍采用的电弧法而选择了高压合成技术，并率先成功完成了合成氨工业化技术	博施在早期就开始关注固氮技术，密切跟踪其他固氮领域的相关研究。对哈伯所采用的技术方法和成果予以肯定并给予支持，最终证明他的选择是正确的
把握关键技术	在采用氢氮合成技术实现固氮的过程中，哈伯解决了两个关键核心：触媒和高压设备，最终顺利突破了合成氨的工业化生产技术	在博施组织合成氨项目中间试验研究的过程中，博施确定思路和原理，并分派任务给团队成员，解决了中试实验最为核心的 3 个难题

（2）哈伯和博施的技术转化能力分析。

从案例中可以发现，哈伯之所以选择对合成氨进行研究是出于解决德国粮食需求激增的现状。在成功实现了高压下合成氨工业化技术突破之后，哈伯并没有止步于此。随后围绕规模化生产的需求对试验装置和试验催化剂等进行持续的创新突破，最终在实验室完成了合成氨工业化技术，完成了合成氨产业化的最重要的第一步。这一过程可以说明哈伯具备较强的技术转化能力。

原本主要从事电化学研究的哈伯，于 1904 年启动合成氨这项应用指向十分明确的研究工作，是难能可贵的。倘若当时只是副教授的哈伯置基本的社会需求于不顾，为了早日晋升教授而热衷于从事容易发表论文的纯科学研究，那么很难想象他这一生能做出像发明合成氨原理那样对人类社会发展产生重大影响的科学贡献。1908 年初，哈伯已经掌握了用氮气和氢气制取氨的技术，但他意识到该项技术离工业化生产的要求还有相当一段距离。为了解决合成氨投产的技术，哈伯又进行了一系列的创新。这充分说明哈伯对于合成氨技术的研发从开始就是面向市场需求的，只有实现产业化才能走向市场。由此可见，哈伯具备较强的推动应用创新的意识和能力。

另外，哈伯在研发的过程中曾与博施所在的 BASF 公司展开深度合作，在后期担任德国政府科学顾问的哈伯又极力促成了博施领导下的 BASF 与政府的合作，加快了合成氨的产业化进化，由此可见哈伯具备一定的促进合作创新的能力。

与哈伯相比，博施作为企业的研发主管，其研究更大程度上体现了需求导向。博施很早就洞察到合成氨技术的社会需求和市场潜力，一直在努力实现此领域突破。与哈伯合作实现合成氨之后，很快转入中试试验，围绕如何解决量产的问题，对原材料、触媒和生产设备等做了全面的改进，最终让合成氨技术走出实验室，真正实现规模化生产，解决社会需求。此过程也体现了其具备的技术转化能力。

博施最初组织合成氨项目中间试验研究，此时他遭遇的困难重重。然而在博施的带领下，团队突破了一系列难题，如多组分的混合物催化剂从理论层次来讲是具备明显效用的，直到如今，全球氨催化剂都是按照该原理进行制作的。正是由于博施的领导，合成氨才能顺利实现产业化；除此之外，在博施成为 BASF 董事长之后，为了降低成本，占领更大的市场，开发完成大量制造高纯度氢气的工艺，为公司制定了技术战略布局，重点对多种含氮化肥进行研究测试，目的是研究其具体效用从而能够持续改善公司产品。由此可见博施的研发工作一直在围绕着用技术满足社会需求的宗旨，具有较强的推动应用创新能力。

同时博施在后期担任公司董事长之后，为了巩固公司在行业中的领先地位，主动寻求政府的投资，通过与政府合作来壮大自己的力量从而更好地发展合成氨产业，这也足以体现了博施具备促进合作创新的意识和能力。

综合以上分析以及哈伯与博施的创新历程与贡献，本课题将哈伯与博施对命题 12-2 的验证情况整理如表 13-11 所示，由此可见，哈伯与博施具有较强的技术转化能力，且同时具备推动应用创新和提升合作创新的能力。

表 13-11　哈伯与博施技术转化能力的命题验证

命题 12-2：在市场不确定的情况下，战略性新兴产业科技创新领军人才需要具备技术转化能力来应对不确定性带来的风险，主要包括推动应用创新能力和提升合作创新能力

构念	验证	
市场不确定性	19 世纪中后期，一方面人们逐渐意识到随着人口的增长，人类将面临粮食短缺危机，另一方面由于战争对炸药的大量需求，合成氨展现出巨大的需求缺口，然而如何去满足市场需求是各国都在探索和争取的焦点	
科技创新领军人才	哈伯	博施
技术转化能力	哈伯作为科学家较早发现了合成氨的技术突破口，转移了研究方向，并主攻合成氨的应用研究，成功完成了合成氨试验	博施作为最早关注合成氨技术工业化的企业领导者，最早预测到技术前景，并调动资源进行合作研发，最终实现了合成氨的工业化生产
推动应用创新	哈伯在选择研究课题时能够以满足社会需求为导向，同时在进行技术研发时，并不仅仅止于提出正确的思路或实验室技术，而是面向产业化，提出切实可行的技术方案，为合成氨产业化奠定坚实的基础	无论是在领导合成氨中试实验的过程，还是成为公司决策层之后对新技术产品的推广和应用，博施都以市场需求为导向，持续改善其产品和技术
提升合作创新	哈伯在合成氨技术开发早期与博施所在的 BASF 公司签订合作协议，双方共同合作完成合成氨工业化技术的研发。 1914 年，作为德国政府科学顾问的哈伯又极力促成了博施领导下的 BASF 与政府的合作	博施较早关注合成氨技术，并组织团队进行研发，但多年未果，当他得知哈伯所采取的技术路径时，促使 BASF 对哈伯的试验进行资助，并达成合作关系。1914 年，为了进一步扩大合成氨的产能，积极地与政府展开合作

（3）哈伯和博施的创新领导能力分析。

在对合成氨产业回溯的案例中可以发现，哈伯虽然没有直接参与企业的创新活动中，但是从实验室研究开始就与 BASF 公司签订合作协议，他的研究成果使企业看到了合成氨技术的乐观前景，为 BASF 产品开发提供了最重要的技术支撑，使企业能够顺利展开后续的产业化研究。另外哈伯后期作

为国家科技顾问时，也曾帮助 BASF 公司争取到政府科研资源，促进企业进行持续创新，以上均在一定程度上体现了哈伯的创新领导能力，且从案例中发现主要表现为促进创新驱动发展的能力。

博施作为企业的高管直接参与了企业的技术创新活动。从案例中发现，他在主持中试实验过程中，组建了一流的科研团队，例如其中包括诺贝尔的获奖者米斯塔。其次，他具有一定科研管理能力，例如他将研究难题分派给他认为能够胜任的团队成员进行解决，并提供一定的指导，充分给科研人员自主研究的空间。从最终的团队创新成果来看，博施所分派的任务都得到最佳的解决方案。最后，在合成氨工厂建成投产之后，博施从未停止过对合成氨生产装置的改良。这对提高氨的产量无疑是有益的，因为只有这样才能确保 BASF 公司在固氮领域的竞争优势，否则日后被生产石灰氮的公司超越并非没有可能。这说明博施作为公司高层决策者和技术创新人才在促进企业的持续创新。通过以上分析可以判断博施具备较强的创新领导能力，且体现出促进创新驱动发展能力和凝聚创新人才的能力。

综合以上分析及其哈伯与博施的创新历程与贡献，本课题将哈伯与博施对命题 12 - 3 的验证情况整理如表 13 - 12 所示，由此可见哈伯与博施具备较强的创新领导能力。博施具体表现出促进创新驱动发展的能力和凝聚创新人才的能力，而案例中只对哈伯的促进创新驱动发展能力有所支持。

表 13 - 12　　　　　　　　　　　　　　哈伯与博施创新领导能力的命题验证

命题 12 - 3：在产业竞争不确定的情况下，战略性新兴产业科技创新领军人才需要具备创新领导能力来应对不确定性带来的风险，主要包括促进创新驱动发展能力和凝聚创新人才能力

构念	证据描述	
竞争不确定性	随着合成氨工业化技术成功后，战争也暂时停止，相比战时对硝酸铵的需求大大减少，主要市场集中的农业领域，而此时由于技术的成熟，多家企业进入此领域，相互为争夺更大的市场而展开竞争	
科技创新领军人才	哈伯	博施
创新领导能力	哈伯作为优秀的科学家，他通过自己的研究成果而对企业技术创新产生了重大的影响，促进了产业的持续创新	面对新的市场格局，博施带领企业不断创新，研发新的产品，开辟新市场，促使企业形成核心竞争力
促进创新驱动发展	哈伯早期的研究成果在很大程度上促进了 BASF 公司的技术创新。哈伯后期作为国家科技顾问时，也曾帮助 BASF 公司争取到政府科研资源，在一定程度上，促进企业进行持续创新	将氨转化为硝酸盐肥料，开设农业研究院，对相关产品开发做超前研究。在博施的带领下，BASF 公司大批量生产氨以及硫酸铵时使用的原材料：空气、水、煤炭和石膏都可以从德国本土廉价取得，从而降低生产成本彻底打开硫酸铵的市场；合成氨工厂建成投产之后，BASF 公司就从未停止过对合成氨生产装置的改良。博施组织对生产装置中的关键设备——合成反应容器进行彻底的改造，使合成氨的产能上了一个台阶，从而确保 BASF 公司在固氮领域的竞争优势
凝聚创新人才	—	博施注重团队成员的培养，例如把寻找新触媒的开发任务交给米塔斯，改进高纯度提纯氢气技术交给卡尔·克劳赫；在研制中试用合成反应容器过程中，博施将相关研究人员按任务功能进行了编组，并新招了一批工程技术人员，专门成立了一个金属材料研究室等

本课题在合成氨工业兴起的背景下，分析了科技创新领军人才哈伯和博施所具备的胜任能力。研究发现，对19世纪初的德国来讲，合成氨是典型的战略性新兴产业，哈伯和博施通过科技创新对合成氨的产业化起到巨大的推动作用，对合成氨产业的兴起，成长以及竞争优势获取起到促进作用；从哈伯的具体创新历程和贡献可以发现，其兼具科技引领能力、技术转化能力和创新领导能力三类胜任能力，其中科技引领能力较强，其余两项能力都有所体现但并不是其核心能力；从博施的具体创新历程和贡献可以发现其兼具科技引领能力、技术转化能力和创新领导能力三类胜任能力，并且三种能力在其身上均表现得较为突出。

13.5　美国生物科技产业兴起中的博耶

13.5.1　生物科技产业兴起背景

1953年，美国生物学家沃森（J. D. Watson）和英国生物物理学家克里克（C. Crick）提出了DNA双螺旋结构模型。这一模型极大改变了生物学的面貌，促进生物学研究进入分子水平，并为分子生物学的进一步发展奠定了基础，标志着生物科学第一次革命开始，在生物学发展史上是一个伟大的里程碑。

在20世纪50年代，阿尔伯（W. Arber）经过系列研究发现，大肠杆菌可以让自身DNA出现特异标志，同时对非自身DNA进行降解。史密斯小组则第一次对特意切割的限制酶进行成功的分离。接着，内森斯通过生物科技以及切割猴病毒SV 40对限制酶 Hind Ⅱ进行试验，最后得到了病毒DNA的限制酶切图谱。对此，上述两人共同设计了限制酶的命名规律和原则。进入1960年之后，霍利对酵母丙氨酸tRNA核苷酸序列进行了测试和确定。

进入1970年之后，重组DNA技术推动了现代生物科技的萌芽发展，掀起了生物学的二度革命。桑格发现并公布了双脱氧核苷酸法测定核苷酸序列，在通过自动化仪器测试核苷酸序列时，会用到该方式。而博格在1972年提出了操纵λ噬菌体基因以及大肠杆菌乳糖操纵子进入SV 40的生物化学方式。吉尔伯特则于1976年发现了化学测序法。重组DNA技术，即以DNA分子为对象，实施再设计，再切割以及再连接，换言之，就是基因操作。同时，此时发现的特异切割DNA的限制酶，不仅绘制出了具体的切割限制图纸，还使DNA克隆变为可能。

在基因克隆以及表达技术不断朝成熟方向发展之后，这些技术的出现和发展让很多人感到忧心。在20世纪70年代中期的加州西洛马国际会议中，众多科学家再次强调了基因操作的具体问题，总结了相关的积极作用，并呼吁大家重视细菌和质粒开发研究的安全性。1977年板仓敬一和博耶利用重组DNA技术合成了第一个基因工程产品，即用于治疗四肢巨大症的生长激素释放抑制激素。于是新的基因技术公司如雨后春笋般纷纷成立，生物技术产业由此开始崛起。

13.5.2　博耶科技创新历程及其对产业的贡献

赫伯特·博耶（Herbert W. Boyer），美国生物学家。1973年，博耶和科恩成功克隆了基因，这一突破是生物技术工业建立的基石。1977年他在实验室与合作者率先合成并表达了肽编码基因。1978年8月，他用转基因细菌人工合成了胰岛素，随后在1979年合成了生长激素。1976年与罗伯特·斯旺森共同构建基因泰克公司。该公司是美国最先出现的、规模最大的，由风投公司支持的生物技术类公司，充分显示了美国今后生物医学的前进方向。

（1）在生物科学的边缘开疆拓土。

1966 年，30 岁的博耶与同为生物学家的玛丽格瑞斯（博耶的妻子）来到加州大学旧金山转向开始分子生物学研究。三年后，他们开始关注大肠杆菌，尤其是其所拥有的抑制酶，他们对此进行了重点的研究。博耶发现，抑制酶能够通过特殊的方式切断 DNA，从而在 DNA 链上留下"粘端"。因为剪切而留下的端头，经过某些精确运动粘贴好 DNA 碎片。博耶对这种珍奇酶充满好奇，立刻投入对这种酶的研究和提纯之中。

当时科学家迈克·毕晓普也加入到加州大学微生物系，于是博耶和毕晓普共同合作研究。1969年，博士后哈罗德·瓦莫斯也加入了他们的团队（瓦莫斯和毕晓普发现了逆转录病毒基因在细胞中的产生，因而同获 1989 年诺贝尔奖）。随后，博耶向当时学校生物化学和生物物理学系主任威廉·拉特争取了更多资源和研究人员，这也使得加州大学旧金山分校逐渐成为世界 DNA 研究中心。1972 年夏天，博耶开始测试那些感觉敏锐的酶如何作用于一个有容纳力的质体，并发现了克隆的可能性，这时他正在生物科学的边缘开疆拓土。

（2）DNA 重组技术取得突破。

1972 年，博耶在夏威夷的某次会议上结识了斯坦福的科学家斯坦利·科恩。那时候，科恩正对 DNA 质粒进行研究，在个别细菌的细胞质里面，质粒可以进行自由的流动，并利用 DNA 链译码实现高度独立的自我复制。于是，科恩研发了一种技术，使这些质粒可以顺利脱离细胞质并进入其他细胞。自此，博耶开始认识到，把 DNA 分裂和上述方式进行融合，他们就能够顺利对 DNA 段进行组合，并置于细胞细菌里面，继而生产足以实现特殊需求的蛋白质，于是两人开始进行合作实验。1973 年，实验成功，博耶和科恩克隆了基因，这一突破是生物技术工业建立的基石。

到那时为止，博耶和科恩只对细菌 DNA 进行了实验，他们想对更为精密复杂的真核细胞进行实验。真核细胞是构建更高级生命形式的材料，如果真核 DNA 能进行基金层面的改造，那就意味着这种方式最终可以用于人类的 DNA，所有种类的人体蛋白质都可以用基金工程制造出来。

随后，博耶对一些爪蟾的 DNA 进行了成功复制，并对几种不同的真核细胞基因进行实验。在对选用的数代物种进行实验后，博耶和他的团队进一步确认了 DNA 遵循这种复制过程，此结果暗示着生物制药时代的到来。

（3）将基因工程技术成功推向市场。

1976 年，罗伯特·斯旺森接受了硅谷风投公司的雇用，前往博耶的实验室进行拜访，他们精神抖擞地谈了两个小时。正是这次交谈，使博耶的视野得到了很大的拓展，他也因此感受到将细胞当作"工厂"进行技术生产可能带来的商业前景。于是，两人经过商议，共同出资成立了基因工程技术公司，开发细菌能制造的蛋白质。博耶曾告诉斯旺森他为什么想进入商界："这么多年，在这个领域，我的研究由美国政府拨款，这次让我跟着感觉走，做我喜欢做的事情。商业应用提供了一次回报社会并看看这项研究对社会的真正好处的机会。[①]"

实际上，在找到博耶之前，斯旺森最初找到诺贝尔物理学奖得主唐·格拉泽想寻求合作（创建了希得生物技术公司，但并不从事基因工程）。格拉泽的助理告诉他，"我们认为这项技术将有奇妙的前景，但这是遥远的将来的事情。我们不可能聘你来等着它发生。"随后，斯旺森在 Syntex 公司

---

① 戴维·列菲等. 他们创造了美国［M］. 北京：中信出版社，2013.

也得到了同样的回答："构思不错，但近期不可能发生。"最终只有在博耶这里得到了合作的意向。

Genentech 公司成立后，博耶和斯旺森首先要确定用细菌科技生产什么样的商用蛋白质。斯旺森去科学图书馆阅读了玛格丽特戴霍夫关于蛋白质结构的一本新书，他说："显然，列表中排在第一个的就是人体胰岛素。"随后的问题是，如果他们能造出人体胰岛素，人工合成胰岛素是否足以与从动物胰腺中提取的胰岛素竞争。

博耶的实验打响了制造胰岛素竞赛的"发令枪"，其他两只来自由顶尖科学家组成的团队也加入了此次竞赛。当时，大多数学院派的科学家并不看好博耶的 Genentech 公司，他们不认为公司科研能克隆基因。

跟其他研究不同的是博耶决定从头做起，依靠人工合成 DNA，即使用在市面上买来的化学药品制造人体胰岛素。而其他实验室都打算直接从人体基因入手，希望从 RNA 中分离人体胰岛素基因。这个奇特的想法，不仅出自技术上的考虑，同时也出自政治上和科学上的疑虑：与相比其他赏识这种技术的人不同，博耶认为还有其他问题比技术问题要棘手得多：自然 DNA 可能和基因工程的规则相冲突，那时 NIH 正逐步把科学疑虑变为政治顾虑，而 NIH 是这项科研的主要经费来源。涉足任何人类基因组的工作，很可能被他们严格限制，但是人工合成会被 NIH 的限制所忽略。

1976 年 6 月，博耶的预感被证明是正确的。NIH 出台了严格的限制措施。人体 DNA 的高级工作只能在高度保密的 P3 试验中执行，还有更高级的从事生物战争实验的 P4 实验室，它只在严格的条件下使用。而博耶从事人工合成 DNA 没有受到阻止。法规没有提及人工合成 DNA，因为人们认为不可能人工合成人类或其他物种的 DNA。

与此同时，博耶和斯旺森通过考察和评定，决定投资另外两名来自位于洛杉矶东部的希望城国立医学中心科学家阿瑟里格斯（Arthur Riggs）和板仓敬一（Keiichi Itakura）的研究，资助研发生长激素抑制素。

那时，Genentech 公司要为博耶的实验室和南加州希望城的工作融资，却没有自己的实验室，没有自己的全职科学家，没有销售人员。与此同时，加州大学旧金山分校的拉特—古德曼团队和吉尔伯特的哈佛团队都早早地介入了对胰岛素的研制之中。不论 NIH 施加了什么不利影响，这两支团队中任何一支都有可能抢先制造出胰岛素而对 Genentech 公司的发展造成致命的打击。

1977 年夏天，博耶开始准备人工合成胰岛素片段，这项工作他交给一位年轻的意大利有机化学家罗伯托克雷（Roberto Crea）主持。同时，他们继续为企业招兵买马，寻找具有较高应用价值的技术。

1977 年 8 月 15 日下午，里格斯和板仓测试了生长激素抑制素，其数量很多，他们在细菌中表达了人体单板，他们是世界上最先完成这样研究的科学家。这是微生物能生产外来蛋白质的一个实例，也是生物科技产业上层建筑兴起的转折点。他们是最先用 cDNA 制造哺乳动物蛋白质的科学家。1978 年，Genentech 公司的科学家们完成了人体胰岛素的人工合成，数年里，那是唯一的重组 DNA 药品。据口述历史，博耶说："我们太天真了，从没有想过完不成。我们知道制药产业有提升产品的历史，如抗生素和氨基酸，诸如此类。但这是完全不同的科技。①"

1978 年 3 月，博耶建立奖励制度吸引了 26 岁的戴维戈德尔（David Goeddel），和他一起来的还有一位名叫丹尼斯克雷德的科学家。Genentech 公司承诺允许他们发表研究成果，这是与大制药公司最大的区别。

---

① 戴维·列菲等. 他们创造了美国 [M]. 北京：中信出版社，2013.

1980 年初，Genentech 公司制成了带有胰岛素链的色氨酸。1985 年第一个产品 Protropin（注射用促生长素）走向市场，此次产品营业收入额达到了 20 亿美元。

（4）管理基因公司技术创新战略。

此后，博耶和斯旺森确立了企业的研究开发战略，确定新战略愿景为发明制造能够有效治疗各种严重疾病的产品，Genentech 定位为全方位生物制药公司，生产和销售全线生物药品，包括人体生长激素、干扰素、白介素、肿瘤坏死因子、动物疫苗和素质纤维蛋白酶原激活剂。因为产品具有独创性质，市场竞争对手数量不多，定价可以保持在高水平（Avastin 疗法的年度花费额超过 40000 美元），同时销售压力极小。为此，他们将大量的资金投到研究上，把收入的 50% 追加到研究上，这比制药产业平均不到 20% 的比例要高得多。Genentech 公司于 2001 年在加利福尼亚创建了世界上最大的生物科技研究实验室。

从公司建立那一天起，博耶始终是担任副总裁一职。到了 1990 年的时候，他以副总裁的位置为代价成为董事会的一员。同时，他放弃了与 Genentech 公司直接的科学接触，更愿意待在加州大学旧金山分校实验室里。他不想做管理 Genentech 公司的科学家，不想夺了新人的光芒。按常规，胰岛素论文上应该有他的署名，但他坚持把论文归到其他人名下。他受过"学术阻击"的伤害，学术界责难他拿科学开放性去冒险，听命于商业秘密，以及对金钱的嫉妒，"虽然也有人支持我，"博耶告诉萨利休斯，"但是在一段时间内，我感到大家都不理睬我。那些抨击的手段让我感到自己是个罪犯。我认为我没有做过缺乏职业道德的事或不道德的事，我从未梦想过有他们那样多的年薪。"他又说道："从制造产品来说，我们有非常理想化的、无私的目标，我们以某种方式共享社会，这是一部分初衷。"博耶常说，"我对呼啦圈和网球鞋不感兴趣。"①

随后的几年，一大批生物技术公司成立。这个产业从用细菌生产人类蛋白开始，随后开始关注癌症的免疫疗法、小分子药物的生产；到了 20 世纪 90 年代，出现了不少神经生物学公司，之后又是一波基因公司浪潮。新技术在持续点燃生物技术之火。基因工程公司是美国最先出现的、规模最大生物科技公司，它的技术显示了美国今后生物医学的前进方向，也激发了全球范围内的生物科技产业的兴起。

13.5.3　博耶胜任能力分析与命题验证

（1）博耶科技引领能力分析。

博耶的科技引领能力体现在他是较早进行克隆技术的研究者，成功克隆了基因，这一突破是生物技术工业建立的基石。1977 年他的实验室及其合作者率先合成并表达了肽编码基因。1978 年 8 月，他用转基因细菌人工合成了胰岛素，随后在 1979 年合成了生长激素，对整个生物产业技术起到引领带动作用。

1953 年博耶考入圣文森特专科学校的时候，弗朗西斯克里克和詹姆斯沃森发现了脱氧核糖核酸的双螺旋结构，也就是大家熟知的 DNA 这种遗传和隐喻物质。这项发现呈现出一种崭新的、扑朔迷离的探索前景。博耶受到启发，在匹兹堡大学学了几年细菌遗传学，又到耶鲁大学学了 3 年多，1996 年来到加州大学旧金山分校时，他就把自己当作一个分子生物学家，开始一门相关的新专业。这一选择说明博耶很早就意识到基因技术是前景乐观的发展方向。在后期进行克隆技术研发时，从

① 戴维·列菲等. 他们创造了美国 [M]. 北京：中信出版社，2013.

未来技术发展考虑，博耶采取了与当时其他科学家相反的思路，即使用在市面上买来的化学药品制造人体胰岛素，并从头做起。这个奇特的想法，出自技术上的考虑，经过多年的探索研究证明是正确的选择。1973 年，实验成功，博耶和科恩克隆了基因，代表人类掌握了这一重要的生物技术，这一突破是生物技术工业建立的基石。由上可以发现，博耶熟逐渐掌握了克隆基因所需要的一系列核心技术，这也充分说明了博耶具备掌握关键技术的能力。

综合以上分析，结合博耶的创新历程与贡献，本课题将博耶对命题 12 - 1 的验证情况整理如表 13 - 13 所示，由此可见，博耶的科技引领能力较为突出，且同时具备判断技术发展方向和把握关键技术的能力。

表 13 - 13　　　　　　　　　　　　博耶科技引领能力命题的验证

命题 12 - 1：在技术不确定的情况下，战略性新兴产业科技创新领军人才需要具备科技引领能力来应对不确定带来的风险，主要包括判断技术发展能力和把握关键技术的能力

构念	验证
技术不确定性	进入 1970 年之后，由于充足 DNA 技术的出现，现代生物科技也得到了发展，掀起了生物学领域的二度革命。大量新的理论、新技术涌现为生物技术产业的兴起奠定了一定的基础。多个团队采用不同的技术路径对基因克隆技术进行研究，无论哪个团队率先突破都将引起生物技术领域的巨大飞跃
科技引领能力	较早进行克隆技术的研究者，并且最早实现了人工合成胰岛素等生物技术，对整个生物产业技术起到引领带动作用
判断技术发展方向	在匹兹堡大学学习了几年细菌遗传学，之后他又在耶鲁做了 3 年博士后研究生，随后又在加州大学与相关领域专家共同工作，但当生物技术激发了他的研究兴趣之后，毅然投入此领域。在进行克隆技术研发时，博耶决定从头做起，使用在市面上买来的化学药品制造人体胰岛素。多年后事实证明，博耶的决定是正确的
把握关键技术	博耶和科恩掌握了克隆细菌 DNA，克隆真核细胞，以及利用化学药品人工合成胰岛素等一系列关键技术

（2）博耶技术转化能力分析。

博耶是最先认识基因工程商业化前景的科学家之一，他不仅成功克隆了基因，还用转基因细菌人工合成了胰岛素，随后在合成了生长激素，并在 1976 年与罗伯特·斯旺森建立了基因泰克公司，抓住了生物技术的发展机遇，真正推动了生物技术市场化，体现了突出的技术转化能力。

在案例中发现，博耶的合伙人斯旺森在找博耶进行合作之前还去拜访过许多一流的科学家和企业家，但是他们要么是没有看到基因技术的前景，要么就是过于注重短期利益，没有人同意与斯旺森合作。直到遇到了博耶，他们一拍即合，很快决定共同出资创办了基因公司。这也体现了博耶对基因工程商业化前景的预期，对社会需求的洞察是超前和准确的。在公司建立之后，博耶和斯旺森通过对市场的预期进行技术战略规划，选择优先开发人体胰岛素。在研发过程中，博耶充分考虑的政治和社会风险，选用完全人工合成的技术路径，避开市场风险并为公司赢得了竞争优势。由此可见，博耶具有推动应用创新的动机和能力。

从案例中也可以发现，基因公司一直与制造厂商保持了长期的合作关系，人工胰岛素的研发就是拥有动物器官提取胰岛素经验的礼来公司合作，根据礼来公司的需求进行研发，由礼来公司负责销售基因公司的产品，基因公司收取专利权使用费。以上均说明博耶不仅具有推动应用创新的能

力，同时具备提升合作创新的能力。

综合以上分析以及博耶的创新历程与贡献，本课题将博耶对命题 12 - 2 的验证情况整理如表 13 - 14 所示，由此可见，博耶具有较强的技术转化能力，且同时具备推动应用创新和提升合作创新的能力。

表 13 - 14　　　　　　　　　　　　　博耶技术转化能力的命题验证

命题 12 - 2：在市场不确定的情况下，战略性新兴产业科技创新领军人才需要具备技术转化能力来应对不确定性带来的风险，主要包括推动应用创新能力和提升合作创新能力

构念	验证
市场不确定性	尽管当时的基因克隆技术在实验室中取得了一些突破性进展，但其商业价值还是模糊的，加之生物制药技术的较大风险，其市场前景并不乐观
技术转化能力	面对生物技术、产业技术创新过程中市场不确定，博耶发掘能够将技术成果商业化并能创造高度潜在市场价值的 "技术窗口"，选择胰岛素进行人工合成，开辟了克隆基因的应用领域
推动应用创新	在斯旺森寻找合作者的过程中，遭到了一些人的拒绝，只有博耶决定与其合作创办企业。其他人虽然也预测到其未来的前景，但是更关注近期的利益，不愿花时间和金钱投资在这样一个高风险的项目，只有博耶从回报社会出发，选择投身于此。1977 年 8 月 15 日下午，里格斯和板仓测试成功了生长激素抑制素，他们是世界上最先完成这样研究的科学家。1978 年，Genentech 公司的科学家们完成了人体胰岛素的人工合成，数年里，那是唯一的重组 DNA 药品。1980 年初，Genentech 公司制成了带有胰岛素链的色氨酸。1985 年基因泰克公司的第一个产品 Protropin（注射用促生长素）走向市场
提升合作创新	博耶除了自己进行人工胰岛素的实验之外，还判断了市场上对生长激素抑制素的需要，和斯旺森决定投资另外两名科学家研发生长激素抑制素。基因公司只进行前期试验的研发工作，而后期市场开发等与其他企业合作，通过资源整合，优势互补，提升了整个产业链竞争力

（3）博耶创新领导能力分析。

博耶不仅是优秀的科学家，同时也是一名卓越的企业创新领导者，凭借在专业领域的造诣，博耶对基因公司进行技术战略定位，招揽优秀人才，不断提升基因公司的创新能力，形成了稳定的竞争优势，由此可见，其具有较强的创新领导能力。

在 Genentech 公司成立之初处境非常艰难，博耶凭借自己强大的创新能力推动着整个公司的发展。首先他带领团队成功开发了人工合成胰岛素，为基因公司赢得了行业优势地位，随后又凭借自身对市场的洞察，和斯旺森为公司确定了明确的技术战略目标：发明制造能够有效治疗各种严重疾病的产品，定位为全方位生物制药公司，生产和销售全线生物药品，包括人体生长激素、干扰素、白介素、肿瘤坏死因子、动物疫苗和素质纤维蛋白酶原激活剂。因为产品具有独创性质，具有较强的市场竞争实力，公司得以快速成长。在公司发展稳定后，他还将大量的资金投到研究上，把收入的 50% 用于技术研发，这比制药产业平均不到 20% 的比例要高得多，并在加利福尼亚创建了世界上最大的生物科技研究实验室。由此可见，基因公司是创新驱动的公司，而博耶在其中发挥了不可替代的作用，充分体现了其具备的促进创新驱动发展的能力。

另外，基因公司之所以能够持续推出创新产品与公司招揽一流的科研人才密切相关。博耶在进行人工合成胰岛素研发的同时还在积极地网罗人才，投资具有前景的研发项目。投资资助了两名来

自位于洛杉矶东部希望城国立医学中心的科学家进行生长激素抑制素的研发。博耶还建立奖励制度，吸引了优秀的科学家。这些都充分体现了博耶所具备的凝聚创新人才的能力。

综合以上分析及其博耶的创新历程与贡献，本课题将博耶对命题12-3的验证情况整理如表13-15所示，由此可见，博耶具备较强的创新领导能力，且同时具备促进创新驱动发展和凝聚创新人才的能力。

表13-15　　　　　　　　　　　　博耶创新领导能力的命题验证

命题12-3：在产业竞争不确定的情况下，战略性新兴产业科技创新领军人才需要具备创新领导能力来应对不确定性带来的风险，主要包括促进创新驱动发展能力和凝聚创新人才能力

构念	证据描述
竞争不确定性	Genentech 公司的创新是制造胰岛素竞赛的"发令枪"，另外两只由顶尖科学家组成的团队也加入了此次竞赛，跟其他研究不同的是博耶依靠人工合成 DNA。尽管博耶和斯旺森动用 Genentech 最先制造出了生长激素抑制素，但是多个团队都在进行此项研究，一旦其他团队取得了进展，他们的前景就堪忧
创新领导能力	面对生物技术领域中竞争不确定，博耶不仅为基因公司制定技术战略，还不断组织一流的团队进行持续创新，奠定了基因公司产业领导者的地位
促进创新驱动发展	在博耶领导下的基因公司有明确的研发战略，无论人体胰岛素还是生长抑制激素，他们都是预先进行研发，成功后才推出商用产品。另外企业非常重视科技研发，他们将大量的资金投到研究上，把收入的 50% 追加到研究上，这比制药产业平均不到 20% 的比例要高得多。Genentech 公司于 2001 年在加利福尼亚创建了世界上最大的生物科技研究实验室。产品都是企业自行研发，成功后进行生产和销售
凝聚创新人才	博耶使用各种策略吸引优秀人才，如研究生长抑制激素的里格斯和板仓，年轻科学家戴维戈德尔和科丹尼斯克雷德

本课题在生物科技产业兴起的背景下，分析了科技创新领军人才赫伯特·博耶所具备的胜任能力。研究发现，对 20 世纪初的美国来讲，生物技术还在多方向探索，生物科技产业是典型的战略性新兴产业，博耶通过较强的科研能力成功掌握了基因复制这一重要的生物技术，并利用基因技术开发了人体胰岛素等一系列产品，开启了 DNA 基因工程的大门。从博耶的具体创新历程和贡献可以发现：博耶不仅是生物技术的领头人，更推动了整个生物科技产业的兴起，其兼具科技引领能力、技术转化能力和创新领导能力三类胜任能力，支持本课题对战略性新兴产业科技创新领军人才胜任能力的理论推导结论。

13.6　美国软件产业的兴起与基尔代尔

13.6.1　软件产业兴起背景

1945 年，世界第一台电子计算机 ENIAC 在美国诞生。这台机器使用了 18000 只电子管和 1500 个继电器，由 40 个仪表板排成巨大的"V"字形，由于输入和输出都需要穿孔卡片和穿孔纸带，无法与电子运算器的高速匹配。尽管 ENIAC 电子计算机的诞生标志着电子计算机时代的开始，但

是他们的逻辑结构与现代电子计算机仍有一定的距离。1946 年计算机之父冯·诺依曼提出了典型的电子计算机逻辑结构重要特征，此举对未来计算机设计产生了不可估计的重大影响，尤其是通过储存程序和二进制编码等结构，到现在也是很多计算机设计所遵循的基本原理。

电子计算机在实验室里研究成功以后，一些设计者看到计算机不可限量的前途，便离开了政府机构，建立自己的计算机公司，开始了商业性计算机研制和生产工程。

1947 年，晶体管诞生，这一发明具有划时代的意义。20 世纪 50 年代末，麻省理工学院林肯实验室经过研究发明制成了全球首台晶体管电脑 TX-O，开始了电子计算机的一个新阶段。从此人们开始利用它和磁芯存储制成了台式计算机，但这种计算机只能进行四则运算或其他类型的简单运算，并且由于体积庞大，故优质少量地被政府机构使用。1958 年，美国人基尔比研制出世界上第一块集成电路，从此人们有办法在一个不很大的空间容纳可以进行程序控制运算的计算机。

1964 年之前，每一种计算机模型，甚至处于同一厂商的模型都有一种独特的设计模式，需要自己的操作系统和应用软件。不同价格的计算机具有不同的设计模型，有的模型主要用于科学研究，其他的模型则主要用于商业。20 世纪 50 年代中期，很多公司开始了商业计算机领域研究，IBM 公司就是其中之一。1964 年 IBM 发布了 IBM System/360 计算机。随后，IBM 又推出了一种可升级内部结构。这种结构的构思使所有 360 家族系统的计算机，无论其体积大小如何，都会对同一套指令做出反应。用户能够把一个模型上的应用程序，外围设备、附件，如硬盘和磁盘驱动器及打印机等自由地移动到另一个模型上。这种可升级内部结构完全改变了计算机工业。因为 IBM System/360 计算机及 System/370 采用了可供升级的内部结构，IBM 公司树立了在计算机领域的主导地位。

到 20 世纪 60 年代后期，由于大量的风险投资者涌入硅谷，仙童公司及其他一些半导体公司人才外流导致了大批新创公司的出现。1968 年，诺伊斯创办了英特尔公司，他完全摒弃晶体管的生产，集中全力去搞大规模集成电路存储器。计算机技术的另一个变革是单板机微处理器 4004 型在英特尔公司由霍夫领导研制成功，标志着集成电子学的新纪元。

1965 年，DEC 推出世界上第一台标准小型电脑，标志着小型机的发展时期开始。从此，计算机不再是特殊领域所独有，开始进入教育、商业及一些普通领域，这时不同市场对计算机软件的需求越发凸显。

1969 年，IBM 对外正式宣称，其将对产品进行严格的划分，主要有软件以及硬件。至此，软件行业算是正式出现。1970 年，尤金安达尔，本来是 IBM 的高级工程师创办了一个新公司，制造出与 IBM 完全兼容的计算机。计算机兼容性问题的解决直接推动了软件的适用范围，加速了软件行业的发展。

13.6.2　基尔代尔科技创新历程及其对产业的贡献

加里·基尔代尔是计算机软件研究开发的先锋人物。他研发磁盘操作系统（DOS），是为 A、B、C 盘编写驱动程序的先行者，是率先开发图形用户界面（GUI）的重要先驱人士，成功研发出计算机语言——"Dr Logo"。在 20 世纪 70 年代中期，他从旁协助硅谷建立了十分有名的"家酿俱乐部"，该俱乐部是当时众多业余电脑爱好人士的沟通聚集地。另外，他还替微型计算机创立了全球首个高度实用的软件 API。不得不承认，他所开发的 DOS 操作系统为微软的霸业铺下基石。

（1）展露才华，初创成果。

20 世纪 80 年代，个人电脑刚刚走入大众家庭，由于其需要一定的专业技术才能上手，市场反响并不热烈。基于教学的需求，基尔代尔出资购买一台电脑。当时市场上销售的只有英特尔的4004和IBM370。英特尔的4004是一台首次使用4004芯片的电脑，采用4位微处理器。消费者要使用4004芯片，首先需要为存储器设计一个专门的板级或机箱及系统、电源、键盘、显示器和数据线。IBM370系统计算机虽然性能略胜一筹，然而它300万美元的售价让一般消费者望洋兴叹。那时候，几乎每个人都觉得微处理器毫无作用，英特尔也如此，但它却引起了基尔代尔的兴趣。在他编写模拟器时，芯片的局限性逼得他发疯，但他看到了微处理器潜在的出路。

基尔代尔回忆说："按照任何人的标准，4004都是一款非常粗糙的电脑，但是他预言了个人电脑的可行性，自己拥有而无需与他人分享。这也许令人难以置信，这款小处理器开启了整个产业……在1972年，我老爸的航海'摇柄机'抵达了英特尔4004时代，看来要切实运转起来，还需要完成一些主要的编程工具。[①]"4004没有三角运算功能，所以基尔代尔花了数月时间为芯片编写了正弦与余弦等程序。当时4004一次只能处理4位数据且没有显示器，做任何事情都是漫长乏味，度日如年。尽管如此，基尔代尔创建了一种公文包电脑——"这可能是第一款个人电脑"——并拖着60磅的电传打字机到处演示。他激励了数百人，其中有一位华盛顿大学毕业的年轻工程师汤姆·罗兰达，罗兰达后来成为他生命中的挚友。英特尔公司也被基尔代尔不断涌现的构思深深打动，随后雇用他为兼职咨询师，开始为公司正在研制的新型微处理器编写模拟器，那是比4004精致得多的新产品，速度快10倍。

（2）预测技术发展方向，发明磁盘操作系统。

那时不仅在英特尔公司，甚至在整个电脑行业对软件都不够重视。基尔代尔在微软兼职时，曾利用公文包电脑设计了一款星球大战游戏。当时英特尔的总裁诺伊斯认为微处理器的未来属于电子表，不属于电脑游戏，故未对电子视频游戏进行投资开发，而是重点开发电子表。结果就在不久之后诺伊斯就被日本电子表大军打得一败涂地。英特尔也由此错过了一次引领视频游戏产业的机会。

1973年，基尔代尔为英特尔的8008芯片设计了一种新程序，称为PL/M，即微机程序语言，用于编写微处理器应用程序，如操作系统和公用程序，这样，客户就不再需要冗长的低级汇编语言了，这些程序后来用了数十年之久。

在英特尔工作的同时基尔代尔还在蒙特雷海军学校任教。在那里他借了1700美元买了一台打印机和一台视频显示器，然而无法脱离新安装的昂贵的DECPDP－10小型机来独立运行intellec－8。这对基尔代尔的刺激很大——除非他能思索出一个办法让intellec能存储大量数据。当时已有公司推出大型机用的软盘，但基尔代尔认为电脑与磁盘驱动器之间的运行，还需要一个控制板去操纵复杂的电子仪器，而这样的东西并不存在。

当时，基尔代尔正在编写操作系统，他称之为CP/M，即微机控制程序。他知道这个程序很不错，但他仍然无法把这个程序用于磁盘通信。他给华盛顿大学的朋友电子工程博士约翰·托罗德去了电话。托罗德花了数月时间，拿出了一个小巧的微控制器。他们利用这个微机控制器和CP/M程序，组成了世界上第一个用于微机的磁盘操作系统。

（3）为PC软件打下了发展的基石。

同年，埃德·罗伯茨（Ed Roberts）为电脑迷提供Altair电脑邮购服务，这是第一款商业运作成功的个人电脑。Altair电脑的内存只有256字节，没有屏幕，没有键盘，很不好用，批评声不断。此时，一家更有抱负、要面向大众销售个人电脑的新公司以姆赛（IMSAI）聘请基尔代尔为咨询师。

---

① 戴维·列菲等. 他们创造了美国 [M]. 北京：中信出版社，2013.

基尔代尔打算用以姆赛的硬件改写部分 CP/M 程序，控制磁盘控制器和显示器等。这个过程中，基尔发现最初的设想很难实现且很复杂，因此设计了一个通用界面，称为 BIOS（基本输入/输出系统），这个程序允许针对不同硬件立即改变参数，"这个小 BIOS 配置是 CP/M 成功的秘密"。基尔代尔的设计从本质上创建了一个数字平台。底层可以改写以适应不同的硬件配置；而顶层具有真正的革命意义，无需再改写。基尔代尔还发明了一组指令，期初叫"call 5"，后来叫"int 21"；任何应用程序都可以与他的操作系统界面连接，这是一个非凡的进步。他把软件从硬件上解放出来。从那以后，任何应用程序可以在任意一台电脑上运行。基尔代尔为 PC 软件打下了发展的基石，奠定了成长的土壤。

（4）招兵买马，成立公司，推出 CP/M 操作系统。

1976 年他们决定开始做磁盘操作系统全职邮购服务，他们称之为星际数字研究公司。尽管基尔代尔开始创办了公司，但他有学院派科学家那样的信念——"人类的进步需要少一些支持保护，多一些知识普及"。他的道德伦理在精明的营销策略中得到了应验。他起初建议自己的每张系统软件盘只卖 29.95 美元，在妻子多萝西的坚持下，他才涨到 70 美元——这个价格仍然便宜得不可思议。到了 1978 年，公司终于取得了巨大成功，其他专属系统软件纷纷效仿。除了使之变得便宜之外，基尔代尔的系统小，速度快，并能在所有英特尔电脑上运行。"此前没有其他软件像我们这样定价。"基尔代尔写道。1978 年，他们的销售收入每月 10 万美元，利润达 57%[①]。

随后，他们逐渐招进了一些年轻的员工，有学生、教授、朋友、程序员。汤姆·罗兰达在英特尔做了 3 年的工程师之后也来加入了基尔代尔的公司，他伴随着基尔代尔经历了所有的成功与危机。

到 1980 年，基尔代尔已经销售了无数的 CP/M 软件，并为新型驱动器重新设计了他的系统。他的系统成为大多数 PC 机的标准操作系统，基尔代尔形成了事实上的垄断。1981 年基于英特尔芯片的个人电脑有 50 万台，而基尔代尔的 CP/M 占有这些电脑操作系统市场份额的 90%。

销售人员在前方打拼操作系统时，基尔代尔人没有停止发明和创新。当时视频光碟是新事物，正在开启"多媒体"产业。他们系统的品牌叫 VIDLINK。1984 年，基尔代尔和罗兰达新开了一家公司，名叫 activenture，后来更名为 knowledgeset。素有先见之明的基尔代尔在 1985 年创建了一张 CD-ROM 版的百科全书，称为《格罗利尔电子百科全书》。罗兰达评论道："那是在 1985 年 6 月，离现在已经 17 年多，在那一刻，我们说，每台新电脑绝对会带一个 CD-ROM 驱动器。人们不可能去买没有 CD-ROM 驱动器的电脑。其后花了 10 年时间才使光驱普及，又用了两三年时间它才成为标准设备。"他和罗兰达为 commddore 64 电脑制作互动视盘硬件和软件，推动了这个产业的进一步发展。随后，knowledgeset 会同索尼公司开发知识检索系统，满足对大型数据库的即时搜索，他们为波音 767 客机制作 CD-ROM，容纳全部维修手册和所有矢量图。

到 1984 年，DRI 通过其 concurrent dos 程序和 start link 软件使 PC 用户能连接到网络。人们可以只买一台 IBM 兼容机作为其他 PC 的网络中心。电缆将把所有的电脑连接到一起。基尔代尔携其 Concurrent DOS 再次领先时代 10 年。

1991 年，基尔代尔再一次领先于他的时代，此次源于技术难题的挑战，而且是一个大无畏的电脑奇才遇到的技术难题。当时他儿子斯科特在用苹果的麦金托电脑，他发现麦金托电脑"是我生命中最糟糕的经验之一"，上面有 17 个开关，而且容易搞乱指令。他思考如何对此问题提出一个解决

---

① 戴维·列菲等. 他们创造了美国 [M]. 北京：中信出版社，2013.

的办法,这就是数字无线连接。他预言:"开关、电缆、配线。我未来的生活不能要这些复杂的连接。无线能部分解决这个问题。一些'接口标准'会解决剩下的问题。"这时他已经造就了另外一个未来。

13.6.3 基尔代尔胜任能力分析与命题验证

(1)基尔代尔科技引领能力分析。

从基尔代尔的创新历程可以发现,他对计算机多个领域的发展做出了准确的预测,并且实现了多个具有重大意义的技术突破,引领了计算机及其软件技术的发展,表现出明显的科技引领能力。

20世纪80年代,在整个电脑行业对软件都不够重视的时候,基尔代尔就已经开始计算机软件研究。当他使用英特尔4004芯片电脑之后,尽管这台电脑设计粗糙,使用烦琐,但基尔代尔却看到了微处理器的未来,并预测微处理器将开启个人电脑时代。随后基尔代尔多次在公共场合宣传自己对微处理器改进的构思,他的思路引起了英特尔公司的注意,并邀请基尔代尔担任咨询师,并为其设计产品。这也体现了基尔代尔所具备的判断技术发展方向的能力。

另外,从案例中可知,基尔代尔在多个技术领域实现了重大的技术突破,如推动了抢占多任务处理、视窗性能和菜单驱动用户界面的发展,他奠定了个人电脑网络的基础;他创建了第一个电脑光碟界面,允许非线性重放和搜索性能,开创了今天的交互式多媒体;为PC创建了第一个客户化CD-ROM归档系统和数据结构;率先开发图形用户界面(GUI);成功研发出计算机语言——"Dr Logo"等。这都体现其在计算机领域具有掌握关键技术的能力。

综合以上分析,结合基尔代尔的创新历程与贡献,本课题将基尔代尔对命题12-1的验证情况整理如表13-16所示,由此可见,基尔代尔的科技引领能力较为突出,且同时具备判断技术发展方向和把握关键技术的能力。

表13-16 **基尔代尔科技引领能力命题的验证**

命题12-1:在技术不确定的情况下,战略性新兴产业科技创新领军人才需要具备科技引领能力来应对不确定带来的风险,主要包括判断技术发展能力和把握关键技术的能力

构念	验证
技术不确定性	计算机技术相比其他技术领域而言,其基本理论基础已经坚实,技术的进步趋势更快速、更微型、更智能发展,任何一个方向进步一小步都会引起技术体系的变革。当时计算机硬件和软件技术刚刚形成,还未形成成熟的行业标准
科技引领能力	面对软件产业技术发展过程中技术不确定,基尔代尔需要对软件技术的具体运行轨迹进行辨识,成功攻克部分重要核心技术,推动总体软件应用技术的进步,使其拥有引导和带领产业技术发展的能力
判断技术发展方向	基尔代尔精通机械和计算机两类学科,同时对编译程序有很大的兴趣,从大学到攻读博士学位直到最后执教都是其主攻方向。 早在1972年,在IBM推出的当时较为粗糙的4004时,基尔代尔就预言了个人电脑时代即将来临。在整个电脑行业都忽视软件时,基尔代尔就意识到软件的重要性
把握关键技术	他创建了第一个电脑光碟界面,允许非线性重放和搜索性能,于是有了今天的交互式多媒体;他为PC创建了第一个客户化CD-ROM归档系统和数据结构

（2）基尔代尔技术转化能力分析。

根据基尔代尔的创新历程和主要成就可以发现，基尔代尔凭借自身高超的计算机编程技术，对计算机硬件进行完善设计，并开发出多种通用的计算机程序，不仅提升了计算机硬件的使用效率，同时又促进了软件成为一个独立的产业，这充分体现了其技术转化能力。

这位电脑界的"爱迪生"，一直在根据人们的需求去改进或创造新的产品，竭力把知识创收给更多的人。正如他的儿子斯科特所记录：他致力于用工具帮助世人，胜过热爱赚钱。尽管基尔代尔一直在学院任教，但基尔代尔凭借一流的专业技能利用计算机技术真正满足人们的需求，创造出更好的产品。例如他为英特尔公司研制的新型微处理器编写模拟器，即精致又实用，速度也比上一代产品快 10 倍；为了能使个人自己能够使用计算机，他开发了微机控制程序；开发了更为直观的"Dr Logo"计算机语言程序，这是一种直观的、非抽象的计算机程序语言，旨在用来指导儿童编程，让孩子们把电脑作为有趣的学习工具，而不仅仅将其作为玩游戏的机器。基尔代尔的整个创新历程是推进软件应用技术发展的过程，也是其推进应用创新能力的体现。

从案例中还可以发现，基尔代尔在技术创新的过程中主动积极地与其他计算机专家或企业展开合作，并促进了整个行业的合作水平。基尔代尔在编写操作系统 CP/M 时，由于无法把这个程序用于磁盘通信，他主动邀请华盛顿大学的朋友电子工程博士约翰·托罗德设计。最终他们利用这个微机控制器和 CP/M 程序，组成了世界上第一个用于微机的磁盘操作系统。又如在 20 世纪 70 年代中期，他从旁协助硅谷建立了十分有名的"家酿俱乐部"，该俱乐部是当时众多业余电脑爱好人士的沟通聚集地。另外，他与微软合作创立了全球首个高度实用的软件 API，与英特尔合作为其芯片编写程序。由此可见，基尔代尔也具备了一定提升合作创新的能力。

综合以上分析以及基尔代尔的创新历程与贡献，本课题将基尔代尔对命题 12 - 2 的验证情况整理如表 13 - 17 所示，由此可见，基尔代尔具有较强的技术转化能力，且同时具备推动应用创新和提升合作创新的能力。

表 13 - 17　　　　　　　　　　　　基尔代尔技术转化能力的命题验证

命题 12 - 2：在市场不确定的情况下，战略性新兴产业科技创新领军人才需要具备技术转化能力来应对不确定性带来的风险，主要包括推动应用创新能力和提升合作创新能力

构念	验证
市场不确定性	当时软件市场的不确定主要体现在潜在需求的不确定性和市场需求特性的多样性。由于当时软件产业是新兴产业，有一些最早的技术"发烧友"是市场最早的消费者，但随着计算机的普及，存在更大市场和更多样的需求
技术转化能力	面对软件技术发展过程中市场不确定，基尔代尔发掘能够将编程技术商业化并能创造高度潜在市场价值的操作系统和应用程序，具备识别技术应用机会和领域的能力
推动应用创新	1973 年，基尔代尔为英特尔的 8008 芯片设计了微机程序语言，用于编写微处理器应用程序，从此客户就不再需要冗长的低级汇编语言了，这些程序后来用了数十年。 基尔代尔发明了"int 21"，任何应用程序都可以与他的操作系统界面连接，这是一个非凡的进步，他把软件从硬件上解放出来。从那以后，任何应用程序可以在任意一台电脑上运行
提升合作创新	基尔代尔与其他专家或多家企业展开合作，如与约翰·托罗德合作开发磁盘操作系统，与英特尔、微软、IBM 合作，应他们的需求，为他们开发新的产品，提升了整个行业的合作创新水平

（3）基尔代尔创新领导能力分析。

基尔代尔不仅是技术专家，更是积极地介入企业创建和经营的管理者和领导者，将自身的技术优势转化为企业的核心能力，不断推出创新的产品，保持企业持续创新，这充分体现了其所具备的创新领导能力。

1976 年基尔代尔创办了星际数字研究公司（DRI），开始介入企业经营。一方面，他吸引了各领域年轻有为的人才加入公司；另一方面，基尔代尔带领着公司进行持续创新。可见，基尔代尔凭借较强的创新能力促进了企业甚至整个软件产业的技术发展，具备极强的促进创新驱动发展的能力。

综合以上分析及其基尔代尔的创新历程与贡献，本课题将基尔代尔对命题 12 - 3 的验证情况整理如表 13 - 18 所示，由此可见，基尔代尔具备较强的创新领导能力，且同时具备促进创新驱动发展和凝聚创新人才的能力。

表 13 - 18　　　　　　　　　　　　　基尔代尔创新领导能力的命题验证

命题 12 - 3：在产业竞争不确定的情况下，战略性新兴产业科技创新领军人才需要具备创新领导能力来应对不确定性带来的风险，主要包括促进创新驱动发展能力和凝聚创新人才能力

构念	证据描述
竞争不确定性	在微型计算机逐渐普及过程中，不同用户对软件的需求日益凸显，为了争夺更大的市场，多家企业纷纷进军软件领域
创新领导能力	面对软件行业的激烈竞争，基尔代尔企业技术战略布局，促进企业持续创新，具备影响企业竞争优势构建的能力
促进创新驱动发展	到 1980 年，基尔代尔已经销售了无数的 CP/M 软件，并为新型驱动器重新设计了他的系统。他的系统成为大多数 PC 机的标准操作系统，基尔代尔形成了事实上的垄断。 随着光盘和 CD-ROM 技术的开发应用，1984 年，基尔代尔和罗兰达新开了一家公司，名叫 activenture，后来更名为 knowledgeset。随后，knowledgeset 会同索尼公司开发知识检索系统，满足对大型数据库的即时搜索，他们为波音 767 客机制作 CD-ROM，容纳全部维修手册和所有矢量图。 基尔代尔没有停止过发明和创新。当时视频光碟是新事物，正在开启"多媒体"产业。他和罗兰达为 commddore 64 电脑制作互动视盘硬件和软件，推动了这个产业的进一步发展
凝聚创新人才	随着公司的壮大，他逐渐招进了一些年轻的员工，有学生、教授、朋友、程序员。其中也有优秀的工程师，如在英特尔做了 3 年的工程师汤姆·罗兰达之后也来加入了基尔代尔的公司

本课题在软件产业兴起的背景下，分析了科技创新领军人才加里·基尔代尔所具备的胜任能力。研究发现，在 20 世纪中期，随着计算机技术的完善，计算机软硬件技术逐渐分离，计算机软件逐渐显示出强大的市场需求，形成新兴产业。加里·基尔代尔是电脑软件开发真正的先驱人物，他的创新和发明不仅领先于时代，同时还在最大程度上推动了社会技术进步。从加里·基尔代尔的具体创新历程和贡献可以发现其兼具科技引领能力、技术转化能力和创新领导能力三类胜任能力，支持对战略性新兴产业科技创新领军人才胜任能力的理论推导结论。

第14章 战略性新兴产业科技创新领军人才胜任能力指标体系构建

14.1 战略性新兴产业科技创新领军人才胜任能力的指标研究

14.1.1 测度指标的选取原则

战略性新兴产业科技创新领军人才胜任能力的测度指标应该能科学、合理、全面地衡量科技引领能力、技术转化能力和创新领导能力三大胜任能力的具体表现，同时还要注重测度指标的可操作性和动态性，为此，本课题在选取测度指标时缜密分析了科技创新领军人才胜任能力的关键因素，具体遵循如下原则：

（1）科学性原则。为了能准确反映战略性新兴产业科技创新领军人才胜任能力的具体表现，所选取指标应该具有明确、清晰的含义，较准确的内容。指标的选取过程需要考虑到普遍性和代表性，将定量指标与定性标相结合。

（2）独立性原则。战略性新兴产业科技创新领军人才胜任能力测度指标的选取要充分考虑互补性，尽量避免指标内涵的重复或包含，在保证测度指标体系完备性的同时还要确保指标之间的相对独立。

（3）可操作化原则。战略性新兴产业科技创新领军人才胜任能力测度指标的选取要从一定的实施条件和具体情况出发，尽量采用定量指标，采用的定性指标也应该能够容易量化、可操作。

（4）适用性原则。战略性新兴产业科技创新领军人才胜任能力指标选取必须考虑到不同产业、不同专业领域之间领军人才创新活动的差异性，使整个指标体系的设计具有较好的适用性，以便对不同领域的战略性新兴产业科技创新领军人才胜任能力进行横向比较，提高指标体系的普适性。

（5）稳定性和动态性相结合的原则。一方面，战略性新兴产业科技创新领军人才胜任能力的测度指标所测度的能力要在一定的时间段内保持相对的稳定，以便能够比较和分析测度对象发展过程，并预测其未来的胜任情况。另一方面，人才的能力结构形成是一个动态的过程，通过自身的学习而不断完善。因此，测度指标的选取应兼顾静态指标和动态指标的平衡，既反映科技创新领军人才当下的胜任水平，又反映其胜任能力的动态变化性。

14.1.2 科技引领能力测度指标分析

战略性新兴产业科技创新领军人才的科技引领能力体现在判断技术发展方向和掌握核心技术两个方面，其中判断技术发展方向是科技引领的最基本保证，而掌握核心技术是科技引领的关键能力。

14.1.2.1 "判断技术发展方向"测度指标的选取

判断技术发展方向是指能够识别和选择某一领域在未来一段时间内可能给经济和社会发展带来较大效益技术发展方向的能力。判断技术发展方向是对未来科技趋势的预测，但这种预测并不是凭空想象的"拍脑袋"，而是建立在对现有科技发展的认知水平之上。认知水平是指个体对外界事物认识、判断、评价的能力。认知水平的高低与实践经验，知识水平、思维能力等因素有关，是影响人们思想形成的主观因素之一。因此，对于科技发展的认知水平也受到技术创新经验、相关领域知识水平、思维方式等因素的影响。本课题将技术创新经验、相关领域专业知识水平等归纳为掌握科技发展规律；而思维方式中对于预测未来最关键的是要具备前瞻性思维，因此，本课题选取把握科学技术发展规律和前瞻性思维作为判断技术发展方向的测度指标。

把握技术发展规律是判断技术方向最基本的要求。无论是科学还是技术发展都遵循连贯原理和相类似原理，因此科技创新领军人才要预测某领域的技术首先要掌握与产业相关学科的发展规律，这是在长期的科学研究工作中积累的经验和知识，一般可以通过教育背景或高水平科技成果来测度。其中，教育背景可以通过其涵盖的学科数量和其所涉及本领域的比例来判断，高水平科研能力，可以通过科技成果的水平如国际领先水平、国际水平、国内领先水平、国内一般水平来判断，也可以通过在某学科领域长期的研究工作经验及同行的认可来判断。

另外，前瞻性思维方式是指预测方法凝聚在个体思想层面的表现，一般表现在能够关注最前沿的理论和技术动态，或是能够从全局、长远的角度，去认识现在并预测未来。具体可以通过选择课题的前沿性、是否发表超越时代的技术预测言论来判断。具体归纳如表14-1所示。

表14-1 判断技术发展方向能力测度

测度指标	指标衡量标准
把握科技发展规律	（1）教育背景，可以通过教育背景涵盖的学科数量和教育背景涉及本领域的比例来判断；（2）高水平科技成果（国际领先水平、国际水平、国内领先水平、国内一般水平）
前瞻性思维	（1）选择课题的前沿性；（2）发表超越时代的技术预测

14.1.2.2 "把握关键技术"测度指标的选取

关键技术是指在一个系统或者一个环节或一项技术领域中起到重要作用且不可或缺的环节或技术，可以是技术点，也可以是对某个领域起到至关重要作用的知识。把握关键技术是指通过对特定领域内已有技术在横向和纵向的发展趋势及其相互关系的挖掘，推断该领域即将可能出现的关键问题，并能够实现技术突破，解决关键问题，从而掌握产业核心技术的能力。因此，将识别关键技术能力和突破关键技术能力作为把握关键技术能力的测度指标。

识别关键技术的前提要熟悉产业技术体系，要能够判断未来产业技术发展路径，这样才能够通过系统的思维去识别整个路径中的关键环节。这就要求科技创新领军人才不仅仅是精通某一专业知识领域的科技人才，同时还要对某一产业技术系统有较为深入的了解，因此可以通过产业技术创新经历来判断识别关键技术的能力。具体而言可以通过与产业界合作经历、主持大型横向课题数量或参与和主持行业、国家标准数量等来衡量。

在识别关键技术的基础上，要做到把握关键技术最重要的是要能够实现关键技术的突破，否则只能错失技术发展良机。对于科技创新领军人才而言高水平科研成果是实现技术突破的表现，需要强调的是，这里的科研不是理论知识的创造和创新，而是关于产业技术难题或技术产品的创新，这里的关键技术是现实产业技术创新过程中亟待解决的关键问题。因此，这里选取申请专利的数量及实际应用状况和主持完成重大专项或应用研究课题的经验来衡量科技创新领军人才突破关键技术的能力。具体指标归纳如表14－2所示。

表14－2　　　　　　　　　　　　　　　　**把握关键技术能力测度**

测度指标	指标衡量标准
识别关键技术的能力	（1）与产业界合作经历；（2）主持大型横向课题数量；（3）参与和主持行业、国家标准数量
突破关键技术的能力	（1）申请专利的数量及实际应用状况来判断；（2）主持完成重大专项或应用研究课题的经验

14.1.3　技术转化能力测度指标分析

战略性新兴产业科技创新领军人才的技术转化能力要通过推动应用创新和提升合作创新来实现，这两种子能力直接提高了新兴技术转化效率，是促进新兴技术产业化的关键能力。

14.1.3.1　"推动应用创新"测度指标的选取

应用创新是指发现用户的现实和潜在需求，并通过各种创新技术或产品，推动技术创新，是更为广义的科技创新。对于科技创新领军人才，推动应用创新的能力，就是需要发掘能够将技术成果商业化并能创造高度潜在市场价值的"技术窗口"，识别技术应用机会和领域的能力。

需求是推动技术创新的关键因素之一，这种需求既可以是公共需求，也可以是市场需求。例如计算机的诞生，军事领域对信息处理的巨大需求发挥了至关重要的作用。同时，一项新的重要技术的发明能否转变为新的产品和产业，必须与人类的需求发展相适应。正如计算机技术的发明和信息存储能力的大幅增强，恰好与人类社会由传统的物质消费为主，向更多的信息消费和精神消费转变相契合，这使得计算机的发明有广泛的运用机会和巨大的需求，强有力地支撑了新技术和新产品的运用以及新兴产业的培育和发展。科技创新领军人才要做到推动应用技术创新的前提是要能够识别市场需求，因此这里选择洞察市场需求作为预测推动应用创新能力的指标之一，即是否能从技术出发，识别技术可以创造的新需求，或技术可以满足既有需求。

根据需求理论，需求无论是在数量上还是结构上都是动态变化的。由于战略性新兴产业的战略性和新兴性，其与相关产业或上下游产业需求会一定程度的融合和互补，这就越发增加市场需求的隐秘性和动态性。因此，在洞察市场需求的前提下，科技创新领军人才要推动应用创新关键是要能够快速准确地捕捉市场机会，即满足市场需求，这就需要及时地调整技术开发路径，即根据对市场需求变化的预测，调整技术创新的方向和路径，选择重点领域，调整资源配置。具体内容归纳如表14－3所示。

表14－3　　　　　　　　　　　　　　　　**推动应用创新能力测度**

测度指标	指标衡量标准
洞察市场需求	是否能从技术出发，识别技术可以创造的新需求，或技术如何可以更好地满足既有需求，表现为具体技术产品的市场接受程度
调整技术开发路径	是否根据对需求变化的判断，调整技术创新的方向和路径，选择重点领域，调整资源配置

14.1.3.2 "提升合作创新"测度指标的选取

提升合作创新的能力，是指促进创新主体之间的合作，提高合作效果，尽快取得市场的能力。

合作创新是不同合作主体之间将不对称的敏感信息进行分享的过程，而这个过程在不同合作主体之间通常表现为竞合关系（王林雪，2005）。发生在商业生态系统的竞合关系是中心企业、供应商、客户、竞争者和互补者这五类参与者纵横交叉形成的价值网，他们之间既需要保持一种平等的战略关系，又需要相互依赖。竞合关系分为两类。一类是纵向竞合，即基于价值链的，不同的生产活动决定他们在这条链上创造什么样的价值，这种竞合是纵向竞争者之间的关系；另一类是横向竞合，即基于不同的商业单元和产品领域的，他们可以在不同领域选择竞争或合作，从而达到自身利益最大化，这表现的是横向竞争者之间的关系（余浩，2008）。

竞合关系同样存在于产业技术创新领域，尤其是在技术转移转化过程中。因此，这里选取提升横向合作创新和提升纵向合作创新作为衡量战略性新兴产业科技创新领军人才提升合作创新的测度指标。其中促进横向合作创新是促进不同领域或不同商业单元之间的合作创新，可以通过是否选择具有普遍性、易于推广、互利性的课题进行合作；建立跨领域的团队合作的工作小组来衡量。促进纵向合作创新是促进供应商和客户之间合作创新，可以用是否建立开发的创新系统、是否建立过程监测和应变机制、是否建立有效的知识传播和扩散模式等来衡量。具体内容归纳如表 14 – 4 所示。

表 14 – 4　　　　　　　　　　　提升合作创新能力测度

测度指标	指标衡量标准
促进横向合作创新	促进不同领域或不同商业单元之间的合作创新，可以通过是否选择具有普遍性、易于推广、互利性的课题进行合作，建立跨领域的团队合作的工作小组来衡量
促进纵向合作创新	促进技术供给者和技术使用者之间合作创新，如客户创新等，可以用是否建立开放的创新系统、是否建立过程监测和应变机制、是否建立有效的知识传播和扩散模式等来衡量

14.1.4　创新领导能力测度指标分析

战略性新兴产业科技创新领军人才的创新领导力主要强调的是科技创新领导力，即领导创新主体持续创新的能力，突出表现为促进创新驱动发展和凝聚创新人才。

14.1.4.1 "促进创新驱动发展"的测度指标选取

促进创新驱动发展的能力，具体是指科技创新领军人才能够促进相关企业成为创新驱动的企业，即能够将技术创新能力转化为企业的核心竞争力，建构创新型企业，从而实现持续创新的能力。

首先，从驱动源的角度看，科技创新领军人才要能够促进企业创新驱动发展，领军人才自身需要具有创新精神，只有这样领导者才能吸引优秀的创新人才，影响组织创新文化的形成。具体而言可以用支持创新活动、敢于冒险并取得了一定成果或总是为企业寻找机会、总是能够发现并捕提机遇等来衡量。其次，从驱动过程的角度看，要真正实现创新驱动，需要对创新资源进行整合，这是实现持续创新的基本保证。具体而言可以用服务企业的研发经费投入、研发机构的研发实力（企业拥有的科研人员数量）、产学研合作水平（企业投入科研机构、高校的科研经费，企业与其他机构合作程度）等来衡量。最后，从驱动结果的角度看，企业是否为创新驱动的企业主要表现在其是否能实现持续性的创新产出。具体而言可以用服务企业专利拥有量、专利申请量、新产品销售收入占主营业务收入的比例、是否实现了经济效益持续增长等来衡量。因此这里选择创新精神、整合创新资源和实现持续创新产出来作为促进创新驱动发展能力的测度指标。具体内容归纳如表 14 - 5 所示，其中，"整合创新资源"和"实现持续创新产出"是对领军人才所在的企业而言。

表 14 - 5　　　　　　　　　　　　　　　促进创新驱动发展能力测度

测度指标	指标衡量标准
创新精神	（1）鼓励和支持创新活动；（2）敢于冒险并取得了一定成果；（3）总是为企业寻找机会，总是能够发现并捕捉机遇
整合创新资源	（1）研发经费投入；（2）研发机构的研发实力（企业拥有的科研人员数量）；（3）产学研合作水平（企业投入科研机构、高校的科研经费，企业与其他机构合作程度）
实现持续创新产出	（1）专利拥有量；（2）专利申请量；（3）新产品销售收入占主营业务收入的比例；（4）是否实现了经济效益持续增长

14.1.4.2　　"凝聚创新人才"的测度指标选取

凝聚创新人才的能力是指吸引和培养创新人才，组建强大的团队的能力。

科技创新领军人才作为科技领导者，吸引和培养优秀的创新人才是其主要职责，同时也为组织提供了重要的智力资本。凝聚创新人才关键是如何凝聚，这就体现在科技创新领军人才作为领导者对人才的吸引程度上，这里称为人才吸引力。具体而言，对于领导者个体，主要可以通过以下几方面进行衡量：是否具有崇高的科学精神，较高的学术水平；工作自主性是否强；科研仪器设备是否先进，科研经费是否充足、学术氛围是否好；人文关怀是否好，合作伙伴关系是否好、社会声望是否好。另外，从结果的角度分析，可以通过创新人才的聚集程度来测量，即吸引和培养创新人才的数量和质量。具体而言可以用研发人员强度和研发人员质量来衡量。具体内容如表 14 - 6 所示。

表 14 - 6　　　　　　　　　　　　　　　　凝聚创新人才能力测度

测度指标	指标衡量标准
人才吸引力	是否具有崇高的科学精神，较高的学术水平；工作自主性是否强；科研仪器设备是否先进，科研经费是否充足、学术氛围是否好；人文关怀是否好，合作伙伴关系是否好、社会声望是否高
创新人才聚集程度	研发人员强度＝R&D 人员总数/企业年末从业人员；研发人员质量，用企业技术的水平的等级来衡量

14.2　问卷调查

14.2.1　问卷设计

战略性新兴产业科技创新领军人才胜任能力的测度是一个多目标决策问题，客观来看，战略性新兴产业科技创新领军人才胜任能力的各级指标的重要程度并不完全相同。因此，测度结果不能简单将各个指标相加来计算获得，因此需要对战略性新兴产业科技创新领军人才胜任能力各级指标的权重进一步确定，并建立战略性新兴产业科技创新领军人才胜任能力的测度模型。

确定权重的方法众多，鉴于层次分析法（AHP）能将定性、半定性的问题转化为定量计算，使人们的思维层次化，逐层比较多种关联因素。由于层次分析法主要是从测度者对测度问题的本质、要素的理解出发，比一般的定量方法更注重定性的分析和判断。因此，本课题依据层次分析法的基本思想编制了对相关专家进行调研的问卷，问卷编制步骤和问卷结构如下：

首先，前面对战略性新兴产业科技创新领军人才胜任能力指标的分析和选取过程中，已经对指标体系进行了分层，即战略性新兴产业科技创新领军人才的胜任能力为目标层、一级指标为方案层，子能力为准则层。所以，战略性新兴产业科技创新领军人才胜任能力指标体系可直接作为层次结构分析模型。

其次，为使得被调研专家能够更科学、合理、准确地对战略性新兴产业科技创新领军人才胜任能力各级指标的重要程度做出判断，问卷中向被调研专家说明了本问卷的调研目的、各个指标的内涵以及填答问卷的方式。

最后，分别对一级指标和子能力构造对比较矩阵，对比较矩阵是问卷的主体，也是专家们对问卷填答的主要内容。例如，表 14 - 7 是购买家庭用汽车时的一个对比较矩阵。

表 14 -7　　　　　　　　　　对比较矩阵样例

测度指标	实用 X_1	颜色 X_2	价格 X_3	外形 X_4
实用 X_1	X_{11}	X_{12}	X_{13}	X_{14}
颜色 X_2	X_{21}	X_{22}	X_{23}	X_{24}
价格 X_3	X_{31}	X_{32}	X_{33}	X_{34}
外形 X_4	X_{41}	X_{42}	X_{43}	X_{44}

问卷填答者根据对各个指标重要性的判断得出指标的重要性比值 X_{ij}，并将比值填写在表格相应位置。填表需要注意的是：$X_{ij}=\frac{1}{X_{ji}}$。$X_{ij}=1$ 表示 i 与 j 同等重要，$X_{ij}=9$ 表示 i 与 j 相比极其重要，中间各等级表示相对重要性依次递增。例如 $X_{13}=1/3$，则代表问卷填答者认为，价格的重要程度大致是实用性重要程度的 3 倍。

14.2.2　调研对象

为确保能够更加准确地计算战略性新兴产业战略效应各级指标的权重，本课题共向 20 位专家发放了问卷，回收 12 份，回收率为 60%，经分析都为有效问卷。12 位专家或是战略性新兴产业相关某一领域的专家，或直接参与科技创新领军人才的评选工作。因此，所选专家能对战略性新兴产业科技创新领军人才有较为全面和深刻的理解，对战略性新兴产业科技创新领军人才胜任能力各级指标的重要性判断会更加准确。

14.3　权重及指标体系构建

14.3.1　权重计算

本课题通过利用计算机编程，求出 12 位专家每项分数的几何平均值后得出综合对比较矩阵，并计算得出最大特征根及特征向量，利用一致性指标、随机一致性指标和一致性比率做一致性检验，最终计算出各级指标的权重值（见表 14 - 8）。

表 14 - 8　　　　　　　　　　　各级指标权重值及一致性比率

一致性比率 CR	一级（权重）	二级（权重）	总权重	排序
0.0051	科技引领能力（0.352）	判断技术发展方向（0.546）	0.192	2
		把握关键技术（0.454）	0.160	4
	技术转化能力（0.259）	推动应用创新（0.638）	0.165	3
		提升合作创新（0.362）	0.094	6
	创新领导能力（0.389）	促进创新驱动发展（0.377）	0.147	5
		凝聚创新人才（0.623）	0.242	1

从表 14 - 8 可以看出，指标一致性程度的 CR 值远小于 0.1，所以战略性新兴产业科技创新领军人才胜任能力指标权重通过了一致性比率检验，所得到的权重结果具有较好的一致性。

从所计算的权重结果可以看出，创新领导能力在战略性新兴产业科技创新领军人才的胜任能力中要求较高，其次为科技引领能力，而技术转化能力相对要求最低。从子能力的总权重可以看出，子能力按重要性程度排列分别为凝聚创新人才、判断技术发展方向、推动应用创新，把握关键技术、促进创新驱动发展和提升合作创新。

14.3.2　模型构建

在对战略性新兴产业科技创新领军人才胜任能力各级指标进行计算权重的基础上，确立战略性新兴产业科技创新领军人才胜任能力指标体系（见表 14 - 9）。

表 14 - 9　　　　　战略性新兴产业科技创新领军人才胜任能力指标体系

测度目标 Y	一级指标 X	一级指标权重 W	二级指标 x	二级指标总权重 w
战略性新兴产业科技创新领军人才胜任能力 Y_i	科技引领能力（X_{i1}）	W_{i1}	判断技术发展方向（x_{i1}）	$w_{i1} = 0.192$
			把握关键技术（x_{i2}）	$w_{i2} = 0.160$
	技术转化能力（X_{i2}）	W_{i2}	推动应用创新（x_{i3}）	$w_{i3} = 0.165$
			提升合作创新（x_{i4}）	$x_{i4} = 0.094$
	创新领导能力（X_{i3}）	W_{i3}	促进创新驱动发展（x_{i5}）	$w_{i5} = 0.147$
			凝聚创新人才（x_{i6}）	$x_{i6} = 0.242$

根据战略性新兴产业科技创新领军人才胜任能力指标体系的层次关系，本课题构建战略性新兴产业科技创新领军人才胜任能力的测度模型如下：

$$Y_i = \sum_{j=1}^{j=3} X_{ij} W_{ij} \qquad (14 - 1)$$

其中 Y_i 为第 i 类战略性新兴产业科技创新领军人才胜任能力，将 $X_{i1} W_{i1} = \sum_{n=1}^{n=2} x_{in} w_{in}$，$X_{i2} W_{i2} =$

$\sum_{n=3}^{n=4} x_{in} w_{in}$，$X_{i3} W_{i3} = \sum_{n=5}^{n=6} x_{in} w_{in}$ 代入式（14-1），得到：

$$Y_i = \sum_{n=1}^{n=6} x_{in} w_{in} \qquad (14-2)$$

可以通过式（14-2）来计算各类战略性新兴产业科技创新领军人才胜任能力水平的综合得分，进而测度不同的战略性新兴产业科技创新领军人才胜任能力之间的差距。

第15章 我国科技创新领军人才计划评选标准实证研究

15.1 研究样本选择与数据获取

15.1.1 研究对象选择

科技创新领军人才计划已经成为我国人才政策中最为重要的组成部分，而且自成体系，从纵向上有国家和地方科技创新领军人才计划之分，从横向上有具体地域或省份科技创新领军人才计划之分。本课题选择4个直辖市和26个省（区）共30个省级行政区域实施的科技创新领军人才计划实施方案为对象展开实证研究，主要基于以下原因：

（1）国家级人才科技创新领军人才计划较少，且主要是面向我国科技发展或创新型国家建设而设立的，缺乏对战略性新兴产业的指向性。

（2）省级科技创新领军人才的目标是带动省级的社会经济发展，或直接带动地方产业的发展，对战略性新兴产业的针对性较强。

（3）市县级别的科技创新领军人才基本上都是参照国家或省级科技创新领军人才计划制订的，内容与省级计划的内容目标较为相似。

（4）为了对结果进行横向对比分析。

（5）使结果更聚焦，更有针对性。

以下为30个相关人才计划的具体目录，如表15-1所示。

表15-1   省级科技创新领军人才计划目录

序号	省份	计划名称
1	江苏	江苏省"333高层次人才培养工程"
2	福建	"海纳百川"高端人才聚集计划
3	北京	科技北京百名领军人才培养工程
4	陕西	陕西省创新人才推进计划
5	上海	关于开展2014年上海领军人才选拔工作的通知
6	四川	天府科技英才计划
7	天津	高层次创新型科技领军人才计划
8	重庆	重庆市百名杰出科技领军人才培养计划

序号	省份	计划名称
9	湖南	湖南省科技领军人才培养计划实施方案
10	甘肃	甘肃省领军人才队伍建设实施办法
11	广东	珠江人才计划
12	河北	巨人计划
13	山西	山西省百人计划
14	安徽	"535"创新创业团队和领军人才队伍建设工程
15	广西	八桂学者制度
16	贵州	贵州省引进高层次人才计划
17	海南	海南省引进高层次创新创业人才计划
18	河南	河南省高层次创新型科技人才队伍建设工程
19	黑龙江	黑龙江省引进海外高层次人才计划
20	湖北	湖北省引进海外高层次人才计划
21	吉林	吉林省引进海外高层次人才计划
22	江西	江西省高层次人才引进实施办法
23	内蒙古	内蒙古自治区"草原英才"工程
24	宁夏	宁夏回族自治区引进海外高层次科技人才计划
25	青海	青海省高等院校"昆山学者"计划实施办法
26	山东	山东海外创新创业人才"万人计划"
27	新疆	新疆维吾尔自治区高层次人才引进暂行办法
28	云南	云南省高端科技人才引进计划
29	浙江	钱江人才计划
30	辽宁	辽宁省"百千万人才工程

15.1.2 测度标准

由于本课题选择的研究对象为省级地方政府出台的科技创新领军人才计划中的评选标准，因此在进行测度时需要将标准文本内容首先进行语义分析，然后将其做定性测度，最后再采用李克特5点量表测度方法的基础上对各个子能力进行5点量表赋值。其中1代表"未包含此胜任能力的要求"，即标准没有任何此项胜任能力测度指标及其衡量标准的同义或近义表述；2代表"标准中有暗含此胜任能力的要求"，即标准中出现此项胜任能力测度指标某一衡量标准的同义或近义表述；3代表"标准中有提出此胜任能力要求"，即标准中出现此项胜任能力测度指标的同义或近义表述；4代表"标准中明确提出对此胜任能力的要求"，即标准中出现此项胜任能力测度指标及衡量标准的同义或近义表述；5代表"标准中强调对此胜任能力的要求"，即标准中出现此项胜任能力测度指标及衡量标准的同义或近义表述，且位于标准条文的前三位。

15.2　样本研究

15.2.1　指标数据获取及数据预处理

由于篇幅限制，这里不对 30 个人才计划内容评分进行一一介绍，表 15－2 以江苏省"333 高层次人才培养工程"选拔标准为例进行展示整个打分过程。

表 15－2　　　　　　　　　江苏省"333 高层次人才培养工程"评估评分

测度指标	评分过程
判断技术发展方向 (x_{i1})	在标准中的第一条中明确发展潜力大，有创造性成果，达到国内领先水平。其中创造性成果，说明其课题的前沿性；成果达到国内领先水平则是对高水平科研成果的要求。在第三条中又明确提出学术、技术水平处于国际或国内领先的标准，是对高水平科研能力和衡量标准。给予 5 分
把握关键技术 (x_{i2})	在标准中提出第二条中明确提出完成国家重点工程、重大科技攻关或重大国际合作项目，创造性地解决关键技术问题。且在标准中还出现要有主持重大专项的经验，以及发明专利等衡量标准。给予 5 分
推动应用创新 (x_{i3})	在标准中第三条明确提出在科技成果转化、推广应用及高新技术产业化方面作出重要贡献，创造了显著的经济效益或社会效益，明确提出科技成果转化和推广应用等同义表述，取得显著的经济效益和社会效益是对洞察市场需求的近义表述。给予 5 分
提升合作创新 (x_{i4})	在标准第二条中提到重大科技攻关或重大国际合作项目，是对促进横向合作创新的同义表述。给予 2 分
促进创新驱动发展 (x_{i5})	在标准第三条中明确提出应用自己的高新技术成果，领办或创办高新技术企业，创造性运用和发展现代经济管理理论与方法并取得重要成果，其领办或创办的高新技术企业，在国内同行业的综合竞争实力处于领先地位，对国家和社会作出重大贡献，是对促进创新驱动发展的同义表述，同时又对企业提出领先地位的要求是其衡量标准。给予 5 分
凝聚创新人才 (x_{i6})	在标准文本的第四条明确提出依托培养对象所在的国家重点实验室、国家工程研究中心、重大科学工程和知识创新基地，以培养对象为核心，加强优秀人才引进和培养力度，形成一批具有专业优势、学科互补、创新能力强的优秀学术团队，是对凝聚创新人才的同义表述，且对人才提出专业优势、学科互补、创新能力强等质量要求。给予 4 分

参照江苏省"333 高层次人才培养工程"测度模式，分别对另外 29 个省级人才计划选拔标准进行评分，各项子能力具体评分结果如表 15－3 所示。

表 15－3　　　　　　　　30 个省科技创新领军人才胜任能力的子能力得分

省份	科技引领能力		技术转化能力		创新领导能力	
	判断技术发展方向	把握关键技术	推动应用创新	提升合作创新	促进创新驱动发展	凝聚创新人才
江苏	5	5	5	2	5	4
福建	5	5	4	2	5	3

省份	科技引领能力		技术转化能力		创新领导能力	
	判断技术发展方向	把握关键技术	推动应用创新	提升合作创新	促进创新驱动发展	凝聚创新人才
北京	5	5	4	1	4	4
陕西	5	3	3	1	4	3
上海	3	4	4	2	4	3
四川	4	5	4	2	2	1
天津	3	3	3	1	2	4
重庆	4	4	2	2	1	2
湖南	2	4	1	1	1	2
甘肃	2	5	4	1	2	1
广东	2	4	4	1	2	2
河北	1	3	4	1	5	2
山西	2	3	2	5	1	4
安徽	2	4	3	2	3	2
广西	4	3	3	1	3	2
贵州	2	2	3	1	2	1
海南	3	3	2	1	2	1
河南	4	1	3	2	2	2
黑龙江	3	4	2	1	2	1
浙江	4	3	4	2	3	1
吉林	4	4	4	1	3	1
江西	5	4	5	1	5	1
内蒙古	3	3	2	1	2	1
宁夏	2	3	4	1	3	1
青海	5	5	4	1	4	2
山东	3	3	3	1	3	2
新疆	3	3	1	1	2	2
云南	3	3	2	1	2	1
辽宁	4	3	2	1	4	2
湖北	4	3	1	2	1	1
平均值	5	5	5	2	5	4

根据表 15 - 3，以 30 个省级科技创新领军人才胜任能力的子能力得分为基础展开进一步的统计分析和讨论。

在对子能力加权求科技创新领军人才计划胜任水平总体得分之前，首先对 30 个计划标准在 6 个子能力上的得分基本情况给予统计分析，结果如表 15 - 4 所示。由表 15 - 4 可以看出，30 个计划标准在 6 个子能力上得分的最低分均为 1 分，说明总体上我国各省级科技创新领军人才计划中对各项胜任能力都存在忽视现象，有个别省份对此胜任能力没有任何相关要求体现。子能力的最高得分除了凝聚创新人才能力是 4 分之外，其余都是 5 分，这说明，总体上我国各省级科技创新领军人才计划对于各项胜任能力要求有所体现，但不同省份计划对胜任能力的考评的侧重点不同。同时，30 个科技创新领军人才计划标准在 6 个子能力上平均得分均低于 3.6 分，其中除判断技术发展方向和把握关键技术得分在 3 分以上，其余均在 3 分以下，促进合作创新能力平均得分仅有 1.4，这说明，我国各省级科技创新领军人才计划标准对各项胜任能力的要求并不明确。

表 15 - 4　　　　　　　　　30 个省份科技创新领军人才计划子能力得分基本情况

子能力	N	最小值	最大值	平均值	标准差
判断技术发展方向	30	1	5	3.4	1.16
把握关键技术	30	1	5	3.6	0.97
推动应用创新	30	1	5	3.0	1.14
促进合作创新	30	1	5	1.4	0.82
促进创新驱动发展	30	1	5	2.8	1.27
凝聚创新人才	30	1	4	2.0	1.03

在对比分析各省级科技创新领军人才计划的整体胜任水平之前，本课题需要首先确保不同省份科技创新领军人才计划的整体胜任水平得分在统计学上确实是存在差异的，这样才能保证讨论不同省科技创新领军人才计划的胜任水平是有意义的。因此本课题以省份为分组组别，以 6 个子能力的得分作为每一组的观测数据，利用 SPSS17.0 进行方差分析，方差分析结果如表 15 - 5 所示。

表 15 - 5　　　　　　　　30 个省级科技创新领军人才计划胜任水平方差分析结果

差异源	SS	df	MS	F	P-value	F crit
组间	34.8763	22	1.5852	3.3876	0.0000	1.6004
组内	86.1049	184	0.4679			
总计	120.9812	206				

从表 15 - 5 方差分析的结果可以看出，$F = 3.3876 > F(crit) = 1.6004$，且 $P = 0.000$，远远小于 0.05。所以，不同省份之间科技创新领军人才计划所要求的胜任能力及子能力得分存在差异，且这种差异比较显著。因此，讨论我国不同省份科技创新领军人才胜任水平之间的差异是有意义的。

15.2.2　30 个省份科技创新领军人才计划整体胜任水平的分析

通过对子能力加权求和得到 30 个省份科技创新领军人才计划整体胜任水平的总得分如表 15 - 6 所示。

表 15 - 6　　　　　　　　　30 个省份科技创新领军人才计划的评分结果

省份	科技引领能力	技术转化能力	创新领导能力	总得分	排序
江苏	1.760	1.013	1.707	4.480	1
福建	1.760	0.848	1.464	4.072	3
北京	1.760	0.754	1.560	4.074	2

省份	科技引领能力	技术转化能力	创新领导能力	总得分	排序
陕西	1.440	0.589	1.170	3.199	7
上海	1.216	0.848	1.317	3.381	6
四川	1.568	0.848	0.537	2.953	8
天津	1.056	0.589	1.266	2.911	9
重庆	1.408	0.518	0.633	2.559	18
湖南	1.024	0.259	0.633	1.916	29
甘肃	1.284	0.754	0.537	2.575	16
广东	1.024	0.754	0.780	2.558	19
河北	0.672	0.754	1.221	2.647	15
山西	0.864	0.800	1.119	2.783	12
胜任水平平均值分界线（2.749）					
安徽	1.044	0.589	0.924	2.557	20
广西	1.248	0.589	1.074	2.911	10
贵州	0.704	0.589	0.537	1.830	30
海南	1.056	0.424	0.537	2.017	25
河南	0.928	0.683	0.780	2.391	21
黑龙江	1.236	0.424	0.537	2.197	23
浙江	1.248	0.848	0.684	2.780	13
吉林	1.408	0.754	0.684	2.846	11
江西	1.600	0.919	0.978	3.497	5
内蒙古	1.056	0.424	0.537	2.017	25
宁夏	0.864	0.754	0.684	2.302	22
青海	1.760	0.754	1.074	3.588	4
山东	1.056	0.589	0.927	2.572	17
新疆	1.056	0.259	0.780	2.095	24
云南	1.056	0.424	0.537	2.017	25
辽宁	1.248	0.424	1.074	2.746	14
湖北	1.248	0.353	0.390	1.991	28

从综合得分来看，除了湖南、湖北和贵州的得分在2以下，江苏、北京和福建在4以上，其余绝大多数在2~4之间。最高分为江苏，最低分为贵州。高于平均值的为江苏、北京、福建、青海、江西、上海、陕西、安徽、四川、天津、广西、吉林、山西、浙江、辽宁15个省份。低于平均值的有河北、甘肃、重庆、山东、广东、河南、宁夏、黑龙江、新疆、云南、海南、内蒙古、湖北、湖南和贵州。

以江苏省委为例，江苏省在30个省份的人才计划中评分位列第一。通过对计划文本内容的测度可以发现，"333人才工程"在科技创新领军人才评选标准中对科技引领能力、技术转化能力和创新领导能力这3种胜任能力都有所重视，其导向与本课题提出的结论较为一致。其中，对科技引领能力最为重视，其次是创新领导能力、技术转化能力的重视程度也在其他省份之上。从评分中可以看出，江苏省对科技创新领军人才的引进和培养标准对 3 项胜任能力的重视程度均位列 30 个省份之首，远远高于其他省份，对全国其他省份人才选拔和培养政策的制定具有样本和示范作用。

15.2.3　30 个省份各项子能力整体分析

从子能力得分来看，30 个省份的科技创新领军人才计划中判断技术发展方向、把握关键技术、推动应用创新三项子能力的平均值都在 3 以上，说明各个省份对以上三项均较为重视，且提出较为具体的衡量标准。促进创新驱动发展能力的平均值为 2.8，说明此能力是部分省份引进和选拔领军人才的一个重要因素，但并不普遍。以上数据说明各省对科技创新领军人才作用的认识和理解既包括科学引领也要兼顾技术转化的作用。凝聚创新人才的平均得分为 2，说明标准中仅仅暗示了对这一胜任能力的衡量标准，但并未将凝聚创新人才能力作为明确的要求提出。提升合作创新得分 1.4 最低，说明我国各省份对领军人才提升合作创新的能力整体上没有得到关注和重视。这两项得分整体较低也说明各省忽略了科技创新领军人才作为学术领袖或技术专家所具备的创新领导能力对整个创新活动的影响。各子能力得分平均值汇总如图 15 - 1 所示。

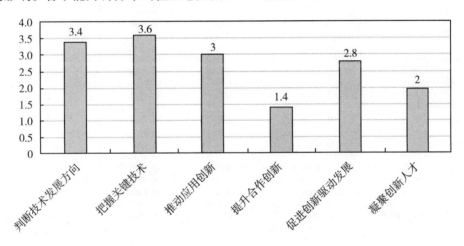

图 15 - 1　30 个省份子能力得分平均值对比

表 15 - 7 是 30 个省份人才计划子能力的具体得分。

表 15 - 7　　30 个省份人才计划科技创新领军人才胜任能力的子能力得分

省份	科技引领能力		技术转化能力		创新领导能力	
	判断技术 发展方向	把握关键 技术	推动应用 创新	提升合作 创新	促进创新 驱动发展	凝聚创新 人才
江苏	0.960	0.800	0.825	0.188	0.735	0.972
福建	0.960	0.800	0.660	0.188	0.735	0.729
北京	0.960	0.800	0.660	0.094	0.588	0.972
陕西	0.960	0.480	0.495	0.094	0.441	0.729
上海	0.576	0.640	0.660	0.188	0.588	0.729
四川	0.768	0.800	0.660	0.188	0.294	0.243
天津	0.576	0.480	0.495	0.094	0.294	0.972

省份	科技引领能力		技术转化能力		创新领导能力	
	判断技术 发展方向	把握关键 技术	推动应用 创新	提升合作 创新	促进创新 驱动发展	凝聚创新 人才
重庆	0.768	0.640	0.330	0.188	0.147	0.486
湖南	0.384	0.640	0.165	0.094	0.147	0.486
甘肃	0.384	0.900	0.660	0.094	0.294	0.243
广东	0.384	0.640	0.660	0.094	0.294	0.486
河北	0.192	0.480	0.660	0.094	0.735	0.486
山西	0.384	0.480	0.330	0.470	0.147	0.972
安徽	0.384	0.660	0.495	0.094	0.441	0.483
广西	0.768	0.480	0.495	0.094	0.588	0.486
贵州	0.384	0.320	0.495	0.094	0.294	0.243
海南	0.576	0.480	0.330	0.094	0.294	0.243
河南	0.768	0.160	0.495	0.188	0.294	0.486
黑龙江	0.576	0.660	0.330	0.094	0.294	0.243
浙江	0.768	0.480	0.660	0.188	0.441	0.243
吉林	0.768	0.640	0.660	0.094	0.441	0.243
江西	0.960	0.640	0.825	0.094	0.735	0.243
内蒙古	0.576	0.480	0.330	0.094	0.294	0.243
宁夏	0.384	0.480	0.660	0.094	0.441	0.243
青海	0.960	0.800	0.660	0.094	0.588	0.486
山东	0.576	0.480	0.495	0.094	0.441	0.486
新疆	0.576	0.480	0.165	0.094	0.294	0.486
云南	0.576	0.480	0.330	0.094	0.294	0.243
辽宁	0.768	0.480	0.330	0.094	0.588	0.486
湖北	0.768	0.480	0.165	0.188	0.147	0.243
平均值	0.646	0.575	0.506	0.132	0.412	0.478

15.2.4　30个省份分项指标对比分析

15.2.4.1　科技引领能力及子能力得分对比分析

图15-2为30个省份科技引领能力指标的得分情况，其中得分介于1.6~2之间的省份有5个，分别是江苏、福建、北京、江西和青海；介于0.8分之下的2个省份是河北和贵州；其余省份均介于0.8~1.6之间。最高和最低分之间相差1分左右，平均值为1.2，组内标准差为0.3，说明整体得分较高且分数比较集中。由此可知，大多数地方政府对科技创新领军人才的科技引领能力都较为重视，并在计划选拔条件中明确列出或强调。

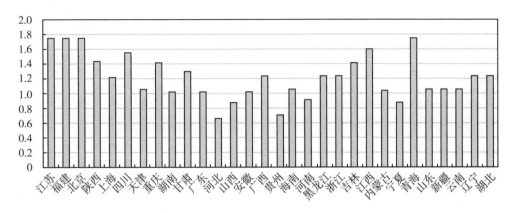

图 15 - 2　科技引领能力对比

图 15 - 3 是 30 个省份对科技引领能力子能力判断技术发展方向和把握关键技术能力得分对比情况。从图 15 - 3 中可以发现在 30 个省份中，判断技术发展方向指标得分高于把握关键技术指标得分的有 20 个省份，而把握关键技术能力得分高于判断技术发展方向得分的省份仅有 10 个。这说明大多数人才计划认为对于科技创新领军人才来说判断技术发展方向比把握关键技术更为重要，判断技术发展方向是科技引领的最根本前提。

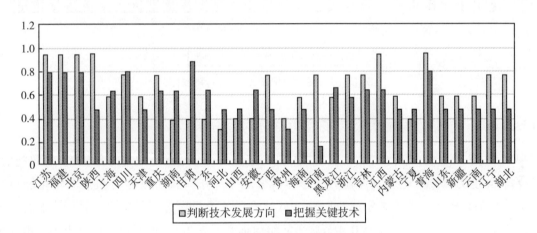

图 15 - 3　科技引领能力子能力得分对比

15.2.4.2　技术转化能力及其子能力得分对比分析

图 15 - 4 为 30 个省份对技术转化能力指标的得分情况，与科技引领能力相比，技术转化能力得分普遍较低，其中最高分数为 1，介于 0.8 ~ 1 之间的省份有 6 个，2 个最低分为湖南和新疆，在 0.3 分之下。平均值为 0.6，组内标准差为 0.2，说明整体得分比较低且比较集中。由此可知，大多数地方政府对科技创新领军人才的技术转化能力未给予足够的重视。

图 15 - 5 是 30 个省份对技术转化能力子能力推动应用创新和提升合作创新的得分对比情况。从图 15 - 5 中可以发现，在 30 个省份中，除了山西和湖北的提升合作创新能力得分高于推动应用创新，其余 28 个省份人才计划中对推动应用创新明显高于提升合作创新。这说明大多数人才计划对于科技创新领军人才推动应用创新能力的重视程度高于提升合作创新能力。大多数计划中均强调了科技创新领军人才需要具有面向市场需求进行应用基础研究或开发研究的经验和背景，推动技术产业化并取得较高的经济社会效益。

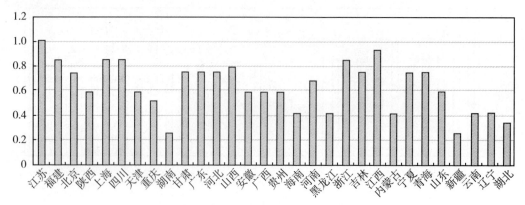

图 15 - 4　技术转化能力得分对比

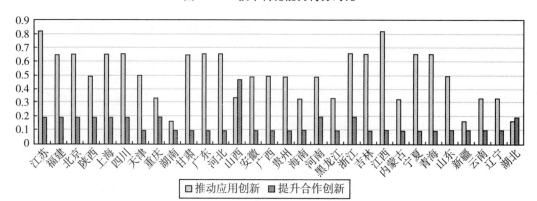

图 15 - 5　技术转化能力子能力得分对比

15. 2. 4. 3　创新领导能力及其子能力得分对比分析

图 15 - 6 为 30 个省份人才计划对创新领导能力指标的得分情况，平均值为 0. 9，与科技引领能力和技术转化能力相比，创新领导能力的整体得分水平介于科技引领能力和技术转化能力之间。1. 6 分以上仅有江苏省 1 个，得分介于 1. 2 ~ 1. 6 之间的 4 个省份分别是福建、北京、上海和天津，低于 0. 4 分的为湖北省，其余均在 0. 4 分之上。组内标准差为 0. 3，说明得分比较集中。由此可知，大多数地方政府对科技创新领军人才的创新领导能力重视程度不够。

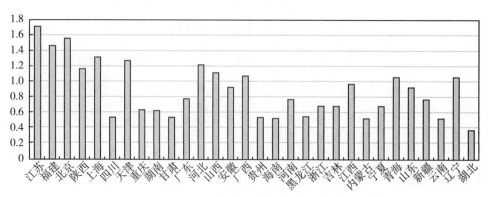

图 15 - 6　创新领导能力得分对比

图 15 - 7 是 30 个省份对创新领导能力子能力促进创新驱动发展和凝聚创新人才的得分对比情况。从图 15 - 7 中可以发现，在 30 个省份中，促进创新驱动发展指标得分高于凝聚创新人才指标得分的有 17 个省份，而凝聚创新人才能力得分高于促进创新驱动发展得分的省份有 13 个。尽管两

类指标得分有所差距但差距并不是很大，绝大多数相差较小，这说明各个省份的人才计划对这两种能力的认识比较一致，但普遍没有引起重视。

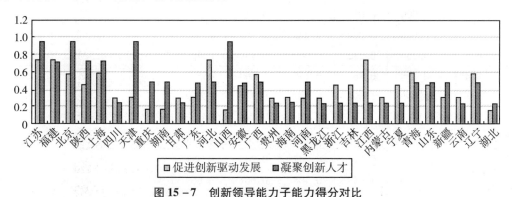

图 15 – 7　创新领导能力子能力得分对比

15.3　聚类分析

15.3.1　聚类分析简介

聚类分析是根据被研究样本所具有的一些特征之间的相似性，将被研究样本分成不同的组别，同一组的样本具有较大的相似性，而不同的样本具有很大的差异性。具体过程表现为：首先确定可以测度研究样本相似度的一些统计特征，以这些统计特征为分类的依据，通过计算这些统计特征之间的相似度，把相似度较大的聚合为一类，把另外一些相似度较大的聚合为另一类，关系密切的聚合到一个相对较小的分类单位，关系疏远的聚合到一个相对较大的分类单位，直到把所有的都聚合完毕，把不同类型一一划出来，形成由小到大的分类系统。最后，再把整个分类系统画成一张谱系图，用它把所有样本间的亲疏关系表示出来（沃尔夫冈·哈德勒，2010）。

聚类分析的大部分应用都属于探索性研究，最终的结果是产生研究对象的分类，通过对数据分类的研究提出假设；聚类分析还可以用于证实（或验证）性目的，对于通过其他方法确定的数据分类，可以应用聚类分析进行检验。聚类分析根据分类对象的不同，分为 Q 型聚类和 R 型聚类。对案例的分类称为 Q 型聚类，对变量的分类称为 R 型聚类。

聚类分析一般包括选择聚类分析变量、计算相似性、聚类、聚类结果的解释等几个步骤。其中相似度的计算包括最短距离法、最长距离法、组间连接法、组内连接法、重心距离法、离差平方和法等。

15.3.2　聚类分析结果

本课题利用 SPSS17.0 的系统聚类功能进行 Q 型聚类分析，其中以 30 个省级领军人才计划胜任水平为案例，以三个胜任能力一级指标为案例的特征。聚类分析过程中相似度的计算采用组间连接法，图 15 – 8 为聚类近似矩阵，接下来以聚类近似矩阵为基础展开聚类分析。

通过近似矩阵对各产业之间的距离进行进一步聚类分析，图 15 – 9 为战略性新兴产业科技创新领军人才计划 30 个省份的聚类树状图。

	1	2	3	4	5	6	…	28	29	30
1. 江苏	0.000	0.086	0.089	0.571	0.475	1.433	…	2.211	1.010	2.432
2. 福建	0.086	0.000	0.018	0.256	0.318	0.896	…	1.535	0.594	1.661
3. 北京	0.089	0.018	0.000	0.282	0.364	1.092	…	1.651	0.607	1.792
4. 陕西	0.571	0.256	0.282	0.000	0.139	0.484	…	0.575	0.073	0.701
5. 上海	0.475	0.318	0.364	0.139	0.000	0.732	…	0.814	0.240	1.105
6. 四川	1.433	0.896	1.092	0.484	0.732	0.000	…	0.442	0.571	0.369
…	…	…	…	…	…	…	…	…	…	…
25. 青海	0.468	0.161	0.236	0.139	0.364	0.334	…	0.893	0.371	0.891
26. 山东	1.284	0.851	0.924	0.207	0.245	0.481	…	0.179	0.086	0.381
27. 新疆	1.923	1.310	1.349	0.408	0.661	0.668	…	0.086	0.151	0.198
28. 云南	2.211	1.535	1.651	0.575	0.814	0.442	…	0.000	0.325	0.064
29. 辽宁	1.010	0.594	0.607	0.073	0.240	0.571	…	0.325	0.000	0.473
30. 湖北	2.432	1.661	1.792	0.701	1.105	0.369	…	0.064	0.473	0.000

图 15 - 8　聚类近似矩阵

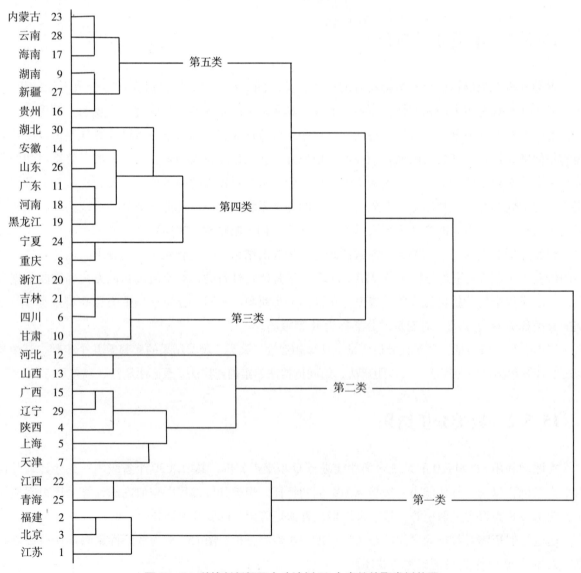

图 15 - 9　科技创新领军人才计划 30 个省份的聚类树状图

依据科技创新领军人才的科技引领能力、技术转化能力和创新领导能力三类胜任能力水平的相似程度可以有不同的分类组数。分成不同的组数，分类结果就有所不同，一般聚类分析都将所需聚类的案例分为 3~5 类。根据聚类分析的可解释力度，本课题将 30 个省份科技创新领军人才计划分为五类，分类结果如表 15-8 所示。

表 15-8　　　　　　　　　　　　　聚类分析结果

聚类类别	省份	科技引领能力	技术转化能力	创新领导能力	胜任能力总得分	胜任水平排序
参考标准	平均值	1.222	0.638	0.889	2.749	—
第一类	江苏	1.760	1.013	1.707	4.480	1
	北京	1.760	0.754	1.560	4.074	2
	福建	1.760	0.848	1.464	4.072	3
	青海	1.760	0.754	1.074	3.588	4
	江西	1.600	0.919	0.978	3.497	5
第二类	上海	1.216	0.848	1.317	3.381	6
	陕西	1.440	0.589	1.170	3.199	7
	天津	1.056	0.589	1.266	2.911	9
	广西	1.248	0.589	1.074	2.911	10
	山西	0.864	0.800	1.119	2.783	12
	辽宁	1.248	0.424	1.074	2.746	14
	河北	0.672	0.754	1.221	2.647	15
第三类	四川	1.568	0.848	0.537	2.953	8
	吉林	1.408	0.754	0.684	2.846	11
	浙江	1.248	0.848	0.684	2.780	13
	甘肃	1.284	0.754	0.537	2.575	16
第四类	山东	1.056	0.589	0.927	2.572	17
	重庆	1.408	0.518	0.633	2.559	18
	广东	1.024	0.754	0.780	2.558	19
	安徽	1.044	0.589	0.924	2.557	20
	河南	0.928	0.683	0.780	2.391	21
	宁夏	0.864	0.754	0.684	2.302	22
	黑龙江	1.236	0.424	0.537	2.197	23
	湖北	1.248	0.353	0.390	1.991	28
第五类	新疆	1.056	0.259	0.780	2.095	24
	内蒙古	1.056	0.424	0.537	2.017	25
	云南	1.056	0.424	0.537	2.017	25
	海南	1.056	0.424	0.537	2.017	25
	湖南	1.024	0.259	0.633	1.916	29
	贵州	0.704	0.589	0.537	1.830	30

由表 15 - 8 聚类分析的分类结果可以看出，23 类战略性新兴产业主要可以分为以下五类：

第一类包括江苏、北京、福建、青海、江西 5 个省份。这一类省份人才计划综合胜任水平得分与胜任能力三个一级指标的得分都远超过 30 个省份人才计划胜任水平的平均得分。

第二类包括上海、陕西、天津、广西、山西、辽宁、河北 7 个省份。这一类中上海、陕西、天津、广西、山西 5 个省份人才计划的胜任水平得分超过 30 个省份胜任水平的平均得分，其他 2 个省份辽宁和河北略低于平均得分。而对于三个一级指标而言，除天津之外，其余 6 个省份均有两个一级指标得分高于平均得分，且这一类所有省份的创新领导能力指标均高于平均得分。

第三类包括四川、吉林、浙江、甘肃 4 个省份。这 4 个省份中四川、吉林、浙江 3 个省份的综合得分高于胜任水平的平均得分，并且科技引领能力和技术转化能力均高于平均得分，且比较显著。

第四类包括山东、重庆、广东、安徽、河南、宁夏、黑龙江、湖北 8 个省份。这一类省份科技创新领军人才计划的胜任水平总体得分都低于 30 个省份的平均得分。而对于三个一级指标而言，8 个省份均仅有一项指标高于平均值，其余均低于平均值，说明仅有一项指标比较显著。

第五类包括新疆、内蒙古、云南、海南、湖南、贵州 6 个省份。从表 15 - 8 的结果可以看出，这一类省份的综合得分远低于 30 个省份的平均得分，同时，这些省份的科技引领能力、技术转化能力和创新领导能力得分也分别远远低于 30 个省份对应的一级指标的平均得分。可以看出，这些省份的科技创新领军人才计划方案的设计并没有符合战略性新兴产业的发展需求，需要重点进行完善和调整。

15.3.3 结果讨论

基于不同省份科技创新领军人才计划在科技引领能力、技术转化能力和创新领导能力三方面要求程度的相似性，本课题对我国 30 个省份的人才科技创新领军人才计划进行聚类分析，并将 30 个省份分为五类（见图 15 - 10），接下来对分类结果进行如下讨论：

第一，对于江苏、北京、福建、青海、江西 5 个省份的科领军人才计划，无论是综合得分还是单项指标得分均高于平均值。首先，可以看出这 5 个省份的人才计划对领军人才的选拔要求中对科技引领能力的要求普遍较高，这主要表现在对领军人才科研背景、科研绩效的高标准上。不仅将这些条件列在前位，还特别强调衡量指标。其次，这 5 个省份人才计划中对科技创新领军人才的技术转化能力要求也普遍较高，具体表现在引进或培养科技创新领军人才时要求这些人才必须具有一定应用技术开发、与产业界合作研发或参与产品设计开发的经验、专利应用情况、其是否参与主持行业或国家标准的经验等。这类省份希望科技创新领军人才不仅能够在基础研发方面做出一定的创新成果，同时希望可以将这些成果转移转化，使其能够产生一定的社会经济效益，带动行业发展。最后，可以看出这一类省份人才计划中对科技创新领军人才的创新领导能力也有一定的要求，得分高于平均值。这类人才计划均提到对领军人才创办或领导企业，并对企业绩效提出一定的要求，如技术水平达到国际水平或国内领先，具有一流的研发团队等。这一类省份人才计划中对科技引领能力、技术转化能力和创新领导能力的要求均较高，因此可以推断这类人才计划实施效果也应该较为理想，无论是引进还是培养其对象科技创新领军人才的胜任能力，都应该处于较高水平。

第二，对于上海、陕西、天津、广西、山西、辽宁、河北 7 个省份，人才计划中创新领导能力指标得分均高于平均值，除此之外，每个省份又在科技领先能力或技术转化能力上要求高于平均

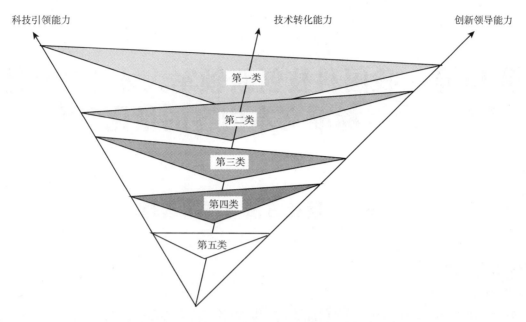

图 15 - 10　30 个省份科技领军人才计划综合测度分类

值，因此这 7 个省份的总得分也高于整体得分的平均值。首先，上海、山西和河北的人才计划的技术转化能力和创新领导能力得分高于平均值，这说明这 3 个省份更加重视科技创新领军人才的科技成果的转移转化能力，创办企业领导企业持续创新的能力，更关注科技领军人才对产业的带动和引领能力；其次，陕西、广西和辽宁的人才计划得分均高于平均值的是科技引领能力和创新领导能力，这说明这 3 个省份选拔科技创新领军人才偏重于基础创新人才和企业家型创新人才；最后，对于天津市而言，最为突出强调的是创新领导能力，而对科技引领能力和技术转化能力的重视程度较低。由此可见，不同的省份对科技创新领军人才的胜任能力要求的侧重点不同，且认识程度可能也存在一定的差距。

第三，对于四川、吉林、浙江、甘肃 4 个省份。首先，这 4 个省份的科技引领能力和技术转化能力得分略高于平均值，说明对这两项胜任能力有一定的要求，这些省份在强调科技创新领军人才科技引领能力的同时对技术转化能力也有较强烈的需求；其次，这 4 个省份人才计划对创新领导能力的要求均低于平均值，这可能是由于对创新领导能力的忽视，或者部分省份将科技创新和科技创业人才分开选拔的原因，因此在计划中不能对其一概而论。

第四，对于山东、重庆、广东、安徽、河南、宁夏、黑龙江、湖北 8 个省份，虽然各有一项指标略高于平均分，但是总体得分却低于平均分。说明这 8 个省份的人才计划中对某一项胜任能力有所要求，而对其他两项能力的要求没有明确的体现。这其中的原因可能是地方政府对于科技创新领军人才对战略性新兴产业的作用认识存在较大的偏差或局限。例如认为科技创新领军人才仅仅在科学探索或技术研发领域对产业具有间接的促进作用，或是认为科技创新领军人才是技术专家，将技术转化为产品才是对产业发展最为重要的，又或是认为科技创新领军人才是创办或领导企业创新活动的企业家。

第五，新疆、内蒙古、云南、海南、湖南、贵州 6 个省份的综合得分远低于 30 个省份的平均值，同时，这些省份领军人才计划在科技引领能力、技术转化能力和创新领导能力得分也分别远远低于 30 个省份对应的一级指标的平均值。这 6 个省份的人才计划中对于各项胜任能力的要求都没有明确指出，或暗示或更根本没有提及，说明这些计划对科技创新领军人才的胜任能力缺乏基本的认识和理解，更缺乏战略性新兴产业针对性。

第16章 我国科技创新领军人才计划评选标准文本内容的量化研究

16.1 研究方法与样本选择

16.1.1 研究方法介绍

内容分析法（content analysis）最早在新闻界被用于对各种报纸主题和趋势的分析。1952年，美国学者布里森（Bernard Berelson）在其著作中首次对内容分析法做出明确定义：一种对显性内容进行客观、系统、定量的描述研究方法。随后，内容分析法被情报部门、社会科学等领域大量使用。20世纪80年代后，内容分析法不断吸收了信息论、符号学和语义学等新兴学科的成果，在完善自身方法体系的同时也得到了更广泛的应用（王日芬，2007）。目前主要用于趋势分析、现状分析、比较分析和意向分析等。

所有媒介内容都可以作为内容分析法的研究对象，数据可获得性好且采集成本低。作为一种间接介入的分析方法，与其他质性研究方法相比，有效地降低了研究者主观态度对结果的影响。同时内容分析法是在允许纠错的前提下，处理时间跨度较大的数据，这不仅可以使研究人员获得某一对象在较长一段时间内的变化趋势，而且在这个过程可以随时对内容重新编码分析。基于以上特点，本课题选择内容分析法对科技创新领军人才计划中的评选标准文本内容进行深度挖掘。

16.1.2 样本选择

为了深度挖掘我国现行科技创新领军人才计划评选标准的特点及主要问题所在，本课题进一步扩大了研究范围，通过互联网采集到截至2015年年底，国内与科技创新领军人才相关人才计划或制度的所有国家及地方的政策文件，共选取了符合标准的7个国家层面、30个省级层面和43个市级层面的领军人才政策作为样本。

本课题所选取的政策文本均来源于公开的数据资料，主要从我国主流媒体网站、中央政府相关部委门户网站、地方政府相关部门门户网站以及国内新兴产业相关协会网站搜集。政策表现形式主要包括实施细则、决定、规划、条例、办法和通知等。

16.2 研究过程

16.2.1 构建分析框架

科技创新领军人才的最终价值是要对国家科技、经济与社会发展发挥引领带动作用。因此，制定科技创新领军人才计划必须符合国家科技发展需求、产业科技创新规律与特征，进而才能保证对我国科学技术和产业发展提供有效的人才资源供给和支撑。因此，基于本课题所提出的胜任能力模型，主要从"科技引领维度""技术转化维度""创新领导维度"三方面综合分析，构建三维分析框架。

16.2.2 政策文本编码

在国内外相关研究的基础上，通过定性分析对政策文本进行解构、归类和比较，提取政策的区分要素（包括基本信息、政策主题、政策主体、政策内容、政策类型等）、采用"自然编码"和"结构化编码"相结合的方式建立我国科技创新领军人才政策文本结构化编码和分类体系，包含三个一级区分要素和若干个二级区分要素（见表16–1）。

表16–1 我国科技创新领军人才政策文本结构化编码和分类体系

一级区分要素	二级区分要素
基本信息	计划名称
	发文字号
	发布年份
	政策文本
政策制定主体	单独发布或牵头发布单位名称
	参与单位数量
	发布单位层级
	发布单位区域
政策内容	政策内容主题词1
	政策内容主题词2
	……
	政策内容主题词30

16.2.3 提炼政策内容主题词

政策内容分析法对主题词的选择具有较高要求，本课题将按照以下四条原则在"科技引领""技术转化""创新领导"三个维度下甄选主题词：第一，选择使用较为普遍的正式用词，增加统计结果的集中程度；第二，在语义分析的基础上选择主题词，比如："科研背景"主题词涵盖"专业""学历""领域"等文本词汇；"科研能力"主题词涵盖"教授或同等职称""专家""院士""奖项"等文本词汇；第三，编码要尽量全备，涵盖编码系统中所有相关条目，充分体现研究过程的系统和深入；第四，保证主题词要确保独立性，不产生歧义，如："自主创新""创新能力""创新思维"都并入"创新"。

按照以上原则，参考前面构建的战略性新兴产业科技创新领军人才胜任能力指标体系，通过对各胜任能力、子能力及其测度指标的语义分析，本课题最终确定了30个主题词。科技引领维度（leading science and technology dimension，用"L"代表）方面有：科研背景（L–1）、科研能力

（L-2）、前瞻性（L-3）、自主创新（L-4）、掌握核心技术（L-5）、熟悉相关产业（L-6）、创造性成就（L-7）、主持重大项目（L-8）、重大发明专利（L-9）、引领作用（L-10）。技术转化维度（transformation technology dimension，用"T"代表）方面有：技术应用（T-1）、重大需求（T-2）、解决关键难题（T-3）、调整技术方向（T-4）、调整资源配置（T-5）、成果产业化（T-6）、跨领域合作（T-7）、跨团队合作（T-8）、技术转移转化（T-9）、产学研创新平台建设（T-10）。创新领导维度（innovative leadership dimension，用"I"代表）方面有：科学精神（I-1）、自主知识产权（I-2）、企业经营管理（I-3）、企业研发实力（I-4）、战略性（I-5）、持续性产出（I-6）、人才培养（I-7）、团队建设（I-8）、创新文化（I-9）、经济社会效益（I-10）。

16.2.4 频数统计分析

在科技创新领军人才计划政策样本编码和主题词提炼的基础上，本课题将三种胜任维度下的30个主题词频数统计如表16-2所示。

表16-2　　　　科技创新领军人才计划政策胜任能力主题词频数统计

频数排序	编号	主题类别	频数合计（次）	占比（%）	分类频数统计（次）		
					国家级	省级	市级
1	L-1	科研背景	154	13.45	7	72	75
2	L-2	科研能力	135	11.79	9	56	70
3	L-7	创造性成就	108	9.43	7	48	53
4	L-5	掌握核心技术	74	6.46	5	28	41
5	L-10	引领作用	68	5.94	5	25	38
6	L-8	主持重大项目	63	5.50	5	23	25
7	L-4	自主创新	61	5.33	7	23	31
8	L-9	重大发明专利	53	4.63	1	25	27
9	T-1	技术应用	48	4.19	0	21	27
9	T-6	成果产业化	48	4.19	0	23	25
11	T-9	技术转移转化	37	3.23	0	16	21
12	L-3	前瞻性	32	2.80	2	21	9
13	I-2	自主知识产权	31	2.71	2	13	16
14	I-3	企业经营管理	28	2.45	3	9	16
15	I-8	团队建设	27	2.36	6	14	7
16	I-1	科学精神	25	2.18	4	9	12
17	I-7	人才培养	23	2.01	2	13	8
17	I-10	经济社会效益	23	2.01	2	10	11
19	I-4	企业研发实力	21	1.83	3	7	11
20	T-3	解决关键性难题	19	1.66	0	10	9
21	T-2	重大需求	15	1.31	3	5	7

续表

频数排序	编号	主题类别	频数合计（次）	占比（%）	分类频数统计（次）		
					国家级	省级	市级
22	I - 5	战略性	13	1.14	4	4	5
23	T - 10	创新平台建设	12	1.05	0	7	5
23	L - 6	熟悉相关产业	12	1.05	1	5	6
25	T - 7	跨领域合作	4	0.35	0	1	3
25	T - 8	跨团队合作	4	0.35	0	2	2
27	I - 6	持续性产出	3	0.26	0	2	1
28	T - 4	调整技术方向	2	0.17	0	0	2
28	I - 9	创新文化	2	0.17	0	1	1
30	T - 5	调整资源配置	0	0.0	0	0	0
合计			1145	100.0	78	493	564

注："技术应用"和"成果产业化"的频数合计均为 48，因此频数排序为并列第 9；"人才培养"和"经济社会效益"的频数合计均为 23，因此频数排序为并列 17；"创新平台建设"和"熟悉相关产业"的频数合计均为 12，因此频数排序并列 23；"跨领域合作"和"跨团队合作"的频数合计为 4，因此频数排序并列 25；"调整技术方向"和"创新文化"的频数合计均为 2，因此频数排序并列 28。

16.3　研究发现

16.3.1　科技创新领军人才计划评选标准内容的整体分析

（1）高频主题相对稳定但分布集中。

在 30 个主题词中，总频数排序位于前 10 位的分别是：科研背景、科研能力、创造性成绩、掌握核心技术、引领、主持重大项目、自主创新、重大发明专利、技术应用和成果产业化（见图 16 - 1）。这 10 个主题词出现的频数总和为 812 次，占样本主题词总频数的 76%（见图 16 - 2），可见高频主题词是相对稳定的。10 个主题词的统计频数之差在 0.6 ~ 2.4 之间，相差较少，呈现较为集中的话语谱系。

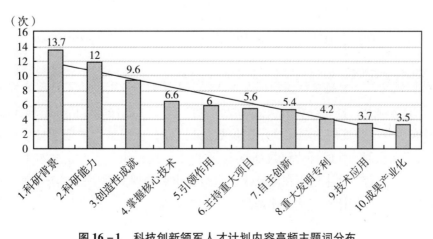

图 16 - 1　科技创新领军人才计划内容高频主题词分布

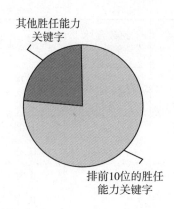

图 16-2　科技创新领军人才计划胜任能力主题词集中分布

（2）"科研背景""科研能力""创造性成就"是各级科技创新领军人才选拔的主要标准。

在 10 个高频词中，"科研背景""科研能力""创造性成就"的频数统计分别为 154、138 和 108，即均大于样本数量 80，因此从平均分布来看，这三项指标在每个人才计划中至少出现过一次或一次以上，这说明这三项指标是各级科技创新领军人才评选标准中最为关注的方面。

（3）科技引领维度主题词频数相对较多，而技术转化和创新领导维度主题词频数明显不足。

三个维度的胜任能力主题词频数分布如图 16-3 所示，其中"科技引领"维度 10 个主题词的频数统计为 760，占总频数的 66.38%；"技术转化"维度 10 个主题词的频数统计为 189，占总频数的 16.50%；"创新领导"维度 10 个主题词为 196，占总频数的 17.12%。此结果说明，即使将研究范围扩大至不同的层级领军人才计划，科技引领能力还是最为关注的考核能力。

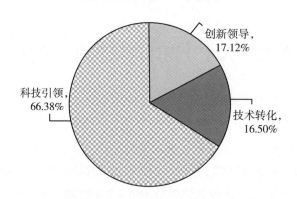

图 16-3　三个维度主题词频数分布

16.3.2　科技创新领军人才计划评选标准内容的分维度分析

（1）"科技引领能力"是科技创新领军人才计划中人才培养或引进的主要政策关注点。

在表 16-2 的基础上，将"科技引领"维度涉及的 10 个主题词统计情况整理如表 16-3 所示。整理发现，"科技引领"维度的主题词排序中位数达到 5.5，说明整个主题词排序相对靠前。其中科研能力、科研背景和创造性成就的频数都在 80 次以上，这说明每项计划文本中对这 3 个主题词的强调均不止一次。且每一个主题词在国家级、省级和市级计划文本中都有所体现，这也说明这是我国科技创新领军人才计划体系所共同强调的三个主要方面。

表16-3 "科技引领"维度胜任能力主题词频次统计

排序	主题词类别	总频数（次）	占比*（%）	国家级（次）	省级（次）	市级（次）
1	科研背景	154	13.45	7	72	75
2	科研能力	135	11.79	9	56	70
3	创造性成就	108	9.43	7	48	53
4	掌握核心技术	74	6.46	5	28	41
5	引领作用	68	5.94	5	25	38
6	主持重大项目	63	5.50	5	23	25
7	自主创新	61	5.33	7	23	31
8	重大发明专利	53	4.63	1	25	27
12	前瞻性	32	2.80	2	21	9
23	熟悉相关产业	12	1.05	1	5	6
	合计	760	66.38	49	326	375

注：*该列表示各主题词出现频数占样本所有主题词总频数的比率。

从表16-3中可以发现10个高频主题词中前8个属于科技引领维度，这10个高频主题词的总频数达到760次，占到总频数的66.38%，具有绝对集中度。可见，当前我国科技创新领军人才计划中对科技创新领军人才的胜任能力对科技引领维度的重视较高。

但值得注意的是，虽然人才计划中"科技引领"维度的大部分关键词出现的频数相对较高，但剩余两个主题词"前瞻性"和"熟悉相关产业"的频数却较低，其中"前瞻性"频数统计为32次，排序12；"熟悉相关产业"频数统计为12次，排序23。这两个主题词是对科技创新领军人才思维特征及其产业背景的考量，然而在现有人才计划中却没有得到相应的重视。由此可见，计划内容中所体现的对科技创新领军人才科技引领能力的要求与本书提出的胜任能力模型的差距较小。

（2）"技术转化能力"受到部分省级及市级科技创新领军人才计划的重视，但具体标准不够细致。

在表16-2的基础上，将"技术转化"维度涉及的10个主题词统计情况整理如表16-4所示。整理发现，"技术转化维度"的主题词排序中位数达到22，说明整个主题词排序相对靠后。这10个词的频数统计为189次，占总频数的16.50%。其中，"技术应用"和"成果产业化"位于整个主题词排序的并列第9位，尽管如此，频数统计也仅仅只有48次，占比也仅仅达到4.19%，这说明绝对数量并不多。"技术转移转化"位列第11，其余在20位之后，频数也在20次之内，其中"调整资源配置"更是在80个科技创新领军人才计划中均没有提及。

表16-4 "技术转化维度"胜任能力主题词频次统计

排序	主题词类别	总频数（次）	占比*（%）	国家级（次）	省级（次）	市级（次）
9	技术应用	48	4.19	0	21	27
9	成果产业化	48	4.19	0	23	25
11	技术转移转化	37	3.23	0	16	21
20	解决关键性难题	19	1.66	0	10	9
21	重大需求	15	1.31	3	5	7
23	创新平台建设	12	1.05	0	7	5
25	跨领域合作	4	0.35	0	1	3

续表

排序	主题词类别	总频数（次）	占比*（%）	国家级（次）	省级（次）	市级（次）
25	跨团队合作	4	0.35	0	2	2
28	调整技术方向	2	0.17	0	0	2
29	调整资源配置	0	0.00	0	0	0
	合计	189	16.50	3	85	101

注：＊该列表示各主题词出现频数占样本所有主题词总频数的比率。

尤其值得注意的是，"技术转化"维度包括的 10 个主题词中，除了"重大需求"在国家级人才文本中出现 3 次，其余 9 个主题词均没有出现。而省级和市级领军人才计划中出现的主体词频数相对较多，且市级出现 101 次，多于省级的 85 次，这说明"技术转化能力"受到省级和市级科技创新领军人才计划的重视，且层级越低，重视程度越高。

从主题词的整体分布也可以发现，"技术应用""成果产业化""技术转移转化"等概括性词语在政策内容中出现得较多，而对于相对具体的、操作性和考核相对具体和容易的主题词出现频数反而普遍很低。由此说明"技术转化能力"虽然受到省级及市级科技创新领军人才计划的相对重视，但具体标准不够细致。

（3）"创新领导能力"未受到各级科技创新领军人才计划的重视，且理解和认识存在较大差异。

在表 16 - 2 的基础上，将"创新领导"维度涉及的 10 个主题词统计情况整理如表 16 - 5 所示。整理发现，"创新领导"维度的主题词排序中位数达到 17，说明整个主题词排序居中。其中"自主知识产权""企业经营管理""团队建设""科学精神""人才培养""经济社会效益""企业研发实力" 7 个主题词频数统计在 31~20 之间。

另外，除"持续性产出"和"创新文化"在国家级科技创新领军人才计划中没有出现之外，其他主题词在各级人才计划文本中均出现，但是出现频数相对较低。由此可见，"创新领导能力"主题词分布较为分散且频数较少，在各级领军人才计划中虽然都有所提及，但没有形成鲜明的政策导向。这也说明了，我国科技创新领军人才计划制定的过程中虽然对创新领导能力有所考虑，但并没有得到重视，且对于创新领导能力的认识和理解还存在很大的差异。

表 16 - 5　　　　　　　　　　"创新领导"维度胜任能力主题词频次统计

排序	主题词类别	总频数（次）	占比*（%）	国家级（次）	省级（次）	市级（次）
13	自主知识产权	31	2.71	2	13	16
14	企业经营管理	28	2.45	3	9	16
15	团队建设	27	2.36	6	14	7
16	科学精神	25	2.18	4	9	12
17	人才培养	23	2.01	2	13	8
17	经济社会效益	23	2.01	2	10	11
19	企业研发实力	21	1.83	3	7	11
22	战略性	13	1.14	4	4	5
27	持续性产出	3	0.26	0	2	1
28	创新文化	2	0.17	0	1	1
	合计	196	17.12	26	82	88

注：＊该列表示各主题词出现频数占样本所有主题词总频数的比率。

16.3.3　科技创新领军人才计划评选标准内容的分层级分析

16.3.3.1　国家科技创新领军人才计划政策内容分析

国家级科技创新领军人才计划在领军人才计划政策体系中起到宏观调控和政策引导的作用，是我国科技创新领军人才队伍建设的主导思想体现。

在培养和造就领军人才队伍上，辐射全国的专门举措主要包括建立院士制度（学部委员制度）、国家杰出青年科学基金、"长江学者奖励计划""百人计划""千人计划""万人计划"和"创新人才推进计划"。这七类人才计划是我国在不同时期针对的领军人才队伍建设的特殊问题而适时推出的人才政策，具有一定的引导性和代表性，并取得了初步的成效。以院士为代表的领军人才已经成为"国家的科学技术思想库"，围绕国家经济社会发展中的战略问题，世界和我国科技发展中的重大问题等积极建言献策，提出了许多重要的咨询意见，为中央决策提供了科学依据；国家杰出青年科学基金、"长江学者奖励计划""百人计划"，通过对个人的资助，将优秀人才稳定在科研第一线，这些获得资助的中青年人才稳定和团结了一批处于创新高峰年龄段的中青年学者，成为承担科学基金项目、从事技术研究发展规划项目首席科学家，为科学事业稳定奉献的领军人才脱颖而出，形成了高校和科研机构从事基础研究的主力军。"千人计划"实施以来，已分 12 批引进了 6180 余名高层次创新创业人才，其中很多人的研究水平居于国际前沿，或者掌握产业化成熟度较高的科技成果、自主专利，或者具有丰富的跨国企业经营管理经验，并在我国科技和产业技术创新中表现不俗。

由上所述，院士制度、国家杰出青年科学基金、"长江学者奖励计划""百人计划"等政策为我国基础研究的发展集聚了力量，为中国科技发展提供了长期保证。然而从人才政策实施目的来看并没有专门针对战略性新兴产业的发展而进行的人才选拔。"千人计划""万人计划""创新人才推进计划"的目标中虽然提出了面向"高新产业"，选拔选准也强调产业发展导向，然而从其实际实施成效来看，并未真正取得显著成效。我国战略性新兴产业的发展与其他发达国家相比并没有取得明显的竞争优势，这其中尽管原因复杂，但也能够说明科技创新领军人才对产业的领军效应并不显著。

为了进一步探讨其中存在的问题，本课题对以上七类国家级科技创新领军人才计划进行了深入的政策解读，发现如下特征：

（1）人才政策目标：从面向基础科学转向科技创新。

随着建设创新型国家的提出，我国的基本高层次科技人才政策目标也发生了转变。最初的院士制度目标是评选一批在基础科学或工程技术领域具有突出贡献的科技精英，对国家科学技术重大问题提出科学决策依据。"百人计划"更是中科院面对杰出人才断层问题而推出的引才政策，主要面向海外优秀的科研人才。

（2）选拔对象：从精英到领军。

精英和领军人才的区别在于，精英强调个人的能力与贡献，而领军人才更强调其对团队或组织的领导和带动。纵观我国的高层次科技人才开发政策探索动向，选拔对象重点从最初的科学精英到科学技术带头人，再到科技及创新领军人才，越来越强调个人对团队绩效的引领和带动。

（3）开发模式：从高端激励、国外引进到国内培养。

目前的高层次科技人才政策中，最初的院士制度是以高端激励为导向，以物质和非物质激励手段给予突出贡献的科技精英奖励和最高荣誉，从而作为广大科技工作者的表率。"百人计划""长江学者计划""千人计划"主要以引进国外一流的科研人员为手段，重在使用。"万人计划"和"创新人才推进计划"则是以培养我国中青年优秀科技中青年工作者为主。

（4）评选标准：科技引领导向、结果导向和绩效导向。

采用文本分析的方法，进行分词和统计词频，表16-6即为28个关键字的频数统计。

表16-6　　　　　　　国家级科技创新领军人才评选标准词频统计

关键字	频数	关键字	频数	关键字	频数	关键字	频数
领域	15	学术	9	教授	7	战略性	4
重大	13	技术	11	创新	7	重要	6
学科	10	学风	5	科技创新	5	精神	6
国际	12	科学家	7	专家	7	研究工作	4
水平	10	科学	8	年龄	6	科研	5
组织	10	科技前沿	4	团队	6	拥有	5
国家	10	取得	7	专业	7	重点	5

结果显示，标准文本中出现的高频词共28个（IDF排名在50之内），将以上高频词根据语义进行维度聚类，与前面归纳的胜任能力主题词对比情况如表16-7所示。

表16-7　　　　　　国家级科技创新领军人才评选标准高频词与主题词对比

类别	标准高频词	胜任能力主题词
科技引领	学术、领域、学科、水平、专业、研究工作、科研、科技前沿、教授、专家、科学家、科技创新、重大、国际	科研背景、科研能力、前瞻性、自主创新、掌握核心技术、熟悉相关产业、创造性成就、主持重大项目、重大发明专利、引领作用
技术转化	技术、重要、重大	技术应用、重大需求、解决关键难题、调整技术方向、调整资源配置、成果产业化、跨领域合作、跨团队合作、技术转移转化、产学研创新平台建设
创新领导	组织、战略性、团队、科学、精神、创新	科学精神、自主知识产权、企业经营管理、企业研发实力、战略性、持续性产出、人才培养、团队建设、创新文化、经济社会效益
其他	学风、年龄、取得、拥有、国家	

根据聚类结果与本课题提出的胜任能力关键词对比情况发现，国家级人才计划评选标准存在以下特征：

（1）重视科技引领能力、体现创新领导能力，忽视技术转化能力。通过内容分析词频统计，在28个高频词中与科技引领维度一致的包含了14项，与创新领导维度有紧密联系的主题词有6项，而与技术转化可能有一定联系的有3项，这充分说明国家级科技创新领军人才计划对科技创新领军人才的选拔或引进重视科技引领能力、体现创新领导能力，忽视技术转化能力。

（2）在科技引领能力方面，相对重视科研背景和水平，而忽视对产业技术经验、前瞻性思维和掌握核心技术的考量。在28个高频词中基本上没有涉及熟悉相关产业或前瞻性思维方面的经验或特质。

（3）标准中对创新领导能力的要求有一定的体现但认识有局限。在 28 个高频词中有 5 个与本研究提出的胜任能力主题词吻合度较高，如"团队组织""科学精神""战略性"等，可见对创新领导能力方面有一定的要求。然而对于其他创新领导主题词却没有出现在高频词中，尤其是"企业""创新文化""自主知识产权"等主题词未出现，由此可见对这方面的认识还是有一定的局限。

（4）标准要求表现出结果导向和绩效导向。在高频词中出现了"取得"和"拥有"等代表结果和绩效的动词，这说明在对科技创新领军人才的测度中偏向于结果和绩效导向。

16.3.3.2 省级科技创新领军人才政策内容分析

各级地方政府也充分认识到科技创新领军人才对地方科技进步、经济繁荣和社会发展的重要性，目前已有包括江苏、广东、上海、重庆等在内的 30 个省区市纷纷推出了高层次创新创业人才引进计划，如："海鸥计划""姑苏创新创业领军人才计划""珠江人才计划""黄鹤英才计划"等，大力吸引与集聚了海内外高科技领军人才到地方创新创业，提高城市自主创新能力，加快国家创新型城市建设。

为了做出对比测度，本课题将 30 个省级人才计划评选标准分别作为原始数据进行数据挖掘，根据胜任能力维度进行聚类。表 16-8 为 26 个省份的人才计划实施方案的原始文本经过分词提取的关键词频数统计结果（IDF 排名在 50 之内）。

表 16-8　　　　省级科技创新领军人才评选标准词频统计

关键字	频数	关键字	频数	关键字	频数	关键字	频数
技术	105	高层次	27	完成人	14	院士	17
领域	58	重点	39	二等奖	21	带头人	15
重大	56	团队	38	产业化	23	科研	22
创新	57	引进	37	核心	28	学科	20
领军	32	国际	42	获得	27	贡献	21
项目	46	产业	37	专业	31	学术	21
企业	54	能力	32	知识产权	23	获得者	14
科技	51	重要	32	取得	25	发明	18
拥有	41	突出	31	能够	24	专家	21
国家	43	自主	31	关键	24	具备	23

结果显示，标准文本中出现的高频词共 40 个，将以上关键字根据语义进行文本聚类分析，与前面归纳的胜任能力主题词对比情况如表 16-9 所示。

表 16-9　　　　省级科技创新领军人才评选标准高频词与主题词对比

类别	标准高频词	胜任能力主题词
科技引领	领域、科技、专业、科研、学术、项目、产业、院士、学科、带头人、专家、重大、高层次、贡献、核心、技术、发明、能力	科研背景、科研能力、前瞻性、自主创新、掌握核心技术、熟悉相关产业、创造性成就、主持重大项目、重大发明专利、引领作用
技术转化	技术、重大、重要、重点、关键、产业化、能力	技术应用、重大需求、解决关键难题、调整技术方向、调整资源配置、成果产业化、跨领域合作、跨团队合作、技术转移转化、产学研创新平台建设

续表

类别	标准高频词	胜任能力主题词
创新领导	战略性、创新、领军、自主、知识产权、引进、团队、企业、能力	科学精神、自主知识产权、企业经营管理、企业研发实力、战略性、持续性产出、人才培养、团队建设、创新文化、经济社会效益
其他	国际、国家、拥有、能力、完成人、获得、取得、能够、具备、获得者、二等奖、突出	

根据聚类结果与本课题提出的胜任能力关键词对比情况发现，省级评选标准存在以下特征：

（1）省级科技创新领军人才计划对人才的测度标准在科技引领能力、技术转化能力和创新领导能力三个方面都有要求。40个高频词通过聚类发现，在科技引领、技术转化和创新领导三个维度都有相对较高吻合度的高频词出现。其中科技引领能力方面的高频词数量略多于技术转化和创新领导方面。

（2）对科技引领能力的要求较为全面。对比发现，省级计划中出现的高频主题词与本课题提出的科技引领能力有较高的吻合度，除了前瞻性、自主创新和引领作用三个主题词未出现之外，其余均在高频词之列。在背景经验中，既出现了代表科研背景的技术、科技、专业等关键词，同时还出现企业、产业、项目等体现产业背景的关键词。相比国家级科技创新领军人才计划，省级计划对人才的要求更为全面。

（3）技术转化能力的要求有所体现，但并没有形成完整的体系。40个高频词中与技术转化维度主题词较为吻合的7个关键词中，除了"技术"和"产业化"之外，其他均属于程度形容词，这说明对科技创新领军人才的技术转化能力有所强调，但并未形成较为一致、系统和具体的测度标准。

（4）对创新领导能力有一定的要求，但还有待完善。通过对比发现，省级人才计划中的高频词与创新领导能力主题词中"自主知识产权""企业经营管理""企业研发实力""战略性""团队建设""创新文化"等都有相应的高频词与之对应，这说明计划标准中对创新领导能力有一定的要求，但还有待完善的空间。

（5）对人才的选拔以结果导向的绩效标准为主。从其他类别的高频词聚类发现，绩效类关键词中出现大量对已完成行为或胜任能力的描述，如"拥有""取得""能够""具备"等。

16.3.3.3 市级科技创新领军人才计划政策内容分析

在各省份科技创新领军人才政策纷纷出台的背景下，市县级也具有针对性地提出了相应的领军人才计划，截至2015年底，已有43个市县提出相关计划或政策。表16-10为43个市县级人才计划实施方案的原始文本经过分词提取的关键词频数统计结果（IDF排名在50之内）。

表16-10　　市级科技创新领军人才评选标准词频统计

关键字	频数	关键字	频数	关键字	频数	关键字	频数
技术	106	项目	37	获得者	18	人才引进	12
领军	53	担任	33	产业发展	21	经营管理	19
具有	69	国家	35	取得	25	突出	21
创新	68	产业化	25	自主	25	市场	25

续表

关键字	频数	关键字	频数	关键字	频数	关键字	频数
企业	72	高层次	22	知识产权	22	技术成果	12
领域	44	职务	29	具备	23	水平	20
重大	42	团队	31	院士	17	贡献	19
拥有	40	产业	32	专家	24	专业	22
学位	32	完成人	14	能够	22	硕士	18
国际	42	带头人	18	先进	22	发明	17

结果显示，标准文本中出现的高频词共 40 个，将以上关键字根据语义进行文本聚类分析，与前面归纳的胜任能力主题词对比情况如表 16 – 11 所示。

表 16 – 11　　　　　　　　市级科技创新领军人才评选标准高频词与主题词对比

类别	标准高频词	胜任能力主题词
科技引领	领域、专业、项目、产业、重大、国家、国际、先进、突出、硕士、学位、院士、学科、带头人、专家、创新、发明、产业发展	科研背景、科研能力、前瞻性、自主创新、掌握核心技术、熟悉相关产业、创造性成就、主持重大项目、重大发明专利、引领作用
技术转化	技术、市场、产业化、技术成果、产业发展	技术应用、重大需求、解决关键难题、调整技术方向、调整资源配置、成果产业化、跨领域合作、跨团队合作、技术转移转化、产学研创新平台建设
创新领导	企业、领军、人才引进、经营管理、团队、自主、知识产权	科学精神、自主知识产权、企业经营管理、企业研发实力、战略性、持续性产出、人才培养、团队建设、创新文化、经济社会效益
其他	具有、拥有、担任、获得者、完成人、取得、具备、能够	

根据聚类结果与本课题提出的胜任能力关键词对比情况发现，市县级人才计划评选标准存在以下特征：

（1）市级科技创新领军人才计划对人才的测度标准在科技引领能力、技术转化能力和创新领导能力三个方面的要求均有所体现。40 个高频词通过聚类发现，在科技引领、技术转化和创新领导三个维度都有相对较高吻合度的高频词出现。其中科技引领能力方面的高频词数量略多于技术转化和创新领导方面，其次是创新领导能力，最少的是技术转化能力。

（2）对科技引领能力的要求较突出科研背景和能力。对比发现，市级计划中出现的高频主题词与本课题提出的科技引领能力的主题词有相对较好的一致性，除了前瞻性、自主创新和引领作用三个主题词未出现之外，其余均在高频词之列。在背景经验中，既出现了代表科研背景的技术、科技、专业等关键词，同时还出现了企业、产业、项目等体现产业背景的关键词。相比国家级科技创新领军人才计划，市级计划对人才的要求更为全面。

（3）对技术转化能力要求高于国家和省级计划，但缺乏具体可操作指标。40 个高频词中与技术转化维度主题词较为吻合的5个关键词与胜任能力主题词"技术应用""重大需求""成果产业化"的语义范畴上有高度的一致性，其中，与国家级和省级计划文本内容高频词相比，"市场"这个高频词首次出现，这说明了市级人才计划对技术转化能力的要求较为突出。

（4）对创新领导能力有一定的要求，但还有待完善。通过对比发现，市级人才计划中的高频词与创新领导能力主题词中"自主知识产权""企业经营管理""企业研发实力""战略性""团队建设""创新文化"等都有相应的高频词与之对应，这说明计划标准对创新领导能力有一定的要求，但还有待完善的空间。

（5）对人才的选拔以结果导向的绩效标准为主。从其他类别的高频词聚类发现，与国家级和省级计划标准类似，绩效类关键词可以发现大量出现对已完成行为或胜任能力的描述，如"拥有""取得""能够""具备"等。

16.3.3.4 国家、省级和市级科技创新领军人才计划政策内容对比分析

以上对国家、省级和市级科技创新领军人才计划政策标准内容分别进行内容分析，这里将三个层级的计划标准文本高频词对比如表 16 - 12 所示。如表所示，三个层次计划中标准高频词与胜任能力主题词都有一定的契合度，但是契合程度并不高。其中国家级科技创新领军人才计划标准与胜任能力主题词的契合度最差，三个维度的高频词与胜任能力主题词重合数量很少，且从语义上分析关联性也较低，尤其是技术转化维度只有"技术""重要""重大"等关联性较小的词语出现。省级科技创新领军人才计划标准与胜任能力主题词契合程度相对较好，尤其是在技术转化维度和创新领导维度方面与胜任能力主题词重合的数量较多。在三个层级中，市级科技创新领军人才计划的高频词与胜任能力主题词的契合度相对最好，在三个维度的主题词中都有高频词相契合。如技术转化维度的"市场""产业化"，创新领导维度的"领军""团队""知识产权"等都是体现胜任能力的关键主题词。

表 16 - 12　　　　　　　国家、省级、市级科技创新领军人才计划政策高频主题词对比

主题词	科技引领维度	技术转化维度	创新领导维度
胜任能力主题词	科研背景、科研能力、前瞻性、自主创新、掌握核心技术、熟悉相关产业、创造性成就、主持重大项目、重大发明专利、引领作用	技术应用、重大需求、解决关键难题、调整技术方向、调整资源配置、成果产业化、跨领域合作、跨团队合作、技术转移转化、产学研创新平台建设	科学精神、自主知识产权、企业经营管理、企业研发实力、战略性、持续性产出、人才培养、团队建设、创新文化、经济社会效益
国家科技创新领军人才计划高频词	学术、领域、学科、水平、专业、研究工作、科研、科技前沿、教授、专家、科学家、科技创新、重大、国际	技术、重要、重大	组织、战略性、团队、科学、精神、创新
省级科技创新领军人才计划高频词	领域、科技、专业、科研、学术、项目、产业、院士、学科、带头人、专家、重大、高层次、贡献、核心、技术、发明、能力	技术、重大、重要、重点、关键、产业化、能力	战略性、创新、领军、自主、知识产权、引进、团队、企业、能力

主题词	科技引领维度	技术转化维度	创新领导维度
市级科技创新领军人才计划高频词	领域、专业、项目、产业、重大、国家、国际、先进、突出、硕士、学位、院士、学科、带头人、专家、创新、发明、产业发展	技术、市场、产业化、技术成果、产业发展	企业、领军、人才引进、经营管理、团队、自主、知识产权

　　由以上分析可知，首先，国家级科技创新领军人才计划对全国战略性新兴产业科技创新领军人才的引进和培养没有体现出顶层设计的战略思维，反而是各级地方政府在谋求各地区经济产业发展的目标下，因地制宜所制定的科技创新领军人才计划对战略性新兴产业的针对性更强。其次，虽然各级地方政府的科技创新领军人才计划标准中都或多或少地体现了对本课题所提出的三类胜任能力的要求，然而由于对科技创新领军人才价值及其作用的认识不到位，导致人才计划的评选标准缺乏具体可操作的衡量标准，降低了科技创新领军人才计划实施的效度和信度。最后，通过以上对比可以发现，三个级别的科技创新领军人才计划标准内容的高频词重复较多，这也说明目前我国各级政府科技创新领军人才计划的制定存在各谋其是、各自为政的现象，没有体现统筹协同的系统思考。

第17章　我国战略性新兴产业科技创新领军人才发展的政策建议

17.1　我国战略性新兴产业科技创新领军人才计划中存在的问题

基于本课题所构建的战略性新兴产业科技创新领军人才胜任能力指标体系，进一步审视我国诸多科技创新领军人才计划的评选标准内容，不难发现存在以下问题：

（1）科技创新领军人才计划缺乏顶层设计思想，对于战略性新兴产业科技创新领军人才缺乏重视。

科技创新领军人才计划或政策对科技创新领军型人才的引进与培养具有重要引导作用，是对科技创新领军人才队伍建设的总体设计蓝图和指导性纲领文件，也是国家、地方政府、科研机构和高科技企业进行科技创新领军人才引进和培养的主要依据，更是一个国家高层次人才培养的思想和理念的集中体现。本课题在进行科技创新领军人才计划评选标准的实证研究和量化研究的过程中发现，围绕着人才强国和创新型国家建设，从国家层面展开的科技创新领军人才尤其强调对学术领域的科技领军人才的引进和培养，但对面向经济产业发展的科技创新领军人才却没有体现出足够的重视。这在一定程度上反映了我国在科技创新领军人才队伍建设过程中缺乏顶层设计思想，对于战略性新兴产业科技创新领军人才的重要性和胜任能力缺乏准确认识，这将会在很大程度上影响我国产业科技创新人才的引进和培养效果。

（2）科技创新领军人才计划评选标准中忽视对产业化能力的要求。

人才计划的目标是人才价值实现的方向，是为了满足一定的目的或任务而设定的。从实际出发，在客观分析的基础上，明确用人的需求和所需人才类型、层次、数量。人才的选拔标准是选才核心，是从众多合格候选人中找出最优者的衡量尺度，只有科学合理的选才标准才能保证选拔出最适合的人。在2008年之后我国出台的科技创新领军人才计划中，大多数将引领带动新兴产业、高新产业或战略性新兴产业的发展列入计划目标中，这充分体现了我国战略性新兴产业发展对科技创新领军人才的现实需求。但是，在具体的选拔标准中却没有体现对于战略性新兴产业科技创新领军人才的特定需求。这种特定需求是决定科技创新领军人才能力结构的主要因素，也是科技创新领军人才实现价值的途径。因此，国家级科技创新领军人才计划的标准文本中如技术转化能力和创新领导能力等产业化能力要求较模糊。在各级地方政府人才计划中虽然提到产业化能力，但具体衡量标准没有较为清晰的界定和表述。

（3）科技创新领军人才评选标准倾向结果绩效导向。

任何人才的评选工作都是建立在一定的假设之上的，即假设在过去或现有较高绩效的人才在未来工作中也会表现出色，因此一般情况下，人才评选会用过去或当前的绩效来预测未来的绩效表现。在我国人才计划方案中选拔标准的内容除了概括性的关于胜任能力的要求之外，主要包括关于各类领军人才目前所取得的成就和贡献、所获得的荣誉、目前的学位/职位/职称、成果的市场前景等明确的结果性绩效标准。这种结果性绩效标准在一定程度上能够预测人才未来的绩效，提高人才引进或培养的效度，但也可能产生两种不利影响：一方面过于看重最终的结果，会导致科研功利主义，而忽视整个过程的创造性和未来潜在实力的挖掘，破坏整个学术氛围。另一方面科技创新活动的绩效结果属于智力成果，不是短期内就可以衡量其经济社会效益的，一般需要较长时间的实践检验和市场检验，因此单纯的以结果绩效为导向的评选标准可能会造成我国的科技资源浪费，甚至会延误科技产业的发展时期。

（4）科技创新领军人才计划效度和信度较低。

一般在评选人才时，会预测每位候选者当选后工作绩效的高低优劣。效度，是指这些推测的适当性、意义和实用性，实际工作绩效与预期绩效越匹配，则人才选拔的效度就越高。2014 年 10 月，本课题组就战略性新兴产业科技创新领军人才的实际工作绩效在江苏吴江做了实地调研。调研结果显示，无论从政策制定还是具体人才计划实施的过程中，吴江科技领军人才的方向选择都紧紧围绕我国确定的七大战略性新兴产业。以吴江科技创业园为例，园中落地项目主要聚集在新能源汽车、新一代信息技术、高端装备制造、新材料产业、新能源产业和生物制药。科技创新园截至 2014 年 10 月共吸引科技创业领军人才 189 名。然而从吴江产业园 126 家战略性新兴产业企业涉及的数项技术中仅仅只有 18 项国际领先技术，而且这 18 项技术所形成的产品并非产业的核心产品，因此并未对整个产业产生较大的带动作用。由此可知科技创新领军人才的领军效应并不理想。虽然这只是一个个例，但在一定程度上也能反映我国各种领军人才计划效果不显著，存在效度较低的问题。同时从标准文本也可以直观发现各类标准提出的都是概括性表述，并没有将衡量标准细化，这将大大降低人才评价的信度，甚至存在评选过程公平性隐患，最终影响科技创新领军人才计划的预期效果。

（5）各级各类人才计划协调性不强，系统性思考明显不足。

在国家科技创新领军人才计划的引导下，全国各级政府都如火如荼地展开了领军人才的引进或培养计划，一方面是积极鼓励地方科技人员参与国家人才计划的评选，另一方面则在全国范围内争取一流的领军人才为我所用。在人才计划标准文本中可以发现，大部分高频词趋同，现实结果是部分标准直接将已获得国家级人才计划资助者列为引进对象。如本课题组实地调研江苏吴江科技创新园发现，截至 2014 年 10 月科创园吸引的 189 名科技创业领军人才中，入选国家"千人计划"者 13 人，占到 5%；入选省"双创人才计划"的 14 人，占到 7%；姑苏领军人才 15 人，占 12%。可以看出吴江科创园科技领军人才中 24% 会同时享有两项以上领军人才计划的支持。这样的标准设置会产生马太效应，即将资源集中在少部分人身上。这种重复资助不一定会激发人才更大的潜力，反而有可能产生相反的作用。同时导致没有拿过国家级人才资助计划的优秀人才获得其他级别资助计划资助的机会减少，这对于激发科技创新领军人才潜能发挥和价值实现具有不利的影响。

17.2　我国现行战略性新兴产业科技创新领军人才计划调整的政策建议

结合当前科学技术创新领军人才计划的存在问题，本课题对我国现有战略性新兴产业科技创新领军人才计划提出以下调整建议。

首先，对于三项胜任能力都有较高要求的科技创新领军人才计划，建议加强科技创新领军人才计划实施后的后置评价。本课题以战略性新兴产业科技创新人才胜任能力指标体系为基础，对 30 个省份的科技创新人才计划进行实证研究，实质上是一种前置评价，即在政策实施前对政策实施后的效果做预测性评价，预测结果可用于对现有人才计划政策进行调整和完善。第15章研究结论中有五个省份的最终得分较高，说明这五个省份人才计划中都体现了对科技引领能力、技术转化能力和创新领导能力的要求和衡量标准。然而在现实中，政策的实施效果不仅与政策本身的科学性有关，同时实施过程对结果的影响同样重要。任何实施过程中"失之毫厘"的偏差都可能导致最终结果的"谬以千里"，因此建议在政策实施后要及时进行后置评价，即对选拔出的科技创新领军人才的创新绩效及价值发挥进行考评，根据考评结果及时调整人才计划的实施过程。需要提出的是，由于部分领军人才计划是培养型人才计划，其最终目标是要培养对创新型国家建设、战略性新兴产业发展起到促进作用的科技创新领军人才，因此在后置评价中需要对培养对象的能力和创新绩效进行考核，这时也可以参考或借鉴本课题所得出的战略性新兴产业科技创新领军人才胜任能力指标体系。

其次，对于某项胜任能力要求较高，而忽视其他胜任能力的科技创新领军人才计划，建议借鉴本课题提出的胜任能力模型修订相关政策，加强其他方面的胜任能力的考察。在第15章的聚类分析结果中，第二类、第三类省份人才计划的两项得分高于平均值，第四类省份人才计划有且仅有一项胜任能力的得分高于平均值，这充分说明我国绝大多数省份实施的科技创新领军人才计划缺乏针对性和科学性，因此对胜任能力的要求不够全面，且衡量标准也比较模糊。战略性新兴产业的竞争优势代表了未来我国产业的竞争优势，影响着我国的国际战略地位，战略性新兴产业是我国构建创新型科技强国的重中之重，因此科技创新领军人才的选拔和培养也应该紧紧围绕战略性新兴产业的人才需求。人才的价值体现其所能满足需求的能力，科技创新领军人才的价值体现在其能满足产业技术创新发展需求的程度，其胜任能力是价值充分发挥的基本保证，缺乏任何一种胜任能力都将影响最终的价值发挥。战略性新兴产业是典型的高科技产业，同时又是新兴产业，其主导技术和产品专业性较强，而市场和行业竞争又受技术成熟度的影响较大，所以，不管是单一的专业型人才，还是管理型人才，皆无法有效化解战略新兴产业的现实问题。因此对于没有全面考核三项胜任能力的人才计划应当充分考虑到战略性新兴产业的现实需求，加强对各类胜任能力的考核，只有这样才能保证引进和培养出适合本地战略性新兴产业发展的科技创新领军人才，达到人才计划政策实施的最终目标。

最后，对于三项胜任能力要求都较低的科技创新领军人才计划，建议对已有科技创新领军人才进行考核再培养，并对现行领军人才计划政策进行重新修订。在第15章的聚类分析结果中，第五类是各项胜任能力指标得分均远远低于平均值的六个省份。这个结果可能预示着这些省份的人才计划实施的目标与结果将会有较大的差距。通过这些计划开发的科技创新领军人才可能未必具有能够引领战略性新兴产业科技创新的能力。因此建议以本课题提出的胜任能力模型为依据，对于已经引进的对象及时进行考核评价，对评价结果不理想的对象可以实施淘汰，放弃引进，停止各项资助，或针对现实能力与胜任能力的差距进行有针对性的再培养。同时，基于本课题所提出的战略性新兴产业科技创新领军人才胜任力模型，对于现行政策要及时进行修订。在对本地战略性新兴产业科技创新领军人才需求进行需求预测之后，及时对现行人才计划尤其是选拔标准进行重新修订，加强人才计划的针对性，提高计划实施效果。

17.3 我国未来战略性新兴产业科技创新领军人才
发展的政策建议

以本课题所构建的战略性新兴产业科技创新领军人才胜任能力指标体系为基础，可以提出我国战略性新兴产业科技创新领军人才未来发展的政策建议。

（1）高度重视科技创新领军人才的相关理论探究。

中国科技创新领军人才计划就其实施成效而言，还未达到计划目标，还存在很多的问题。从人才计划出台的背景来看，每一项领军人才政策或计划都是应对现实问题而出现的。如院士制度是针对我国基础科研力量薄弱、需要科技精英来带领学科和领域的开辟与建设的现状而设置的，这也是国际通用的一项激励制度。中科院"百人计划"是应对中科院人才断层问题，"千人计划"是应对我国高层次科研人才短缺问题，可以说我国的人才政策是在应对现实需求所发出的被动反应。事实上，对人才的需求是一个时代的特征所决定的，不同时代对人才的需求和属性要求不尽相同，在一定程度上要反映这种差异，但人才规律是相通的。

在知识经济"爆炸"的时代，科技对经济、社会的影响达到了前所未有的深度，作为人才学领域的学者应当较早展开不同类型、不同层级科技人才的深入研究。理论研究是对实践的提炼和总结，反过来，实践需要理论的指导。人才问题的产生首先需要分析产生的深层次原因，而不是单从表象上去解释或数量上弥补。对于我国科技创新领军人才而言，首先需要以社会发展需求为前提，根据需求特征去确定此类人才的主要作用和价值发挥路径，进而去研究其要满足需求或发挥价值所需要的胜任能力结构，这样的理论研究工作对科技创新领军人才的培养、引进、使用和管理都有极其重要的针对性，指导效果也会倍增。我国学者需要在中国情景下积极地展开该方面的理论研究，从而指导各类科技创新领军人才队伍建设工作。

（2）面向我国战略性新兴产业发展制定专项科技创新领军人才开发政策。

回溯我国各时期各个层次的人才政策，目标大都是面向我国科技进步或创新型国家建设，尚未设定专门针对促进战略性新兴产业发展的科技创新领军人才政策。面对当前世界经济发展形势，培养具有竞争力的战略性新兴产业是各国争夺未来经济高地的关键，因此有必要专门针对战略性新兴产业的需求来制定专项人才开发政策。

面向战略性新兴产业制定专项科技创新领军人才开发政策时，首先，应当充分体现顶层设计的战略思想，即制定具有战略思维的国家级人才开发政策。国家层面的人才开发政策是各地方政府开展人才开发的风向标，对全国人才队伍建设往往具有引导和带动作用，对于我国的科技创新领军人才开发工作具有极其重要的意义。因此，不仅要注重对战略性新兴产业科技创新领军人才的战略规划，同时还要注意人才战略的可操作性和最终效果，要充分体现顶层设计的战略思维。其次，面向各级地方政府或不同区域的科技创新领军人才政策的制定要针对当地的产业发展结构和阶段特点。各级地方政府在制定战略性新兴产业科技创新领军人才开发政策时，除了要以国家政策为纲领之外，更重要的是要准确把握本地战略性新兴产业发展现状，尤其是产业对科技创新领军人才的真正需求，有针对性地制定与本地产业发展状态、产业领军人才需求相契合的人才开发政策。最后，要注意协调不同层级、不同地域、不同行业的战略性新兴产业科技创新领军人才政策，确保人才政策范围的不重合、不留空，最大限度提高科技人才资源的使用效率和科技投入产出效率。

（3）重视战略性新兴产业科技创新领军人才的"产业化"能力。

科技创新领军人才不同于一般科技人才，后者仅仅只对科学技术某学科或领域发展做出重大贡献，前者更强调创新能力，即利用科学技术更好地解决现实问题。对于战略性新兴产业科技创新领军人才而言，不仅要能带动学科发展，同时要促进一个产业的技术创新。

科技引领能力只是促进产业技术创新的基本保证，最终目标是利用新兴技术及其成果开辟新的市场，培育新兴产业，因此对于战略性新兴产业科技创新领军人才同时需要具备技术转化能力和创新领导能力等"产业化"能力。只有具备"产业化"能力才能将科技引领能力转化为企业的竞争优势，增强企业的创新能力，继而促进整个产业技术创新。我国无论在引进还是培养战略性新兴产业科技创新领军人才时，都要高度重视与产业化相关的能力，如本课题所构建的模型中包括的推进应用创新能力、提升合作创新能力、促进创新驱动发展能力和凝聚创新人才能力，这些胜任能力不仅可以作为引才标准，也可作为人才培养的目标。将这些能力要求充分渗透在战略性新兴产业科技创新领军人才的引进、培养和评价等人才开发工作中，将会大大提高我国战略性新兴产业科技创新领军人才开发政策的效果。

（4）构建我国战略性新兴产业科技创新领军人才培养平台。

构建高效的战略性新兴产业科技创新领军人才培养平台有利于为我国战略性新兴产业发展提供人力资本，实现我国产业发展从主要依靠物质资源投入转变为主要依靠科技进步、人力资本提升。基于战略性新兴产业科技创新领军人才复合型的能力结构，其培养平台也不再是培养一般科技人才的传统大学与科研院所，应在育人理念、培养模式、管理体制等方面都有所创新。

首先，战略性新兴产业科技创新领军人才培养平台应拓宽科技创新领军人才的视野。坚持"英雄不论出处""不拘一格降人才"，让各类"出身背景"的优秀科技人才都有平等接受平台资源资助支持的机会，特别是享有创新创业培养的机会。其次，战略性新兴产业科技创新领军人才培养平台应以开放包容、自由探索、相互尊重的态度打破学科壁垒，建立开放的跨领域科技创新人才培养模式。通过这个平台，让各类科技领军人才跨越学科界限，促进基础研究与应用研究协同，营造交叉学科研究的良好氛围，培养"道术兼修"的交叉型学科创新领军人才。战略性新兴产业科技创新领军人才培养平台应与大学、科研院所、企业、政府密切合作。最后，战略性新兴产业科技创新领军人才培养平台应以构建良好创新生态系统为目标。在产学研合作模式下，将创新合作的广度和深度突破科研机构、企业、地区甚至国家的界限，打通产学研合作各要素的利益分配通道，促进企业、科研、人才、资金等要素集成，进而吸引并整合全国乃至全球一流学术机构和企业、社会组织的力量，培养具有全球视野的复合型科技创新领军人才，形成激励产业创新的人才沃土。

（5）统筹全局，建立战略性新兴产业科技创新领军人才梯度培养体系。

战略性新兴产业属于新兴产业，由于在这一阶段技术进步迅速，市场需求多变，对人才的需求也会随之发生改变。因此需要统筹全局，建立战略性新兴产业科技创新领军人才梯度培养体系。所谓人才梯度培养体系，就是当现在的人才正在发挥作用时，未雨绸缪地培养该批人才的接班人，也就是做好人才储备，当新兴产业需求发生变化或这批领军人才退出时能及时补充上去，避免人才断层影响产业的持续发展。

建议采取分步分层培养模式。在全国范围内，充分调动不同职能部门对不同层次的人才进行相关培养。首先，结合我国战略性新兴产业发展规划，通过人才盘点，了解战略性新兴产业共性技术或企业个性技术发展的需要，在产业或企业发展的不同阶段预测所需要的科技创新领军人才的层次和水平。其次，根据科技创新领军人才的胜任能力模型，结合培养对象个体素质状况，制订有针对性的培养学习计划。培养学习计划的形式可以是多种多样的，目的在于培养科技创业人才的产业化意识和产业化水平。最后，还要加强跟踪考核识别培养的效果，将考核结果应用到实际科技资源配置过程中。值得注意的是，培养结束并不意味着人才梯队建设的结束，要及时对已有科技创新领军人才的绩效情况进行评估，一方面是检验人才梯队建设有效性的标准，另一方面也为后期再进行相同人才培养计划的制度提供依据。

（6）改革科技评价和奖励体系，由市场来检验应用导向的研究。

从根本上改变科技创新领军人才能力结构要从内在动机入手，即要促使人才自发自觉地完善自身能力结构，这就需要从根本上改变科技人才的行为和价值取向。理论和实践表明，科技评价及奖励对科技人才的行为以及价值取向具有直接性的影响和决定性的作用。

针对科技人才的评价，绝不可单纯地以论文发表情况为依据。若是教师不把教学当作主业，医生不把治病救人当作主业，工程师不把研发产品作为主业，而是把论文发表数目和影响因子作为衡量其工作的目标，那么出现数量再多的创新成果也不能从真正意义上促进战略性新兴产业的发展。实践表明，应用开发类型的科学研究机构进行企业制转型，在一定程度上刺激了科技人员的创新精神，使其市场、竞争、创新意识开始觉醒和加强，有效推动了科学技术和经济的融合和匹配，所以，应该把这种改革方向深入到产业的技术创新主体中去，推动新兴技术研究与市场需求和经济需求相结合，使科技人才自主自觉地进行与产业相关的技术创新工作，在工作中得到能力的锻炼和提升。

就科技人才奖励制度而言，本课题认为，应大幅减少政府部门设立的科学技术奖励，特别是以应用研究成果为主的奖励。目前，我国愈来愈关注科技创新，并把增设科技奖励以及资助计划作为这种关注的一种形式，政府部门这么做的本意在于以此激励科学技术人才创新，可是物极必反、过犹不及，这种做法最后的结果是不尽如人意的，很多优秀科技人才在面对名目繁多的奖励以及资助计划政策时，无法集中精力进行创新，部分甚至投机取巧，这在无形中就使部分有潜力的科技人才丧失了发挥其产业化能力的动力和机会。更为关键的是，对应用导向的研究进行评估时，专家评奖的认可程度与市场认可并不一致，如果一味地使用专家评议制度将会严重堵塞创新成果产业化的渠道。根据本课题组进行的实地调查研究发现，优秀的科技创新领军人才更多地注重在市场中展现自身的能力和价值，而不是为了争取更多的政府奖励而创新。反而是部分只能在实验室中进行样品研究、重视职称的科技人员才会更关注政府设立的奖励。

（7）进一步释放政策红利激励部分有能力的科技人才创新创业。

对于人才能力形成具有先天决定论和后天决定论两种观点。前面几项建议是从后天决定论的角度去探讨关于如何培养和激发战略性新兴产业科技创新领军人才胜任能力的形成。除此之外，还有一部分科技创新领军人才天生具有产业化意识和能力，对于这部分人需要用积极的政策红利去进一步激发创新创造热情，瞄准国际科技前沿，紧扣国家战略需求，抢抓发展新经济的机遇，担负起投身创新、推动创新、引领创新的历史使命。

就目前所实施的科技人才评估体系而言，本课题认为需要从以下三方面进行完善。第一，将职称评审条件的重点转移到激励和促进务实创新上来。强调科学基础研究的业界认同以及应用技术研究的市场认同，并以此为指导，通过将对应的理论成果、知识产权以及产品创新等作为测度的重点标准，激发科技人才的创新力。针对拥有国家级、省级、市级科技奖励以及贡献十分突出的科学技术创新人才，打破其学历层级、外语水平、论文层次等条件限制，保证其申评高级专业技术资格的优先权。第二，把收益分配的重点落在科研成果的转化上。针对高校、科学研究院所以及国企科技人员以及团队的科技成果转化的行为，进行股权、分红等形式的奖励。把知识产权当作生产要素参与分配的制度政策贯彻到底，保证具备知识产权项目在立项、扶持以及申报等环节的优先权，保证科学技术成果转化的畅通性。积极导入科学技术成果市场定价制度，进一步提升科学研究人员在成果转化中的收益比重，让科技成果转化和人才收益挂钩。第三，提供全程化创新创业服务，为创新创业提供良好生态环境。确保政府部门的引导以及补充、监督作用，大力支持科技服务公司的发展，鼓励民间资本参与科技中介服务，构建和完善技术转移转化以及资产测度估计等专业的服务组织。同时，探索设立产业科技创新领军人才杰出贡献奖，对成就卓越、影响深远的科技创新领军人才，给予重奖，使其能在更大的范围上对我国科技创新与产业发展产生重要影响。

第五篇　我国战略性新兴产业的
信息资源保障体系与
服务模式研究

第18章 我国战略性新兴产业共性信息资源需求的实证研究

18.1 企业信息资源需求与产业信息资源需求对比分析

作为成长过程中的新兴产业，我国战略性新兴产业在发展过程中必然面临着巨大的不确定性，要降低或消除这种不确定性以保证战略性新兴产业的健康发展，就需要信息资源作为保障，但我国现有的信息资源体系却无法有效支撑战略性新兴产业的发展，我国急需建立战略性新兴产业信息资源保障与服务体系。为此，一方面需要精确了解和把握我国战略性新兴产业及企业的信息资源需求；另一方面需要探讨建设怎样的信息资源保障体系，才能高效满足战略性新兴产业体系中各利益相关者的需求，并同时降低其信息服务成本。

本课题通过理论分析证实产业层面的企业信息资源需求具有更多的共性，据此设计问卷并对我国典型地区的战略性新兴产业展开问卷调查，对我国战略性新兴产业信息资源的共性需求进行了实证分析。本课题组认为，在国家层面建立集中的基于互联网的信息资源保障和服务体系，可以高效满足企业层面的战略性新兴产业信息资源需求，同时可降低企业因自建战略性新兴产业信息资源保障体系而产生的高成本。

产业是同类企业的集合，产业信息资源需求与产业内部企业的信息资源需求既具有一致性，也存在差异性，通常认为，处在同一产业的企业可能使用相同的原材料、相同的工艺、相同的生产设备、生产相似的产品（苏东水，2000），就此而言，产业层面的信息资源是企业层面共性信息资源的集合，产业层面的信息资源需求具有更多的共性。从企业层面来看，信息资源需求具有更多的差异化特征，特定企业需要结合客户需求及自身战略需要来整合产业层面的共性资源，突出价值链的优势环节（波特，2005；Eisenhardt and Martin，2000），这样形成的信息资源组合就具备了个性。产业信息资源需求的共性特征与企业信息资源需求的个性特征可参见图18-1。

产业层面与企业层面信息资源需求的差异可用大规模定制原理进行解释。大规模定制理论的精髓在于，企业可对任何产品进行解构，这样就可以发现，任何独特产品的元素其实都具有标准化的共性特征，这样，就可以运用大规模生产原理对产品元素进行设计和制造，而在最后环节根据客户需求进行个性化的定制处理（派恩，2000；Silveira，Borenstein & Fogliatto，2001）。如汽车零部件大都相似，汽车售后需要的服务亦大致相同，不同汽车制造商所需要的零部件大都来自同样的供应商，汽车服务也可以委托同样的4S店提供，而汽车制造商需要做的就是把相似的零部件以差异化的方式进行组装并以差异化的品牌进行营销。在此，产品元素层面的信息资源需求相当于产业层面的信息资源需求，而产品整体层面的信息资源需求相当于企业层面的信息资源需求，具体的区别可以参见图18-1。

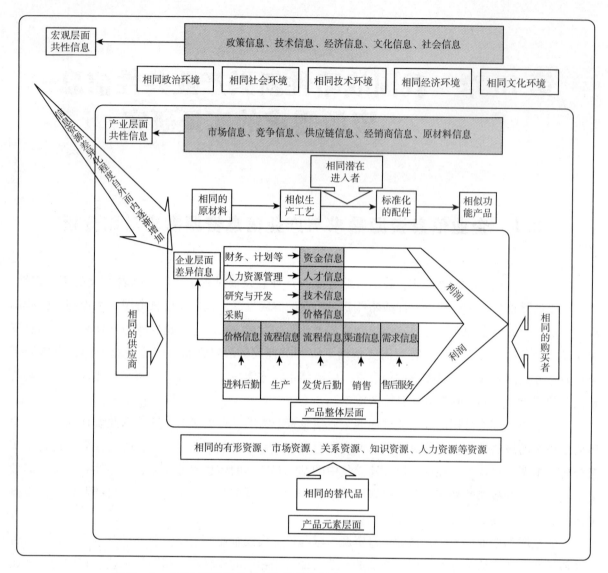

图 18 – 1　企业层面差异化信息资源需求与产业层面共性信息资源需求图解

其实，产业层面和企业层面的信息资源需求都是为企业及其利益相关者服务的。对于任何企业而言，其信息资源需求都可以分解为宏观层面、产业层面和企业层面。在宏观层面，企业需要政治、经济、社会、文化和科技等方面的信息资源；在产业层面，企业需要市场、原材料、供应链、经销商、竞争者等方面的信息资源；在企业层面，企业需要产品、技术、人才、资金、商业模式、竞争优势等方面的信息资源。进一步分析可以发现，企业信息资源需求的共性自外而内越来越弱，而差异性自外而内越来越强。一般而言，宏观层面和产业层面的信息资源保障体系都是由社会或产业部门来建设的，企业所需要建设的主要是满足自身差异化需求的信息资源保障体系；但由于战略性新兴产业是我国新近倡导发展起来的，现在尚未形成有组织的产业体系，很多地方战略性新兴产业或许就是统计概念，而社会层面也没有来得及建设，这样就严重影响了我国的战略性新兴产业发展。基于此，本课题组拟对我国战略性新兴产业的共性需求进行系统调查，以便为构建相应的信息资源保障体系奠定基础。

18.2　我国战略性新兴产业的信息资源需求分析

从同一类产业所需的信息资源具有共性看，我国提出的战略性新兴产业包括节能环保、新一代信息技术、生物、高端装备制造、新能源、新材料、新能源汽车七大类产业，这七大类战略性新兴产业之间的共性信息资源需求有待于进一步分析。

自《国务院关于加快培育和发展战略性新兴产业的决定》颁布以来，我国各地掀起了发展战略性新兴产业的热潮，无论经济发达的东部地区，还是相对落后的西部地区，基本都是按照国家确定的七大战略性新兴产业进行布局，这样在产业布局上就不可避免地存在产业同构问题。本课题组对目前各省市的战略性新兴产业布局进行了社会网络分析，结果显示，各地战略性新兴产业布局具有极大的耦合性（霍国庆、李天琪、张晓东，2012），这种耦合性本身就意味着我国战略性新兴产业存在更多的共性信息资源需求。

战略性新兴产业是我国首先提出的产业概念，其发展没有成熟的产业发展模式可以参照，在发展的过程中面临着技术、市场、组织、系统等方面的不确定性（李晓华、吕铁，2010），这些不确定性使我国战略性新兴产业的发展面临着诸多障碍，具体包括以下几个方面：首先，战略性新兴产业相关的产业政策还不够健全，现有产业政策又落实不到位，这样就导致了对政策信息不能及时、准确地把握以及无法在战略方向上占领先机等障碍（沈玉龙、余佳、方琴，2011）；其次，我国发展战略性新兴产业面临着战略性新兴产业关键核心技术不足的制约、核心知识产权的缺乏、自主创新人才的不足以及领军人才匮乏等障碍（宋河发、万劲波、任中保，2010）；再其次，我国现行金融体系存在缺陷，融资难成了制约战略性新兴产业发展的最大瓶颈之一（谭中明、李战奇，2012）；最后，市场的不确定性是战略性新兴产业发展所面临的重要障碍，市场需求弱则是技术产业化或者产品质量提升的主要障碍（李晓华、吕铁，2010）。由于我国战略性新兴产业布局的同构性，其发展过程中面临的发展障碍包括政策不够健全且落实不到位、关键技术自主创新能力弱、产业基础条件和环境不具备、产品市场需求较弱、产业关键人才普遍紧缺、信息服务难以满足产业发展、产业融资难度大且成本居高不下等也具有更多的共性，为此，要克服这些共性障碍，就需要政策信息、技术信息、专利信息、人才信息、专家信息、资金信息、设备信息、市场信息、产品信息、竞争信息等信息资源，而这些信息资源也相应地具有较多的共性，就此推论，一个地方克服障碍的经验通常能够较为顺畅地为另一个地方所借鉴。

战略性新兴产业信息资源需求的共性也与其服务对象有关。我国战略性新兴产业信息资源的服务对象主要包括管理主体、运营主体、研发主体（霍国庆、李天琪、张晓东，2012），其中，管理主体主要包括政府产业主管部门、行业协会，运营主体主要包括企业高管、企业市场人员、企业服务人员、消费者，研发主体主要包括企业研发人员、相关科研机构。在产业层面分析，具体的服务对象虽然不同，但就其类型而言，则属于同类服务对象。

综上所述，我国战略性新兴产业相同的产业特征、相同的产业布局、所面临的相同发展障碍以及相同的服务对象等因素共同决定了其信息资源需求的共性特点，其关系如图18-2所示。

基于上述分析及图18-1的逻辑关系，本课题组提出如下三个命题：

命题18-1：我国不同类型和不同地区战略性新兴产业发展面临更多共同的发展障碍。

命题18-2：我国不同类型和不同地区战略性新兴产业发展需要更多相同类型的信息资源。

命题18-3：我国不同类型和不同地区战略性新兴产业信息资源服务的对象更多是同类群体。

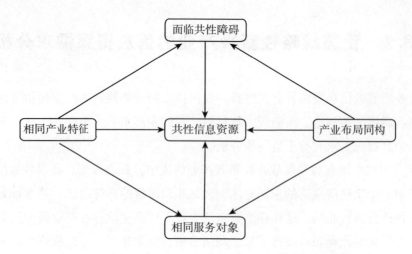

图 18 – 2　战略性新兴产业共性信息资源需求的决定因素

18.3　我国战略性新兴产业信息需求的问卷调查

考虑到样本的代表性、数据的可获取性和调研成本等因素，本课题组选取广东、江苏两个经济发达的东部沿海省份和新疆、青海两个相对后发的西部省份作为调查对象，主要通过实地调研发放问卷及向参加战略性新兴产业培训的学员发放问卷两种方式，问卷发放对象是从事战略性新兴产业的企业、政府主管部门、科研院所等组织的管理者和专家，发放了 1000 份问卷，共回收 256 份，回收率为 25.6%，剔除缺失信息问卷后得到有效问卷 244 份。其中来自企业的问卷 146 份，占 59.8%；来自科研院所 21 份，占 8.6%；来自科技局等政府机构 67 份，占 27.5%；其他单位 10 份，占 4.1%。就样本构成而言，基本上符合战略性新兴产业发展的实际，覆盖了战略性新兴产业信息服务的主要群体，且样本比例与服务对象的比例也大体一致。

基于调查对象的多样性，本次问卷只设计了简单的问答题。从战略性新兴产业信息资源需求角度出发，调查问卷中特别设计了"战略性新兴产业面临的主要障碍""战略性新兴产业所需的信息资源种类""信息资源服务的主要对象"等相关选项。考虑到不同类型服务对象的需求差异，本次问卷调查将被调查者类型作为控制变量。

根据对调查结果的描述性统计，沿海地区和西部地区战略性新兴产业发展面临的发展障碍虽略有不同，但基本上是相似的（见图 18 – 3）。西部地区面临更多的是基础条件和环境、政策及信息服务方面的发展障碍，东部地区面临更多的是市场需求、融资、关键人才和技术创新等方面的发展障碍。深入分析，这些差别既与东西部的发展水平有关，也与东西部企业家和政府管理者的认知和观念有关。

沿海地区和西部地区战略性新兴产业发展所急需的信息资源类型也具有更多的共性（见图 18 – 4），最需要的依次是技术信息、市场信息、政策信息、人才信息、资金信息、专家信息、产品信息和竞争信息等，沿海地区对竞争信息、专家信息、市场信息和技术信息的需求强度大于西部地区，而西部地区则更需要人才信息、专利信息、政策信息、资金信息和产品信息，这与上述东西部面临的发展障碍具有一致性。

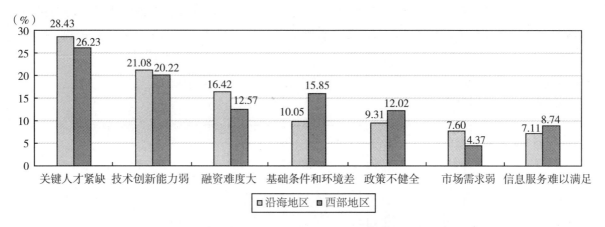

图18-3　我国东西部地区战略性新兴产业所面临的发展障碍对比

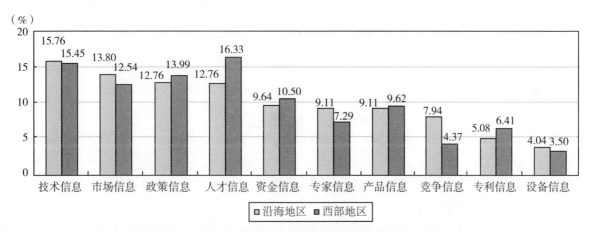

图18-4　我国东西部地区战略性新兴产业所需信息资源对比

　　沿海地区和西部地区战略性新兴产业信息资源服务对象具有更多的共性，共同的服务对象主要是企业研发人员、企业高管、科研机构、产业主管部门和企业市场人员等，其中，西部地区相对侧重为运营主体即企业研发人员、高管和市场人员等提供信息资源服务，沿海地区更强调为研发主体即科研机构提供信息资源服务（见图18-5）。究其原因，一方面是因为沿海地区企业自身的信息资源服务能力较强，另一方面则因为沿海地区更重视通过科技创新来引领战略性新兴产业发展。

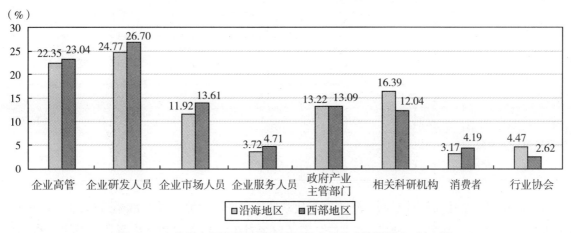

图18-5　我国东西部地区战略性新兴产业信息资源服务对象对比

为了掌握被调查者对我国战略性新兴产业信息资源保障体系建设的态度，本次调查还增设了"有无必要建立国家层面的战略性新兴产业信息服务体系"的问题，由图18-6可以看出，93%的被调查者认为很有必要或有必要。虽然这样的问题存在简单直接的倾向，但被调查者的回答还是能够说明问题，即各地发展战略性新兴产业确实需要来自社会和国家层面的信息资源支持。

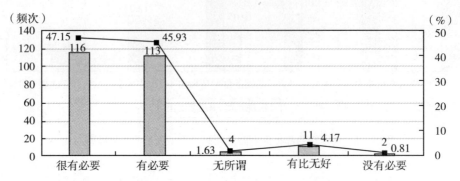

图18-6 建设国家层面集中的战略性新兴产业信息保障体系的必要性

注：柱状图对应左轴数据，折线图对应右轴数据。

18.4 结果讨论

本课题组采用SPSS16.0对调查数据进行描述性统计、方差分析和列联表分析。列联表分析是无序定类数据独立性检验和相关分析一种常用的统计方法。

对样本地区战略性新兴产业发展面临的主要障碍、急需的信息资源类型和主要服务对象的调查结果进行方差分析，效应项与误差项的比值所得的F值几乎为零，且P值为1，可以认为，东西部地区或者说不同地区战略性新兴产业所面临的主要发展障碍、急需的信息资源类型和主要服务对象没有显著差异（见表18-1）。

表18-1 方差分析结果

项目	变异来源	平均和	自由度	均方	F值	P值
面临发展障碍	组间	0.000	1	0.000	0.000	1.000
	组内	315.205	18	17.510		
	总变异	315.205	19			
所需信息资源	组间	0.000	1	0.000	0.000	1.000
	组内	707.095	12	58.925		
	总变异	707.095	13			
信息资源服务对象	组间	0.000	1	0.000	0.000	1.000
	组内	1033.931	14	73.852		
	总变异	1033.931	15			

将被调查者类型作为控制变量，分别将"战略性新兴产业种类"与"战略性新兴产业所面临的发展障碍"、"所需信息资源种类"和"信息资源服务对象"做交叉列联表分析。首先，第一步卡方检验结果（见表18-2）如下：

表 18 - 2　卡方检验结果

单位		战略性新兴产业种类 × 面临的主要障碍			战略性新兴产业种类 × 所需信息资源种类			战略性新兴产业种类 × 信息资源服务对象		
		值	自由度	Sig. (2-sided)	值	自由度	Sig. (2-sided)	值	自由度	Sig. (2-sided)
企业	皮尔逊卡方	25.252	36	0.910	36.711	54	0.965	23.014	42	0.992
	似然比卡方	25.599	36	0.901	38.711	54	0.942	26.716	42	0.968
	有效样本数	397			825			577		
科研院所	皮尔逊卡方	14.025	36	1.000	21.882	48	1.000	15.151	42	1.000
	似然比卡方	16.093	36	0.988	21.285	48	1.000	15.168	42	1.000
	有效样本数	98			138			85		
政府	皮尔逊卡方	11.756	36	1.000	13.274	54	1.000	12.058	42	1.000
	似然比卡方	12.334	36	1.000	13.526	54	1.000	11.977	42	1.000
	有效样本数	437			671			460		
其他	皮尔逊卡方	8.409	42	1.000	11.584	54	1.000	11.714	42	1.000
	似然比卡方	8.497	42	1.000	12.904	54	1.000	14.113	42	1.000
	有效样本数	308			313			214		

从卡方检验的结果可以看出，在引入被调查者类型这一控制变量后，"战略性新兴产业种类×所面临的主要障碍""战略性新兴产业种类×所需信息资源种类""战略性新兴产业种类×信息资源服务对象"三项卡方检验的显著性指标都接近1.000或等于1.000，该指标远大于0.05，这说明战略性新兴产业种类分别与战略性新兴产业所面临的发展障碍、所需信息资源种类与信息资源服务对象相互独立。为了进一步探索战略性新兴产业种类与所面临的发展障碍、所需信息资源种类与信息资源服务对象三者之间的相关性，本课题分别计算出Phi（φ系数）、Cramer系数（V系数）和相依系数，结果如表18-3所示：

从表18-3相关系数统计结果也可看出，在引入被调查者类型这一变量的情况下，战略性新兴产业种类分别与所面临的发展障碍、所需信息资源种类与信息资源服务对象的相关系数的显著性指标都接近1.000或等于1.000，该指标远大于0.05。这再次验证了战略性新兴产业种类分别与所面临的发展障碍、所需信息资源种类、信息资源服务对象三者不相关。

表18-3　　　　　　　　　　　　　　相关系数结果

单位		战略性新兴产业种类×面临的主要障碍		战略性新兴产业种类×所需信息资源种类		战略性新兴产业种类×信息资源服务对象	
		值	Approx. Sig.	值	Approx. Sig.	值	Approx. Sig.
企业	Phi	0.252	0.910	0.211	0.965	0.200	0.992
	Cramer's V	0.103	0.910	0.086	0.965	0.082	0.992
	Contingency Coefficient	0.245	0.910	0.206	0.965	0.196	0.992
科研院所	Phi	0.378	1.000	0.398	1.000	0.422	1.000
	Cramer's V	0.154	1.000	0.163	1.000	0.172	1.000
	Contingency Coefficient	0.354	1.000	0.370	1.000	0.389	1.000
政府	Phi	0.164	1.000	0.141	1.000	0.162	1.000
	Cramer's V	0.067	1.000	0.057	1.000	0.066	1.000
	Contingency Coefficient	0.162	1.000	0.139	1.000	0.160	1.000
其他	Phi	0.165	1.000	0.192	1.000	0.234	1.000
	Cramer's V	0.067	1.000	0.079	1.000	0.096	1.000
	Contingency Coefficient	0.163	1.000	0.189	1.000	0.228	1.000

至此，命题18-1、命题18-2和命题18-3分别得到验证，即我国战略性新兴产业所面临的发展障碍、所需要的信息资源种类及信息资源服务的对象不受战略性新兴产业种类的影响，差异不显著。而根据上述描述性统计分析结果，不同地区战略性新兴产业面临的发展障碍、急需的信息资源类型和主要的服务对象也具有更多的相似性，这从另一方面证实了本课题组提出的命题。

深入分析，我国东部沿海地区和西部后发地区的经济社会发展水平、资源禀赋、产业基础和企业现状尽管存在很大差距，但具体到战略性新兴产业的发展，则大体处于同一发展阶段和相似的发展水平，且战略性新兴产业是根据国家规划进行布局和发展的，具体的产业类型和内涵也基本相似，这从更深层面决定了我国战略性新兴产业信息资源需求具有共性。至于细微的差别，则是由东西部实际的发展水平和阶段所决定的。

第19章　我国战略性新兴产业信息资源保障体系研究

19.1　我国战略性新兴产业的主体分析

构建信息资源保障体系的目的，一方面是确保战略性新兴产业发展能够得到强有力的信息资源支持，另一方面是通过信息资源保障体系的构建来提升战略性新兴产业的竞争力。所谓战略性新兴产业的信息资源保障体系，从概念上讲，是指能够保障我国战略性新兴产业发展需要的各种信息资源的集合，然而，战略性新兴产业需要的信息资源很多，任何国家和组织机构都不可能收集和存储所有与战略性新兴产业相关的信息资源，那么如何建设信息资源保障体系呢？

战略性新兴产业信息资源保障体系是为从事战略性新兴产业的人群服务的，要建立信息资源保障体系，关键是确定战略性新兴产业的主体或者说从业人员的主体。如前所述，战略性新兴产业是突破性技术驱动的成长期或成长前期的战略产业，研发人员特别是研发人员中的创新领军人才是战略性新兴产业信息资源服务的主体；就当前而言，具体哪些产业是真正的战略性新兴产业还有待研究，而且战略性新兴产业是动态发展的，现在是不等于将来还是，这样，战略性新兴产业的决策者和管理者也是信息资源服务的主体；从根本上讲，战略性新兴产业是一个个具体的企业组成的，很多战略性新兴企业本身就是创新主体，这些企业也是信息资源服务的主体。从而战略性新兴产业的核心主体就可以归纳为三种类型，即：研发主体——科研院所和高校；运营主体——战略性新兴产业中的企业；管理主体——战略性新兴产业的决策者（见图19－1）。

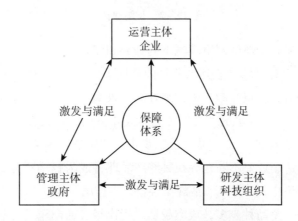

图19－1　战略性新兴产业各主体之间的关系

在图19－1中，研发主体牵引或驱动着战略性新兴产业的发展，其中创新领军人才的作用尤其突出；企业是战略性新兴产业的主体，企业的发展一方面受限于成长期或成长前期没有充分培育的市场，另一方面受限于快速变化的技术；战略性新兴产业的特性是政府部门也成为一类主体，我国的战略性新兴产业更多是政策驱动的产物，战略性新兴产业的决策者的角色至关重要。

战略性新兴产业的主体确定之后，重要的任务就是确定这些主体的信息资源需求，即这些主体为推进战略性新兴产业发展而产生的信息资源需求。一般而言，政府在战略性新兴产业中发挥着规划、规范、指导、协调的作用，为此需要战略性新兴产业的发展动态、发展趋势、合作竞争、带动作用等方面的信息资源；企业是战略性新兴产业的价值创造主体，需要与战略性新兴产业相关的政策、技术、产品、市场、金融、人才、竞争等方面的信息资源；科研机构与高校担负着支撑和引领战略性新兴产业发展的重任，需要相关领域科技发展趋势与进展、企业需求、市场应用等方面的信息资源。这些信息资源就构成了战略性新兴产业信息资源保障体系的核心内容。

19.2 我国战略性新兴产业信息资源保障体系的二八定律原则

我国战略性新兴产业信息资源保障体系建设遵循长尾理论中提出的二八定律原则。长尾理论是由美国学者安德森（Anderson）于 2004 年提出来的。该理论的核心思想是，只要存储和流通的渠道足够大，需求不旺或销量不佳的产品共同占据的市场份额就可以和那些数量不多的热卖品所占据的市场份额相匹敌甚至更大，需求较大的头部所占份额和需求较小但商品数量众多的尾部所占份额大体相当，如图 19-2 所示。安德森认为，商业和文化的未来不在于传统需求曲线上那个代表"畅销商品"的头部，而是那条代表"冷门商品"经常被人遗忘的长尾。

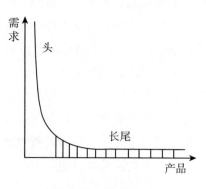

图 19-2 长尾理论

长尾理论是对二八定律在全新的网络环境下的补充和完善，是二八定律的扩展。长尾理论使企业认识到"尾"的重要性，在互联网或其他工具的帮助下，开始尽可能多地向消费者提供"尾部"产品。动态的长尾理论是对二八定律的一种扩展补充。隶属于尾部的各个细分市场中的畅销产品可以看作是二八定律中的"二"，这里的"二"不是固定不变的，当处在"八"里的产品变为畅销产品以后，其他产品就自动进入到"二"里。进一步讲，20%的产品创造了80%的利润，只不过这20%的产品是不断变化的，企业要不断地寻找哪些产品即将成为畅销产品，哪些产品即将成为过时产品。安德森认为长尾理论中，"短头"是规模经济，"长尾"是范围经济。规模经济，是品种越少，成本越低；范围经济，是品种越多，成本越低。规模经济通向单一品种大规模生产，范围经济通向小批量多品种。长尾理论的实际内容是如何从单纯依靠规模经济逐步转向依靠范围经济。长尾理论谈的是品种多样化问题，如何更好满足用户个性化需求，是有效回避价格战的增值之道。长尾理论发现，在资源共享条件下，品种越多，成本越低。

把长尾理论中的二八定律应用到战略性新兴产业信息资源保障体系的建设中，可以认为，20%的信息资源能够满足战略性新兴产业主体80%的需求，这些需求就是本课题组所指的共性信息需求；而 80% 的信息资源则用来满足战略性新兴产业主体 20% 的需求，这些需求则指那些差异化的信息需求。事实上，美国图书馆学家特鲁斯韦尔（Trueswell）早在 1969 年就提出图书馆信息资源利用存在二八定律（Trueswell，1969），在图书馆的全部馆藏信息资源中，大约有 20% 是常用的，通常能满足读者 80% 的需求；其余的 80% 的馆藏信息资源，仅能满足读者 20% 的需求。为此，战略性新兴产业信息资源保障体系建设的关键就在于分析、确定、收藏和充分利用 20% 的共性资源，这不仅关系到信息资源保障体系建设的成本和效率问题，而且也关系到信息资源保障体系的分工问题，那些差异化的信息资源可以由各类市场化的信息服务公司和咨询服务公司来提供。

本课题组认为，战略性新兴产业信息资源保障体系应重点收集 20% 的各类信息主体都经常关注和需要的信息资源，包括与战略性新兴产业相关的宏观共性信息资源如政策信息、技术信息、经济信息、文化信息、社会信息等，战略性新兴产业层面的共性信息如市场信息、竞争信息、供应链信息、经销商信息、原材料信息等，战略性新兴产业技术创新方面的信息如技术发展方向信息、技术评价信息、关键技术分析与选择信息、技术创新研究成果信息、专利分析信息、非专利技术分析信息等，战略性新兴产业商业模式创新所需的信息如技术的经济评价信息、融资模式研究信息、产学研结合研究信息、市场与用户研究信息、特定产业与企业商业模式专题研究信息等。这些信息构成了战略性新兴产业信息资源保障体系的"头部"，专门的战略性新兴产业信息服务机构应以此为核心，开展信息资源保障和服务工作。

19.3　我国战略性新兴产业信息资源保障体系的逻辑架构

信息资源保障体系建设是培育和提升我国战略性新兴产业竞争优势的重要举措，也就是说，作为战略性新兴产业发展的支撑体系之一，信息资源保障体系建设的全部目的在于如何把信息资源转化为战略性新兴产业的竞争力和竞争优势，这决定了信息资源保障体系建设的"用户驱动"和"应用导向"原则，也决定了信息资源保障体系逻辑架构的基调。

战略性新兴产业主要包括三类主体，即政府部门的管理决策人员、企业的经营管理人员和产业研发创新人员，他们的信息资源需求及其相互关系，就是信息资源保障体系逻辑架构的内在依据。根据本课题的研究，三类主体的信息资源需求具有以下特点：第一，他们各自有不同的信息资源需求，同时又拥有相同的信息资源需求，各自所拥有的信息资源还能够满足对方的信息资源需求；第二，他们相同的信息资源需求可能需要不同的信息资源来满足，而不同的信息资源需求也可能需要相同信息资源来满足；第三，他们当前需要的信息资源可能很快会过时，而未来所需的信息资源现在却没有现实需求；等等。针对这些特点，战略性新兴产业信息资源保障体系建设时应采取不同的对策。

在构建战略性新兴产业信息资源保障体系时要遵循五方面原则：

（1）唯一性原则，任何信息资源只能归属一个类别，应根据应用导向，划归最适合的产业或最需要的主体类别。

（2）相关性原则，任何信息资源都应通过关联方法与其需要的主体联系起来，以充分发挥信息资源最大的效用。

（3）智能化原则，信息资源的归类、检索和利用都要实现智能化，也就是说，战略性新兴产业信息资源保障体系所收藏的主要是数字化的信息资源，这样一方面有利于提供远程服务，另一方面有利于实现智能化服务。

（4）个性化原则，可以借鉴网络营销中的类似"啤酒＋尿布"的关联推销方法，根据主体搜索内容和习惯建立其需求图谱，再根据需求图谱来建立个性化的信息资源保障与服务体系。

（5）成本效益原则，构建信息资源保障体系要遵循社会成本最低的原则，也就是说，就需要建立集中的规模化的战略性新兴产业信息资源保障体系，同时通过大规模营销让各地战略性新兴产业的主体都知晓这些信息资源保障体系的存在，避免各战略性新兴产业主体自建重复性的信息资源保障体系，这些主体只要收藏各自所需的差异化信息资源即可。

遵循上述原则建设信息资源保障体系，我国战略性新兴产业的信息服务就可以做到信息资源的逻辑合理、最大化利用、跨时空传送、个性化服务、总成本最低，就能够有效地保障我国战略性新兴产业的发展，能够有效地把信息资源优势转化为战略性新兴产业的竞争优势。

19.4 我国战略性新兴产业信息资源保障体系的管理模式

作为产业信息资源体系，除与国防或国家战略相关的战略性新兴产业外，其他战略性新兴产业信息资源保障体系都应通过市场的方式进行建设和运作。具体而言，有三种主要方式：一是由国家产业部门或地方政府提供启动经费，由企业法人主体负责信息资源保障体系的建设和服务提供，后续经费逐步由企业法人通过市场化方式来解决；二是由战略性新兴产业联盟或某一企业出资建设，完全实施市场化运作，根据真实的市场需要建设和动态调整信息资源保障体系，提供多样化的信息资源服务，通过服务收费来维持运行和发展；三是由原来的信息服务组织或情报服务组织转型为建设战略性新兴产业信息资源保障体系，并提供专业化的信息服务。

第一种方式即政府与运作主体合作方式的优势在于能够快速起步，运作主体能够较多地考虑国家或者说政府决策者的信息资源需求，同时能够兼顾各类战略性新兴产业信息资源主体的信息资源需求；不利之处在于这类主体有可能形成对政府部门的依赖性，市场运作能力相对弱化，服务的主动性、积极性和创造性不够，整体竞争力相对较弱。针对这些特点，需要相关政府部门与运作主体约法三章：一是确定资助的比例，也就是说，只提供部分稳定的建设信息资源保障体系的经费，其余部分需要该运作主体自筹；二是确定资助的时间周期，约定只提供有限年份的支持，约定年份之后就要自负盈亏；三是加强信息资源保障体系建设和服务的绩效考核，通过政府的考核后再拨付资助经费；四是强化该运作主体的经营团队建设，要优先聘用有市场经验的运作经理，要组建有市场竞争力的运作团队；五是要加强市场化的激励方式，对于那些信息资源保障有力、信息服务效果好、有较多的收益和能够良性发展的运作主体要加大激励力度。

第二种方式即企业运作方式的优势在于对市场主体的信息需求有高度的敏感性，能够很好地满足市场对战略性新兴产业的信息资源需求，包括科技成果转化的需求，信息服务灵活多样而且服务满意度较高；不利之处在于可能弱化国家需求或基础性研究需求的信息资源保障体系建设，对非市场化的信息资源需求响应较慢或较少，不利于提升国家或区域的战略性新兴产业信息资源竞争力。针对这些特点，需要相关产业主管部门采取以下措施：一是通过政策引导运作主体兼顾非市场化的信息资源保障体系建设或信息资源服务；二是通过利益诱导来鼓励运作主体建立相对系统的信息资源保障体系；三是通过适当的经费补贴使其兼顾非市场化的信息资源保障体系建设和为非市场化的战略性新兴产业从业人员提供信息资源服务；四是通过促进信息资源共享来充分利用这类运作主体的优势，使其把工作重点放在市场化信息资源服务方面。

　　第三种方式即传统信息组织转型方式的优势在于熟悉信息保障体系建设和信息资源服务的方式方法，有固定的信息资源保障体系建设渠道和信息资源服务对象，有专业化的信息资源保障体系和信息资源服务运作团队；不利之处在于这类运作主体可能会执着于原来的信息资源服务方式，对新的信息资源服务模式和信息资源服务手段与平台不够熟悉，把战略性新兴产业信息资源服务简单化为一般的信息资源服务，致使针对性不够和服务效果较差。针对这些特点，相关产业部门需要采取以下措施：一是成立专门的战略性新兴产业信息资源服务部门，或整体转型为战略性新兴产业信息资源服务部门，使所有人明白转型的方向、目的、任务和要求，要彻底解决"换汤不换药"的问题；二是开展针对性的培训，要使所有人意识到转型的变化，要使所有人都明白转型后新的工作对知识结构和能力结构的要求，要使所有人清楚不转型就意味着失业的严重后果，要为所有人提供转型所需要的知识和能力培训；三是制定明确的以提高战略性新兴产业信息资源保障体系和服务能力为目的的考核指标体系，加强针对性的绩效考核，要使考核与工资收益、职称晋升、评奖评优结合起来；四是要加强市场化的激励方式，对于那些信息资源保障有力、信息服务效果好、有较多的收益和能够良性发展的运作主体要加大激励力度。

　　战略性新兴产业信息资源保障体系建设可以借鉴发达国家电信运营的模式。在发达国家，电信基础设施由社会公共服务公司来运营，而电信服务则由各种市场化的公司来运行，这样，既能保障社会资源的有效共享即社会利益的最大化，又能够发挥公司运营的灵活性从而保障广大信息消费者的利益最大化。参照发达国家电信运营的做法，我国战略性新兴产业信息资源保障体系可以由社会公共服务公司来运营，战略性新兴产业信息保障体系类似于公共平台，具体的信息资源服务由各类信息公司、咨询公司、培训公司、中介公司以及企事业单位来运营，这样既能够最大限度地避免信息资源保障体系建设的重复与浪费，使我国发展战略性新兴产业的社会成本和企业成本最低化，同时，也能够使所有各类信息公司、咨询公司、培训公司、中介公司的成本最低化，他们不需要建设专门的信息资源保障体系，只需要与那些从事信息资源保障服务的社会公共服务公司签订合作服务协议，就可以利用这些组织的信息资源来为自己的信息用户提供服务。

　　总而言之，战略性新兴产业信息资源保障体系的管理模式就是要整合各种优势资源，形成良好的体制机制，实现长期投入产出的最大化。这里的投入产出最大化包括全社会的投入产出，包括从事信息资源保障的社会公共服务组织，包括从事信息服务的各类公司和中介组织，也包括广大的信息消费者。

19.5　我国战略性新兴产业信息资源保障体系建设规划与实施方案

　　发展战略性新兴产业是我国的国策，是事关我国未来国家产业竞争力和国家竞争优势的大事，建设信息资源保障体系关系到我国战略性新兴产业的快速、有序和持续发展，因此必须从国家层面进行规划和保障实施。结合我国战略性新兴产业发展的现状及其未来的发展，其信息资源保障体系建设的简要规划和实施方案如下所述：

　　我国战略性新兴产业信息资源保障体系建设的愿景：保障战略性新兴产业发展，带动我国传统产业的转型与升级，提升我国的国家竞争力。

19.5.1　原则

我国战略性新兴产业信息资源保障体系建设的原则：

（1）促进创新原则。信息资源保障体系建设首先是要为创新领军人才服务，促进战略性新兴产业的突破性创新，引领战略性新兴产业实现持续发展。

（2）引导发展原则。信息资源保障体系建设的重要任务是支持战略性新兴产业替代传统产业，确立新的主导产业或战略产业，带动其他产业共同发展。

（3）共建共享原则。信息资源保障体系建设要尽可能吸引所有战略性新兴产业从业组织参与，要让所有的从业组织都参与到共建信息资源保障体系之中，同时要让所有的从业组织都能够共享可以共享的信息资源。

（4）成本节减原则。要通过共建共享以及有效的信息服务，使全社会的战略性新兴产业发展的信息成本最低化，要使所有战略性新兴产业从业者的信息成本最低化，要使所有信息消费者的信息成本最低化。

19.5.2　主要任务

我国战略性新兴产业信息资源保障体系建设的主要任务是：

（1）准确把握战略性新兴产业的本质与发展规律，明确战略性新兴产业信息资源保障体系建设的内涵与边界。

（2）准确把握和动态调整战略性新兴产业主体的主导信息需求，明确主导信息需求所需要的信息资源。

（3）准确把握满足战略性新兴产业共性需求所需要的20%的共性信息资源，明确这些资源的源头及获取方式。

（4）准确把握战略性新兴产业信息资源本身的规律，明确信息资源保障体系建设的原则、方法和路径。

（5）准确把握战略性新兴产业信息服务公司的运行规律和运行特点，明确与这些公司或服务组织合作发展的模式。

（6）准确把握战略性新兴产业的动态发展规律，明确信息资源保障体系的调整与发展策略。

19.5.3　战略布局

我国战略性新兴产业信息资源保障体系的战略布局如下：

（1）在北京、上海和深圳建设3~6个国家级的战略性新兴产业信息资源保障体系，面向全国提供信息供应服务，每个地方至少建设两个保障体系，以确保承担信息资源保障体系建设的社会公共服务组织之间存在必要的竞争，避免形成垄断而危害信息服务公司和信息消费者的利益。

（2）在武汉、成都和西安建立6~9个区域性的战略性新兴产业保障体系，重点面向中西部区域的战略性新兴产业提供有特色的服务，要与国家级信息资源保障体系形成明确的分工与合作，收藏和提供的信息资源以区域信息资源为主。

（3）所有信息资源保障体系均采用数字化大数据的模式，在线提供各种信息资源服务，无论战略性新兴产业的企业在国内或国外，都可以接收信息资源保障体系以及与这些保障体系有合作关系的信息服务公司提供的系列信息资源服务。

19.5.4　实施措施

我国战略性新兴产业信息资源保障体系规划的实施措施如下：

（1）成立全国性的战略性新兴产业信息资源保障体系建设协调小组，要通过分工合作建立支撑全国战略性新兴产业发展的信息资源体系，要避免重复建设和恶性竞争。

（2）提供稳定的建设战略性新兴产业信息资源保障体系的经费，但要差额拨款，国家战略性新兴产业发展需要信息资源来保障，要鼓励承担信息资源保障体系建设的社会公共服务公司参与到市场竞争中，要通过合作服务活动获得一定的收益。

（3）建立全国统一的信息资源保障体系建设标准，要采用统一的分类格式，要采用统一的语法算法，要采用统一的共享代码，这样便于信息服务公司和信息消费者利用信息资源并降低转换成本。

（4）探索和选择最适合的战略性新兴产业信息服务模式，战略性新兴产业发展时间较短，如何有效地服务于战略性新兴产业还需要探索，要善于总结和归纳，在发展的过程中形成和选择最适合的服务模式。

（5）制定和实施以提高战略性新兴产业信息资源保障体系和服务能力为目的的考核指标体系，要建立必要的奖惩和淘汰机制，必要时，保障不力和服务效果差的社会公共服务组织可以换团队，甚至撤销保障体系建设资格。

（6）加强战略性新兴产业信息资源保障体系之间的交流和培训，以促进各信息资源保障体系之间相互了解和相互合作，提高执行人员的能力水平和服务意识。

第 20 章　我国战略性新兴产业信息资源服务能力评价与模式研究

20.1　我国战略性新兴产业信息资源服务的目标与效用分析

在信息资源管理领域，一般是以用户满意度作为衡量信息资源服务的效果或效用的，通常情况下较少考虑成本与风险，而用户满意度有时也是一个模糊的概念，有时高质量与用户满意是背离的。通过引入经济学和管理学理念与方法，从战略性新兴产业整体和全国范围内考虑信息资源服务的效果和效用，本课题组认为，战略性新兴产业信息资源服务的总体目标是促进我国战略性新兴产业的有序、健康和快速发展，具体目标包括三个方面：第一，实现全国战略性新兴产业信息资源服务的总成本最低，也即最大可能地降低企业等相关主体的信息搜索成本、处理成本和交易费用，有效、及时地满足相关主体的信息资源需求，实现信息资源效用最大化；第二，实现战略性新兴产业信息资源服务风险最小化，即确保高质量、高标准的信息资源服务，使战略性新兴产业相关主体能够最大限度地消除发展过程中的不确定性；第三，促进战略性新兴产业自主创新能力的提升，不仅要为战略性新兴产业相关主体提供信息资源服务，而且要联合各类信息组织，针对其差异化需求提供进一步的咨询服务，有意识、有步骤地培育和提升其自主创新能力。目标是未来的预期结果，而效用是实际的结果，就此而言，目标分析是效用分析的前提。

在此，本课题组引入经济学理论和管理学理论对信息资源服务的效用进行分析。战略性信息产业的主体必须根据所获得的有限信息做出最优决策。决策往往受决策领导者主观意识的影响，领导者在决策时要对所处的环境和未来的发展予以展望，对可能产生的利益和损失作出反应，在管理科学中，把领导人这种对于利益和损失的独特看法、感觉、反应或兴趣，称为效用。根据不同的主体和决策者其风险的态度、对事物的倾向、偏爱等主观因素的强弱程度，可以建立信息资源效用函数：

$$U_i = U(F_{i,m}, Q_{i,m}) \qquad (20-1)$$

及时掌握决策所需的所有信息可以避免风险，但同时会付出高昂的成本，且在很多时候诸多的不可测因素不可能获得所有的信息。根据企业获得信息资源的数量和质量，建立如下成本函数：

$$C_i = C(F_{i,m}, Q_{i,m}) \qquad (20-2)$$

其中：i 代表第 i 个主体；F_m 代表获得信息的数量；Q_m 代表获得信息的质量；U_i 代表第 i 个主体获得信息质量为 Q_m、信息量为 F_m 的信息集所需获得的效用；C_i 表示第 i 个主体获得信息质量为 Q_m、信息量为 F_m 的信息集所需付出的成本；信息集（F_m, Q_m）表示不同种类不同质量信息的集合，Q_m 与信息获取时机、信息获得的真伪、信息获取途径和方式等相关。效用会随着信息集的扩大而增大，随着质量的提高而提高，同时遵从边际效用递减原则。而成本函数则随着信息集的扩大而增大，随着质量的提高而提高，同时遵从边际成本递增原则。

战略性新兴产业主体的最优决策在满足成本固定的情景下，效用达到最大化，也即：

$$\max(U_i)$$
$$s.t.\ C = C(F_{i,m}, Q_{i,m}) \tag{20-3}$$

求解式（20-3）式可得：

$$\frac{\partial U(F_{i,m}, Q_{i,m})}{\partial F_{i,m}} = \frac{\partial C(F_{i,m}, Q_{i,m})}{\partial F_{i,m}} \tag{20-4}$$

$$\frac{\partial U(F_{i,m}, Q_{i,m})}{\partial Q_{i,m}} = \frac{\partial C(F_{i,m}, Q_{i,m})}{\partial Q_{i,m}} \tag{20-5}$$

信息资源服务为战略性新兴产业带来的效用，在宏观层面表现为战略性新兴产业的有序和健康发展，在微观层面主要表现为企业的潜在收益。在此，本课题主要以上述模型为基础，对信息资源的参数做进一步细化，并判断信息资源类型、服务模式等相关信息资源参数对不同主体信息资源选择、获取、决策等的影响。

引入成本进行分析，战略性新兴产业共性需求由统一的产业信息资源服务机构提供，并对信息资源产品收取一定费用 $P(F_m, Q_m)$，信息资源服务机构的信息开发费用为 $C(F_m, Q_m)$。战略性新兴产业信息资源全社会成本会降低为：

$$SC = \sum_{i=1}^{N} SC_i = \sum_{i=1}^{N} C(F_{i,m}, Q_{i,m}) - C(F_m, Q_m) \tag{20-6}$$

其中整个行业从市场购买战略性新兴产业和自身开发信息资源的成本可以节约：

$$SC = \sum_{i=1}^{N} SC_i = \sum_{i=1}^{N} \left[C(F_{i,m}, Q_{i,m}) - P(F_m, Q_m) \right] \tag{20-7}$$

第 i 个企业从市场购买战略性新兴产业和自身开发信息资源的成本可以节约：

$$SC_i = C(F_{i,m}, Q_{i,m}) - P(F_m, Q_m) \tag{20-8}$$

战略性新兴产业信息资源服务机构获得盈利：

$$PR = P(F_m, Q_m) \times N - C(F_m, Q_m) \tag{20-9}$$

战略性新兴产业信息资源服务机构可以用获取的盈利进一步加大投入，确保信息资源产品的质量，从而可以降低信息资源风险，提高企业信息资源服务的权威性，也可以用于自主创新，提高自身的延伸服务能力。战略性新兴产业的企业可以节约信息资源搜寻、开发和甄别成本，这部分资金也可以用于企业的研究开发等。可见，构建产业层面的信息资源服务平台不仅仅有利于战略性新兴产业的发展，而且有利于信息资源服务产业的发展，无论对于企业个体还是对于整个行业以及整个社会，福利都有所提高。

20.2　我国当前的战略性新兴产业信息资源服务能力评价

探讨和构建战略性新兴产业信息资源服务模式，首先需要对当前战略性新兴产业的信息资源环境进行系统考察，其次还要对各类国家信息资源服务机构的战略性新兴产业信息资源服务能力进行评价，最后要从理论上构建战略性新兴产业服务能力评价矩阵。从产业角度考察，我国战略性新兴产业发展的信息资源环境可以分为三个层次：

（1）宏观层次的信息资源环境，是指国家或区域层面与本产业有关的信息资源政策、投资、基础设施、资源储备、服务与质量控制等方面的环境因素，由于战略性新兴产业刚刚提出，除先期建设的基础设施可以用于支持其信息资源服务外，其他国家层面的信息资源环境发展都明显滞后。

（2）产业层面的信息资源环境，是指特定产业自身及相关的信息资源体系建设与服务水准，战略性新兴产业大都是新兴产业，尚未构建相对完整的战略性新兴产业的信息资源体系和服务体系，来自产业外部的社会力量特别是网络公司提供的信息资源服务大部分是自发的和浅层次的，较难满足战略性新兴产业发展的深层次信息需求，各战略性新兴产业本身还没有自成体系，也谈不上构建产业的信息资源储备与服务体系。

（3）企业层面的信息资源环境，是指特定战略性新兴产业内部各类企业自身的信息资源服务能力，分两种情况。一类是大型企业的战略性新兴产业业务，这些大型企业有很强的综合实力，总体上应该能够通过自身原有的信息资源能力和合作信息资源组织来满足自身的信息需求；另一类是专门从事战略性新兴产业业务的中小企业，这些企业不具备自我服务的信息资源能力，同时社会和国家层面也未形成专门的战略性新兴产业信息资源服务体系，这些中小企业的发展本身又存在很多不确定性和风险，是当前和未来相当长时间内信息资源服务的主体。

综合分析，我国现有的信息基础设施特别是通信网络基本能够支撑各类信息资源服务，我国的战略性新兴产业尚未形成独立的产业体系，也就谈不上建立自成体系的信息资源储备与服务架构，而现有的与战略性新兴产业相关的产业信息资源机构（包括基于互联网的产业信息资源服务机构）只是产业信息资源的简单发布平台，并未对所要发布的信息进行甄别、筛选、深入加工和分析，这样就使发布在互联网上的信息鱼目混珠，真实性难以保证，信息质量更难衡量；一些咨询机构虽然提供战略性新兴产业咨询服务或发布相关分析报告，但这些服务大都是面向特定企业或企业群的服务，难以满足各地大规模布局的战略性新兴产业和企业的信息资源需求；已经和正在发展的战略性新兴产业中的各类企业也未能快速建立自己的信息资源服务体系，对外部的信息资源服务机构具有较大的依赖性。根据上述判断，我国现有的信息资源体系还无法有效支撑战略性新兴产业的发展，我国战略性新兴产业发展的信息资源环境非常不理想，急需建立战略性新兴产业的信息资源保障与服务体系。

与战略性新兴产业有关的信息资源服务体系大约可以分为四种类型，即产业主管部门下属的信息机构、国家产业宏观管理部门和职能管理部门下属的信息机构、公益综合性信息资源机构和市场化的社会性信息资源机构。

前三类产业信息资源服务体系都是由国家资助或支持的综合性信息资源服务或咨询组织，本课题组从是否设置战略性新兴产业网页或频道、是否提供相关服务项目、是否组建了专门的服务团队、是否组建了专门的数据库等四个方面，对其代表性信息资源机构（数据来源于其网站）的战略性新兴产业服务能力进行评价，结果如表20-1所示。

第四类产业信息资源服务体系是指各类社会组织，包括行业协会、相关媒体、研究机构、咨询公司或网络公司等组建的专门或重点为战略性新兴产业服务的网站，根据网络搜索的结果，尚无专门的以战略性新兴产业为网名的网站，但有一些把战略性新兴产业作为重点服务对象的网站（见表20-1），本课题组同样从是否设置战略性新兴产业网页或频道、是否提供相关服务项目、是否组建了专门的服务团队、是否组建了专门的数据库等四个方面来考察其信息资源服务能力。

表 20 - 1　代表性产业信息资源服务机构战略性新兴产业信息资源服务能力评估

网站与网址	栏目设置	服务项目		服务团队	数据库
战略性新兴产业数据库 http://www.drc-net.com.cn/www/emerging/	七大产业	• 政策法规 • 区域和企业动态 • 商业资讯 • 专题研究	• 企业研发成果 • 先进经验借鉴 • 项目展示	国务院发展研究中心	有
中国战略新兴产业网 http://www.chinasei.com.cn/index.html	七大产业	• 政策解读 • 地方动态	• 资本投资资讯	《中国战略新兴产业》杂志社	有
战略性新兴产业服务网 http://www.chinasei.cn/user/index.htm; jsessionid=108DC9533A013A075EF5E97260B082DF	七大产业	• 政策 • 专利 • 技术 • 专家	• 人才 • 服务 • 知识	中国科学院大学国家社会科学基金重大项目课题组	有
战略性新兴产业培育与发展 http://www.seicn.cn/	七大产业	• 政策法规 • 技术前沿 • 商业动态	• 项目资讯 • 研究报告 • 高端视点	• 中国工程科技发展战略研究院 • 有专业团队	有
中国战略性新兴产业咨询与信息服务平台 http://data.ccidconsulting.com/portal/index.htm	信息技术	• 产业政策 • 年度报告 • 专家视点	• 市场动态 • 投资并购	• 赛迪顾问 • 有专业团队	有
北京市战略性新兴产业孵化基地北京理工大学国家大学科技园 http://www.bitzx.com.cn/	• 新能源汽车 • 信息技术 • 新材料	• 政策法规 • 基地动态	• 高端人才	• 北京理工大学国家大学科技园 • 无专业团队	无
四川省战略性新兴产业服务平台 http://sseisp.com/	七大产业	• 项目申报 • 专项资金管理 • 项目集成 • 政策法规	• 产业联盟 • 成果转化 • 融资服务	四川天府经济发展推进中心	有
中关村核心区战略性新兴产业促进联席会 http://www.ansi.org.cn/	七大产业	• 政策法规 • 产业联盟动态	• 投融资机构	海淀区战略性新兴产业促进联席会	无

续表

网站与网址	栏目设置	服务项目		服务团队	数据库
广西战略性新兴产业发展动态 http://www.gxi.gov.cn/gjw_zt/gxzlxxxcy/	七大产业	• 产业动态 • 产业数据 • 创新平台	• 科技成果动态 • 各省发展动态	无专业团队	无
战略性新兴产业 http://www.lnic.cn/xyjyc/zt/zlxxxcy/index.shtml	七大产业	市场动态		• 辽宁省信息中心 • 无专业团队	无
吉林省战略性新兴产业科技创新与成果转化服务平台 http://www.jlxxcy.com:8080/FrontDeskIndexController.do?action=weirdQuery	七大产业	• 成果转化 • 科技创新 • 产业基金 • 知识产权	• 项目评估 • 科技信息 • 产业政策	吉林省省战略性新兴产业科技创新与成果转化促进会	无
战略性新兴产业培育 http://www.lygxj.gov.cn/zlxcyzt/Default.aspx	信息产业	• 政策法规	• 产业资讯	• 洛阳市工业和信息化局 • 无专业团队	无
上海市经济和信息化委员会 http://www.sheitc.gov.cn/cms/ArtiSearch.do	• 新能源 • 移动通信	• 商业资讯 • 政策法规	• 工业数据	上海市经济和信息化委员会	无
国家新兴产业网 http://www.nein.org.cn/	新兴产业	• 政策法规信息 • 产业动态资讯 • 产业研究报告	• 产业分析 • 产业投资资讯 • 商业动态	无专门为战略性新兴产业服务的团队	无
中国工业机械年鉴网 http://industry.cmiy.com/	七大产业	技术发展动态		机械工业信息研究院	有
东方财富网 http://topic.eastmoney.com/xxhy7/#anchor40698	七大行业	市场动态		东方财富网	无
和讯股票 http://stock.hexun.com/2010/qcy/	七大产业	投资动态		和讯信息科技有限公司	无

续表

网站与网址	栏目设置		服务项目		服务团队	数据库
中国产业网 http://www.iincn.com/index.html	● 汽车 ● 能源 ● 电子 　信息	● 生物 ● 装备	● 政策法规信息 ● 产业动态资讯 ● 产业数据	● 市场数据 ● 制度文件 ● 产业投资动态	● 中国经济报刊协会 ● 有产业经济专家	● 产业 ● 市场
中国经济网 http://www.ce.cn/	● 汽车 ● 新能源	● 医药 ● 环保	● 政策法规 ● 产业数据	● 市场数据 ● 产业动态资讯	经济日报团队	● 产业 ● 市场
中国产业经济信息网 http://www.cinic.org.cn/	● 能源 ● IT 通信	● 医药	● 政策法规 ● 产业动态	● 企业发展动态	中国报业协会	产业
中国中小企业信息网 http://www.sme.gov.cn/	● 信息化		● 政策法规 ● 产业动态	● 会议信息	北京中小在线信息服务有限公司	无
中国科技产业协会 http://www.cnine.org/main/200811115295737/Page/20072131422292/	新兴产业		● 政策法规 ● 前沿科技	● 会议信息	中国科技产业协会	无
中华新能源（门户网站）http://www.cnecc.org.cn/	新能源		● 政策法规 ● 中外市场动态 ● 技术前沿资讯	● 示范项目 ● 会展资讯	● 全联新能源商会 ● 新能源产业专业服务团队	新能源产业
中国低碳产业网（门户网站）http://www.zgdlcy.com/	● 新能源 ● 节能 ● 汽车		● 政策法规 ● 前沿技术资讯 ● 产业资讯	● 会展资讯 ● 产业报告	新能源产业专业服务团队	产业
经济参考 http://jjckb.xinhuanet.com/	● 能源 ● 汽车	● 环保	产业资讯		经济参考报社	无

根据对上述四类产业信息资源服务体系的代表性组织网站的系统分析，本课题组发现，我国现在还没有专门的战略性新兴产业信息资源服务体系或组织，无论政府主导的还是市场驱动的产业信息资源服务组织，都只是把战略性新兴产业信息资源服务列为其所有业务中的一项内容，他们对战略性新兴产业的反应不够积极和有力。究其原因，一方面可能是战略性新兴产业刚刚提出，而信息资源积累需要时间，有关组织还未来得及建立相关的信息资源体系并提供服务；另一方面则有可能因为战略性新兴产业是一个产业群落而非单独的产业，相关的产业信息资源服务分散在各自产业管理部门的信息中心或相关的产业网站中。需要指出，既然战略性新兴产业作为一个整体而提出来，而且涉及国家未来的产业国际竞争力，就应该建设相应的信息资源保障体系并提供相应的服务。

20.3 基于信息资源需求的战略性新兴产业服务能力评价

战略性新兴产业是一个产业群落，彼此之间既有很多共性信息资源需求，不同的产业也都有各自的个性化信息需求。在产业层面，信息资源服务所聚焦的主要是产业内各类主体的共性信息资源需求的满足；在企业层面，服务效用取决于共性信息资源需求与差异化信息资源需求的同时满足；在此，本课题组结合战略性新兴产业服务能力和产业信息资源需求两个维度，通过组合分析，构建了我国信息资源服务体系的战略性新兴产业信息资源服务评价矩阵（见图 20－1）。

	共性信息资源需求	差异化信息资源需求
服务能力强	A	C
服务能力弱	B	D

图 20－1　我国战略性新兴产业信息资源服务评价矩阵

对照前述四类产业信息资源服务体系进行分析，可以发现，图 20－1 的产业信息资源服务矩阵包括四个象限，A 象限大多是国家层面实力强大且重点关注战略性新兴产业共性信息资源需求的信息资源服务体系，B 象限大多是社会力量组建的服务能力较弱且重点关注战略性新兴产业共性信息资源需求的信息资源服务网站，C 象限大多是专门为战略性新兴产业主体特别是企业提供差异化服务的咨询公司等组织，D 象限大多是社会团体或个人举办的满足特定类型战略性新兴产业或企业的个别需求的网站或组织。从另一个角度看，A、B、C、D 四个象限其实也意味着战略性新兴产业信息资源服务的四种模式，这四种模式都需要具备一定的条件，所面对的服务对象、期望满足的信息资源需求、需要使用的服务方法和工具、服务人员需要具备的能力素质等也都不尽相同。

联系前述战略性新兴产业信息资源保障体系运营进行分析，共性信息资源需求的满足应该由运营信息资源保障体系的社会公共服务公司负责，这些社会公共服务公司根据其信息服务能力的强弱分 A 或 B 两种类型；差异化信息资源需求则由各种信息服务公司和咨询服务公司来满足，这些公司从信息资源保障体系中获得共性信息资源，再经过自己的加工并结合自己收藏的针对特定用户的差异化信息资源，为战略性新兴产业从业者特别是企业提供差异化的信息服务，同样可以根据信息服务能力的强弱分为 C 或 D 两种类型。

从表 20-1 可以看出，战略性新兴产业信息服务商大都是通过网站来提供信息服务的，所提供的信息以政策法规、产业动态或分析、市场动态、前沿技术与成果和融资服务等为主，这些都属于共性信息资源，所能够满足的都是战略性新兴产业从业者的共性需求，而且各战略性新兴产业网站的内容有很多都是相互重复的，这样很难满足信息消费者的差异化信息需求。同时，由于这些网站并没有根据系统分析的战略性新兴产业主体需求来建设信息资源体系，因此，目前的战略性新兴产业信息资源服务机构都没有能够建立系统的战略性新兴产业信息资源保障体系，这对我国战略性新兴产业的持续发展是不利的。

20.4 我国战略性新兴产业信息资源服务模式研究

产业信息资源服务的前提是信息资源保障体系的建设。在我国，产业信息资源分散在各主管部委的信息中心、国家信息资源机构以及社会信息资源系统中，没有专门的国家层面的产业信息资源保障体系。深入分析，在各产业内部，各地政府主管部门建立的信息中心主要是为政府的产业决策服务的，较少开展面向产业内企业的信息资源服务；产业的主体是企业，而企业往往是通过自建的信息部门、营利性的社会信息组织、公益性的社会信息组织以及互联网来获取所需要的信息资源的。

产业信息资源服务需要具备如下关键要素：信息资源储备、服务平台、服务渠道、服务用户、服务人才和服务管理。信息资源储备是服务的前提，从国家的角度而言必须以专业化的方式来动态建设产业信息资源储备体系，而从信息资源服务者的角度而言，则不一定要建立自己的储备体系，可以借助第三方的信息资源储备开展服务，也可以多家信息资源服务组织联合共建信息资源储备；服务平台主要是指网络平台，信息资源服务完全可以借助网络来实现跨时空的服务；服务渠道主要是指营销渠道，多数信息资源组织采用的是"姜太公钓鱼式"的信息资源经营模式，致使很多用户甚至都不知道有这样的信息资源保障体系或组织的存在，就此而言，营销渠道非常重要，它既是赢得用户和扩大用户规模的关键，也是确保信息资源利用最大化的关键；服务用户是产业的从业者和管理者，他们的需求和潜在需求是信息资源保障体系建设的依据，也是信息资源服务发展的动力与目的，需要强调的是，产业信息资源保障体系建设应聚焦产业的共性信息资源需求；服务人才是指为用户提供信息资源解决方案的专业队伍，既要具备产业知识和熟悉产业发展，又要掌握信息资源服务技术和技能；服务管理是指相关决策及其实施的体制与机制保证，核心是治理结构和激励机制问题。产业信息资源服务的六要素用波特的价值链模型来表示，就形成了产业信息资源服务价值链（见图 20-2），其中，服务价值是由各要素或者说价值活动的优化和协同作用来决定的。

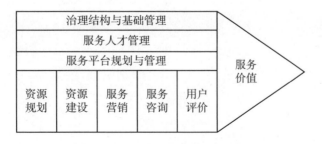

图 20-2 产业信息资源服务的价值链

图 20 - 2 所展示的是产业信息资源服务的价值链，信息资源服务模式则是价值最大化条件下价值链的不同组合形式。根据战略性新兴产业共性需求为主和网络服务主导的特点，其信息资源服务模式可以分为一站式服务模式、咨询式服务模式和自助式服务模式。

一站式服务模式是指信息服务商通过建立完备的战略性新兴产业信息资源保障体系，提供全面的信息资源服务，用户通过该网站可以获取所需要的绝大多数共性信息资源。该模式最大的特点是"全"，一方面要囊括所有的九大战略性新兴产业，另一方面要包括用户可能需要的政策、专家、技术、专利、人才、市场、企业、产品、会展、产业知识、服务团队等各种信息，同时每一类信息资源都要全面系统，如专家应涵盖国内外战略性新兴产业的所有知名专家，提供的服务也要多种多样，这样，就使得用户不需要光顾更多的网站，而可以一站式地获取所需信息。譬如，本课题组所构建的"战略性新兴产业服务网"所选择的就是一站式服务模式，该网站系统分析了战略性新兴产业主体的共性需求，围绕这些需求建立信息资源保障体系，目的是使用户能够找到所需的绝大部分战略性新兴产业的信息资源，从而达到一站式的效果。

咨询式服务模式是指信息服务商建立小而精的信息资源保障体系，更多的时候利用一站式信息资源服务商的信息资源，经过加工和开发，为用户提供精准和创新性的信息服务。该服务模式最大特点是"新"，这里的"新"是指"创新"，咨询式服务模式不求所收藏和可提供的信息资源全，关键是要对信息资源进行再开发，提高所提供信息资源服务的附加值，就此而言，咨询式服务更强调提供差异化的信息资源服务。譬如，赛迪顾问所构建的"中国战略性新兴产业咨询与信息服务平台"网站所提供的就类似于咨询式服务，该网站更多地接受战略性新兴产业主体的委托，基于本网站和其他网站的信息资源，提供经过再创新的咨询报告。

自助式服务模式是指信息资源服务商针对特定服务对象建立经过特殊处理的信息资源保障体系，服务商一般不提供任何信息资源服务，而由信息资源用户自行服务和满足自我的信息资源需求。该模式最大特点是"高"，这里的"高"是指这种模式一般面向较高层次或掌握了较高网络应用与信息管理能力的用户，所提供的信息资源一般也是经过处理的标准化的成品或半成品，信息用户会定期或不定期地浏览网站、检索需要的信息资源并自行处理和消化吸收。譬如，《经济参考报》社所构建的"经济参考"网站所提供的就类似于自助式服务模式，该报社选择与战略性新兴产业相关的信息资源，经过处理后输入数据库，相关用户就可以自行检索和使用。

战略性新兴产业信息资源服务模式的构建应该结合战略性新兴产业的发展规律与我国战略性新兴产业的实践特点，选择有助于实现信息资源服务价值最大化的模式，引进投入产出思维，各类信息服务公司或咨询公司应借助国家级或区域级的信息资源保障体系，来满足特定企业或企业集群的差异化信息资源需求，这样才能够降低全社会战略性新兴产业信息服务的总成本，同时提高信息服务的满意度。

第 21 章　我国战略性新兴产业
发展的政策建议

基于文献综述、理论探讨、现状分析和实证研究，本课题组就战略性新兴产业发展的战略效应、技术创新模式、创新领军人才胜任能力、信息资源保障体系和服务模式进行了系统研究，目的是明确战略性新兴产业及其发展的关键问题，寻求最优的解决方案。

21.1　战略性新兴产业的本质特征与判断指标体系及
相关政策建议

多数研究成果都把战略性新兴产业定义为一种新兴产业，如国务院 2010 年颁布的《关于加快培育和发展战略性新兴产业的决定》就认为，"战略性新兴产业是新兴科技和新兴产业的深度融合，是指掌握关键核心技术，具有市场需求前景，具备资源能耗低、带动系数大、就业机会多、综合效益好的新兴产业。"在综合分析战略性新兴产业定义和内涵的基础上，结合对战略性新兴产业的回溯性分析，本课题组提出，战略性新兴产业的本质是战略产业，由于战略性新兴产业一般都是重大科技创新的产物，准确地讲，其本质特征可概括为突破性创新驱动的战略产业，而新兴性则属于约束特征，特指处于培育和成长阶段的战略性产业。

兼顾国际可比性和我国的特殊国情，进一步解析战略性新兴产业的战略性、成长性和创新性，本课题组构建了由三个一级指标和九个二级指标构成的战略性新兴产业判断指标体系：战略性主要包括带动效应、低碳效应和就业效应，成长性主要包括全球产业增长率、全球市场饱和度和全球相对生命周期，创新性主要包括创新的跨越性、持续性和自主性。需要指出，判断指标体系不同于评价指标体系，评价指标体系构建的前提是认同我国当前的战略性新兴产业体系，而判断指标体系构建的前提是明确战略性新兴产业的判断标准而后鉴别战略性新兴产业，就此而言，判断指标体系的提出可以说是一种学术创新。

本课题组以新能源产业及其附属的风电产业、太阳能产业和核电产业为研究对象，提出了 10 个测度指标，并对 3 类产业进行了测度分析。结果发现，只有太阳能产业完全符合战略性新兴产业的要求，风电产业和核电产业未来的带动效应和就业效应均有限，全球主流市场的产业生命周期均处于成长后期或成熟期，创新的持续性和自主性均较弱，考虑到这些因素，我国的风电产业和核电产业准确地讲属于具有成长潜力的低碳产业，不应列入当期的战略性新兴产业目录名单。这种观点或许对我国战略性新兴产业的决策具有借鉴价值。

基于对战略性新兴产业本质及判断指标体系的研究，本课题组提出如下政策建议：首先，建议政府决策者应当对战略性新兴产业的判断和选择采取更为审慎的态度，把真正属于战略性新兴产业的产业放到目录中来重点扶持发展；其次，建议政府决策者在选择战略性新兴产业时，最关键的是要考虑其战略性，应选择那些本身规模效应显著又能带动其他产业进行发展的产业列入战略性新兴产业目录；再其次，战略性新兴产业的选择必须考虑自主创新，如果不能够掌握关键核心技术的自主知识产权，就无法成为真正的战略产业；最后，建议建立一个健全的产业情报收集、监控、分析、预判和发布的共性平台，及时获取世界各国新兴产业的基本框架、路线图、推进的主要方式等，实时更新产业数据，并使用战略性新兴产业的判断指标体系对其进行重新评价，从而对产业目录进行动态的更新，把不符合战略性新兴产业的产业剔除出去，把符合的放进来，实现战略性新兴产业的动态调整。

21.2 战略性新兴产业的战略效应分析及相关政策建议

战略性新兴产业的战略效应研究是前述战略性新兴产业判断指标体系研究的深入和升华，根据本课题组的研究，战略性新兴产业特指成长期或成长前期的战略产业，战略性新兴产业的关键特征在于是否具备或是否能够形成战略效应，最终是否能够顺利发展成为特定区域或国家的战略产业。为此，深入剖析战略性新兴产业的战略效应并据此提出判断指标体系乃是战略性新兴产业研究的最重要的任务。

本课题组首先对战略性新兴产业及相关概念进行了深入分析，结合产业生命周期理论、产业演化理论以及国家竞争力理论和产业竞争力理论，从价值导向、发展规模、带动作用及其对国家竞争力提升的贡献等方面对战略性新兴产业战略效应进行了界定；然后，通过对三次工业革命中战略性新兴产业进行回溯研究，结合战略性新兴产业战略效应的理论分析，构建了由潜在规模性、产业带动性、成长持续性3个一级指标和需求规模、技术标准化潜力、关键资源集成度、前向带动性、后向带动性、旁侧带动性、智能化水平、绿色指数、普惠性9个二级指标构成的我国战略性新兴产业战略效应判断指标体系；其次，采用德尔菲法就判断指标体系对战略性新兴产业领域的专家进行问卷调研，通过层次分析法（AHP）对战略性新兴产业战略效应的各级指标赋权重，构建了战略性新兴产业战略效应预测模型；再其次，通过网站和论著广泛收集我国7大战略性新兴产业及其23个子产业的信息，对23个子产业的潜在规模、带动效应及溢出价值进行系统和深入的分析，利用李克特5点量表法对23个子产业战略效应各测度指标进行赋值，对7大战略性新兴产业及其23个子产业的战略效应结果值进行排序，并通过聚类分析将23个子产业分为五类产业；最后，基于对我国战略性新兴产业战略效应的研究结果与讨论，完善了战略性新兴产业的判断指标体系，就我国当前战略性新兴产业结构调整及未来动态性调整提出了策略建议。

本课题组提出战略性新兴产业战略效应的核心是潜在的规模性，规模性背后的决定因素是需求规模，需求规模的价值则取决于规模性能否转化为规模经济性、能否带动更多产业发展以及能否引领社会经济发展，据此构建了我国战略性新兴产业战略效应判断指标体系和战略效应预测模型，这为我国各区域发展战略性新兴产业提供了理论依据。本课题组把我国当前7大战略性新兴产业的23个子产业分为真正的战略性新兴产业、有待进一步研究确定的产业、重点支持类产业、非战略性新兴产业四类，其中潜在规模性、产业带动性和成长持续性三个方面表现都较好的产业应该作为我国未来发展的重点，具有较好的成长持续性但在潜在规模性和产业带动性方面表现都较差的产业可作为未来长期培育的产业，产业带动性很强但潜在规模性和成长持续性方面较弱的产业应排除在战略性新兴产业发展目录之外。

基于对战略性新兴产业战略效应的研究，本课题组提出如下政策建议：首先，建议成立国家战略性新兴产业研究智库，长期开展战略性新兴产业的研究工作，就战略性新兴产业发展的重大问题提出建议；其次，建议对战略性新兴产业目录中的产业进行周期性的监测研究，定期把那些不符合战略性新兴产业要求的产业以及发展成熟并符合战略产业要求的产业移出战略性新兴产业的目录，对移出战略性新兴产业目录的产业发展模式和路径提出建议；最后，建议基于对现有战略性新兴产业和一般新兴产业的周期性监测，对国家层面未来的战略性新兴产业选择提出政策建议，针对地方特有的产业基础、资源优势、区位优势等实际情况，为地方政府战略性新兴产业选择和发展提供相应的咨询建议。

21.3 战略性新兴产业生命周期与演化机理及相关政策建议

从完整的产业生命周期的角度考察，战略性新兴产业只是产业生命周期特定阶段的产业称谓，具体而言，战略性新兴产业一般是指产业成长期和成长前期的产业，更准确地说，是指产业成长期和成长前期的战略产业。如果把战略性新兴产业作为一个完整的产业进行考察，其产业生命周期会呈现怎样的演化发展规律？这个问题尚未有系统的研究成果。

本课题组在探讨战略性新兴产业生命周期时引入了需求层次理论。现有产业生命周期理论及其相关研究成果的重点是探讨生命周期不同阶段的特点及其应对策略，较少涉及需求理论特别是需求层次理论对产业生命周期的影响。通过回溯分析全球主导产业演进历程，本课题组发现，产业发展和人们的需求层次具有强相关性，工业革命以来的产业发展进程总体呈现从满足低层次需求产业向满足更高层次需求产业演化的规律，满足人类基本的生存和安全需求的产业具有更强的稳定性和可持续性，满足较高层次的社交与尊重需求的产业具有更强的不确定性和周期性，满足人类高层次自我实现需求的产业因融入人类更多的智慧、具有更高智能化水平而表现出更强的成长性。对应于马斯洛的需求层次分析，产业生命周期也呈现出不同的特征，本课题组具体推演出了五种典型产业生命周期类型，包括长期稳定型、周期波动型、螺旋上升型、迅速淘汰型和标准倒 U 形，并利用美国纺织业、汽车制造业、计算机及电子产业和化工产业 1977～2012 年的产值规模数据的时间序列图对各产业生命周期进行验证，结果发现，产业生命周期演化与人类需求层次变化具有较强的协变性，不同类型产业的生命周期主要受所满足的需求特征的影响，产业外部环境和产业创新作用于人类需求然后再影响产业生命周期变化，更多地发挥着中间调节作用。本课题组的研究结论对于创业企业的战略定位、成熟产业的转型发展以及相关政府部门制定产业政策均具有参考价值和指导意义。

从产业发展史的角度来看，战略性新兴产业可以追溯到远古时期，青铜器和铁器的应用在当时都可以看作是战略性新兴产业；但严格地讲，战略性新兴产业源自近代工业革命，是科技革命的产物。如前所述，战略性新兴产业属于战略产业演化过程中的初级阶段，战略性新兴产业在产业内外因素的推动下才能够逐渐演化为主导产业。结合产业演化理论、产业生命周期理论和对英国汽车产业、美国信息技术产业的回溯研究，本课题组发现，战略性新兴产业作为战略产业的初级阶段，其生命周期因受产业内外不同因素不同程度的影响而表现出"增长—放缓—增长""增长—停滞—增长""增长—下滑—增长"的演化规律，而不同的演化路径是由产业外部环境、政府扶持、产业创新、产业平台、风险控制、产业链/产业集群培育等多种因素决定的，这些因素也是战略性新兴产业成功演化发展的关键要素，这些要素通过相互协同共同促进了战略性新兴产业向主导产业的成功演化和升级。

基于对战略性新兴产业生命周期和演化机理的分析，本课题组提出如下政策建议：首先，鉴于未来战略性新兴产业更多是满足人类高端需求的产业，建议对满足人类高端需求的产业展开持续性的研究，抢先发现那些能够带来产业突破和跨越式发展的机会，超强布局和培育具有潜力的新兴产业；其次，鉴于战略性新兴产业是成长前期或成长期的战略产业，建议在研发投入、市场培育、税收减免、金融支持、风险防控、社会环境等方面给予战略性新兴产业更多的支持，确保战略性新兴产业能够健康而快速地成长；最后，建议加强战略性新兴产业蜕变为战略产业的规律研究，为战略性新兴产业提供指导，帮助更多的战略性新兴产业顺利发展为战略产业或主导产业。

21.4　我国战略性新兴产业技术创新模式及相关政策建议

战略性新兴产业只是具备成为战略产业的潜力，本身还不是战略产业，是否能够成为战略产业的关键取决于技术创新的突破性和可持续性，这才是决定战略性新兴产业发展的最关键和最重要的因素，因此，战略性新兴产业的技术创新模式在很大程度上可以代表战略性新兴产业的模式。

本课题组从以下几方面对技术创新模式进行了研究：其一，研究了战略新兴产业技术创新及其相关概念，明确战略性新兴产业的本质是处于导入期或成长期的战略产业，进而结合技术创新理论、技术创新模式选择理论、产业生命周期理论、产业演化理论等，对战略性新兴产业技术创新模式进行了界定；其二，提出我国现阶段战略性新兴产业典型特征，包括多维度创新不确定性、多种规模企业共生性、多类产业交叉融合性，这些特征对战略性新兴产业技术创新模式的形成具有重要影响；其三，借鉴经济学的供需理论，提炼出影响战略性新兴产业技术创新模式选择的技术需求变量以及创新源变量，并通过两个变量的组合分析，提出了我国战略性新兴产业技术创新的四种模式，即外溢模式、联盟模式、供应模式和大规模定制模式；其四，采用多案例分析方法对华为技术有限公司、佛山陶瓷产业技术创新联盟、中国科学院微电子研究所、中国汽车技术研究中心四个典型案例进行了分析，通过对这些案例的研究和归纳，总结了四种模式的优势、核心、关键、运行风险与收益；其五，引入演化博弈论分析战略性新兴产业技术创新模式选择问题，构建我国战略性新兴产业技术创新模式选择的演化博弈模型；其六，通过对我国战略性新兴产业技术创新典型区域和组织的多案例分析和技术创新模式选择的实证研究，梳理目前战略性新兴产业技术创新模式应用过程中主要存在的问题。

基于战略性新兴产业技术创新模式的研究，本课题组提出如下政策建议：首先，建议不同区域或不同类型的企业应根据自身的条件，选择有利于战略性新兴产业发展的不同类型的技术创新模式；其次，建议充分发挥政府、行业组织或社团组织的作用，组织本区域或本行业中小企业，组建战略性新兴产业技术创新联盟，充分发挥创新集群的作用，降低创新风险和成本；再次，建议科研组织和高校更多地开展产业共性技术研发，与战略性新兴产业企业或企业联盟开展有效合作，为他们提供适用的领先技术；最后，建议发挥政府部门的引导作用，围绕大型战略性新兴产业企业打造企业集群或产业链集群，充分发挥这些企业的溢出效应，带动更多的企业共同发展。

21.5　我国战略性新兴产业科技创新领军人才胜任能力及相关政策建议

战略性新兴产业的关键是突破性的技术创新，而突破性的技术创新最重要的不是创新人员的数量，而取决于创新领军人才。从战略性新兴产业发展的回溯分析来看，很多战略性新兴产业的发展都得益于科技创新领军人才的技术突破，这对于我国发展战略性新兴产业有重大的借鉴价值。

本课题组从以下几方面对领军人才的胜任能力进行了分析：第一，通过对科技创新领军人才、产业科技创新领军人才、战略性新兴产业等概念进行文献研究，对本课题的研究对象战略性新兴产业科技创新领军人才进行了界定；第二，以产业生命周期理论、新兴产业理论、战略产业理论和技术创新理论为基础，通过理论演绎导出战略性新兴产业技术创新过程中表现出技术、市场和竞争三种不确定性特征，并据此提出战略性新兴产业科技创新领军人才应当具备的三类胜任能力，即科技引领能力、技术转化能力和创新领导能力，提出了关于战略性新兴产业科技创新领军人才胜任能力及其构成的理论命题；第三，采用多案例验证式研究方法，以六位不同领域不同时代的科技创新领军人才作为研究对象，回溯分析其科技创新历程及其贡献，研究结果显示，六个样本均在较大程度上验证了关于前文提出的战略性新兴产业科技创新领军人才的胜任能力命题；第四，通过对相关专家进行问卷调查，利用层次分析法对战略性新兴产业科技创新领军人才胜任能力指标进行赋值，以我国 30 个省级科技创新领军人才计划中的评选标准作为研究对象进行了实证研究；第五，采用内容分析法，对 80 个科技创新领军人才计划标准文本进行量化分析，研究得出目前我国科技创新领军人才评选标准中存在的主要问题。

基于我国战略性新兴产业科技创新领军人才的研究，本课题组提出如下政策建议：首先，建议加强创新领军人才的理论研究，理清创新领军人才成长的一般规律，为创新领军人才发展提供指导和支持；其次，建议调整过于重视 SCI 论文和专利数量的领军人才引进标准，以科学的创新领军人才胜任能力为依据来制定新的创新领军人才评价指标，作为各地和各类组织引进与评价创新领军人才的指南；再其次，建议加强已有"创新领军人才"的后培训，应用创新领军人才理论研究和实证研究的结果，对那些已经引进的"千人计划""万人计划""百人计划"、杰出青年基金等优秀人才进行培训，使他们能够达到创新领军人才的要求，经培训确实无法达到要求的，要有退出机制；最后，建议组建专门的信息服务团队，深入了解创新领军人才的信息资源需求，建立有效的信息资源保障体系，为他们的自主和突破性创新提供信息资源保障。

21.6　我国战略性新兴产业共性信息资源需求分析及相关政策建议

任何时候，作为萌芽或成长期的战略性新兴产业的发展都会受制于信息资源服务的困扰。由于战略性新兴产业充满了不确定性，国家和社会很难为其产业主体提供完备和系统的信息资源服务，如果任由其产业中的企业自行解决信息资源问题，一方面会加重这些处于成长阶段的企业的负担，另一方面很多成长型的企业也不具备这种能力。为此，就需要在深入和系统分析战略性新兴产业发展需求的基础上，由国家和社会提供基础性的信息资源服务，换言之，国家和社会的责任是满足其产业层面的共性信息资源需求。

本课题组首先对产业信息资源需求与企业信息资源需求的区别进行了理论分析，结果发现，若把企业的信息资源需求解析到要素层面时，针对这些要素的信息资源需求更多地具有共性，而当这些要素拟合为整体时，作为整体的信息资源需求更多地具有差异性；其次，本课题组对我国战略性新兴产业发展的主体、亟须的信息资源类型及发展面临的障碍进行了分析，基于要素信息资源具有共性需求的原理，提出了3个研究假设，并设计了调查问卷；最后，本课题组面向我国典型区域的战略性新兴产业从业者发放了1000份问卷，回收有效问卷244份，回收率为24.4%，根据调查结果，被调查者对当前我国战略性新兴产业的主体、亟须信息资源类型、发展障碍的认识基本一致，应用统计学中的相关性分析和卡方检验，同样证实我国战略性新兴产业的信息资源需求具有共性。

基于实证调查结果，本课题组提出三方面政策建议：一是应从国家层面建立统一的满足共性需求的战略性新兴产业信息资源保障和服务体系，以促进战略性新兴产业的发展和降低产业发展的总体成本；二是鼓励社会力量参与战略性新兴产业的信息资源服务，考虑到服务的质量与持续性，允许社会力量有适当的盈利空间，这样，关键的问题在于信息资源服务的商业模式探讨与应用；三是构建战略性新兴产业信息资源服务联盟，吸引各类信息资源服务组织包括政府、各类主体包括企业自身的信息资源服务组织、各类咨询公司等加盟，利用信息资源保障体系来为企业提供差异化的信息资源服务。

21.7　我国战略性新兴产业信息资源保障体系及相关政策建议

信息资源保障体系建设的全部目的在于如何把信息资源转化为战略性新兴产业的竞争力和竞争优势，由此确定保障体系中信息资源的构成与结构方式，具体而言，就是要准确解构、把握和处理企业、政府、科技组织这3类主体的信息资源需求及其相互关系，整合各种优势资源，形成良好的体制机制，实现长期投入产出的最大化。

本课题组从以下几方面进行了研究：第一，分析了战略性新兴产业的三类主体即研发主体（科研院所和高校）、运行主体（企业）和管理主体（政府决策人员）信息资源需求的特点，明确了信息资源保障体系建立的依据；第二，引入长尾理论的二八定律，分析了战略性新兴产业信息资源保障体系建设中满足信息消费者80%需求的20%的共性资源，并简单讨论了这20%信息资源的特征；第三，提出了建设我国战略性新兴产业信息资源保障体系的五方面原则，即唯一性原则、相关性原则、智能化原则、个性化原则、成本效益原则，这是信息资源保障体系逻辑架构的关键；第四，讨论了我国战略性新兴产业信息资源保障体系建设的三种方式，即政府与运作组织合作方式、企业运作方式、传统信息组织转型方式，这是目前流行的三种方式，本课题组借鉴国外电信公司的运营模式，提出了我国信息资源保障体系建设的创新思路；第五，提出了我国战略性新兴产业信息资源保障体系的发展规划与实施方案，包括愿景、建设原则、主要任务、战略布局、战略举措等，这些都是我国战略性新兴产业信息资源保障体系建设的指导性策略。

基于我国战略性新兴产业信息资源保障体系的研究，本课题组提出以下政策建议：首先，建议在国家层面建立战略性新兴产业的信息资源保障体系，这类信息资源保障体系应由社会公共服务组织运行，国家主要负责建立信息资源保障体系的费用，具体的运行费用应该由社会公共服务组织通过提供信息服务来获取；其次，建议战略性新兴产业信息资源保障体系作为公共平台来运作，具体的信息资源服务由各类信息公司、咨询公司、培训公司、中介公司以及企事业单位来负责，这样的服务联盟将能够同时满足各类主体的共性需求和个性化需求；再其次，建议在北京、上海和深圳建立国家级的战略性新兴产业信息资源保障体系，在武汉、成都和西安建立区域性的战略性新兴产业信息资源保障体系，这些信息资源保障体系都面向全国的战略性新兴产业主体提供服务；最后，建议国家相关部门制定战略性新兴产业信息资源保障体系的发展规划，以保证战略性新兴产业信息资源保障体系建设能够落实，并切实为广大用户提供共性信息资源服务。

21.8　我国战略性新兴产业信息资源服务模式及相关政策建议

信息资源服务是最终满足战略性新兴产业主体共性需求的手段和途径，信息资源服务的方式很多，能够实现信息资源服务价值最大化的就是信息资源服务模式，这也是本课题组探讨的核心问题。

本课题组首先讨论了我国战略性新兴产业信息服务的总目标，对其信息服务效用进行了经济学和管理学分析，对 25 家战略性新兴产业的服务网站的服务能力进行了系统分析，就这些网站来看，我国战略性新兴产业尚未有计划地构建信息资源保障体系，这些网站基本上提供的是共性信息资源，服务能力都较有限。本课题组进一步从理论上讨论了战略性新兴产业信息资源服务的能力矩阵，从满足共性信息需求和差异化信息需求的角度对战略性新兴产业信息服务商的能力进行了分析，结果发现，能够有效满足战略性新兴产业用户的信息服务商少之又少。本课题组还讨论了战略性新兴产业的信息资源服务模式，基于信息资源产业价值链价值最大化进行分析，信息资源服务模式可分为一站式服务模式、咨询式服务模式和自助式服务模式，这三种模式对信息资源保障体系的要求不尽相同，都各自面向不同的用户群体，一站式服务模式面向战略性新兴产业的大众群体，咨询式服务模式面向有特色需求的小众群体，自助式服务模式面向自我服务能力强的高层次群体，三种模式的共同之处在于，无论选择哪种模式，只要真正重视并能够最大限度满足用户需求的模式就可以获得成功。

基于战略性新兴产业信息资源服务模式的研究，本课题组特提出如下政策建议：第一，建议国家有关部门或社会组织对战略性新兴产业信息服务商进行评价排名，形成战略性新兴产业信息服务商排名并定期发布，以便从行政或社会舆论的角度对这些信息资源服务商形成压力，促使他们不断提高自己的信息资源服务能力；第二，建议国家相关部门或社会组织出台和执行战略性新兴产业信息服务商的认证体系，凡是符合相关的服务标准的信息资源服务商，授予证书或牌匾，并进行公开的宣传，以利战略性新兴产业信息资源用户选择；第三，建议实行战略性新兴产业信息资源服务商标杆管理，把那些能够提供卓越服务的信息资源服务商作为标杆和案例，在信息资源服务商之间进行推广，组织信息资源服务商进行观摩学习；第四，建议组建战略性新兴产业信息资源服务商服务联盟，以期加强共享合作，避免恶性竞争。

参 考 文 献

［1］艾伯特·赫希曼. 经济发展战略［M］. 曹征海, 潘照东, 译. 北京: 经济科学出版社, 1992.

［2］安格斯·麦迪森. 世界经济千年史［M］. 伍晓英, 等译. 北京: 北京大学出版社, 2003.

［3］B. 约瑟夫·派恩. 大规模定制: 企业竞争的新前沿［M］. 操云甫等译. 北京: 中国人民大学出版社, 2000.

［4］白春礼. 杰出科技人才的成长历程［M］. 北京: 北京科学出版社, 2007.

［5］白杨. 科技领军人才的界定与引进［J］. 价值工程, 2012 (1): 285 – 286.

［6］保罗·克鲁格曼, 周岳峰. 美国能够继续保持领先地位吗［J］. 国际贸易译丛, 2000 (5): 16 – 19.

［7］保罗·肯尼迪. 大国的兴衰［M］. 陈景彪, 等译. 北京: 中信出版社, 2013.

［8］比尔·盖茨. 未来之路［M］. 辜正坤, 译. 北京: 北京大学出版社, 1996.

［9］波拉德. 亨利·福特与福特公司［M］. 陈必庆, 译. 北京: 世界图书出版公司, 1997.

［10］卜丽芳. 善于把握机遇的爱迪生［J］. 思维与智慧, 1997 (1).

［11］步瑞, 郭秀珍. 能源危机与资源效率提升能力建设研究［J］. 求索, 2013 (5): 199 – 203.

［12］C. 弗里曼. 技术政策与经济绩效: 日本国家创新系统的经验［M］. 张宇轩, 译. 南京: 东南大学出版社, 2008.

［13］蔡昉, 王德文, 王美艳. 工业竞争力与比较优势: WTO 框架下提高我国工业竞争力的方向［J］. 管理世界, 2003: 58 – 61.

［14］蔡坚. 产业创新链的内涵与价值实现的机理分析［J］. 技术经济与管理研究, 2009 (6): 55 – 57.

［15］蔡建星, 孙英兰. 搭建人才大舞台培养科技领军人才任务紧迫［J］. 人才资源开发, 2008 (7): 6 – 8.

［16］蔡宁伟. 亨利·福特的管理精髓［J］. 汽车工业研究, 2008 (2): 46 – 48.

［17］曹聪. 中国的科学精英及其政治社会角色［J］. 当代中国研究, 2007 (1): 54 – 56.

［18］陈光. 创新思维与方法: TRIZ 的理论与应用［M］. 北京: 科学出版社, 2011.

［19］陈海平. 战略性新兴产业发展与创新型人才培养研究［J］. 经济研究导刊, 2012 (15): 113 – 114.

［20］陈洪涛, 等. 基于政府作用的新兴产业发展研究［J］. 西安电子科技大学学报: 社会科学版, 2008 (4).

［21］陈鸿桥. 中国新兴产业新趋势与资本市场新使命［J］. 证券市场导报, 2011 (3).

［22］陈继勇, 周琪. 新兴技术产业化演进及其对中国战略性新兴产业发展的启示［J］. 湖北社会科学, 2012 (11): 66 – 69.

［23］陈劲. 技术创新的系统观与系统框架［J］. 管理科学学报, 1999 (3): 66 – 73.

［24］陈君. 技术创新原因再探讨: 从 ENIAC 的诞生说起［J］. 东南大学学报 (哲学社会科学版), 2006 (2): 56 – 61.

［25］陈珂珂, 方在庆. "氮问题"的解决与"硝酸盐危机"的克服: 哈伯 – 博施氨合成法在 1902 ~ 1915 年的发展与运用［J］. 广西民族大学学报 (自然科学版), 2011, 17 (4): 15 – 23.

［26］陈柳钦. 加速发展战略性新兴产业［J］. 高科技与产业化, 2010 (12).

［27］陈柳钦. 战略性新兴产业自主创新问题研究［J］. 新疆社会科学 (汉文版), 2011, 12 (3): 56 – 61.

［28］陈伟. 爱迪生的价值在于"创富"［J］. 发明与创新·大科技, 2014 (8): 26 – 27.

［29］陈文清. 世界伟人传记: 爱迪生［M］. 西安: 陕西人民出版社, 2014.

［30］陈晓声. 产业竞争力的测度与评估［J］. 上海统计, 2002 (5): 13 – 16.

［31］陈晓涛. 产业演进论［D］. 成都: 四川大学, 2007.

[32] 陈昭锋，林璁．价值链转型：我国战略性新兴产业发展的战略创新［J］．南通大学学报（社会科学版），2011，27（2）：124 – 130．

[33] 程贵孙，芮明杰．战略性新兴产业理论研究新进展［J］．商业经济与管理，2013（8）：75 – 83．

[34] 崔宁宁，高宇．吸收能力对创新模式选择影响的研究［J］．科学学与科学技术管理，2009，30（11）：111 – 117．

[35] 崔卫杰．战略性新兴产业国际市场开拓的现状、问题与对策［J］．国际贸易，2010（10）：22 – 26．

[36] 崔远森．基于企业边界视角的技术创新模式选择研究［D］．上海：复旦大学，2005．

[37] 大卫·李嘉图．政治经济学及赋税原理［M］．郭大力，王亚南译．北京：商务印书馆，1976．

[38] 戴维·列菲，盖尔·巴克兰，哈罗德·埃文斯，等．他们创造了美国［M］．倪波，蒲定东，高华斌，玉书，译．北京：中信出版社，2013．

[39] 戴园园，梅强．我国高新技术企业技术创新模式选择研究：基于演化博弈的视角［J］，科研管理，2013，34（1）：1 – 10．

[40] 德尼兹·加亚尔等．欧洲史［M］．蔡鸿滨，桂裕芳，译．海口：海南出版社，2000．

[41] 邓香莲．科技领军人才储备现状分析：以上海为例［J］．科技与出版，2008（12）：67 – 69．

[42] 电气技术的发展［EB/OL］．［.08］http：//blog. sina. com. cn/s/blog_ 4d36c62b01000bgb. html，2015．

[43] 丁焕明等．科尔尼并购策略［M］．张凯，译．北京：机械工业出版社，2004．

[44] 丁忠明．爱迪生：竞合促进行业发展［J］．供热制冷，2014（3）：34 – 34．

[45] 东北财经大学产业组织与企业组织研究中心课题组．发展战略、产业升级与战略性新兴产业选择［J］．财经问题研究，2010（8）．

[46] 董景荣，周洪力．技术创新内涵的理论思考［J］．科技管理研究，2007，27（7）：27 – 29．

[47] 董树功．战略性新兴产业评价指标体系的构建：基于产业特征的分析与思考［J］．中国城市经济，2012（1）：7 – 9．

[48] 杜谦．"造就世界一流科学家和科技领军人才"需要解决的主要问题：对两次科技院所调查问卷中相关问题的分析［J］．中国科技论坛，2009（5）：109 – 113．

[49] 范从来，袁静．成长性、成熟性和衰退性产业上市公司并购绩效的实证分析［J］．中国工业经济，2002，8（8）：65 – 72．

[50] 方创琳．区域发展战略论［M］．北京：科学出版社，2002．

[51] 方兴东，王俊秀．DOS 之父加里·基尔代尔［J］．软件工程师，2005（1）：57 – 58．

[52] 封颖．如何培养和造就科技领军人才［J］．发明与创新（综合科技），2011（3）：13．

[53] 冯春林．国内战略性新兴产业研究综述［J］．经济纵横，2011，302（1）：110 – 112．

[54] 冯海红，曲婉，孙启新．企业家先验知识、治理模式与创新策略选择［J］．科研管理，2015，36（10）：66 – 76．

[55] 冯进路，刘新民，龚毅，等．不同类型企业家创新方式选择研究［J］．外国经济与管理，2004，26（12）：6 – 9．

[56] 福特．商业的秘密：福特大传［M］．陈永年，译．北京：企业管理出版社，2012．

[57] 付玉秀，张洪石．突破性创新：概念界定与比较［J］．数量经济技术经济研究，2004，21（3）：73 – 83．

[58] 傅家骥．技术创新学［M］．北京：清华大学出版社，1998．

[59] 傅贻忙．战略性新兴产业技术创新与产业成长耦合研究［J］．中国集体经济，2012（25）：26 – 27．

[60] 高存功，肖国芳．研究型大学在培养科技领军人才中的地位和作用［J］．学位与研究生教育，2007（S1）：120 – 124．

[61] 高山行，谢言，王玉玺．企业 R&D 能力、外部环境不确定性对合作创新模式选择的实证研究［J］．科学学研究，2009，27（6）：932 – 940．

[62] 高岩．制造业企业治理结构对技术创新的影响研究［D］．哈尔滨：哈尔滨理工大学，2007．

[63] 关士续. 亨利·福特和他的 T 型车: 对 20 世纪技术创新史上一个重大案例的分析 [J]. 自然辩证法研究, 2000, 16 (10): 53 - 57.

[64] 桂黄宝. 战略性新兴产业成长动力机制分析 [J]. 科学管理研究, 2012 (3): 48 - 52.

[65] 桂乐政. 领军人才在科技创新团队建设中的核心作用 [J]. 武汉工程大学学报, 2010, 32 (4): 5 - 7.

[66] 郭春东. 企业技术创新模式选择与发展路径研究 [D]. 北京: 北京理工大学, 2013.

[67] 郭春生. 产业革命与现代化 [M]. 沈阳: 辽宁大学出版社, 1996.

[68] 郭京福. 产业竞争力研究 [J]. 经济论坛, 2004 (14): 32 - 33.

[69] 郭克莎. 工业化新时期新兴主导产业的选择 [J]. 中国工业经济, 2003 (2): 5 - 14.

[70] 郭晓丹, 宋维佳. 战略性新兴产业的进入时机选择: 领军还是跟进 [J]. 中国工业经济, 2011 (5): 119 - 128.

[71] 国务院. 国务院关于加快培育和发展战略性新兴产业的决定 [J]. 中国科技产业, 2010 (9): 14 - 19.

[72] 国务院. "十二五" 国家战略性新兴产业发展规划 [J]. 中华人民共和国国务院公报, 2012.

[73] 韩仁珠, 吴根烨, 金能镇. 韩国 LCD 产业成功因素探究: 基于日本、中国台湾的比较研究 [J]. 经济管理, 2011 (3): 54 - 60.

[74] 韩文玲, 陈卓, 韩洁. 关于科技领军人才的概念、特征和培养措施研究 [J]. 科技管理研究, 2011 (22): 129 - 132.

[75] 韩雪莲, 谢理, 赵文霞. 战略性新兴产业中的企业进入、时机与绩效: 基于 180 家上市公司的实证分析 [J]. 财经问题研究, 2011 (4): 45 - 52.

[76] 郝凤霞. 战略性新兴产业的发展模式与市场驱动效应 [J]. 重庆社会科学, 2011 (2): 54 - 58.

[77] 和矛, 李飞. 行业技术轨道的形成及其性质研究 [J]. 科研管理, 2006, 27 (1): 35 - 39.

[78] 贺正楚, 吴艳, 等. 基于知识发现的战略性新兴产业识别研究: 兼论 "长三角" 战略性新兴产业的发展 [J]. 南京财经大学学报, 2012 (4): 22 - 28.

[79] 贺正楚, 吴艳. 战略性新兴产业的评价与选择 [J]. 科学学研究, 2011 (5): 678 - 685.

[80] 贺正楚, 吴艳, 周震虹. 战略性新兴产业评估指标的实证遴选及其应用 [J]. 中国科技论坛, 2011 (5): 10 - 14.

[81] 贺正楚, 张训, 周震虹. 战略性新兴产业的选择与评价及实证分析 [J]. 科学学与科学技术管理, 2010, 31 (12).

[82] 侯云先, 王锡岩. 战略产业博弈分析 [M]. 北京: 机械工业出版社, 2004.

[83] 胡鞍钢. 技术创新黄金时期 [J]. 纺织科学研究, 2017 (3): 19 - 19.

[84] 胡慧芳. 战略性新兴产业的内涵、属性与新思维 [J]. 东南学术, 2014 (5): 97 - 104.

[85] 胡乃武, 王春雨. 加入 WTO 与我国产业结构调整 [J]. 中国人民大学学报, 2002 (3): 54 - 59.

[86] 胡树华, 蔡铂. 论产品创新 [J]. 中国机械工程, 1998, 9 (2): 57 - 61.

[87] 胡晓鹏. 企业技术创新的模式选择与动态均衡: 基于产业演进的思考 [J]. 科学学研究, 2007, 25 (6): 1216 - 1222.

[88] 胡哲一. 技术创新的概念与定义 [J]. 科学学与科学技术管理, 1992 (5): 47 - 50.

[89] 胡振华, 黎春秋, 熊勇清. 基于 "AHP-IE-PCA" 组合赋权法的战略性新兴产业选择模型研究 [J]. 科学学与科学技术管理, 2011, 32 (7): 104 - 110.

[90] 华文. 集思广益: 战略性新兴产业的科学内涵与领域 [J]. 新湘评论, 2010 (11): 12 - 15.

[91] 黄恒学. 市场创新 [M]. 北京: 清华大学出版社, 2000.

[92] 黄华新, 顾坚勇. 论技术创新与企业文化的互动 [J]. 科学学研究, 2001, 19 (4): 93 - 97.

[93] 黄解宇. 流程管理发展的两大革命: 从福特的流水线到哈默的流程再造 [J]. 科技管理研究, 2005, 25 (11): 229 - 231.

[94] 黄鲁成, 罗晓梅, 苗红, 等. 战略性新兴产业发展效应评价指标及标准 [J]. 科技进步与对策, 2012,

29（24）：136 – 139.

［95］黄涛，刘芳．国家最高科学技术奖获得者群体共同特征探析［J］．自然辩证法研究，2011（12）：72 –
80.

［96］黄元生．技术创新社会动因的经济分析［D］．北京：华北电力大学（保定），2005.

［97］霍国庆，顾一潘．战略性新兴产业的判断指标体系研究：以风电产业为例［J］．管理现代化，2012（6）：
62 – 64.

［98］霍国庆，李捷，王少永．我国战略性新兴产业战略效应的实证研究［J］．中国软科学，2017（1）.

［99］霍国庆，李捷，张古鹏．我国战略性新兴产业技术创新理论模型与经典模式［J］．科学学研究，2017
（11）：25 – 32.

［100］霍国庆，李天琪，张晓东．战略性新兴产业信息资源保障体系建设［J］．重庆社会科学，2012（6）：
79 – 85.

［101］霍国庆，王少永，李捷．基于需求导向的产业生命周期及其演化机理研究：以美国典型产业为案例
［J］．中国软科学，2015（3）：16 – 27.

［102］霍国庆，王少永，孙皓．我国战略性新兴产业共性信息资源需求的实证研究［J］．信息资源管理学报，
2015（1）：4 – 11.

［103］霍国庆．战略性新兴产业的研究现状与理论问题分析［J］．山西大学学报，2012（3）：229 – 240.

［104］［美］吉尼·巴雷塔．大发明家爱迪生［M］．南昌：二十一世纪出版社，2014.

［105］江海潮．国家竞争力：经济增长与均衡［M］．北京：中国经济出版社，2010.

［106］姜红．基于技术关联性视角的产业创新模式与技术选择理论研究［D］．吉林：吉林大学，2008.

［107］姜江．立足国内市场促进战略性新兴产业自主创新［J］．中国经贸导刊，2011（2）：23 – 24.

［108］蒋珩．基于自组织理论的战略性新兴产业系统演化：不确定性和跃迁［J］．科学学与科学技术管理，
2014（1）：126 – 132.

［109］蒋新祺．优势产业发展研究［D］．长沙：湖南大学，2006：15 – 21.

［110］蒋震，梁军．促进战略性新兴产业发展的税收政策［J］．税务研究，2010（8）：8 – 12.

［111］杰米．爱迪生世纪大预言［J］．科学大观园，2011（12）：73 – 74.

［112］金碚．发展现代产业体系，提高产业核心竞争力［N］．人民日报，2010（12）.

［113］金碚．中国工业国际竞争力：理论、方法与实证研究［M］．北京：经济管理出版社，1997.

［114］剧锦文．战略性新兴产业的发展“变量”：政府与市场分工［J］．改革，2011（3）：31 – 37.

［115］孔灿，关士续．技术创新在技术发展中的三种形式［J］．自然辩证法通讯，1990，12（6）：37 – 43.

［116］孔朝霞．欧盟主要国家生物技术研究及发展概况（一）［J］．国外医学情报，1999（2）：6 – 9.

［117］来亚红．对发展战略性新兴产业的几点思考［J］．创新，2011，5（3）：47 – 50.

［118］来亚红．对战略性新兴产业几个关键问题的探讨［J］．中国产业，2011（6）：46 – 46.

［119］莱西．汽车大王福特［M］．北京：中国展望出版社，1989.

［120］赖红清．佛山陶瓷产业发展瓶颈的破解之道［J］．管理观察，2009（5）：70 – 72.

［121］赖土发．从福特主义到后福特主义：中国工业化进程面临的机遇和挑战［J］．学术评论，2004（11）：
26 – 28.

［122］李柏洲，罗小芳．企业原始创新中学研合作伙伴的选择：基于影响因素及其作用路径视角的分析［J］.
科学学研究，2013，31（3）：119 – 127.

［123］李柏洲，苏屹．大型企业原始创新模式选择研究［J］．中国软科学，2011（12）：120 – 127.

［124］李超，李伟，张力千．国外新兴产业生命周期理论研究述评与展望［J］．科技进步与对策，2015（2）：
155 – 160.

［125］李东卫．战略性新兴产业发展与金融支持问题研究［J］．青海金融，2011（3）.

［126］李国杰．新一代信息技术产业培育与发展报告［M］．北京：科学出版社，2015.

［127］李纪珍，邓衢文．产业共性技术供给和扩散的多重失灵［J］．科学学与科学技术管理，2011，32（7）：5－10．

［128］李金华．中国战略性新兴产业发展的若干思辨［J］．财经问题研究，2011，330（5）：3－10．

［129］李平，李蕾蕾．基础研究对后发国家技术进步的影响：基于技术创新和技术引进的视角［J］．科学学研究，2014，32（5）：677－686．

［130］李其荣．爱迪生传［M］．武汉：湖北辞书出版社，1996．

［131］李天琪．基于国家竞争力的我国国家信息资源竞争力研究［D］．北京：中国科学院大学，2013．

［132］李翔，陈继祥，张春辉．动态能力影响创新模式选择的机理研究：市场导向与企业家导向的中介作用［J］．中国科技论坛，2013，1（5）：36－43．

［133］李晓华，吕铁．战略性新兴产业的特征与政策导向研究［J］．宏观经济研究，2010（9）：20－27．

［134］李晓轩，冯俊新．科研拔尖人才的成长规律与启示［J］．科学学研究，2004，22（3）：273－277．

［135］李新波，韩伯棠，王宗赐．标准化与技术创新规模和速度的关系研究［J］．科学学与科学技术管理，2010，31（11）：40－44．

［136］李燕，肖建华，李慧聪．我国科技创新领军人才素质特征研究［J］．中国人力资源开发，2015（11）．

［137］李耀星．战略产业论［M］．哈尔滨：黑龙江科技出版社，1991．

［138］李振球．技术创新：提升企业核心竞争力的重要途径［J］．经济管理，2001（20）：6－8．

［139］李支东．企业持续创新：概念、内容和机理［J］．江苏商论，2008（6）：117－119．

［140］厉以宁．工业化和制度调整：西欧经济史研究［M］．北京：商务印书馆，2010．

［141］梁国钊．爱迪生科学研究方法的特点［J］．学术论坛，1988（4）：27－31．

［142］列昂惕夫·瓦西里．美国经济制度中投入产出的数量关系［J］．经济与统计评论，1936（8）：105－125．

［143］林海芬，苏敬勤．国家创新体系研究评价及启示［J］．管理学报，2010，7（4）：562－569．

［144］林季红．简析美国汽车业跨国公司的经营战略：以福特汽车公司为例［J］．中国经济问题，2007（4）：67－72．

［145］林娜．绿色 GDP 核算体系与发展循环经济［J］．当代经济研究，2006（11）．

［146］林西，蒋小瑛．文化产业领军人才的特征及概念解析［J］．经济研究导刊，2012（34）：131－132＋240．

［147］刘崇俊，王超．科学精英社会化中的优势积累［J］．科学学研究，2008，26（4）：685－689．

［148］刘峰．浅析我国战略性新兴产业技术创新［J］．科技创新与生产力，2010（12）：27－31．

［149］刘凤朝，孙玉涛，杨玲．创新能力视角的中国技术引进及溢出研究述评［J］．科学学与科学技术管理，2010，31（10）：41－46．

［150］刘国新，肖鹏．战略产业核心竞争力的培育与国家经济安全［J］．武汉理工大学学报，2006，28（10）：50－53．

［151］刘洪昌．中国战略性新兴产业的选择原则及培育政策取向研究［J］．科学学与科学技术管理，2011（3）：87－93．

［152］刘化章．合成氨的过去、现在和未来［J］．化工进展，2013（9）．

［153］刘嘉宁．战略性新兴产业评价指标体系构建的理论思考［J］．经济体制改革，2013（1）：170－175．

［154］刘少雪．面向创新型国家建设的科技领军人才成长研究［M］．北京：中国人民大学出版社，2009．

［155］刘思峰，李炳军，杨岭，等．区域主导产业评价指标与数学模型［J］．中国管理科学，1998（2）：8－13．

［156］刘铁，王九云．区域战略性新兴产业选择过度趋同问题分析［J］．中国软科学，2012（2）：115－128．

［157］刘伟．外资企业进入效应对内资企业技术创新的影响研究：以中国高技术产业为例［J］．财经问题研究，2011（1）：38－47．

[158] 刘湘杰. 抢占发展制高点 [J]. 新湘评论, 2010 (15)：35 – 37.

[159] 刘小铁, 欧阳康. 产业竞争力研究综述 [J]. 当代财经, 2003 (11)：85 – 88.

[160] 刘晓君. 福特制 (Fordism) 的百年 [J]. 自然辩证法研究, 2001, 17 (3)：62 – 66.

[161] 刘笑盈. 推动历史进程的工业革命 [M]. 北京：中国青年出版社, 1999.

[162] 刘亦文, 胡宗义. 企业技术创新路径依赖的盛宴与陷阱研究：以福特公司为例 [J]. 科技进步与对策, 2011, 28 (17)：80 – 84.

[163] 刘友金, 黄鲁成. 技术创新与产业的跨越式发展：A – U 模型的改进及其应用 [J]. 中国软科学, 2001 (2)：37 – 41.

[164] 刘兆坤, 卢世春. 对新经济条件下人力资源管理理念的思考：兼谈惠普、希尔顿、福特公司用人机制 [J]. 经济纵横, 2000 (11)：46 – 48.

[165] 刘志阳, 程海狮. 战略性新兴产业的集群培育与网络特征 [J]. 改革, 2010 (5)：36 – 42.

[166] 刘志阳. 战略性新兴产业主导设计形成机理与竞争策略研究 [J]. 经济社会体制比较, 2010 (5)：165 – 172.

[167] 柳卸林, 何郁冰. 基础研究是中国产业核心技术创新的源泉 [J]. 中国软科学, 2011 (4)：104 – 117.

[168] 柳卸林. 技术创新经济学 [M]. 北京：中国经济出版社, 1993.

[169] 龙福元. 产业革命论 [M]. 长春：吉林大学出版社, 2008.

[170] 龙镇辉, 楼润平, 杨德锋. 创新方式选择的影响因素分析 [J]. 系统工程, 2014 (6)：85 – 90.

[171] 卢文光, 关晓琳, 黄鲁成. 技术创新与战略性新兴产业的协调发展 [J]. 技术经济, 2013, 32 (7)：13 – 17.

[172] 卢文光, 杨赛明, 等. 基于熵权法的战略性新兴产业识别和选择：以 LED、IPV6、太阳能电池三产业为例的实证研究 [J]. 技术经济, 2012, 31 (8)：75 – 79.

[173] 陆国庆. 论产业演进的系统动力机理 [J]. 江汉论坛, 2002 (4)：15 – 19.

[174] 陆国庆. 衰退产业中企业创新战略选择 [J]. 经济理论与经济管理, 2001 (12)：32 – 37.

[175] 陆奇岸. 动态环境下企业可持续竞争优势的战略选择 [J]. 工业技术经济, 2004, 12 (6)：137 – 142.

[176] 吕标. 云南科技领军人才培育的探讨 [D]. 昆明：昆明理工大学, 2008.

[177] 吕朝阳, 王锣丹. 朱玉伟：电力爱迪生 [J]. 国家电网, 2016 (5).

[178] 吕明元. 技术创新与产业成长 [M]. 北京：经济管理出版社, 2009.

[179] 吕铁, 贺俊. 技术经济范式协同转变与战略性新兴产业政策重构 [J]. 学术月刊, 2013 (7)：78 – 89.

[180] 吕文栋. 管理层风险偏好、风险认知对科技保险购买意愿影响的实证研究 [J]. 中国软科学, 2014 (7)：128 – 138.

[181] 罗伯特·S. 平狄克. 微观经济学 [M]. 北京：中国人民大学出版社, 2009.

[182] 罗伯特·金·默顿. 十七世纪英格兰的科学技术与社会 [M]. 范岱年, 吴忠, 蒋效东, 译. 北京：商务印书馆, 2000.

[183] 罗森堡. 不确定性与创新文化 [J]. 自然辩证法研究, 2001, 17 (s1)：9 – 12.

[184] 罗斯托. 从起飞进入持续增长的经济学 [M]. 成都：四川人民出版社, 1988.

[185] 罗炜, 唐元虎. 国内外合作创新研究述评 [J]. 科学管理研究, 2000, 18 (4)：14 – 19.

[186] 罗炜, 唐元虎. 企业合作创新的组织模式及其选择 [J]. 科学学研究, 2001, 19 (4)：103 – 108.

[187] 罗险峰, 胡逢树. 不同生命周期阶段的企业创新行为及风险分析 [J]. 科技进步与对策, 2000, 17 (12)：60 – 61.

[188] M. 波特. 国家竞争优势 [M]. 李明轩, 邱如美, 译. 北京：中信出版社, 2007.

[189] 马家喜, 仲伟俊, 梅姝娥. 企业技术创新组织模式选择范式研究 [J]. 科学学与科学技术管理, 2008, 29 (5)：52 – 59.

[190] 马克思. 马克思恩格斯全集 (第 42 卷) [M]. 北京：人民出版社, 1979.

[191] 马克思. 马克思恩格斯选集（第 3 卷）［M］. 北京：人民出版社，1972.

[192] 马克思. 资本论（第 2 卷）［M］. 北京：人民出版社，1953.

[193] 马克思. 资本论（第 1 卷）［M］. 北京：人民出版社，1953.

[194] 马克·尤里·波拉特. 信息经济［M］. 北京：中国展望出版社，1987.

[195] 马晓燕，骆玲. 基于支柱产业理论体系构建的研究［J］. 财经科学，2005（5）：134－140.

[196] 马歇尔. 经济学原理［M］. 运杰，等译. 北京：华夏出版社，2005.

[197] 玛格丽特·诺克斯，马文静. 编辑基因：更快、更准、更简单［J］. 环球科学，2014（12）：30－34.

[198] ［美］哈里特·朱克曼. 科学界的精英：美国的诺贝尔奖金获得者［M］. 周叶谦，冯世则，译. 北京：商务印书馆，1979.

[199] ［美］亨利·福特，梓浪，莫丽芸. 我的生活与工作：亨利·福特的唯一自传［M］. 北京：北京邮电大学出版社，2005.

[200] 米勒. 人类惠师爱迪生［M］. 北京：现代出版社，2012.

[201] 莫少昆，梅霖. 福特：驰骋百年的梦想［M］. 北京：中信出版社，2004.

[202] 尼古拉斯·卡尔. 大转换：重连世界，从爱迪生到 Google［M］. 闫鲜宁，张付国，译. 北京：中信出版社，2016.

[203] 牛文元. 可持续发展理论的基本认知［J］. 地理科学进展，2008，27（3）：1－6.

[204] P. A. 巴兰. 增长的政治经济学［M］. 蔡中兴，译. 上海：商务印书馆，2014.

[205] 裴长洪，王镭. 论国际竞争力的理论概念和分析方法［J］. 中国工业经济，2002，2（3）：3.

[206] 彭纪生，刘伯军. 技术创新理论探源及本质界定［J］. 科技进步与对策，2002，19（12）：101－103.

[207] 彭纪生，刘伯军. 模仿创新与知识产权保护［J］. 科学学研究，2003，21（4）：423－427.

[208] 皮特·费勒利. 爱迪生的复仇：直流电崛起［J］. 中国孵化器，2012（7）：98－99.

[209] 齐红倩，黄宝敏，李伟. 供给和需求冲击下的全要素生产率变动与中国产能过剩［J］. 南京社会科学，2014（8）：16－23.

[210] 齐世军，王磊，刘洪对. 大力培养和造就科技领军人才［J］. 科学与管理，2008（2）：89－90.

[211] 乔英霞. 天津市科技领军人才状况调查报告［J］. 人力资源管理，2011（10）：74.

[212] 秦海波. 支柱产业［M］. 北京：经济科学出版社，2001.

[213] 琼斯. 光电帝国：爱迪生、特斯拉、威斯汀豪斯三大巨头的世界电力之争［M］. 吴敏译. 北京：中信出版社，2015.

[214] 曲立勇. 战略性新兴产业中小企业战略管理研究［D］. 开封：河南大学，2012.

[215] 渠海雷，邓琪. 论技术创新与产业结构升级［J］. 科学学与科学技术管理，2000，21（2）：16－18.

[216] 冉净斐，文启湘. 流通战略产业论［J］. 商业经济与管理，2005（6）：10－15.

[217] 芮明杰. 产业竞争力的"新钻石模型"［J］. 社会科学，2006（4）：68－73.

[218] 《上海科技领军人才开发的实证研究》课题组. 上海科技领军人才开发的对策研究［J］. 科技发展研究，2005（12）：34－40.

[219] 沈玉龙，余佳，方琴. 我国发展战略性新兴产业的扶持政策现状及发展趋势［J］. 中国高新区，2011（5）：100－103.

[220] 盛世豪. 产业竞争论［M］. 杭州：杭州大学出版社，1999.

[221] 盛锁，杨建君，刘刃. 市场结构与技术创新理论研究综述［J］. 科学学与科学技术管理，2006，27（4）：92－97.

[222] 施红星. 基于科技流动视角的战略性新兴产业成长问题研究［D］. 南京：南京航空航天大学，2013.

[223] 施平，郑江淮. 战略性新兴产业的特征与发展思路［J］. 贵州社会科学，2010（12）：36－39.

[224] 施卓宏，朱海玲. 基于钻石模型的战略性新兴产业评价体系构建［J］. 统计与决策，2014（10）：51－53.

[225] 石峰. 论当代技术革命视野下战略性新兴产业［J］. 学习与实践，2012（10）：41－48.

［226］水常青，许庆瑞．企业创新文化理论研究述评［J］．科学学与科学技术管理，2005，26（3）：138 - 142．

［227］宋成一，王进永，等．领军人才的成长特点、规律与途径：以江苏为例［J］，科技与经济，2011，24（6）：92 - 95．

［228］宋德金，刘思峰．战略性新兴产业选择评价指标与综合决策模型［J］．科技与经济，2014，27（1）：66 - 70．

［229］宋河发，穆荣平，任中保．自主创新及创新自主性测度研究［J］．中国软科学，2006（6）：60 - 66．

［230］宋河发，万劲波．我国战略性新兴产业内涵特征、产业选择与发展政策研究［J］．科技促进发展，2010（9）：7 - 15．

［231］苏东水．产业经济学［M］．北京：高等教育出版社，2000．

［232］苏津津，李颖．影响科技领军人才成长的关键因素分析：基于对天津市科技领军人才的实证分析［J］．科技管理研究，2013（8）：83 - 86．

［233］苏津津，乔英霞．浅析加强科技领军人才队伍建设的经济策略：以天津市为例［J］．前沿，2012（8）：75 - 76．

［234］眭平．爱迪生白炽灯创新精神［J］．物理通报，2000（2）：39 - 41．

［235］孙爱英，李垣，任峰．企业文化与组合创新的关系研究［J］．科研管理，2006，27（2）：15 - 21．

［236］孙国民．战略性新兴产业概念界定：一个文献综述［J］．科学管理研究，2014（2）：54 - 58．

［237］孙晓华，刘晓玲．范式转换与新兴产业培育：自新能源汽车观察［J］．改革，2015（9）：112 - 119．

［238］孙晓华，王林．新兴产业演化与市场生态位培育：以新能源汽车为例［J］．经济学家，2014（5）：54 - 62．

［239］孙耀吾，曾德明．基于技术标准合作的企业虚拟集群：内涵、特征与性质［J］．中国软科学，2005（9）：98 - 105．

［240］谭中明，李战奇．论战略性新兴产业发展的金融支持对策［J］．企业经济，2012（2）：172 - 175．

［241］汤长安．产业集群成熟期技术创新扩散过程的博弈分析［J］．科技管理研究，2008，28（11）：224 - 227．

［242］汤建影，黄瑞华．研发联盟企业间知识共享的影响因素分析［J］．科技管理研究，2005，25（6）：63 - 66．

［243］汤蓉．江苏省文化产业领军人才队伍建设问题及原因［J］．市场周刊（理论研究），2012，12：78 - 79 + 77．

［244］汤少梁，肖增敏．平等地位下知识创新联盟收益分配问题研究［J］．科学学与科学技术管理，2007，28（10）：98 - 102．

［245］陶长琪，齐亚伟．融合背景下信息产业技术创新与产业系统成长的协同机制［J］．科学学与科学技术管理，2009，30（11）：86 - 93．

［246］万长松．亨利·福特产业哲学思想初探［J］．自然辩证法研究，2007，23（7）：44 - 49．

［247］万钢．把握全球产业调整机遇，培育和发展战略性新兴产业［J］．求是，2010（1）：28 - 31．

［248］万军．战略性新兴产业发展中的政府定位：日本的经验教训及启示［J］．科技成果纵横，2010（1）．

［249］汪锦，孙玉涛，刘凤朝．中国企业技术创新的主体地位研究［J］．中国软科学，2012（9）：146 - 153．

［250］汪群，张阳，郑声安．基于产业生命周期视角的企业战略制定的影响因素研究［J］．南京社会科学，2008（5）：48 - 52．

［251］汪莹．产业竞争力理论研究述评［J］．江淮论坛，2008（2）：29 - 39．

［252］王斌．技术创新、经济增长与产业结构升级［J］．科技管理研究，1999，14（4）：26 - 28．

［253］王程韡．战略性新兴产业是可"选择"的吗？［J］．科学学与科学技术管理，2013（7）：131 - 138．

［254］王菲．战略性新兴产业识别研究［J］．财会通讯，2012（21）：89 - 91．

［255］王海．科技领军人才要定苗助长［J］．中国人才，2012（8）：52 - 52．

[256] 王宏，骆旭华．美国政府技术采购促进战略性新兴产业发展分析 [J]．商业研究，2010（11）.

[257] 王宏起，田莉，武建龙．战略性新兴产业突破性技术创新路径研究 [J]．工业技术经济，2014（2）：87-94.

[258] 王娟．我国战略性新兴产业技术创新动力研究 [D]．西安：西安石油大学，2013.

[259] 王俊辉．高校科研创新领军人才培养探析 [J]．管理观察，2009（15）：144-145.

[260] 王礼恒．战略性新兴产业培育与发展战略研究综合报告 [M]．北京：科学出版社，2015.

[261] 王利政．我国战略性新兴产业发展模式分析 [J]．中国科技论坛，2011（1）.

[262] 王敏，方荣贵，银路．基于产业生命周期的共性技术供给模式比较研究：以半导体产业为例 [J]．中国软科学，2013（9）：124-132.

[263] 王蒲生，杨君游，李平，等．产业哲学视野中全球生产方式的演化及其特征：从福特制、丰田制到温特制 [J]．科学技术哲学研究，2008，25（3）：96-101.

[264] 王荣德．卡文迪什实验室与诺贝尔奖获得者 [J]．高等工程教育研究，1999（2）：22-28.

[265] 王森，杜建国，周绿林．三种创新策略选择下的企业创新行为演化博弈研究 [J]．科技进步与对策，2012，29（23）：18-20.

[266] 王少永，霍国庆，等．战略性新兴产业的生命周期及其演化规律研究 [J]．科学学研究，2014（11）：1631-1640.

[267] 王彤．网络经济条件下的组织协同——福特汽车公司新型人力资源管理方式 [J]．中外企业文化，2001（1）：30-31.

[268] 王小强．信息革命与全球化背景下的中国战略产业重组 [J]．战略与管理，1997（5）：1-14.

[269] 王新新．战略性新兴产业的理论研究及路径选择 [J]．科技进步与对策，2012，29（8）：52-57.

[270] 王雅芬．基于产业集群生命周期的技术创新研究 [J]．商业经济与管理，2007，1（5）：23-28.

[271] 王兆，吴志新．福特的燃料电池汽车 [J]．汽车工程，2002（1）：86-87.

[272] 王志乐．"产业革命"和"工业革命"的含义和译法 [J]．东北师范大学学报，1981（4）：99-104.

[273] 魏杰．被遗忘的 PC 先驱 [J]．互联网周刊，2005（13）：54-54.

[274] 魏礼群．真正把基础设施建设放在先行的战略地位 [J]．求是，1993（19）：2-8.

[275] 魏守华，石碧华．论企业集群的竞争优势 [J]．中国工业经济，2002（1）：59-65.

[276] 温家宝．让科技引领中国可持续发展 [J]．高科技与产业化，2010，6（3）：22-22.

[277] 文豪，张敬霞，陈中峰．中国的知识产权保护与技术创新：基于行业特征的实证分析 [J]．宏观经济研究，2014（11）：69-77.

[278] 吴波，杨菊萍．区域龙头企业的知识溢出与本地中小企业成长：基于浙江省三个产业集群中小企业调查的实证研究 [J]．科学学研究，2008，26（1）：130-136.

[279] 吴春秋．大战略学 [M]．北京：军事科学出版社，1998.

[280] 吴贵生，李纪珍．国家创新系统中发展共性技术的对策研究报告 [R]．国家科技部市场经济条件下国家创新系统的建设分课题之一，1999.

[281] 吴永忠．论技术创新的不确定性 [J]．自然辩证法研究，2002，18（6）：37-39.

[282] 武建龙，王宏起．战略性新兴产业突破性技术创新路径研究 [J]．科学学研究，2014（4）：508-519.

[283] 武瑞杰．区域战略性新兴产业的评价与选择 [J]．科学管理研究，2012，30（2）：42-45.

[284] 夏京宁，王凤贺．团队精神的培养和团队领军人物的塑造 [J]．南京理工大学学报，2005（3）：45-47.

[285] 夏天，郭伟．技术创新的不确定性、风险及其管理模式选择 [J]．科技管理研究，2005（6）：145-147.

[286] 向刚，汪应洛．企业持续创新动力机制研究 [J]．科研管理，2004，25（6）：108-114.

[287] 向刚，汪应洛．企业持续创新能力：要素构成与评价模型 [J]．中国管理科学，2004，12（6）：137-

142.

[288] 筱原三代平. 产业结构论 [M]. 北京：中国人民大学出版社，1990.

[289] 肖广岭，柳卸林. 我国技术创新的环境问题及其对策 [J]. 中国软科学，2001 (1)：18 - 24.

[290] 肖兴志. 发展战略、产业升级与战略性新兴产业选择 [J]. 财经问题研究，2010 (8)：40 - 48.

[291] 谢伏瞻. 发动机增长点：中国新世纪的战略产业大调整 [M]. 北京：中国发展出版社，1998.

[292] 谢富胜，黄蕾. 福特主义、新福特主义和后福特主义——兼论当代发达资本主义国家生产方式的演变 [J]. 教学与研究，2005 (8)：36 - 42.

[293] 谢富胜. 资本主义的劳动过程：从福特主义向后福特主义转变 [J]. 中国人民大学学报，2007，21 (2)：64 - 70.

[294] 邢怀滨，汝鹏，刘军. 政府在基础技术发展中的角色：以测量标准为例 [J]. 科学学与科学技术管理，2006，27 (6)：116 - 119.

[295] 熊彼特. 经济发展理论 [M]. 王永胜译. 上海：立信会计出版社，2017.

[296] 熊鸿儒，王毅，等. 技术轨道研究：述评与展望 [J]. 科学学与科学技术管理，2012，33 (7)：21 - 28.

[297] 熊清华，吴娅玲. 关于支柱产业的几个理论问题 [J]. 经济问题探索，2003 (4)：9 - 12.

[298] 徐传谌，谢地. 产业经济学 [M]. 北京：科学出版社，2007.

[299] 徐飞，卜晓勇. 诺贝尔奖获得者与中国科学家群体比较研究 [J]，自然辩证法通讯，2006，28 (2)：52 - 59.

[300] 徐冠华. 关于自主创新的几个重大问题 [J]. 中国软科学，2006 (4)：8 - 11.

[301] 徐康宁，冯伟. 基于本土市场规模的内生化产业升级：技术创新的第三条道路 [J]. 中国工业经济，2010 (11)：58 - 67.

[302] 徐寿波. 关于基础产业理论的几个问题 [J]. 北京交通大学学报 (社会科学版)，2009 (8)：1 - 10.

[303] 许庆瑞，吴晓波. 技术创新，劳动生产率与产业结构 [J]. 中国工业经济，1991 (12)：9 - 15.

[304] 许庆瑞. 研究、发展与技术创新管理 [M]. 北京：高等教育出版社，2010.

[305] 薛豪娜. 创新性企业持续创新作用机理研究 [D]. 合肥：合肥工业大学博士论文，2014 (4).

[306] 薛澜，林泽梁，梁正，等. 世界战略性新兴产业的发展趋势对我国的启示 [J]. 中国软科学，2013 (5)：18 - 26.

[307] 薛澜，周源，李应博. 战略性新兴产业创新规律与产业政策研究 [M]. 北京：科学出版社，2015.

[308] 薛跃. 支柱产业、主导产业、新兴产业的递进发展与社会生产力的飞跃 [J]. 生产力研究，1991 (6)：21 - 23.

[309] 杨帆，李学敏. 技术创新与管理创新的互动模式研究 [J]. 科学学与科学技术管理，2001，22 (10)：74 - 76.

[310] 杨宏呈. 基于突破性创新视角的战略性新兴产业发展研究 [D]. 武汉：华中科技大学，2013.

[311] 杨雪锋，张卫东. 资源减量化、信息替代与经济流程的转变 [J]. 中国工业经济，2005 (5)：5 - 12.

[312] 杨耀武. 技术预见的基本理念 [J]. 世界科学，2003 (4)：61 - 64.

[313] 叶红雨，钱省三，孟薇. 微电子领域科技领军人才引进工作的"瓶颈"与改善 [J]. 半导体技术，2005 (4)：1 - 4.

[314] 叶红雨，钱省三，孟薇. 我国微电子领域引进科技领军人才的迫切性 [J]. 半导体技术，2004 (12)：23 - 28.

[315] 叶红雨. 微电子领域引进科技领军人才调查研究 [J]. 商业研究，2006 (15)：55 - 57.

[316] 叶明. 中国精英的基本素质分析 [J]，南京理工大学学报 (社会科学版)，2007，20 (4)：75 - 79.

[317] 叶晓红，叶金国. 技术创新与产业系统的协同演进 [J]. 科学管理研究，2004，22 (3)：26 - 29.

[318] 叶忠海. 高层次科技人才的特征和开发 [J]. 中国人才月刊，2005 (9)：25 - 26.

[319] 佚名. 博施 [J]. 光谱实验室, 2007 (1): 23-23.

[320] 佚名. 失落的历史 [J]. 微型计算机, 2011 (4): 117-121.

[321] 佚名. 他的 DOS, 加里·基尔代尔 (Gary Kildall) [J]. 中国高新技术企业, 2004 (2): 92-92.

[322] 易高峰, 邹晓东. 面向战略性新兴产业高端产学研用合作平台研究 [J]. 政产学研用协同创新论坛论文集, 2012, 29 (22): 79-83.

[323] 易余胤. 基于演化博弈论的企业合作与背叛行为研究 [M]. 北京: 经济科学出版社, 2010.

[324] 易余胤, 刘汉民. 经济研究中的演化博弈理论 [J]. 商业经济与管理, 2005 (8): 8-13.

[325] 于斌斌, 余雷. 基于演化博弈的集群企业创新模式选择研究 [J]. 科研管理, 2015, 36 (4): 30-38.

[326] 于淑娥, 张炳君. 培育战略性新兴产业构筑青岛产业竞争新优势 [J]. 环渤海经济瞭望, 2010 (8): 8-11.

[327] 于欣丽. 标准化与经济增长: 理论、实证与案例 [M]. 北京: 中国标准出版社, 2008.

[328] 于新东, 牛少凤, 等. 培育发展战略性新兴产业的背景分析、国际比较与对策研究 [J]. 经济研究参考, 2011 (16): 2-39.

[329] 余浩, 蔡晓琼. 产业集群竞合创新研究: 以移动通讯产业为例 [J]. 工业技术经济, 2008, 27 (9): 104-107.

[330] 喻登科, 涂国平, 陈华. 战略性新兴产业集群协同发展的路径与模式研究 [J]. 科学学与科学技术管理, 2012 (4): 114-121.

[331] 袁家军. 培养科技领军人才的四个关键环节 [J]. 中国人才, 2013 (9): 33.

[332] 约翰·伊特韦尔等. 新帕尔格雷夫经济学大辞典 [M]. 陈岱岳, 等译. 北京: 经济科学出版社, 1996.

[333] 岳洪江, 张琳, 梁立明. 基金项目负责人与科技人才年龄结构比较研究 [J], 科研管理, 2002, 23 (6): 100-106.

[334] 曾德明, 吴传荣. 高技术企业集群与技术标准合作的关系分析 [J]. 科技进步与对策, 2009 (7): 72-75.

[335] 曾娟, 万君康. 企业技术创新模式影响因素分析论证 [J]. 科技进步与对策, 2000, 17 (4): 3-4.

[336] 张超. 提升产业竞争力的理论与对策探微 [J]. 宏观经济研究, 2002 (5): 49-52.

[337] 张春辉, 陈继祥. 渐进性创新或颠覆性创新: 创新模式选择研究综述 [J]. 研究与发展管理, 2011, 23 (3): 88-96.

[338] 张春玲, 吴红霞. 低碳经济下区域战略性新兴产业评价与选择 [J]. 生态经济, 2013 (5): 131-135.

[339] 张根明, 徐婧. 企业家认知因素对技术创新行为及绩效影响的实证研究 [J]. 科技进步与对策, 2011, 28 (15): 18-21.

[340] 张海国, 樊香萍, 章锦安. 大力培养和造就科技领军人才 [J]. 产业与科技论坛, 2011 (3): 197-198.

[341] 张和平. 对于大力发展战略性新兴产业的思考与建议 [J]. 经济界, 2010 (3): 55-60.

[342] 张洪石, 付玉秀. 影响突破性创新的环境因素分析和实证研究 [J]. 科学学研究, 2005 (S1): 255-263.

[343] 张凯, 刘长灏. 对循环经济无害化原则的认识 [J]. 环境保护, 2008 (6): 17-19.

[344] 张立超, 刘怡君. 技术轨道的跃迁与技术创新的演化发展 [J]. 科学学研究, 2015, 33 (1): 137-145.

[345] 张利华, 王桔. 基于产业生命周期理论的创新服务平台研究: 以纺织业创新服务平台为例 [J]. 科学管理研究, 2008, 26 (3): 8-11.

[346] 张良桥, 贺正楚等. 基于灰色关联分析的战略性新兴产业评价: 以生物医药为例 [J]. 经济数学, 2010 (3): 79-84.

[347] 张明莲. 一个促进科技与经济结合的典范: 美国俄亥俄州爱迪生计划 [J]. 科技进步与对策, 1988

（2）：57－60.

[348] 张圣华，王通讯，郭新志，乔明琦，刘潜，白四座. 科技创新，谁更适合领军？——关于科技领军人才的角色辩论 [J]. 中国人才，2010（1）：21－25.

[349] 张炜，杨选良. 自主创新概念的讨论与界定 [J]. 科学学研究，2006，24（6）：956－961.

[350] 张文韬. 寻找下一个爱迪生 [J]. 世界科学，2014（3）.

[351] 张武军，魏新亚，徐宁. 浅议高校科技领军人才的引进 [J]. 科技管理研究，2009（4）：259－260.

[352] 张晓东，霍国庆，李天琪，等. 战略性新兴产业信息资源服务能力评价与模式探讨 [J]. 图书情报工作，2012，56（24）.

[353] 张晓东，霍国庆. 战略性新兴产业信息资源服务模式与竞争力分析 [J]. 科技进步与对策，2013，30（2）：74－78.

[354] 张欣欣. 领军人才安全问题与应对策略研究 [J]. 上海理工大学学报（社会科学版），2006（2）：16－19.

[355] 张远凤. 从福特到盖茨："经理革命"的轮回 [J]. 管理现代化，2001（3）：59－61.

[356] 张志雄. 对军队创新型科技领军人才培养的思考 [J]. 高等教育研究学报，2012（3）：7－8.

[357] 章勇. 七大新兴产业名微调　新名单意指何方？[J]. 中国科技财富，2010（17）：18－21.

[358] 赵长秩，曾婷，顾新. 产学研联盟推动我国战略性新兴产业技术创新的作用机制研究 [J]. 四川大学学报（哲学社会科学版），2013（3）：47－52.

[359] 赵海平. 福特的印象主义与约瑟夫·康拉德 [J]. 国外文学，2006，26（1）：109－114.

[360] 赵慧玲. 培养科技领军人才，提升自主创新能力 [J]. 廊坊师范学院学报（社会科学版），2009（3）：70－71.

[361] 赵佩华，张卫国. 演化博弈下跨国公司技术转让策略分析 [J]. 工业工程，2009，12（4）：11－14.

[362] 赵儒煜. 产业革命论 [M]. 北京：科学出版社，2003.

[363] 赵涛. 经济长波论 [M]. 北京：中国人民大学出版社，1988.

[364] 赵伟，徐琳，谢逸. 信息科学领域科技领军人才成长的研究生教育背景分析 [J]. 技术与创新管理，2011（6）：667－669.

[365] 赵希男，王启明，吕玉坤. 基于个体优势分析的领军人才评判方法 [J]. 运筹与管理，2012（4）.

[366] 赵愚，蔡剑英，罗荣桂. 技术创新与我国企业核心竞争力的构建模式 [J]. 中国软科学，2001（1）：94－97.

[367] 赵玉林，彭玮. 国家科技发展战略在区域布局的评价体系研究 [J]. 科技创业月刊，2004（11）：4－6.

[368] 赵玉林，石璋铭. 战略性新兴产业资本配置效率及影响因素的实证研究 [J]. 宏观经济研究，2014（2）：72－80.

[369] 赵玉林，徐娟娟. 创新诱导主导性高技术产业成长的路径分析 [J]. 科学学与科学技术管理，2009，30（9）：123－129.

[370] 赵跃先. 对"包容性增长"的伦理解读 [J]. 求实，2011（10）：30－3.

[371] 赵忠伟. 中小型高科技企业技术创新模式选择研究 [J]. 科技管理研究，2009，29（8）：456－458.

[372] 郑斌，朱炯. 爱迪生电力公司营销策略启示 [J]. 中国电力企业管理，2009（2）.

[373] 中国科学院老科协工程力学分会. 爱迪生11大世纪预言：电话将更加智能已实现 [J]. 科技传播，2011（4）.

[374] 钟清流. 战略性新兴产业发展进程中的政府角色 [J]. 现代商业，2010（21）：149－150.

[375] 钟志华，万鑫铭，抄佩佩，高金燕，等. 节能与新能源汽车产业培育与发展研究报告 [M]. 北京：科学出版社，2015.

[376] 周焯华，秦佳良，刘程军. 新技术开发中利益相关者异质性对风险认知的影响 [J]. 科技进步与对策，2014（22）：1－6.

[377] 周程，周雁翎. 战略性新兴产业是如何育成的？——哈伯－博施合成氨法的发明与应用过程考察 [J].

科学技术哲学研究，2011，28（1）：84－94.

[378] 周菲，王宁. 芬兰发展战略性新兴产业的经验与启示 [J]. 理论参考，2010（11）：29－31.

[379] 周鹏. 百年福特——一个世界的经典传奇 [J]. 汽车与安全，2007（2）：44－49.

[380] 周叔莲. 我国产业结构调整和升级的几个问题 [J]. 中国工业经济，1998（7）：22－29.

[381] 朱瑞博，刘芸. 战略性新兴产业机制培育条件下的政府定位找寻 [J]. 改革，2011（6）：84－92.

[382] Abernathy W J, Utterback J M. Patterns of innovation in technology [J]. Technology Review, 1978, 80（7）: 10－47.

[383] Agarwal R, Gort M. The evolution of markets and entry, exit and survival offirms [J]. The Review of Economics and Statistics, 1996, 78（78）: 489－498.

[384] Aghion P, Griffith R. Competition and growth: Reconciling theory and evidence [M]. Cambridge: MIT Press, 2005.

[385] Ahuja G. Moving Beyond Schumpeter: Management Research on the Determinants of TechnologicalInnovation [J]. Academy of Management Annals, 2008, 2（1）: 1－98.

[386] Akamatsu K. Trade of Woolen Products in Japan [J]. Studies of Commerce and Economy, 1935, 13（1）: 129－212.

[387] Alderfer C P. An empirical test of a new theory of human needs [J]. Organizational behavior and human performance, 1969, 4（2）: 142－175.

[388] Allen R H, Sriram R D. The Role of Standards in Innovation [J]. Technological Forecasting and Social Change, 2000, 64,（7）: 171－181.

[389] Amarad. Leading innovating organizations [J]. The Mid-Atlantic Journal of Business, 1998, 34（3）: 185.

[390] Anderson C. The Long Tail: Why the Future of Business Is Selling Less of More [M]. Hyperion, 2006.

[391] Anita M. McGahan, Brian S. Silverman. How does innovative activity change as industries mature? [J]. International Journal of Industrial Organization, 2001, 19: 1141－1160.

[392] Antonelli C, Crespi F, Scellato G. Inside innovation persistence: New evidence from Italian micro-data [J]. Structural Change and Economic Dynamics, 2012, 23（4）: 341－353.

[393] Argyres N, Bigelow L. Does transaction misalignment matter for firm survival at all stages of the industry life cycle? [J]. Management Science, 2007, 53（8）: 1332－1344.

[394] Audretsch D B, Feldman M P. Innovative clusters and the industry lifecycle [J]. Review of industrial organization, 1996, 11（2）: 253－273.

[395] Awie Vlok. A leadership competency profile for innovation leaders in a science-based research and innovation organization in SouthAfrica [J]. Social and Behavioral Sciences, 2012, 32: 209－226.

[396] Badaracco J. The knowledge link: How firms compete through strategic alliances [M]. Boston: Harvard Business Press, 1991.

[397] Balland P A, De Vaan M, Boschma R. The dynamics of interfirm networks along the industry life cycle: The case of the global video game industry, 1987－2007 [J]. Journal of Economic Geography, 2013, 13（5）: 741－765.

[398] Benkard C L. A dynamic analysis of the market for wide-bodied commercial aircraft [J]. The Review of Economic Studies, 2004, 71（3）: 581－611.

[399] Blank S C. Insiders' Views on Business Models Used by Small Agricultural Biotechnology Firms: Economic Implications for the Emerging Global Industry [J]. Agbioforum, 2008, 11（2）: 71－81.

[400] Bonaccorsia G P. The long-term evolution of vertically-related industries [J]. International Journal of Industrial Organization, 2001, 19（7）: 1053－1083.

[401] Booz-Allen H. New product management for the 1980s [J]. Booz-Allen & Hamilton, New York, 1982.

[402] Brouwer E, Kleinknecht A. Firm size, small business presence and sales in innovative products: A micro-econo-

metric analysis [J]. Small Business Economics, 1996, 8 (3): 189 – 201.

[403] Cameron K S. Cultural Congruence, Strength, and Type: Relationships to Effectiveness [R]. ASHE 1985 Annual Meeting Paper, 1985.

[404] Camisón C, Villar-López A. Organizational innovation as an enabler of technological innovation capabilities and firmperformance [J]. Journal of Business Research, 2014, 67 (1): 2891 – 2902.

[405] Canto V A, Joines D H, Laffer A B. Foundations of supply-side economics: Theory and evidence [M]. Cambridge: Academic Press, 2014.

[406] Cefis E, Ciccarelli M. Profit differentials andinnovation [J]. Economics of Innovation and New Technology, 2005, 14 (1 – 2): 43 – 61.

[407] Chandy R K, Tellis G J. Organizing for Radical Product Innovation: The Overlooked Role of Willingness to Cannibalize [J]. Journal of Marketing Research, 1998, 35 (4): 474 – 487.

[408] Cho D H, Yu P I. Influential factors in the choice of technology acquisition mode: an empirical analysis of small and medium size firms in the Korean telecommunicationindustry [J]. Technovation, 2000, 20 (12): 691 – 704.

[409] Cho. Dong-Sung. A dynamic approach to international competitiveness: the case of Korea [J]. Journal of Far Eastern Business, 1994, (1): 17 – 36.

[410] Christensen C M. Making strategy: learning by doing [J]. Harvard Business Review, 1997, 75 (6): 141 – 149.

[411] Claude-Gaudillat V. Dynamic Competition and Development of New Competencies. In Anthony F. Buono (Eds.). Enhancing inter-firm networks and interorganizational strategies [M]. Charlotte: Research in Management Consulting, Information Age Publishing, 2003, 3: 175 – 186,

[412] Cohen W M, Levinthal D A. Absorptive capacity: A new perspective on learning and innovation [J]. Administrative science quarterly, 1990, 128 – 152.

[413] Congcao. Chinese scientific elite: A test of the universalism of scientific elite formation [M], Columbia university, 1984: 166.

[414] Crane D. Scientists at major and minor universities: A study of productivity and recognition [J]. American Sociological Review, 1965, 30 (5).

[415] Crepon B, Duguet E, Mairesse J. Research, innovation and productivity: An econometric analysis at the firm level [R]. NBER Working Papers No. 6696, NBER. 1998.

[416] Damanpour F, Gopalakrishnan S. The Dynamics of the Adoption of Product and Process Innovations in Organizations [J]. Journal of Management Studies, 2001, 38 (1): 45 – 65.

[417] Daron A, Joshua L. Market size in innovation: Theory and evidence from the pharmaceutical industry [J]. The Quarterly Journal of Economics, 2004, 119 (3): 1049 – 1090.

[418] D'aspremont C, Jacquemin A. Cooperative and noncooperative R&D in duopoly with spillovers [J]. The American Economic Review, 1988, 78 (5): 1133 – 1137.

[419] Deschamps J. Innovation Leaders: How Senior Executives Stimulate, Steer, and Sustain Innovation [M]. New York: John Wiley & Sons Ltd, 2008.

[420] Deschamps J-P. Different leadership skills for different innovation strategies [J]. Strategy & Leadership, 2005, 33 (5): 31.

[421] Dodgson M, Bessant J. Effective innovation policy: a newapproach [J]. Long Range Planning, 1997, 30 (1): 143.

[422] Dunning J H. Internationalizing Porter's Diamond [J]. Management International Review, Second Quarter, 1993, 33 (2): 7 – 15.

[423] Eisenhardt K M. Building theories from case studyresearch [J]. Academy of Management Review, 1989, 14

我国战略性新兴产业评价与模式研究

(4): 532 – 550.

[424] Eisenhardt K M, Martin J A. Dynamic capabilities: What are they? [J]. Strategic Management Journal, 2000, 21 (10 – 11): 17.

[425] Enos J L. Petroleum, progress and profits: a history of process innovation [M]. Cambridge: MIT Press, 1962.

[426] Filson D. The nature and effects of technological change over the industry life cycle [J]. Review of Economic Dynamics, 2001, 4 (2): 460 – 494.

[427] Folster S, Trofimov G. Industry evolution and R&D externalities [J]. Journal of Economic Dynamics and Control, 1997, 21 (10): 1727 – 1746.

[428] Forbes D P, Kirsch D A. The study of emerging industries: Recognizing and responding to some central problems [J]. Journal of Business Venturing, 2011, 26 (5): 589 – 602.

[429] Freeman C. Economics of Industrial Innovation [M]. Boston: MIT Press, 1982.

[430] Friedman D. Evolutionary Games in Economics [J]. Econometrica, 1991, (59): 637 – 666.

[431] Funk J L. The emerging value network in the mobile phone industry: The case of Japan and its implications for the rest of the world [J]. Telecommunications Policy, 2009, 33 (1): 4 – 18.

[432] Garrett G, Davies G. Herding Cats: Being Advice to Aspiring Academic and Research Leaders [M]. Devon, UK: Triarchy Press, 2010.

[433] Gaston J. The reward system in britishscience [J]. American sociological Review, 1970, 35 (4).

[434] Geels F W. Technological transitions as evolutionary reconfiguration processes: a multi-level perspective and a case-study [J]. Research Policy, 2002, (31): 1257 – 1274.

[435] Gnyawali D R, Park B J. Co-opetition between giants: Collaboration with competitors for technological innovation [J]. Research Policy, 2011, 40 (5): 650 – 663.

[436] Gort M, Klepper S. Time paths in the diffusion of product innovations [J]. The Economic Journal, 1982, (92): 630 – 653.

[437] Govindarajan V, Kopalle P K. The usefulness of Measuring Disruptiveness of Innovations Ex Post in Making Ex Ante Predictions [J]. Journal of Product Innovation Management, 2006, (23): 12 – 18.

[438] Hanson G H, Mataloni R J, Slaughter M J. Vertical Production Networks in Multinational Firms [J]. General Information, 2003, 87 (4): 664 – 678.

[439] Heckscher E F, Ohlin B G. Heckscher-Ohlin trade theory [M]. The MIT Press, 1991.

[440] Herriott R E, Firestone W A. Multisite qualitative policy research: Optimizing description and generalizability [J]. Educational Researcher, 1983, 12 (2): 14 – 19.

[441] Herrmann D K. Tracking systems as a catalyst for incremental innovation [J]. Management Decision, 1999, 37 (10): 786 – 791.

[442] Hex J, Wu Y Y. Simulation on relationship between enterprises behavior and profit in supply network based on evolutionary game theory [J], Application Research of Computers, 2013, 30 (3), 825 – 828.

[443] Hirschman A. O. The Strategy of economic development [M]. Westview Press Inc., Rev Edition: 1958, 211 – 214.

[444] Hofstede G, Neuijen B, Ohayv D D. Measuring organizational cultures: A qualitative and quantitative study across twentycases [J]. Administrative Science Quarterly, 1990, 286 – 316.

[445] Ira V Liebermar. Industrial Restructuring Policy and Practice [R]. The World Bank Discussion Paper, 1990.

[446] Jovanovic B. Selection and the Evolution of Industry [J]. Econometrica: Journal of the Econometric Society: 1982, 649 – 670.

[447] Judd K L. On the performance ofpatents [J]. Econometrica: Journal of the Econometric Society, 1985, 567 –

585.

[448] Kale D, Little S. From imitation to innovation: The evolution of R&D capabilities and learning processes in the Indian pharmaceutical industry [J]. Technology Analysis & Strategic Management, 2007, 19 (5): 589 – 609.

[449] Karniouchina E V, Carson S J, Short J C, et al. Extending the firm vs. industry debate: Does industry life cycle stage matter? [J]. Strategic Management Journal, 2013, 34 (8): 1010 – 1018.

[450] Keynes J M. The General Theory of Employment, Interest, and Money [M]. Springer, 2018.

[451] Klepper S. Entry, ex it, growth and innovation over the product life cycle [J]. American Economic Review, 1996, 86: 562 – 583.

[452] Klepper S. Firm Survival and the Evolution of Oligopoly [J]. Rand Journal of Economics, 2002, 33 (1): 37 – 61.

[453] Klepper S, Graddy E. The Evolution of New Industries and the Determinants of Market Structure [J]. Rand Corporation Santa Monica, 1990, 21 (1): 27 – 44.

[454] Klepper S. Industry life cycles [J]. Industrial and Corporate Change, 1997, 6: 145 – 181.

[455] Klepper S, Simons K L. Industry shakeouts and technological change [J]. International Journal of Industrial Organization, 2005, 23 (1 – 2): 23 – 43.

[456] Klepper S, S Imons K L. The making of an oligopoly: firm survival and technological change in the evolution of the U. S. tire industry [J]. Journal of Political Economy, 2000, 108 (4): 728 – 760.

[457] Klepper S. The capabilities of new firm's and the evolution of the U. S. automobile industry [J]. Industrial and Corporate Change, 2002, 11: 645 – 666.

[458] Klepper S. The geography of organizational knowledge [J]. Carnegie Mellon University Working Paper: 2003, 1 – 45.

[459] Klsimons. Shakeouts, innovation, and industrial strategy and policy [J]. Australian Economic Review, 2007, 40 (1): 106 – 112.

[460] Krugman P. Pop Internationalism [M]. The MIT Press, Massachusetts, 1996.

[461] Krugman P. Scale economies, product differentiation, and the pattern of trade [J]. The American Economic Review, 1980, 70 (5): 950 – 959.

[462] Kuznets S. Economic growth of nations: Total output and production structure [M]. Cambridge, Mass. : Belknap Press of Harvard University Press, 1971.

[463] Lin C, Lin P, Song F M, et al. Managerial incentives, CEO characteristics and corporate innovation in China's private sector [J]. Journal of Comparative Economics, 2011, 39 (2): 176 – 190.

[464] Liu Z Y. Innovation efficiency and impact factors of china's strategic emergingindustries [J]. Journal of Emerging Trends in Economics and Management Sciences, 2012, 3 (5): 547 – 552.

[465] Los B. Identification of strategic industries: a dynamic perspective [J]. Papers in Regional Science, 2004, 83 (4): 669 – 698.

[466] Lowe J, Taylor P. R&D and technology purchase through license agreements: complementary strategies and complementaryassets [J]. R&D Management, 1998, 28 (4): 263 – 278.

[467] Lucas R E, Report A. The Industrial Revolution: past and future [J]. General Information, 2004, 5 – 20.

[468] Machlup F. The production and distribution of knowledge in the United States [M]. Princeton University Press, 1962.

[469] Madhavan R, Koka B R, Prescott J E. Networks in transition: How industry events (re) shape inter-firmrelationships [J]. Strategic Management Journal, 1998, 439 – 459.

[470] Malerba F, Nelson R, Orsenigo L, Winter S. Competition and industrial policy in a history friendly model of the evolution of the computer industry [J]. International Journal of Industrial Organization, 2001, 19: 635 – 664.

[471] Malerba F, Orsenigo L. Innovation and market structure in the dynamics of the pharmaceutical industry and biotechnology: Towards a history friendly model [J]. Industrial and Corporate Change, 2002, 11 (4): 667 – 703.

[472] Malerba F. Sectorial systems of innovation: a framework for linking innovation to the knowledge base, structure and dynamics of sectors [J]. Economics of Innovation and New Technology, Taylor and Francis Journals, 2005, 14 (1 – 2): 63 – 82.

[473] Mani Sunil. Growth of new technology-based industries in India, the contrasting experiences of Biotechnology and Information Technology industries [J]. International Journal of Technology and Globalisation, 2006, 2 (1/2): 200.

[474] Mansfield E. Foreign Trade US Research and Development [J]. Review of Economic and Statistics, 1979, (10): 61 – 62.

[475] Mascarenhas B. International industry evolution patterns [J]. International Business Review, 1995, (4): 233 – 246.

[476] Maslach D. Change and persistence with failed technological innovation [J]. Strategic Management Journal, 2016, 37 (4): 714 – 723.

[477] Maslow A H. A theory of human motivation [J]. Psychological Review, 1943, 50 (4): 370 – 396.

[478] Mcdermott C M, O'connor G C. Managing radical innovation: an overview of emergent strategyissues [J]. Journal of Product Innovation Management, 2002, 19 (6): 424 – 438.

[479] McKelvey. The economic dynamics of modern biotechnology [M]. Edward Elgar Publishing, 2004.

[480] Mezias S J, Kuperman. J C. The community dynamics of entrepreneurship: The birth of the American film industry [J]. Journal of Business Venturing, 2000, (16): 1859 – 1929.

[481] Michael D. Mumford, Brian Licuanan. Leading for innovation: Conclusions, issues, and directions [J]. The leadership Quarterly, 2004, 7.

[482] Mueser R. Identifying technical innovations [J]. IEEE Transactions on Engineering Management, 1985, (4): 158 – 176.

[483] Mumford M D, Connelly M S., Gaddis. B. How creative leaders think: Experimental findings and cases [J]. The Leadership Quarterly, 2003 (14): 411 – 432.

[484] Mumford M D, Scott G M, Gaddis B. Leadership in scientific organizations [M]. In J. Hurley (Ed.), 2003.

[485] Mumford M D, Scott G M, Gaddis B, Strange J M. Leading creative people: Orchestrating expertise and relationships. The Leadership Quarterly, 2002 (13): 705 – 750.

[486] Myers S, Marquis D G. Successful industrial innovations: A study of factors underlying innovation in selected firms [R]. National Science Foundation Report, 1969, 69 – 71.

[487] Napoli R. Innovation in the financial sector: Persistence and Schumpeterian hypotheses [J]. Journal of Service Science and Management, 2008, 1 (03): 215.

[488] Nelson R R. Recent evolutionary theorizing about economic change, Journal of Economic Literature, 1995, 18: 48 – 90.

[489] OECD. The nature of innovation and the evolution of the productive system: technology and productivitythe challenge for economic policy. 1991, Paris: OECD, 303 – 14.

[490] Palmer R, Brookes R. Incremental innovation: A case studyanalysis [J]. Journal of Database Marketing & Customer Strategy Management, 2002, 10 (1): 71 – 83.

[491] Phaal R, O'sullivan E, Farrukh C, et al. A framework for mapping industrial emergence [J]. Technological Forecasting & Social Change, 2011, 78 (2): 217 – 230.

[492] Porter M E. The competitive advantage of nations [M]. Harvard Business School Management Programs, 1993.

[493] Rickards T, Moger S. Creative Leaders: A Decade of Contributions from Creativity and Innovation Management Journal [J]. Creativity and Innovation Management Journal, 2006 (13).

[494] Romer P M. Endogenous Technological Change [J]. Journal of Political Economy, 1990 (98): 71 – 102.

［495］Rosenberg N. Inside the Black Box: Technology and Economics ［M］. Cambridge: Cambridge University Press, 1982.

［496］Rostow W W. The Stages of Economic Growth: A non-communist manifesto ［M］. Cambridge: Cambridge University Press, 1960.

［497］Rostow W W. The take-off into self-sustained growth ［J］. The Economic Journal, 1956, 66 (261): 25 – 48.

［498］Rothwell R. Towards the fifth-generation innovation process ［J］. International Marketing Review, 1994, 11 (1): 7 – 31.

［499］Rugman A M, D'cruz J R. The "double diamond" model of international competitiveness: The Canadian experience ［J］. MIR: Management International Review, 1993: 17 – 39.

［500］Saviotti P P. Variety, growth and demand ［J］. Journal of Evolutionary economics, 2001, 11 (1): 119 – 142.

［501］Scherer F M. Demand-pull and technological invention: Schmookler revisited ［J］. Journal of Industrial Economics, 1982, 30 (4): 225 – 237.

［502］Schilling M A. Technology shocks, technological collaboration, and innovation outcomes ［J］. Organization Science, 2015, 26 (3): 668 – 686.

［503］Schmookler J. Invention and economicgrowth ［J］. Economic History Review, 1966, 20 (1): 135 – 146.

［504］Schmookler J. Invention and Economic Growth ［M］. Harvard University Press, Cambridge, MA, 1966.

［505］Schumpeter J A. The Theory of Economic Development: An Inquiry into Profits, Capital, Credit, Interest, and the Business Cycle ［M］. Social Science Electronic Publishing, 1934.

［506］Selman. Leadership and innovation: Relating to circumstances and change ［J］. Innovation Journal, 2002 (4).

［507］Selten R. A note on evolutionarily stable strategies in asymmetric animal conflicts ［J］. Journal of Theoretical Biology, 1980, 84 (1): 93 – 101.

［508］Silveira G D, Borenstein D, Flávio S Fogliatto. Mass customization: Literature review and research directions ［J］. International Journal of Production Economics, 2001, 72 (1): 1 – 13.

［509］Sloane P. The Leader's Guide to Lateral Thinking Skills: Unlocking the Creativity and Innovation in You and Your Team ［M］. Kogan Page, 2006.

［510］Smith J M. The theory of games and the evolution of animal conflicts ［J］. Journal of Theoretical Biology, 1974, 47 (1): 209 – 221.

［511］Solo S C. Innovation in the Capitalist Process: A Critique of the Schumpeterian Theory ［J］. The Quarterly Journal of Economics, 1951, 65 (3): 417 – 427.

［512］Sorescu A B, Chandy R K, Prabhu J C. Sources and Financial Consequences of Radical Innovation: Insights fromPharmaceuticals ［J］. Journal of Marketing, 2013, 67 (4): 82 – 102.

［513］Stevens G A, Burley J. Piloting the rocket of radical innovation ［J］. Research Technology Management, 2003, 32 (2): 111 – 117.

［514］Stokes D E. Pasteur's Quadrant: Basic Science and Technological Innovation ［M］. Washington, D. C. : Brookings Institution Press, 2011.

［515］Sugarman Barry. Innovation leaders in the spotlight: learning loops and other invisible success factors ［J］. The Journal for Quality and Participation, 2000, 23 (5): 33.

［516］Swann Temple. BSI Standards and Trade Performance ［J］. Journal of Evolutionary Economics, 1995, (5): 119 – 132.

［517］Syverson C. Market structure and productivity: A concrete example ［J］. Journal of Political Economy, 2004, 112 (6): 1181 – 1222.

［518］Tassey G. Modeling and measuring the economic roles of technology in frastructure ［J］. Economics of Innovation & New Technology, 2008, 17 (7 – 8): 615 – 629.

［519］Taylor P D, Jonker L B. Evolutionarily stable strategies and game dynamics ［J］. Journal of Theoretical Biology, 1979, 81 (3): 609 – 12.

［520］Teece D J. Firm organization, industrial structure, and technological innovation ［J］. Journal of Economic Behavior & Organization, 1996, 31 (2): 193 – 224.

［521］Teece D J. Support policies for strategic industries: impact on home economies. Strategic industries in a global economy ［R］. OECD, 1991.

［522］Tether S, Storey. D J. Smaller firms and Europe's high technology sectors: a framework for analysis and some statistical evidence ［J］. Research Policy, 1998, (26): 947 – 971.

［523］Tian Man. Literature Review about Strategic Emerging Industries for China ［J］. Interdisciplinary Journal of Contemporary Research in Business, 2012, 4 (7): 42 – 48.

［524］Tomlinson P R, Fai F M. The nature of SME co-operation and innovation: A multi-scalar and multi-dimensionalanalysis ［J］. International Journal of Production Economics, 2013, 141 (1): 316 – 326.

［525］Trueswell R L. Some Behavioral Patterns of Library Users: The 80/20 Rule ［J］. Wilson Library Bulletin, 1969, 43 (5).

［526］Utterback J M, Abernathy W J. A dynamic model of process, and product innovation. Omega, 1975, 3 (6): 639 – 56.

［527］Utterback J M. Mastering the dynamics of innovation: how companies can seize opportunities in the face of technologicalchange ［J］. Long Range Planning, 1996, 29 (1): 908 – 909.

［528］Utterback J M. The process of technological innovation within the firm ［J］. Academy of Management Journal, 1971, 14 (1): 75 – 88.

［529］Vasile A, Costea C E, Viciu T G. An Evolutionary Game Theory Approach to Market Competition and Cooperation ［J］, Advances in Complex Systems, 2012, 15 (1): 1 – 15.

［530］Vernon R. International investment and international trade in the productcycle ［J］. The Quarterly Journal of Economics, 1966, 190 – 207.

［531］Veugelers R, Cassiman B. Make and buy in innovation strategies: evidence from Belgian manufacturing firms ［J］. Research Policy, 1999, 28 (1): 63 – 80.

［532］Wang L. Co-opetition Mechanism in Supply Chain Network: An Evolutionary Game Theory Approach ［J］, Forecasting, 2007, 26 (5): 12 – 17.

［533］Wang L, Madhok A, Xiao L S. Agglomeration and clustering over the industry life cycle: toward a dynamic model of geographic concentration ［J］. Strategic Management Journal, 2014, 35 (7): 995 – 1012.

［534］Webster. Thomas J. Malaysian Economic Development, Leading Industries and Industrial Clusters ［J］. The Singapore Economic Review, 2014, (5): 1.

［535］Wilcox K A, Zeithaml C P. Measuring organizational knowledge: a conceptual and methodological framework ［J］. Strategic Management Journal, 2003, 24 (8): 763 – 772.

［536］Windrum P, Birchenhall C. Structural change in the presence of network externalities: a co-evolutionary model of technological successions ［J］. Journal of evolutionary economics, 2005, 15 (2): 123 – 148.

［537］Winter. S. Schumpeterian Competition in Alternative Technological Regimes Journal of Economics Behavior and Organization. 1984, 287 – 320.

［538］Wood A D, Mason C F, Finnoff D. OPEC, the Seven Sisters, and oil market dominance: An evolutionary game theory and agent-based modeling approach ［J］. Journal of Economic Behavior & Organization, 2016, 132 (B): 66 – 78.

［539］Xu Y Y, Qi L Q. Research on low carbon technological innovation diffusion in enterprises clusters based on evolutionary game theory on complex networks ［J］, China Population Resources and Environment, 2016, 26 (8): 16 – 24.

［540］ Yin R K. Applications of Case Study Research ［M］. Thousand Oaks： Sage Publication, 2011.

［541］ Yin R K. Case Study Research： Design and Methods ［M］. Thousand Oaks： Sage Publications, 2013.

［542］ Zahra S A, George G. Absorptive capacity： A review, reconceptualization, and extension ［J］. Academy of Management Review, 2002, 27 （2）： 185－203.